KB157715

조선 전기 민본사상과 민

조선 전기 민본사상과 민

이 석 규 지음

국학자료원

책을 내면서

조선왕조는 유교 정치이념을 표방하면서 건국에 성공하였다. 유교의 정치이념은 크게 '명분론'과 '민본론'으로 구성되어 있다고 할 수 있는데, 조선 건국 세력은 특히 민본론을 강조하였다. 고려 말의 사회 혼란이 민본정치의 부재에서 비롯된 것으로 보았기 때문이다. 이들은 새 왕조의 정당성이 민본정치에 있음을 천명하면서 이를 적극 추진하였다. 조선 초기 정치사상사 연구에서 민본론이 중요한 까닭이 여기에 있다. 그렇지만 이에 대한 연구는 많지 않다. 여러 이유가 있겠지만 무엇보다도 유교가 전근대 신분제 사회에서 사대부층의 이해를 대변하는 사유 구조를 갖고 있다는 강한 선입관 때문이 아닌가 생각된다.

유교가 명분론에 근거하여 사대부층의 지배를 정당화하는 논리를 갖추고 있는 것은 분명하다. 그러나 동시에 유교는 그 지배의 폭력성과 일방성을 막기 위한 장치로 '민은 나라의 근본[民惟邦本]'이라는 민본론을 마련하였다. 현실 정치에서 이 민본론은 명분론과 함께 다양한 방식으로 작동하였다. 지배층이 나라의 근본인 민을 위한 정치를 행하는 한 그들의 지배는 정당성을 획득할 수 있지만, 그렇지 않을 경우 극단적인 '혁명'도 가능했다. 고려 말의 개혁 세력도 바로 이 점을 근거로 조선 건국에 성공하였던 것이다. 이를 고려하지 않은 채 조선의 정치사상을 다룬다면 그것은 불완전할 수밖에 없다.

민본론을 명분론과 마찬가지로 유교 정치이념의 한 축으로 정당하게 인정한다면, 우리는 양자가 현실 정치에서 대립·갈등하는 모습을 포착할 수 있다. 그리고 이 모습을 통해 '민유방본'이라는 선언적 민본론이 구체적인 현실 정치에서 어떻게 작동하고 있었는지, 명분론과 민본론 사이에서 지배층은 민을 어떤 존재로 인식하였는지 등을 파악하는 것이 가능하다. 좀 더 기대한다면 이에 대해 민은 어떻게 대응하면서 자신을 성장시켰는지, 다시 말하면 민은 유교의 정치이념이라는 틀 안에서 어떤 방식으로 정치적 성장을 이루었는지를 이해할 수 있을 것이다.

혹자는 민본론이 단지 지배층의 민에 대한 배려를 요구하는 것이었기 때문에 신분제 사회인 조선에서 민본론의 정치적 기능은 제한적이었고, 따라서 이를 통해 민의 성장을 말하는 것은 무리라고 생각할 지도 모르겠다. 물론 조선시대에는 민이 피지배 신분으로 존재했고, 그들은 정치의 주체로 인식되지도 않았다. 그러나 신분제 사회라고 해서 민의 성장을 말할 수 없는 것은 아니다. 유교, 특히 조선에서 받아들인 주자 성리학은 인의예지의 '본연지성(本然之性)'을 현실의 일상에서 드러내는 도덕의 실천자가 치인(治人)을 해야 한다는 것이다. 여기서는 신분이 부차적인 문제가 될 수밖에 없다. 본연지성은 신분에 관계없이 누구나 지닌 것이기 때문이다. 지배층과 민을 구분하는 근본적 기준은 신분이 아니라 '도덕의 실천' 여부였다. 그렇다면 도덕의 실천이라는 측면에서 민의 성장을 말하는 것은 얼마든지 가능하다.

조선 초기에는 민의 도덕 실천 능력이 하열하기 때문에 지배층과 구분된다는 인식이 일반적이었다. 그러나 16세기가 되면서 점차 민 가운데 일부 계층이 자신들도 도덕을 실천할 수 있다고 주장하기 시작하였다. 뿐만 아니라 민본정치는 지배층의 의무라는 사실을 인식하고 이를 요구하는 자들도 나타났다. 그러다가 이것이 확산되는 조선 후기에 이르면, 이제 도덕의 실천이라는 측면에서 지배층과 민 사이의 구분은 희미해졌다. 경제적으로 성장한 민은 양반과 마찬가지로 유교적 예제를 실천하면서 신분제마저 교란시켰다. 동시에 지배층의 민본정치가 작동하지 않으면 유교 정치이념의 논리를 내세워 대규모로 저항하였다. 동학농민운동의 포고문과 격문들은 민본론은 물론이고 명분론까지 포함하는 온갖 유교적 언설로 가득 차 있다. 이 시기의 민은 이미 '유교 공동체'의 일원으로서 역사의 주체로 떠오르고 있었다.

본서는 이러한 문제의식과 시각에서 그동안 발표한 논문들을 엮은 것이다. 그러나 조선 전 시기를 포괄한 것은 아니고 고려 말부터 16세기까지의 변화 과정을 다룬 것이다. 모두 13편의 논문을 4부로 구성하였는데, 각 논문은 오·탈자의 수정을 제외하고 발표 당시의 원문을 최대한 유지하였다. 다만 한자는 가능하면 한글로 바꾸고, 한문으로 된 인용문은 모두 번역하면서 각주에는 전거만을 표기하였다. 다음에 전체 내용을 간략히 소개한다.

제 I 부는 조선 초기 민본사상에서 나타나는 특징과 교화의 문제를 다룬 것이다. 유교 정치사상에서는 덕(德)을 매개로 천도(天道)와 인도(人道)를 일치시키는 천인합일의 정치를 궁극적 목표로 하였다. 이는 천(天)의 권위를 빌어 도덕 정치를 담보해내려는 것인데, 여기서 천을 어떻게 이해하느냐에 따라 지배층의 덕치를 담보해내는 강도가 달라질 수 있다. 중국의 한대 유학에서는 천을 주재자로 인식하였지만, 송대 성리학에 이르러 그것은 인간이 마땅히 행해야 할 도리, 즉 천리(天理)로 전환되었다. 천을 주재자로 인식하면 지배층의 덕치는 주재자로서의 천의 권위에 의해 '강제'될 수 있지만, 천을 도리로 이해한다면 덕치는 지배층이 마땅히 그것을 행해야 한다는 사실에 대한 '자각'에 의존할 수밖에 없었다.

조선 초기에는 성리학을 받아들이면서도 천의 주재자적 성격은 포기하지 않았다. 천을 주재자로 인식하는 한, 항상적으로 나타나는 자연의 일탈 현상인 재이(災異)는 천이 덕치를 행하지 않는 지배층에게 보내는 '견책'이었다. 따라서 재이가 발생하면 지배층은 덕치 곧 민본정치를 회복하기 위한 조치를 취해야 했다. 대표적인 것이 민을 위해 재이를 그치게 해달라는 제천례(祭天禮), 민의 억울함을 원천적으로 해소하려는 사유(赦宥)였다. 그러나 제천례는 천자만이 행할 수 있는 것이었고, 사유는 오히려 탐관오리에게 다행일 수 있다는 문제가 있었다. 이 때문에 여러 논란이 있었지만 적어도 조선 초기에는 명분에 어긋나는 제사라 하더라도 이를 묵인하였고, 사유를 반포하더라도 관리의 장죄(贓罪)나 고의로 오결한 결송관의 죄는 용서하지 않았다. 한편 모든 인간은 인의예지의 덕을 본유하고 있기에 이를 실천해야 한다는 자각을 끌어내기 위한 '교화'도 동시에 강조되었다. 그런데 조선 초기에는 민에 대한 교화보다는 군주를 포함한 지배층에 대한 교화를 우선하였다. 특히 이들에게 요구된 덕목은 대부분 민생의 안정을 위한 것이었다. 이 시기의 지배층은 민에게 일방적으로 복종을 요구하기보다 스스로의 도덕적 실천, 즉 민본정치를 통해 지배의 정당성을 확보하고자 했던 것이다.

제Ⅱ부에서는 여말선초 지배층의 민에 대한 인식이 어떠했는지를 다루었다. 고려는 과거제가 시행되면서 초기부터 유교가 발전하였고, 또 민본정치가 강조되기도 하였다. 뿐만 아니라 북송대에 발흥하는 성리학도 거의 동시적으로 수용되고 있었다. 그러나 군주와 문벌귀족 사이의 길항 속에서 유교의 민본이념은 작동하지 못했다. 군주의 민에 대한 절대적 지배를 표현하는 '군주는 민의 하늘'이라는 군위민천(君爲民天)의 인식만이 존재할 뿐이었다. 특히 무신란 이후 민은 객관적으로 실재하는 '정치적 실체'로 인정되지 못하면서 지배층의 수탈에 그대로 노출될 수밖에 없었고, 그 결과는 장기간에 걸친 농민반란이었다. 그러나 민을 외면한 결과 초래된 극심한 사회 혼란을 경험하고 원 간섭기를 거치면서 점차 관인층 내부에 변화가 나타나기 시작했다. 이 변화를 주도한 것이 이른바 신흥유신들이다. 이들은 이제 당(唐) 말 오대(五代)의 혼란을 극복하고자 했던 성리학의 문제의식에 접근할 수 있었다.

신흥유신들은 유교가 수기(修己)를 통한 치인(治人)의 경세학이라는 사실을 깨닫고, 민생이 피폐된 책임을 도덕적 실천이 없는 자신에게 돌렸다. 이 집단적 '자기반성'은 놀라운 변화를 추동하였다. 무엇보다 종래 '군주는 민의 하늘'이라는 인식이 '민은 군주의 하늘'이라는 민위군천(民爲君天)의 인식으로 역전되었다. 또한 지배층과 민은 같은 본연지성을 타고난 존재이며, 상보적(相報的) 관계에 있는 '동포'라는 점이 강조되기도 하였다. 이제 민은 외면해서는 안 되는 실체로서 현실 정치의 장에 그 모습을 드러낸 것이다. 그러나 한편으로 지배층에게 민은 여전히 상하·존비의 측면에서 자신들과 구분되는 존재였다. 구분의 근거는 비록 민이 본연지성을 갖고 있더라도 이를 발현하여 실천할 수 있는 도덕 능력이 하열하다는 것이었다. 때문에 민은 다만 분수를 지켜 역을 바치면[守分供役] 되는 존재로 인식되었다.

여말선초에는 이같이 서로 모순되는 듯한 두 가지 인식이 공존하고 있었다. 이를 명분론과 민본론에서 비롯된 것이라고 한다면, 조선 초기에는 여러 정책을 둘러싸고 이 두 이념이 치열하게 대립하였다. 대립은 양자를 조화시키는 과정이었으니, 이 시기의 사회가 다른 시기에 비해 상대적으로 안정되었던 까닭은 여기에 있었던 것이다.

제Ⅲ부는 민본정치를 담보하는 수단이라 할 수 있는 구언(求言) 제도가 조선 초기에 어떻게 운용되었는지 살핀 것이다. 구언은 왕이 자신의 정치에 어떤 잘못이 있는지를 물어 시정하려는 것이다. 그것은 주로 가뭄이나 장마와 같이 민생과 직결된 재이를 계기로 행해진다는 점에서 천인합일의 민본정치를 회복하기 위한 것이라 할 수 있다. 그렇지만 민생과 관련이 없는, 예컨대 성변(星變)과 같이 권력의 변동으로 해석될 수 있는 재이로 인해 구언하는 경우도 꽤 있었다. 특히 고려 무신란 이후가 그러하였다. 그러다가 조선에 들어와 구언제도가 점차 활성화되면서 민생과 직결된 재이가 구언의 동기로 중시되었고, 더욱이 구언의 대상에 제한이 없어지면서 언로가 확대되었다.

구언한다는 교지가 내려지면 이에 적시된 대상자들은 누구나 응지상소(應旨上疏)를 올릴 수 있었다. 그러나 실제 상소자의 대다수는 경관 6품 이상의 현직 관리였다. 이들 상소에는 당대의 시급한 과제가 폭넓게 담겨 있었다. 이를 크게 둘로 분류하면 왕을 비롯한 지배층의 도덕 실천을 요구하는 '수성(修省)'과 정책상의 문제를 제기한 '제도'로 나눌 수 있다. 이 중 제도와 관련한 상소가 거의 70%에 달한다. 이는 당시의 시대적 과제가 국가 체제의 기틀을 마련하는 것이었기 때문일 것이다. 제도 관련 상소를 다시 정치·경제·사회로 소분류하면 정치 분야에서는 인사 규례를 언급한 것이 가장 많고, 경제에서는 공물의 비중이 압도적이었다. 공물이 다른 세금에 비해 민의 부담이 컸던 것이다. 사회 분야에서 많이 제기된 것은 민을 위한 휼정(恤政)이었다. 전체적으로 볼 때, 상소의 내용은 민본론이 주를 이루었다고 할 수 있다.

그런데 성종대에 이르면 주목할 만한 변화가 나타난다. 무엇보다 제도와 관련한 상소가 크게 감소하는 한편으로 수성을 강조하는 상소가 증가한다. 이는 『경국대전』의 완성으로 일단 국가 체제가 정리된 측면과 함께, 세조대 훈구대신들이 주도했던 파행적 정치운영을 도덕의 실천을 통해 극복하려는 의지가 반영된 것으로 생각된다. 또한 종래 주류를 이루었던 개인 명의의 상소는 큰 폭으로 줄고, 대신에 언론 삼사 명의의 상소가 크게 늘었다. 성종대에 언론활동이 활발했다고 하지만, 그것은 삼사가 언로를 독점하면서 이후 시대에 본격화된 사림에 의한 공론정치의 서막을 알리는 것이었다.

제Ⅳ부에서는 앞서 다룬 민본론이 16세기에 이르러 어떻게 변질되는지, 이에 대해 민은 어떻게 대응하고 있는지를 살폈다. 연산군의 폭정은 이전까지 작동하던 민본정치가 왜곡되는 출발점이었다. 사림은 군주의 도덕적 자질이 얼마나 중요한지를 직접 경험하면서 오직 군주의 '정심(正心)'만이 모든 정치적 문제를 해결할 수 있다고 여겼다. 재이가 발생해도 정심 그 자체가 천의 경고에 응하는 실질적인 방도였기에, 이를 통해 이루어야 할 현실 정치에서의 공효인 '휼민'에는 무관심하였다. 집권 훈척 세력은 극심한 가뭄과 전염병이 민생을 도탄으로 몰아가는 상황에서도 오히려 기강과 명분 세우기를 대책으로 제시하며 이것도 덕치라 우겼다. 군주로서도 민생과 직결된 재이보다 자신의 안위와 관련된 천변(天變)이

더 심각한 문제였다. 종래 재이를 매개로 간접적으로나마 민본론을 작동시킬 수 있었던 민은 이제 그 매개 수단을 잃고 누구의 관심도 받지 못하면서 지배층의 예속인으로 급속하게 몰락하였다.

민본정치가 행해지지 않자 민의 대응은 상당히 적극적이고 격렬하였다. 상언과 격쟁은 물론이고, 도적들은 무리를 이루어 사족을 죽이며 지방관을 위협하는 등 거리낌이 없었다. 주목되는 것은 이러한 민의 대응을 지배층의 침탈에 대한 즉자적 반응으로만 볼 수 없다는 점이다. 국가는 민을 위한 정치를 행할 의무가 있다는 사실을 지방의 가장 천한 노비들조차 이미 알고 있었던 것이다. 다른 한편으로 민은 자신들도 도덕을 실천할 수 있다고 주장하기 시작하였다. 공자가 '천하의 통상(通喪)'으로 규정한 이래 신분에 관계없이 누구나 행해야 하는 삼년상을 민 스스로가 행하겠다고 나선 것이다. 도덕 실천 능력 때문에 사대부와 서인이 다르다고 주장하던 지배층으로서는 곤혹스러울 수밖에 없었다.

이처럼 16세기의 민은 이전 시기의 민과는 분명 다른 존재였다. 천을 매개로 지배층에 의해 간접적으로만 자신들의 요구가 반영될 수 있던 시기의 민이 아니었다. 정치적 실체로 인정되기는 했지만 도덕 실천 능력이 하열하여 유교 공동체에서 배제되었던 민도 아니었다. 그들은 유교의 정치이념이 무엇인지 깨닫고 그 틀 안에서 어떤 매개물 없이 직접 자신의 '권리'를 요구하기 시작하였다. 민은 유교 정치체제를 부정하는 방식으로 자신의 존재를 드러내기보다 오히려 그 체제의 일원이 되는 방식으로 자신의 요구를 관철시키려 했던 것이다. 이 점에서 16세기 조선의 민은 성장하고 있었고, 그것은 민이 유교 공동체에 포섭되는 첫 단계였다고 할 수 있다.

세상의 모든 결과물이 그러하듯, 이 조그만 책 한 권을 내는 데도 수많은 분들의 관심과 도움이 필요하였다. 안정적으로 공부할 수 있는 여건을 만들어주신 한양대학교의 은사님들, 특히 정창렬 선생님의 가르침은 잊을 수 없다. 연구자는 생활이 단순해야 한다는 말씀은 지금도 생생하다. 부모님을 비롯한 가족들의 애틋한 마음이야 말해 무엇하랴. 그래도 대학 시절에 만나 평생의 곡절을 반려로 지켜 준 강옥자에게 고맙다는 말은 하고 싶다. 출판을 맡아주신 국학자료원 정찬용 원장님과의 오랜 인연을 생각하면 이 또한 감사한 일이다. 조선 초기의 어느 은자가 남긴 '無辱以當貴 樂志以忘憂'라는 구절은 어려울 때마다 많은 힘이 되었다.

2020년 8월 18일
이석규

목 차

제IV부 민본사상의 변질과 민의 성장 ─────────

제 I 부

민본사상의 특징과 교화

제1장

조선 초기의 천인합일론과 재이론

1. 머리말

정치사상으로서의 유교가 지향한 사회는 '천인합일(天人合一)'의 사회
였다. 천인합일에서 말하는 천(天)의 개념은 물론 시대에 따라 그 내용을
달리하였지만, 그러나 그 내용이 무엇이든 간에 유교 정치사상에서 추구
한 궁극적인 목표가 천인합일의 사회였음에는 변함이 없었다.[1] 그것은

---

[1] 따라서 천인합일론이 유교 정치사상의 바탕이 된다는 점은 이미 일반적으로 받아
들여지고 있다. 그런데 최근 이와 관련한 중국에서의 비판적 견해가 소개되었다(馮
寓, 『천인관계론』, 김갑수 역, 신지서원, 1993). 이는 중국 철학의 특징을 '천인합
일'에서 찾는 기왕의 일반적인 이해가 잘못되었다고 하면서 유물론적 시각을 바탕
으로 천인관계를 재검토한 것이다. 이에 의하면 중국 역대 철학자들의 주장에서는
천인합일뿐만 아니라 '천인분리'적 요소도 함께 찾아지는바, 이는 유가도 마찬가지
라고 한다. 예컨대 정주학파에서 천리와 인욕을 대립적으로 파악한 것은 천인분리
를 인정하는 것이고, 따라서 천인합일은 천인관계론의 한 측면에 불과하다는 것이
다. 물론 유교에서는 천과 인 사이의 차이를 인정하고 있다. 그러나 유교의 천인합
일론은 천 · 인 사이에 어떠한 차이도 존재하지 않는다는 것이 아니라, 오히려 천 ·
인 사이에 있을 수 있는 차이를 인간의 도덕적 실천을 통해 극복할 수 있고 또 그렇
게 하는 것이 천리라고 하는 것이다. 결국 천과 인 사이의 차이가 천인합일을 추구
하는 유교 정치사상의 명제를 부정하는 것은 아니다.

천도(天道)와 인도(人道)가 하나의 원리에 의해 이루어졌고, 또 그 원리에 따라 움직인다는 명제에 근거하는 것이다. 아울러 유교에서는 천도와 인도를 관통하는 원리로서 유교적 덕목을 제시하는바, 이 덕목은 군신·부자·부부·장유와 같은 모든 상하 인간관계에 '쌍무적'으로 적용되는 것이다. 유교가 전근대 신분제 사회의 지배 이데올로기가 될 수 있었던 것은 바로 이 상하의 인간관계를 긍정함으로써 지배층이 피지배층을 강제할 수 있는 근거가 마련되었기 때문이지만, 한편으로 유교적 덕목의 실천이 지배층을 포함한 모든 인간에게 마찬가지로 요구되었다는 점에서 그 강제는 제한적인 성격을 지니는 것이기도 하다. 그렇다면 결국 유교의 정치사상은 상하 모든 인간이 각기 자신의 '분(分)'에 따른 도덕을 실천함으로써 천도와 인도를 합치시키려는 것이었음을 알 수 있다.

이처럼 덕(德)을 매개로 천인합일을 이루고자 하였기 때문에 유교의 정치사상에서는 인간의 덕을 담보해 내는 일이 무엇보다 중요한 과제였다. 그런데 이 과제를 해결하기 위한 방식은 시대에 따라 달랐는바, 그것은 천에 대한 인식의 차이와 일정하게 관련되어 있었다.

천인합일론의 원형이 나타나는 고대 중국, 특히 주대(周代)에는 천이 인간의 존재와 신분적 차별의 근거가 되는 절대적 존재였으며, 동시에 천은 덕이라고 하는 법도(法道)를 가지고 인간사회를 주재하는 것으로 인식되었다. 때문에 천에 의해 군주가 된 자는 주재자로서의 천의 법도 = 천명에 따라 덕을 행해야 했다. 그러다가 공자와 맹자의 전통유가에 이르면 덕의 내용이 인의예지로 구체화되면서 이 사덕(四德)의 실천 근거가 천보다는 인간 자체에서 구해졌다. 즉 인간은 본래부터 인의예지를 지니고 있기 때문에 이의 자각을 통해서만 덕을 실천할 수 있다는 것이다. 이로써 천과 인간의 영역은 확연히 구분되었고, 후자가 중시되면서 상대적으로 천의 존재는 관념화될 수밖에 없었다.

그러나 한대(漢代)에 이르러 천의 주재자적 성격은 부활되었고, 아울러 유교에 음양오행설이 접목되는 변화가 일어났다. 이 변화에 결정적인 역할을 한 동중서(董仲舒)는 상하의 인간관계를 인격적 · 주재자적 천에 근거하여 절대화시켰고, 그 정점에 군주 = 천자를 위치 지웠다. 이로 말미암아 군주권이 확립되었지만, 한편으로 동중서는 '천인감응설(天人感應說)'을 주창하여 군주의 자의적인 지배를 제한하기도 하였다. 즉 천지는 만물을 생육하는 것을 덕으로 삼기 때문에 군주가 이를 따르지 않을 경우, 주재자로서의 천은 음양오행의 파행적 운행을 의미하는 재이(災異)를 통하여 군주에게 경고한다는 것이다. 따라서 천명에 의해 군주가 된 자는 마찬가지로 천명에 따라 덕에 의한 정치를 행해야만 했던 것이다.

한편 북송대의 신유학 발흥기에 이르면 천관(天觀)은 또다시 변화를 겪게 된다. 한대의 '천견적(天譴的)인 천(= 주재자적 천, 유의지적 천)'이, 이 시기에 이르러 '천리적(天理的)인 천(= 법칙적 천, 자연적 천)'으로 전환되었던 것이다.[2] 종래와 같은 천관에서는 인간사회의 모든 문제의 원인을 궁극적으로 주재자인 천의 의지로 설명할 수밖에 없어 유교의 사상적 심화에 한계가 있었지만, 천의 주재자적 성격이 포기되자 유학자들은 이제 존재와 주체, 평등과 차별의 문제에 관심을 갖게 되었고, 이를 설명하는 이론적 틀로서 이기론(理氣論)을 제시하였다. 그리하여 송대 유학을 집대성한 주자는 '천즉리(天卽理)'와 '성즉리(性卽理)'의 명제하에 만물의 존재원리로서의 천리를 인간의 도덕적 행위의 근거인 도리와 일치시켰는바, 이로써 인의예지의 실천은 인간의 존재원리로까지 높여지게 되었다. 이것은 전통유가에서 불분명하던 천의 의미를 명확히 한 것이며, 동시에 주재자로서의 천의 권위에 근거하여 인간의 덕을 이끌어내려는 한대의 유교와도 다른 것으로, 한마디로 그것은 천리이며 도리인 인간의 도덕적 본성에

---

2) 溝口雄三, 「中國儒教の10のアスペクト」 『思想』 792, 岩波書店, 1990, 8~9쪽.

대한 '자각'을 통하여 천인합일의 사회를 이루려는 것이라 할 수 있다.

이상과 같이 각 시대마다 인간의 덕을 담보해 내는 방식은 달랐지만, 그러나 덕을 매개로 천인합일의 이상사회를 이루려는 노력은 전 시대에 걸쳐 일관된 것이었다. 그렇다면 유교를 통치이념으로 했던 조선 초기에도 이같은 노력은 있었을 것이고, 따라서 이 시기의 정치사상을 다룰 때 천인합일론이 중요한 주제가 될 것은 당연하다. 그럼에도 불구하고 지금까지 이에 대한 역사학에서의 연구는 별로 찾아지지 않는다. 고려시대의 천인합일론에 대해서는 어느 정도 밝혀져 있지만,3) 여러 측면에서 전환기라 할 수 있는 조선 초기의 천인합일론에 대해서는 오히려 알려진 바가 별로 없는 형편이다. 다만 여말선초에 수용 또는 변화된 유학사상을 살피면서 부분적으로 언급한 연구와, 재이론과의 관련하에서만 제한적으로 다룬 연구가 있을 뿐이다.4)

본고에서는 조선 초기의 민본사상에 대한 연구의 일환으로 이 시기 천인합일론의 성격에 대해서 살펴보고자 한다. 주지하는 바와 같이 조선왕조는 고려 말의 사회경제적 혼란을 극복하는 과정에서 민본이념을 표방하였고, 이에 입각한 개혁이 성공함으로써 성립한 국가이다. 때문에 조선 초기에는 그 어느 때보다도 민본사상이 강조될 수밖에 없었다. 그런데 개혁 주도세력은 자신들의 민본이념에 바탕한 새 왕조의 창건을 '순천응인(順天應人)'이라는 표현으로 정당화하였다. 즉 민본정치를 행하는 것이 곧 순천응인 = 천인합일의 정치라는 인식하에 '혁명'의 명분을 천인합일론에

---

3) 이희덕, 『고려유교정치사상의 연구』, 일조각, 1984.
　진영일, 「고려전기의 재이사상에 관한 일고」『고려사의 제문제』, 삼영사, 1986.
　_____, 「『고려사』 오행 · 천문지를 통해 본 유가질서개념의 분석」『국사관논총』
　6, 1989.
4) 문철영, 「조선초기의 신유학 수용과 그 성격」『한국학보』 36, 1984.
　권연웅, 「조선전기 경연의 재이론」『역사교육논집』 13 · 14, 1990.
　마종락, 「한국 중세의 유학과 정치권력」『한국중세사연구』 창간호, 1994.

서 구하였던 것이다. 따라서 민본사상과 천인합일론은 상호 밀접한 관련을 가지는 것이고, 조선 초기에 민본사상이 강조되었다면 천인합일론에도 그것이 반영되었으리라는 점은 충분히 예상할 수 있다.

이같은 문제의식을 가지고 본고에서는 조선 초기의 천인합일론에 나타나는 특징과 그것이 지니는 의미를 살펴보고, 아울러 전근대 사회에서 항상 관심의 초점이 될 수밖에 없었던 재이 현상에 대한 이 시기 지배층의 인식을 천인합일론의 성격과 관련하여 알아보기로 한다. 이 작업을 통하여 정치사상사에서 조선 초기가 차지하는 위치가 좀 더 분명해질 것으로 기대한다.

2. 천인합일론의 성격

한국사에서 유교의 천인합일론이 본격적으로 정치에 도입된 것은 아무래도 고려시대에 들어오면서부터라고 할 수 있다. 특히 성종대에 유교가 정치이념으로 자리잡게 되면서 이후 천인합일론은 군주의 덕치를 보장하는 수단으로 기능하였다. 그런데 이 때의 천인합일론은 동중서의 천인감응설에 바탕한 것이었다.[5] 즉 천을 주재자로 인식하면서 재이를 주재자인 천이 군주에게 보내는 견책으로 파악하였고, 이로써 군주의 수덕(修德)을 강제하였던 것이다.

이같은 천인합일론은 조선 초기에도 수용되었다. 그러나 조선 초기의 천인합일론이 고려시대의 그것과 완전히 일치할 수는 없었다. 왜냐하면 고려 말에 주자성리학이 도입 · 보급되면서 이전의 유교는 점차 성리학의 영향을 받게 되었고, 이에 따라 천인합일론의 내용에도 일정한 변화가 수

---

5) 이희덕, 앞의 책, 83~86쪽.

반되었기 때문이다. 그러면 조선 초기 천인합일론의 특징은 무엇인가.

조선 초기 천인합일론에 나타나는 특징은 이 시기 유교사상의 그것에 의해 규정될 수밖에 없을 것이다. 그런데 조선 초기 유교사상의 특징에 대해서는 학자들의 견해가 일치되어 있지 않다. 그것은 대체로 한당류(漢唐類)의 학풍과 송학류의 학풍이 혼합되었다는 견해,[6] 선진유(先秦儒)와 한당류의 학풍이 혼합된 것이라는 견해,[7] 또 '격물치지(格物致知)'의 주자학과 '명심(明心)'의 육학(陸學), '박학치지(博學致知)'와 '공리(功利)'를 내세우는 여학(呂學) 등을 포함하는 송대의 신유학이 포괄적으로 원용되었다는 견해[8] 등으로 나눌 수 있다. 그러나 여기서는 변계량(卞季良)의 철학사상을 통해 이 시기의 사상적 경향을 조망한 최근의 연구에 주목하고 싶다.[9]

이에 의하면 변계량의 유학사상에는 주자학의 이론과 비주자학, 혹은 반주자학의 이론이 혼재된 '잡유적(雜糅的)' 성격이 있다고 한다. 즉 주자학적 기반에 있으면서도 기(氣)를 만물의 궁극적 근원으로까지 확대시킨다거나, 리(理)에 대해서도 이를 '소당연지칙(所當然之則)'(= 사리)으로만 이해할 뿐 존재원리로서의 '소이연지고(所以然之故)'로는 이해하지 않고 있다는 것이다. 이렇게 되면 태극을 리와 동일시하여 리 일원적 존재론을 수립한 주자와 달리 그에게는 태극을 기로 이해할 수 있는 개연성이 나타나게 된다. 아울러 그는 윤리의 실천면에 있어서도 주자의 객관적 수양 방법인 '격물치지'보다는 '존심(存心)'을 중시하는 심학적(心學的) 실천수양론에 기울고 있다고 한다. 그러나 비주자학적 성격은 무엇보다도 자연

---

6) 현상윤, 『조선유학사』, 현음사, 1982, 32쪽.
7) 이을호, 「조선조 전기의 유가철학」『한국철학연구』중, 한국철학회편, 동명사, 1978, 22~23쪽.
8) 문철영, 「여말 신흥사대부들의 신유학 수용과 그 특징」『한국문화』3, 1982.
　　　　, 「조선초기의 신유학 수용과 그 성격」『한국학보』36, 1984.
9) 김홍경, 「변계량의 철학사상 연구」『민족문화』14, 1991.

에 대한 인식에서 분명하게 드러나는데, 주자가 천을 만물의 존재원리로서의 '리'로 이해한 반면, 그는 천의 주재자적 성격을 인정함으로써 음양오행의 운행을 주재자적 천의(天意)의 표현으로 보는 동중서의 견해를 받아들였다는 것이다. 이러한 점 등을 근거로 변계량의 사상을 한당유학적 경향과 송학적 경향이 혼합된 것으로 결론짓고 있다.[10)

사실 이와 같은 변계량의 사상적 특징은 조선 초기 유교의 특징으로 일반화시킬 수 있다고 생각된다. 왜냐하면 정도전(鄭道傳)을 비롯한 이 시기의 유학자들에서도 이러한 특징이 나타나기 때문이다. 예컨대 정도전의 경우, 그가 주자학을 정확히 이해하고 있었음에도 불구하고,[11) 변계량과 마찬가지로 이기론에 있어 태극을 기로 볼 수 있는 개연성이 발견된다.[12) 그 결과 주자와 비교할 때 정도전은 관념적인 리보다 능동적인 기의 존재를 상대적으로 더 중시하는 경향을 나타낸다. 이것은 리를 천지만물의 궁극적 존재원리로까지 높임으로써 '천즉리'라는 명제를 받아들인 주자로부터 그들이 비교적 자유로웠음을 보여 주는 것이다.

이와 같이 주자성리학을 받아들였으면서도 한편으로는 고려시대 이래의 비주자적 성격을 아울러 지녔던 조선 초기 유교의 특징은 천인합일론에서도 찾아진다. 주자처럼 리를 만물의 존재원리로까지 절대화시키는데 소극적이었던 당시의 정치사상가들은 이전 시대부터 내려오던 만물의 존

---

10) 여기서 말하는 '한당유학적 경향'과 현상윤의 '한당류의 학풍'과는 내용상 차이가 있다. 즉 현상윤은 한당류의 학풍을 '실제적인 정치 경제 법률과 문장을 학습의 대상으로 하는' 것으로 이해하였지만, 여기서는 '동중서의 자연인식'을 그 내용으로 한 것이다. 한편 변계량의 철학사상에서 나타나는 이러한 특징은 그의 경세사상에서도 마찬가지로 나타난다고 한다. 김홍경, 「변계량의 경세사상 연구」『유교사상연구』4 · 5, 1992 참조.
11) 유인희, 「퇴 · 율 이전 조선성리학의 문제발전」『동방학지』42, 1984, 187~192쪽.
12) 한영우, 『정도전사상의 연구』개정판, 서울대 출판부, 1983, 64~66쪽.
    이석규, 「정도전의 정치사상에 대한 연구」『한국학논집』18, 한양대 한국학연구소, 1990, 16~17쪽.

재 근거로서의 천을 그대로 받아들인다고 해도 논리적으로는 아무런 문제가 없었다. 즉 그들은 천과 리를 구분함으로써 종래의 천이 지니고 있던 주재자적 성격을 부정하지는 않았던 것이다. 계속해서 정도전의 경우를 예로 들면, 다음의 사료에서 그의 천에 대한 인식을 알 수 있다.

> 천(天)과 인(人)의 사이는 털끝만큼의 간격도 용납치 않아서 길흉재상(吉凶災祥)이 각기 류(類)로써 응하는 것이다.……동중서가 이르기를, '천심은 인군을 인애하여 먼저 재이를 내어 견고(譴告)하니 이는 공구수성하게 하려는 것이다.' 하였다. 바라건대 전하는 사람을 쓰고 형벌할 때에 그 친소·귀천을 논하지 말고 하나같이 공과 죄의 유무로 처리하여 각기 마땅하고 서로 넘보지 못하게 하면 임용이 공정하고 상벌이 바르며 인사(人事)를 얻고 천도가 순해질 것이다.[13)]

천과 인 사이는 털끝만큼의 틈도 없어서 길흉재상(吉凶災祥)이 각기 그에 따라 응하는 것이라고 하면서, 정도전은 천이 재이를 내려 군주에게 견고(譴告)하는 것은 군주를 공구수성토록 하려는 것이라는 동중서의 말을 인용하고 있다. 즉 그는 음양오행의 기가 어그러져 나타나는 재이를 이용하여 군주에게 바른 정치를 요구하면서, 그래야만 천도가 순해질 것이라고 한다. 이러한 인식은 자연현상을 주재자적 천의의 표현으로 보는 동중서의 천인감응설과 일치하는 것이라 생각된다.

이처럼 변계량과 정도전은 천을 주재자적 천(= 천견적 천)으로 인식하였고, 이 점에서 동중서와 유사하다. 그러나 그렇다고 해서 이들의 천 관념에서 주자적 성격을 발견할 수 없는 것도 아니다. 변계량의 경우, 드물기는 하지만 그의 저술에서 천을 리와 동일시하는 부분을 찾을 수 있다고 한다.[14)] 정도전의 경우에도,

---

13) 정도전, 『삼봉집』 권3, 「上恭讓王疏」
14) 김홍경, 앞의 논문(1991), 101쪽.

아! 공경할 그 리(理)는 천지보다 앞에 있어 기(氣)가 나(리―인용
자)로 말미암아 생기고, 심(心) 또한 품부되었도다.[15]

라고 하여, 천지가 있기 전부터 리가 존재했고 리로 말미암아 기가 생겨
난다는 것을 인정하고 있다. 이는 주자와 같이 리를 만물의 존재원리로
받아들인 것이라 볼 수 있다.

이와 같이 변계량과 정도전의 천에 대한 인식에서는 그것을 주재자로
이해하기도 하고 또는 리로 파악하기도 한다. 이는 비단 두 사람에게만
나타나는 특징이 아니라고 생각한다. 조선 초기의 대표적인 유학자라 할
수 있는 권근(權近)의 경우도 마찬가지이다. 초학자를 위해『입학도설(入
學圖說)』을 지어 조선 중기 이후 성리학이 심화되는데 단서를 제공했던
권근이 '천인심성합일지도(天人心性合一之圖)'를『입학도설』의 첫머리에
둠으로써 천인합일의 원리를 성리학 입문의 기초로 삼은 것은 주지하는
바와 같다. 이 '천인심성합일지도'는 주렴계(周濂溪)의 '태극도(太極圖)'와
주자의 학설을 근거로 만든 것으로, 권근은 여기서 천인합일의 의미를 다
음과 같이 설명하고 있다.

『중용』에 '천명을 성(性)이라고 한다.'고 하였는데, 주자가 해석하
기를, '천이 음양오행으로 만물을 화생(化生)시킬 때 기로써 형(形)을
이루고 리 또한 부여하니 명령하는 것과 같다.'고 하였다. 그러한즉 이
른바 명(命)이라는 것은 인 · 물이 태어나는 초기에 천이 부여하는 리
이니, 음양지중(陰陽之中)에 있으면서도 음양과 섞이지 않으므로 성리
(性理)의 근원이 되는 것이다.[16]

즉 만물을 이루는 리와 기가 천으로부터 부여된 것이 마치 천이 명령하

---

15) 정도전,『심기리편』「理諭心氣」
16) 권근,『입학도설』「天人心性分釋之圖」

는 것과 같다는 주자의 말을 근거로 권근은 천명이란 천의 리를 말하는 것이며, 이 천리가 곧 인간의 성리(性理)라고 하였다. 그렇다면 천인합일은 인간이 자신의 성리를 따랐을 때의 상태를 의미하는 것이 된다. 이는 권근이 주자의 천 관념과 천인합일론을 그대로 받아들였음을 말해 주는 것이다.

이처럼 주자의 설을 따른 권근이었지만, 그의 천 관념에서도 주재자적 성격이 발견된다. 주렴계의 '태극도'와는 달리 '천인심성합일지도'에서 '천(天)'자를 쓰고 또 원형이정(元亨利貞)의 사덕(四德)과 성명(誠命)을 덧붙인 이유가 무엇이냐는 질문에 대해 권근은 다음과 같이 대답하고 있다.

> 만약 이와 같이 하지 않고 곧바로 천이라고만 한다면 혹 천이란 명막(冥漠)·공허(空虛)하여 도무지 주재하는 것이 없다고 생각해서 만리(萬理)의 근원이 되는 것을 알지 못할 것이다.[17]

『실록』에서도 천에 대한 두 가지 인식 모두가 혼재되어 나타난다. 다음은 각각의 경우를 하나씩만 예시한 것이다.

> A: 호천(昊天)은 만물의 부(父)이다. 그것이 덮는 내에 존재하면서 성색상모(聲色象貌)가 있는 자는 생육에 자뢰(資賴)하여 그 성명(性命)을 이루지 않음이 없으니 만일 그 받은 것을 잃으면 또한 천을 불러 복호(覆護)해 주기를 빌지 않음이 없음은 이치의 당연한 것이며 인정(人情)이 필지(必至)하는 바이다. 내가 묘연(眇然)한 몸으로 만민의 위에 군림한 것은 실로 호천상제의 보우함에 의뢰한 것이다.[18]

> B: 지경연사(知經筵事) 조박(趙璞)이 (정종에게-인용자) 진언하여 이르기를, "인군이 두려워 할 것은 천(天)과 사필(史筆)입니다. 천은 창

---

17) 권근, 『입학도설』 「天人心性分釋之圖」
18) 『세종실록』 권29, 세종 7년 7월 임신조.

창하고 높은 것을 말하는 것이 아니라 리(理)를 말하는 것일 뿐입니다. 사관(史官)은 인군의 선악을 기록하여 만세에 전하니 가히 두려워하지 않을 수 있겠습니까."[19]

A에서는 천이 주재자로 인식된 반면, B에서는 천즉리의 입장이 분명하게 드러난다. 조선 초기에는 이처럼 천에 대한 두 가지 인식이 혼재하고 있었지만, 그러나 주재자로 인식하는 경향이 보다 강했고 천즉리의 인식은 아직 보다 미약했던 것으로 생각된다. 이 점은 A와 유사한 사료가 B와 같은 사료보다 월등히 많다는 사실로 미루어 볼 때 짐작이 가능하다. 그러면 조선 초기에는 왜 천의 주재자적 성격을 강조했는가. 나아가 왜 주자성리학을 전면적으로 받아들이는데 주저했는가.[20]

조선 초기라는 시대적 상황은, 지배의 근거이면서 동시에 그 지배를 결과적으로 제약하는 근거가 되는 천인합일론을 수용하기에 가장 적합하였다. 그것은 우선 이 시기의 지배층이 당면했던 과제가 새로운 왕조의 창건에 정통성을 부여하는 것이었다는 점에서 그렇다. 정도전이 조선왕조의 건국을 '순천응인(順天應人)'으로 정당화시킨 것은 이를 말해 주는 것이다.[21] 뿐만 아니라 새로운 군주의 지배권은 군주 자신이 쟁취한 것이

---

19) 『정종실록』 권1, 정종 원년 1월 무인조.
20) 이에 대한 연구는 극히 부족하지만 기왕에 다음과 같은 두 가지 주장이 제기되어 있다. 즉 조선 초기의 시대적 명제가 중앙집권체제의 강화라고 하는 공리적인 요소를 지녔기 때문이라는 견해와(문철영, 「조선전기 유학사상의 역사적 특성」『전통과 사상』(IV), 정신문화연구원, 1990), 이 시기에는 주자학을 전면 수용할 수 있을 정도의 연구 축적이 없었고 또 고려 말의 불교는 이미 쇠퇴하여 중국과는 달리 불교와의 심각한 사상적 갈등을 경험하지 않았기 때문이라는 견해가 그것이다(宮嶋博史, 「朝鮮社會と儒敎」『思想』750, 岩波書店, 1986, 61~62쪽). 이러한 주장에는 타당한 면도 있지만 얼핏 인과관계가 분명치 않거나 받아들이기 어려운 측면도 있다고 보이는바, 이에 대해서는 별도의 고찰이 필요하리라 생각된다. 다만 여기서는 문제를 천인합일론에만 국한시키고 이를 민본사상과 관련하여 간단히 언급하는데 그치고자 한다.
21) 정도전, 『조선경국전』 상, 「正寶位」 "主上殿下 順天應人 驟正寶位"

아니라 신흥 관인층에 의한 '추대'를 통해 '주어진' 것이므로 관인층으로서는 그 지배권이 자신들의 이해와 배치될 정도로까지 전제화되는 것을 견제할 필요도 있었다.[22] 최근에는 천인감응설을 통하여 유자들이 추구했던 것은 유학사상의 '권력화'였다는 주장도 제기되었다.[23]

그러나 이 시기의 지배층은 자신들의 지배를 정당화시키거나 지배층 내부의 권력 투쟁을 위한 수단으로, 또는 유가의 도덕률을 절대화함으로써 유학사상의 정치적 영향력을 강화하려는 의도로써만 천인합일론을 이용한 것은 아니었다. 기존의 연구들은 천인합일론이 군주의 덕치를 끌어내기 위한 수단이었다는 점에 의견을 같이하고 있지만, 이 덕치의 내용이 곧 민본정치였다는 사실에는 그다지 관심을 두지 않았다. 이는 정치 또는 정치사상을 지나치게 지배층의 지배논리라는 측면에서만 파악한 결과라고 생각한다.

물론 이같은 측면은 분명히 인정될 수 있는 것이지만, 그러나 한편으로 조선 초기의 지배층이 천인합일론을 통해서 민본정치를 구현하려는 실질적인 노력을 기울였음을 외면해서는 곤란하다. 이 노력의 구체적인 모습을 본고에서 다루기는 어려운 일이나, 여기서 지적하고 싶은 것은 고려 말의 혼란을 극복하고자 했던 유자들이 그 혼란의 원인을 바로 자신들 내부에서 구하였다는 점이다. 다음은 14세기 고려 사상계의 변화를 주도했던 이제현(李齊賢)의 말이다.

> 홀로 배워 고루하니 도(道)를 들은 것이 의당 늦었다. 불행은 자기로 말미암은 것이니 어찌 스스로 반성하지 않는가. 무슨 덕을 민(民)에게 끼쳤기에 네 번이나 나라의 재상이 되었는가. 요행으로 이에 이르렀으니 마침내 뭇 비방을 불러들였다. 떳떳치 못한 모습을 또한 어찌

---

22) 문철영, 앞의 논문(1984), 47~53쪽.
23) 마종락, 앞의 논문, 312~322쪽.

그리려는가. 네 후손에게 고하여 한 번 보고 세 번 생각하게 함이니 그 런 불행을 경계하여 아침저녁으로 힘쓸 것이라.[24)]

여기서 이제현은 도(道)를 제대로 깨닫지 못하여 생긴 불행을 스스로 반성하면서 이어 덕이 민(民)에게 미치지 못한 점을 인정하고 있다. 이는 도덕의 실천이 유교의 핵심임에도 불구하고 이것이 없음으로 해서 민을 위한 정치가 이루어지지 못한 것을 반성한 것이다. 한 마디로 민생의 피폐로 인한 고려 말 사회적 혼란의 원인을 자신과 같은 유자들의 책임으로 돌린 것이라 할 수 있다. 이는 비단 이제현 혼자만의 인식이 아닌, 당시 사회의 혼란을 극복하고자 했던 신흥사대부들이 공유한 인식이었다.[25)] 따라서 이들이 개혁을 추진하고자 할 때, 그들은 자기반성에 기초한 도덕적 실천을 강조하였고, 이 도덕적 실천을 통하여 민본정치를 이루고자 했던 것이다. 이것이 성공한 후에 개혁의 핵심 인물이었던 정도전이 조선왕조의 정통성을 '순천응인'의 천인합일론에서 구하면서 그 내용으로 다음과 같은 민본정치 = 인정 = 덕치를 강조한 것도 바로 이 때문이었다.

인군의 지위는 높은 것으로 말하면 높고 귀한 것으로 말하면 귀하다. 그러나 천하는 지극히 넓고 만민은 지극히 많다. 한번 그 심(心)을 얻지 못함이 있으면 대개 크게 우려할 만한 일이 있을 것이다. 하민(下民)은 지극히 약하지만 힘으로 위협할 수 없고, 지극히 우매하지만 지혜로 속일 수 없다. 그 심을 얻은 즉 그들이 복종할 것이고, 그 심을 얻지 못한 즉 그들이 떠날 것이니 거취의 사이는 터럭만큼도 용납되지 않는다. 그러나 이른바 그 심을 얻는다는 것은 사의(私意)로써 구차하게 얻는 것이 아니고, 도(道)를 어김으로써 명예를 구하여 얻는 것도 아니다. 역시 인(仁)일 따름이다.……주상전하는 순천응인하여 신속

24) 이제현, 『익재난고』 권9, 「益齋眞自贊」
25) 고혜령, 「14세기 고려 사대부의 성리학 수용과 가정 이곡」, 이대 박사학위논문, 1992, 194~200쪽.

하게 보위(寶位)를 바루었으니 인(仁)이 심덕(心德)의 전부가 되고 애
(愛)는 곧 인(仁)이 발한 것임을 알았다. 이에 그 심을 바루어서 인(仁)
을 체득하고 그 애(愛)를 미루어 인(人)에게 미쳤으니, 인(仁)의 체(體)
가 서고 인(仁)의 용(用)이 행해진 것이다.26)

이처럼 조선 초기에는 천인합일론이 가지는 본래적 의미, 즉 군주의 자
의적인 지배를 억제하고 덕치라고 하는 민본정치를 보장함으로써 천도와
인도를 합치시키는 일에 보다 충실하고자 하였다. 고려시대에도 천인합
일론이 왕의 덕치를 요구하는 수단으로 이용되었지만, 그것은 민본정치
를 위한 것이라기보다 군주의 전제권에 대한 신권(臣權)의 확보를 위한
성격이 강했다는 점에서 조선 초기의 천인합일론과는 다른 것이었다.27)
이 시기의 지배층은 지배의 정통성을 확보하기 위해서 무엇보다 도덕 정
치의 '실질' 즉 민본정치를 행해야만 한다는 사실을 깨닫고 있었고, 그것
은 자기반성에 기초한 것이었다는 점에서 결코 상투적인 구두선으로만
그치는 것이 아니었다. 조선 초기의 천인합일론을 이와 같이 민본사상과
관련하여 이해하고자 한다면, 이 시기의 천인합일론에 나타나는 특징은
어떻게 설명할 수 있는가.

조선 초기의 정치사상가들이 주자성리학에 대한 이해가 깊었음에도
불구하고 천의 주재자적 성격을 포기하지 않았던 것은 당시 민의 존재 형
태와 관련이 있다고 생각된다. 이 시기의 민은 그 자체 불안정한 존재였
다. 그들은 양인의 신분을 유지한 채, 그리고 국가의 도움없이 독립적인
농업 경영을 하기가 대단히 어려운 상태에 있었다.28) 이같은 상황에서 노

---

26) 정도전, 『조선경국전』상, 「正寶位」
27) 고려시대의 덕치가 왕권에 대한 신권의 견제 수단으로 요구되었음은 최승로의 시
무책 가운데 다음과 같은 말에서 알 수 있다. "若聖上執心撝謙 常存敬畏 禮遇臣下
則孰不罄竭心力 進告謀猷 退思匡贊乎 此所謂君使臣以禮 臣事君以忠者也 願聖上
日愼一日 不自驕滿 接下思恭 儻或有罪者 輕重竝論如法 則大平之業 可立待也"
(『고려사』권93, 열전6, 최승로전)

비나 혹은 노비와 별로 다를 바 없던 민은 지배층의 자의적인 지배에 그대로 노출될 수밖에 없었다. 따라서 고려 말 혼란의 원인을 도덕적 실천이 없던 자신들에게서 찾았던 새 왕조의 지배층은 이제 민을 '정치적 배려'의 대상으로 인식하면서 민생의 안정에 주력하였다. 민본정치를 '치국(治國)'의 선부(善否)를 가늠하는 기준으로 삼기 시작한 국가로서는 이들을 보다 적극적으로 보호할 필요가 있었던 것이다.

> (태조가 – 인용자) 도평의사사에 전지하여 이르기를 "왕씨의 제사가 끊어지고 천이 나로 하여금 처음으로 나라를 다스리게 한 것은 실로 이 민을 위한 것이다. 만약 경천근민하지 않으면 천이 반드시 재앙을 내릴 것이다."[29]

그러나 '경천근민'의 민본사상에 따라 조선 초기의 국가가 민을 지배층의 자의적인 지배로부터 보호하고자 할 때 천즉리의 천관만으로는 부족하였다. 주자가 말하는 자연의 이법(理法)으로서의 천리에는 고대로부터 내려오던 천의 양면성이 내재되어 있었다. 즉 천리는 상하의 모든 인간에게 도덕 규범의 실천을 요구하는 근거이면서, 동시에 군신·부자로 대표되는 상하의 인간관계를 고정시켜 주는 근거이기도 했다. 물론 주자는 이 양면성을 지배층의 덕치에 의해 조화시키려 했지만, 그것이 의존하는 바는 주재자로서의 천의 권위에 따른 '강제'라기보다 어디까지나 지배층의 '자각'이었다.[30]

---

28) 김태영, 「조선시대 농민의 사회적 지위」『한국사 시민강좌』6, 1990, 56~58쪽.
29) 『태조실록』권6, 태조 3년 6월 임진조.
30) 따라서 만약 지배층의 자각에 의한 덕치가 행해지지 않는다 해도 현실적으로는 이를 강제할 수 있는 이론적·사상적 수단이 없었다. 이 때문에 주자의 천인합일론은 현실정치에서 천의 양면성 가운데 덕치를 보장해 주는 전자는 허구화되고 상하 관계의 절대성만이 강조될 개연성이 큰 것이었다. 여기서 "차별의 원리의 고정화와 함께 평등의 원리와 차별의 원리의 조화가 무너지는 소리를 듣지 않을 수 없

조선 초기에도 관인층에 대한 '교화'를 강조함으로써 이들의 자각을 끌어내고자 하였다. 그러나 이 시기에는 지배층의 자각에만 의존할 수 있는 상황이 아니었다. 민의 존재가 지배층에게 인신적으로 예속된 상태에서 지배층의 자각에 근거한 덕치를 통하여 민을 안정시키는 데에는 한계가 있었다. 따라서 보다 확실하게 덕치를 담보해낼 수 있는 수단이 필요하였고, 이에 조선 초기의 정치사상가들은 천의 주재자적 성격을 인정하였던 것으로 생각된다.

천을 주재자적 존재로 인식하는 한, 지배층의 민에 대한 자의적인 지배는 보다 강하게 제약시킬 수 있었다. 그것은 자연의 일탈현상인 천재지변을 통해서 가능하였다. 천재지변은 주재자로서 천이 지배층에게 보내는 견책이었던 것이다. 따라서 한번 재이가 발생하면 그 원인을 합리적으로 설명할 수 없었던 당시의 지배층은 두려워하면서 자신의 잘못을 반성하고 천의 법도에 따라 덕치를 행해야 했다.

이처럼 조선 초기의 정치사상가들은 천의 주재자적 성격을 강조함으로써 천의 권위에 의지해 덕치를 이루고자 하였다. 그들은 항상적으로 나타나는 재이를 천의 견책으로 받아들임으로 말미암아 자신들에게 요구되는 도덕 규범의 실천을 외면하지 않았다. 천견(天譴)에서 천리(天理)로의 전환을 전제로 한 이기론 중심의 주자성리학이 이 시기에 전면적으로 받아들여지지지 않았던 까닭도 이 때문이라 할 수 있다. 그들은 현실정치에서 '명분론'뿐만 아니라 철저하게 덕치 = 민본정치를 통치 원리로 삼았던 것이다.

다음에 재이에 대한 조선 초기의 인식을 구체적으로 살펴봄으로써 이 시기 지배층의 민본정치에 대한 보다 분명한 의지를 확인하기로 한다.

다"는 주자의 정치사상에 대한 지적도 타당한 측면이 있다고 생각된다(안병주, 『유교의 민본사상』, 대동문화연구원, 1987, 81쪽).

3. 재이론

천인합일론에서 천은 지배층에게 민을 위한 정치를 요구하였기 때문에 관념적인 천의 의지를 판단하는 객관적인 기준은 민심이 될 수밖에 없었다.[31] 그러므로 지배층이 민의 의사와 다른 정치를 해서 천도와 인도가 어긋날 경우에 천은 이를 경고함으로써 다시 양자를 합치시키게 된다. 그런데 유교에서는 천의 의지를 민심과 동일시하면서도 천의 경고에 대해서는 민의 직접적인 개입을 차단하고 있다. 그것은 물론 민을 정치의 주체로 인식하지 않는 명분론에 근거한 것이었다. 그러나 대신에 천의 경고임을 판단할 수 있는 분명한 신호로서 재이를 설정하였다. 결국 재이는 정치의 주체일 수 없는 민이 정치에 참여하는 간접적인 통로인 셈이었다.

이 재이관에 따르면, 천지만물은 음양오행의 기로 이루어졌고 더 나아가 천지만물의 일부인 인간 사이의 사회적 관계에도 음양오행의 원칙이 적용되는 것으로 보고 있다.[32] 따라서 인간의 사회적 관계에 따른 '행위'가 상도를 벗어나게 되면 음양오행의 운행도 파행적일 수밖에 없고, 이것이 천지의 운행에 감응하여 마찬가지로 비정상적인 재이의 현상이 나타난다는 것이다. 즉 재이는 인간의 '행위'가 초래한 필연적인 결과였다. 이처럼 유교에서는 인간의 능력으로는 어찌할 수 없는 자연의 일탈현상인 재이를 통하여 명분에 어긋나지 않으면서도 지배층에게 효과적으로 경고할 수 있는 수단을 마련하였고, 이로써 지배층을 제약하면서 실질적인 민본정치를 담보해낼 수 있었다.

한국사에서 재이가 지배층을 정치적으로 제약할 수 있는 기능을 하게 된 것은 고려시대부터인 것으로 보인다.[33] 물론 그 이전에도 재이에 대한

---

31) 『맹자』 「이루장구」 상, "得其民 斯得天下"
32) 정일동, 「동중서의 정치사상과 황로사상」 『송갑호교수 정년퇴임기념문집』, 1993, 77~79쪽.

기록은 있어왔지만 그것은 인간의 한계를 초월하는 자연의 힘에 대한 외경심에서 비롯된 종교적 차원의 것이었고, 이를 천인감응에 따른 현상으로 이해한 것은 아니었기 때문에 재이가 구체적인 정치행위를 제약하는 것은 아니었다. 그러나 유교가 정치이념으로서 점차 자리 잡아감에 따라 이와 병행해서 재이도 천도와 인도의 불일치로 인한 결과로 인식되었다. 그리하여 이제 자연과 인간사회를 순환하고 있는 질서 원리가 도덕에 있다는 사실이 받아들여졌고,[34] 따라서 두 세계의 조절자로서 군주의 도덕적 실천이 요구되었다. 이렇게 하여 고려시대의 유교적 재이관은 성립하였고, 그것은 동중서의 천인감응설에 근거한 것이었다고 생각된다.[35]

조선 초기의 재이관은 기본적으로 전시대와 동일하면서도 정치의 도덕성이 훨씬 더 강조되었다. 이 시기의 재이론에 대해서는 이미 개략적인 이해가 가능하기 때문에,[36] 여기서는 당시의 지배층이 재이의 원인을 어떻게 이해했으며 그 의미는 무엇이었는지를 중심으로 살펴보기로 한다.

자연현상을 합리적으로 설명할 수 있을 정도로 과학이 발달하지 않은 상황에서 재이가 발생하게 되면 군주는 그 원인을 몰라 두려워하기 마련이었다. 조선 초기의 군주들도 이 점에서 그 이전의 군주들과 다를 바 없었다.

> (태종이—인용자) 다시 탄식하여 이르기를, "일년 내내 가뭄이 들어 화곡이 이미 말랐는데 어제는 태풍이 불어 나무가 뽑히고 곡식이 손상되었으니 무슨 선하지 못한 일들이 쌓여 이같이 재이가 무리지어 이르는가. 내가 일찍기 방문을 닫고 가만히 생각하니 살고 싶지 않다.

33) 박성래, 「한국의 재이와 재이관」『전통과학』1, 한양대 한국전통과학연구소, 1980, 40쪽.
34) 진영일, 앞의 논문(1986), 499~505쪽.
35) 이희덕, 앞의 책, 82~93쪽.
36) 권연웅, 앞의 논문.

즉위한 이래 공덕이 생민을 복되게 한 것이 없다. 근일에 교하의 민이 말하기를, '시기가 멸망할 때를 당하여 이같은 재이가 있다.'고 하니 어찌 부끄러움이 없겠는가. 정사를 도모하는 대신들은 서로 체대하였는데 나는 오랫동안 재위하였으니 세자에게 전위하여 조금이라도 우려를 덜고자 하나 아직 어려 일을 경험하지 못했으니 또한 그렇게 할 수도 없다. 내가 밤낮으로 이처럼 걱정하고 고민하고 있다는 것을 누가 알겠는가."[37]

때문에 이같은 두려움을 해소하기 위해서는 어떤 형태로든 재이의 원인을 설명할 수 있는 방안이 마련되어야 했다. 그리하여 당시로서는 이 문제에 대한 가장 합리적인 설명 방식이라 생각된 천인감응설이 받아들여졌다. 그 결과 재이가 발생하면 자연과 인간사회를 순환하는 음양오행의 조절자로서 어긋난 인도를 바로잡아야 할 최종적인 책임을 져야 하는 군주는, 그 책임의 구체적인 표현으로서 자신의 행위를 반성하는 '수성(修省)'의 모습을 보이지 않으면 안되었다.

왕(세종 – 인용자)이 가뭄을 걱정하여 하교하기를, "들으니 인주가 부덕하고 정사가 불균하면 천이 재이를 보여 다스리지 못함을 경계한다고 한다. 내가 보잘것 없는 몸으로 신민의 위에 의탁하면서 밝음은 능히 비추지 못하고 덕은 편안하게 못하여 수한흉황(水旱凶荒)이 연달아 그치지 않으니 백성은 고통으로 근심하고 호구는 유리하는데도 창고가 고갈하여 진휼할 수 없다.……조용히 허물을 반성하니 죄는 실로 나에게 있어 마음이 아프고 면목이 없어 어찌할 줄을 모르겠다. 급히 바른 말을 듣고 행실을 닦아 화기(和氣)를 부르고자 하니 대소신료는 각기 힘써 천계(天戒)를 생각하여 위로는 나의 궐실(闕失)과 정령(政令)의 잘못으로부터 아래로는 전리(田里)의 휴척(休戚)과 생민의 이병(利病)을 다 직언하기를 거리낌 없이 하여 나의 천을 두려워하고 민을 걱정하는 지극한 생각에 부응하라."[38]

---

37)『태종실록』권30, 태종 15년 7월 계축조.

『실록』에서 흔히 볼 수 있는 위와 같은 사료는 재이의 정치적 의미를 보여주는 전형적인 예라 할 수 있다. 즉 재이를 인간의 부덕한 행위에 따른 필연적인 결과라고 이해하면서 수성을 통해 천도와 인도의 조화를 이루려는 것이다.

그런데 모든 재이를 인간의 행위에 따른 결과로만 보는 것은 아무래도 무리였다. 재이의 원인을 천인감응설로만 설명할 수 없는 것이 현실이었다. 예컨대 선한 사람이 화를 당하고, 혼란한 시대에 상서가 나타나는 경우는 얼마든지 있었다. 이같은 문제에 대해 천인감응설에서는 '미정지천(未定之天)'의 논리로 설명하고 있다.

> (태종이 이르기를—인용자) "천도는 선한 사람에게 복을 주고 음란한 사람에게 화를 내리는데 그 길흉의 효과가 오래 지난 후에야 이르기 때문에 사람들이 많이 그것을 의심하고 믿지 않는 것이다." 좌우에서 이르기를, "리가 있으면 기가 있는 것입니다. 그리니 기는 빼르고 리는 더딘 까닭에 사람이 선을 행하고도 그 길함을 얻지 못하고 악을 행하고도 그 화를 입지 않는 것입니다. 이것이 이른바 미정지천(未定之天)입니다. 기정(旣定)에 미쳐서는 천이 사람을 이기지 못함이 없습니다."[39]

즉 '미정지천'은 천의 감응이 아직 일어나지 않았다는 것으로서, 천·인 사이의 인과관계에 어긋나는 경우를 천의 감응 속도가 늦어짐으로 말미암아 생기는 일시적인 현상으로 보는 것이다. 그러나 이 논리도 궁극적으로는 '기정지천(旣定之天)'의 감응 내용을 인간의 행위와 일치하는 것으로 본다는 점에서 현실의 모든 재이를 설명해 줄 수 없었다. 따라서 재이의 원인이 무엇인가 하는 해결할 수 없는 두려움은 결국 이 문제를 우연,

---

38)『세종실록』권20, 세종 5년 4월 을해조.
39)『태종실록』권12, 태종 6년 7월 무술조.

또는 천수(天數 = 氣數)로 돌리는 견해를 받아들이게 하였다.

> 또 공경대신이 모두 덕의(德義)가 있어 동심협력하여 왕업을 도와
> 이루었고, 비록 근시하는 무신이라 하더라도 남의 토지를 빼앗고 남
> 의 처첩을 유혹하여 사풍(士風)을 훼손하고 화기를 손상하였다는 말
> 을 듣지 못하였는데 재이의 변이 무슨 연유로 일어나는가. 전조(前朝)
> 말에는 남의 전민(田民)을 빼앗고 만백성을 침어하여 포학이 더욱 심
> 하였는데도 커다란 변이 없었으니 생각컨대 반드시 천수(天數)일
> 것이다.[40]

재이를 천의 운행 과정에서 나타나는 단순한 현상으로 보는 합리적인
생각을 갖게 되면 재이는 인간의 행위와 무관하게 우연히 발생하는 것이
된다. 이같은 재이관은 중국의 순자(荀子)에게서 보이는 바 그 연원이 오
래 되었고, 한국사에서도 고려시대부터 이미 있어 왔다.[41] 이러한 재이관
에 근거를 더해주는 것은, 대표적인 재이로 인식되어 온 일식이나 월식이
인사(人事)와 관계없이 그 발생 시기를 정확하게 예측할 수 있다는 점이
다. 이 때문에 재이 현상을 천수로 생각하는 견해도 조선 초기에는 꽤 넓
게 퍼져 있었다. 따라서 재이의 원인을 둘러싸고 그것을 인사에 의한 필
연으로 보는 입장과, 인사와는 무관한 것으로 보는 입장이 서로 갈등을
겪는 것은 당연하였다. 다음은 이 갈등의 모습이 과거시험의 책제에서까
지 드러난 경우이다.

> 인사는 아래에서 감응하고 천도는 위에서 감응하는 것은 고금의 자
> 연스러운 이치이다. 경사(經史)를 상고해 보면 혹 그 감응이 있기도 하
> 고 혹 감응이 없기도 하니 그렇게 된 까닭을 얻어 들을 수 있겠는가.
> 봉황이 나타나고 바다가 파도치지 않으며 보정(寶鼎)이 나온 것은 모

---

40) 『태종실록』 권17, 태종 9년 4월 을미조.
41) 이희덕, 앞의 책, 86~93쪽.

두 상서이고, 9년의 홍수와 7년의 가뭄과 부시(罘罳)에 화재가 난 것은 모두 재이이다. 이것은 모두 감응이 있어서 일어난 것인가, 아니면 감응이 없는데도 스스로 일어난 것인가. 창린(蒼麟)·백록(白鹿)·천서(天書)·지초(芝草) 등은 가히 의심할 만한 상서인데 송(宋)의 진종(眞宗)은 거의 태평을 이루었고 조(趙)의 석륵(石勒)은 끝내 떨치지 못하였으니, 일은 같은데 성쇠의 다름은 무엇 때문인가.[42]

이처럼 재이의 원인을 둘러싼 갈등은 쉽사리 해소될 수 있는 것이 아니었다. 재이를 인사의 결과로만 생각하면 현실적으로 이에 어긋나는 무수한 경우를 설명할 수 없고, 그렇다고 천수로만 생각하게 되면 이는 왕을 견제할 실질적인 수단이 없어지는 것일 뿐만 아니라 천도와 인도를 순환하는 음양오행의 조절자로서의 왕의 권위도 손상을 받는 것이기 때문에 더더욱 받아들일 수 없었다. 상황이 이러했기에 결국 재이에 따라 그 원인이 인사인 것도 있고 천수인 것도 있다는 견해로까지 나아갈 수밖에 없었다.

또 수한지재(水旱之災)는 혹 기수(氣數)로 인하기도 하고 혹 인사로 인하기도 하여 세상에 이것이 없을 때가 없었습니다. 옛날에 성탕(成湯)은 7년의 가뭄을 만나 오직 육사(六事)로써 자책하고 산천에 고하였을 뿐이고 변경한 일이 있었다는 것은 듣지 못하였습니다. 이른바 기수라는 것은 신이 이해하지 못할 바이고, 인사로써 보건대 지금 우리 전하는 인명효우지덕(仁明孝友之德)이 천고에 뛰어나고 경천근민지정(敬天勤民之政)이 지성에서 나와 조그만 재변을 만나도 문득 스스로 경책하니, 성탕이 가뭄을 만나 자신을 책망하는 마음이므로 반드시 감격하는 응답이 있을 것입니다.[43]

---

42) 『세종실록』권19, 세종 5년 3월 기유조.
43) 『태종실록』권31, 태종 16년 5월 신해조.

위에서는 재이의 원인으로 기수(= 천수)와 인사를 모두 인정하고 있다. 그런데 여기서 주목되는 것은 천수로 인한 재이를 인정하면서도 그것은 인간의 능력으로는 이해할 수 없는 것이기 때문에 인사만 다하면 천의 감응이 있을 것이라는 점을 언급하고 있다는 사실이다. 즉 어쩔 수 없이 천수를 인정하지만 중요한 것은 재이의 원인이 아니라 인간의 도덕적 행위라는 것이다. 이렇게 되면 재이의 원인이 무엇이든 관계없이 항상적으로 왕에게 수성을 요구할 수 있었다. 만약 수성을 하는데도 재이가 계속된다면, 이때의 재이는 두려워할 필요가 없었다. 그것은 오히려 천이 왕을 인애하고 있다는 근거로 되었다.

> 신이 반복하여 생각컨대 수한지재(水旱之災)는 역대로 면하지 못한 것이고, 감소지리(感召之理)는 고인(古人)이 밝히기 어려운 것입니다. 대저 인군이 외천지경(畏天之敬)과 휼민지인(恤民之仁)이 있는데도 혹 수한지재를 만나는 것은 천이 인군을 인애하여 경계하고 두렵게 하는 것에 불과한 것입니다. 인군이 외천지경과 휼민지인이 없어서 이내 수한지재가 있으면 이는 천의 견고(譴告)함이 깊은 것입니다.[44]

이것은 형조좌랑 최숙정(崔淑精)의 상소문으로, 여기서도 재이의 원인이 무엇인지는 문제가 되지 않았다. 그러면서 재이가 지니는 의미를 두 가지로 나누어 밝히고 있다. 즉 인사를 다해 수성하는데도 생기는 재이는 왕이 '경계'해야 하고, 수성하지 않는 상황에서의 재이는 왕에 대한 직접적인 '견책'의 의미를 지닌다는 것이다. 여기서 문제가 되는 것은 후자이고, 전자의 경우는 천이 왕을 인애하여 깨우치는데 불과하기 때문에 재앙이 되지 않는다. 따라서 왕이 덕에 의한 정치만 하게 되면 재이의 현상은 그 원인과 무관하게 걱정할 것이 없게 된다.

---

44) 『성종실록』 권5, 성종 1년 5월 경진조.

재이의 의미를 경계와 견책으로 나누어 이해하는 것은 이미 동중서에게서 나타나는 것이지만,[45] 이와 같은 재이관은 덕에 의한 정치를 관철시킬 수 있다는 점에서 상당히 중요한 의미를 지니는 것이라 생각된다. 즉 인사와 관계없이 천수에 의한 재이가 생기더라도 이것까지도 왕은 '경계'해야만 했던 것이다. 이것은 천수를 재이의 원인으로 인정하면서도 사실상 의도적으로 이를 의시하지 않으려는 것이라 할 수 있다. 이렇게 되면 재이가 어디에서 비롯되었는가 하는 문제는 방기될 수밖에 없고 오로지 덕치만을 강조하는 것이 가능하였다.

> 왕(세종 – 인용자)이 경연에 나아가 묻기를, "지금 듣건대 봉황이 중국에서 나타났다고 하는데 그러한가?" 탁신(卓愼)이 이르기를, "위로 순임금과 문왕과 같은 덕이 있은 연후에야 봉황이 나오는 것인데, 지금 중국에서는 민이 생활을 힘입을 수 없으니 비록 봉황이 나왔다고 하더라도 족히 상서(祥瑞)가 되지 못합니다. 지금 그 말을 듣건내 인력으로 잡아 묶어서 능히 날지 못하게 하였다고 하니 어찌 진짜 봉황이겠습니까. 하물며 인주는 아침저녁으로 경외하여 마땅히 민생의 휴척(休戚)을 생각해야지 상서를 생각하는 것은 불가합니다."[46]

위의 사료에서 당시 지배층의 궁극적인 관심이 무엇이었던가가 쉽게 드러난다. 여기서는 봉황이 상서인가 아닌가, 이와 마찬가지로 재이가 재앙이 되는가 아닌가 하는 문제를 판단하면서, 객관적인 자연현상을 판단의 기준으로 삼는 것이 아니라 덕에 의한 정치가 기준이 되고 있다. 이는 상서나 재이가 얼마나 자의적으로 받아들여졌고, 또 그것이 의미하는 바가 무엇인가를 그대로 드러내 주는 것이라 할 수 있다. 그들은 상서나 재이 자체에 의미를 부여하기보다 이를 통하여 덕치 = 민본정치를 보장하려

---

45) 이기동, 「동중서사상의 체계적 이해」 『유교사상연구』 4·5, 1992, 421~422쪽.
46) 『세종실록』 권2, 세종 즉위년 12월 정유조.

는데 더 큰 관심이 있었다.

이같이 천수로 인한 재이를 인정하면서도 한편으로는 이를 의도적으로 외면하고는 이것조차도 경계 대상이라 하여 수성을 요구하는 재이관이 당시에는 보편적으로 받아들여졌던 것으로 생각된다. 때문에 이와 달리 재이를 천수에 따른 우연한 자연의 현상으로만 이해하는 견해는 배격될 수밖에 없었다. 예컨대 성종대 도승지였던 임사홍(任士洪)의 경우가 이에 해당하는바, 그는 재이를 우연한 현상이라 주장하다가 결국 다음과 같은 유신들의 상소 이후 간신으로 지목당하고는 파출되었다.

> "무릇 재변이 생기는 것을 고인(古人)이 말하기를, '천심이 인군을 인애하는 것으로서 능히 몸을 움츠리고 행실을 닦게 하는 것'이라고 하였습니다. 고로 비록 일식과 월식이 모두 상도(常度)가 있는데도 성인이 이를 『춘추』에 기록하여 대변(大變)으로 삼았은즉 인군이 상사(常事)로 경홀히 하는 것은 불가합니다."[47]

일식이나 월식과 같이 천수에 의한 재이가 있을 수 있다는 사실 자체를 부정하는 것은 아니었지만, 문제가 되는 것은 이를 '수성'과 분리시키는 것이었다. 이것은 재이의 정치적 기능을 무시하는 것으로, 현실적으로 가장 강력하게 덕치를 담보해 낼 수 있는 수단을 포기하는 것이기 때문에 받아들여질 수 없었던 것이다.

한편 이같은 재이관은 비록 일차적으로는 왕권을 제한하는 것이었음에도 불구하고 조선 초기의 왕들은 스스로도 이를 받아들였다. 물론 그들은 재이와 정치를 별개로 이해함으로써 자신들의 정치적 부담을 없애고 싶었겠지만, 그러나 그들은 모두 수성의 길을 택했다. 그런데 여기서 흥미로운 것은 그러한 선택이 유신들의 요청에 의해서라기보다 오히려 왕

---

47) 『성종실록』 권91, 성종 9년 4월 무오조.

자신들이 스스로 취하고 있다는 점이다. 위의 임사홍 사건에서도 성종은 자신이 먼저 그의 견해를 반박하였고, 뿐만 아니라 재이의 발생에 가장 민감할 수밖에 없을 정도로 정치적 곡절이 심했던 태종조차도 예외가 아니었다.

> 왕이 웃으며 말하기를, "영의정은 일찌기 말하기를, '탕임금이 7년의 가뭄을 겪었는데 어찌 비오기를 기도하지 않았겠습니까. 곧 천수일 따름입니다.' 하였는데, 이 말은 이치가 있다. 그러나 인군에게 위탁된 기수(氣數)로 볼 때에는 불가한 말이다."48)

태종은 재이를 천수라고 하는 영의정의 말에 오히려 왕으로서는 이같은 견해를 받아들일 수 없음을 분명히 하였다. 그러면 왜 조선 초기에는 왕들조차도 자신을 구속할 수 있는 재이관을 받아들였을까.

이 문제에 대해서는 몇 가지 해석이 가능하겠지만, 여기서는 유교의 '군신일체(君臣一體)'라는 측면에서 이해하고 싶다. 군주는 천도와 인도를 조절하는 최종적인 책임이 있었지만 그것은 군주 혼자만의 책임은 아니었다. "인군은 일국의 현자(賢者)와 더불어 천위(天位)와 천록(天祿)을 함께 하며 천공(天工)을 대신하는 것"49)이라는 군신일체론은 군주의 전제권을 제한하는 것이지만 동시에 정치에 대한 신하의 공동책임을 내포하고 있는 것이다. 따라서 재이는 군주에 대한 신하의 견제 기능뿐 아니라 신하에 대한 군주의 견제 수단으로도 이용이 가능한 것이었다. 이 때문에 당시의 왕들은 천의 경고라는 재이관을 받아들임으로써 이를 통해 신하에게도 책임을 물을 수 있었다.

---

48)『태종실록』권27, 태종 14년 6월 정사조.
49)『성종실록』권77, 성종 8년 윤2월 을축조.

왕(세종-인용자)이 윤회(尹淮)에게 이르기를, "지금 천기가 불순하여 겨울이 봄의 명령을 행하고 있는데, 이는 정사가 밝지 못하고 기강이 방종·해이해져 이른 것이다. 지금 대소관리가 주연을 베풀고 무리지어 마시는데도 헌사에서 규탄하지 않으니 정사의 밝지 않음과 기강의 방종·해이함이 이보다 더한 것이 있는가."[50]

이처럼 재이는 왕에게만 수성을 요구하는 것이 아니었다. 그것은 왕과 일체관계에 있는 지배층에게도 의미있는 것이었다. 재이는 왕을 포함한 지배층 모두에게 덕치 = 민본정치를 요구하는 단서가 되었고, 이같은 재이론을 받아들임으로 말미암아 지배층은 민에 대한 자신들의 일방적인 지배를 스스로 제약할 수 있었다. 결국 조선 초기의 재이론은 정치의 도덕성을 제고함으로써 민본정치를 담보해 내는 가장 확실한 수단이었다. 이 시기 민본사상에 입각한 구체적인 정치행위의 대부분이 재이와 관련해서 이루어지는 까닭도 여기에 있었던 것이다.

4. 맺음말

지금까지 조선 초기의 천인합일론과 재이론을 이 시기의 민본사상과 관련하여 살펴보았다. 이제 그 내용을 요약함으로써 맺음말에 대신하고자 한다.

천인합일론은 유교 정치사상의 바탕이 되는 이론으로서, 천도와 인도가 덕이라고 하는 하나의 원리에 의해 이루어졌다는 인식을 전제로 하고 있다. 이 때문에 천인합일론에서는 덕을 매개로 천도와 인도를 합치시킬 수 있다고 하는바, 이는 한마디로 천의 권위를 빌어 인간의 도덕적 실천

---

50) 『세종실록』 권30, 세종 7년 12월 신사조.

을 보장하려는 것이라 할 수 있다.

그런데 인간의 도덕적 실천을 담보해 내는 강도는 천을 어떻게 이해하느냐에 따라 달라질 수 있을 것이다. 천에 대한 인식은 대체로 그것을 인격을 지닌 주재자로 보는 입장과, 인간이 마땅히 행해야 할 도리(= 천리)로 보는 입장으로 나눌 수 있다. 전자가 한대의 보편적 인식이라면, 후자는 송대 주자성리학에서의 인식이었다. 천을 주재지로 인식하는 한 지배층의 덕치는 주재자로서의 천의 권위에 의해 '강제'될 수 있지만, 천을 도리로 이해한다면 덕치는 단지 지배층이 마땅히 그것을 행해야 한다는 사실에 대한 '자각'에 의존하는 수밖에 없었다.

조선 초기에는 주자성리학이 받아들여짐으로써 천을 도리로 생각하기도 했다. 그러나 보다 일반적으로는 고려시대와 마찬가지로 그것을 주재자로 이해하려는 경향이 강했고, 이는 조선 초기 지배층의 민본정치에 대한 의지를 표현한 것이라 할 수 있다.

고려 말의 사회경제적 혼란을 극복하고자 했던 신흥사대부들은 그 혼란의 원인을 도덕적 실천이 없는 자신들에게서 구하였다. 그리하여 이들은 지배층의 덕치를 강조하였는바, 이는 자기반성에 기초하고 있다는 점에서 고려시대 군주에게 요구된 덕치와는 성격이 다른 것이었다. 즉 고려시대의 덕치가 군주의 전제권에 대한 신권의 확보를 위해 이용되었다고 한다면, 여말선초의 덕치는 이를 통하여 민본정치를 구현하고자 한 것으로 덕치 = 민본정치를 매개로 천도와 인도를 합치시키려는 천인합일론의 본래적 의미에 보다 가까운 것이었다. 그 결과 새 왕조의 지배층은 민본정치를 '치국(治國)'의 선부(善否)를 가늠하는 기준으로 삼게 되었고, 이로써 이제 민은 유교 정치사상의 측면에서 진정한 '정치적 배려'의 대상으로 인식되었다.

이처럼 조선 초기의 국가가 민을 '정치적 배려'의 대상으로 삼아 고려 말의 혼란을 극복하고자 할 때, 주자성리학적 천관(天觀)은 적당하지 않았다. 당시의 민은 국가의 도움이 없이는 독립적인 농업 경영이 대단히 어려운 상태에서 지배층의 자의적인 지배에 그대로 노출되어 있었다. 이같은 상황에서는 지배층의 '자각'에만 의존하는 주자성리학보다, 주재자인 천의 '강제'에 의해 덕치를 보장하는 한대의 천관이 보다 효과적이었다. 왜냐하면 천을 주재자로 인식하는 한 항상적으로 나타나는 자연의 일탈현상인 재이는 천이 지배층에게 보내는 '견책'의 의미로 받아들여지고, 이로써 지배층의 자의적인 지배를 제약하는 것이 현실적으로 가능하였기 때문이다.

물론 조선 초기에도 재이를 천의 운행 과정에서 나타나는 일상적인 현상으로 보는 합리적인 견해가 있었다. 특히 일식과 같이 명백하게 예측이 가능한 재이를 지배층에 대한 천의 경고로 보기는 어려웠던 것이다. 때문에 재이의 원인을 천수(天數 = 氣數)에 의한 것으로 보기도 하였다. 그러나 이같은 견해를 따르면 재이는 인간의 행위와는 무관한 것이 되어 지배층을 제약할 수 없게 된다. 이에 조선 초기에는 천수에 의한 재이가 있다는 것을 인정하면서도 이것까지도 주재자로서의 천이 군주를 인애하여 보내는 '경계'의 대상으로 삼았다. 한마디로 재이의 원인이 문제 되는 것이 아니라 어떻게 하면 이를 계기로 덕치를 담보해낼 것인가 하는 문제가 중요하였던 것이다. 이것이 주자성리학의 수용에도 불구하고 천의 주재자적 성격을 포기하지 않은 까닭이라고 할 수 있다.

이상과 같이 조선 초기의 지배층은 천의 주재자적 성격을 강조함으로써 천의 권위에 의지하여 덕치 = 민본정치를 행하고, 나아가 천인합일을 이루고자 하였다. 그것은 고려 말의 혼란을 자기반성의 계기로 삼았다는 점에서 전시대와 같이 상투적인 구호에만 그치는 것이 아니었다. 왕을 포함하여 그들은 항상적으로 나타나는 재이를 주재자로서의 천의 견책, 또는 경고로 받아들임으로 말미암아 자신들에게 요구되는 도덕 규범의 실천을 외면하지 않았다. 그 결과 조선 초기에는 명분론과 함께 민본사상이 현실적인 통치 원리로서 기능할 수 있었다고 생각한다.

(『진단학보』 81, 1996. 6)

제2장

조선 초기 제천례와 사유제

민심안정책과 관련하여

1. 머리말

조선왕조는 고려 말의 혼란을 극복한다는 명분을 내세움으로써 그 성립이 가능하였다. 이 때문에 초기의 조선왕조가 당면한 과제는, 어떻게 하면 고려 말의 정치적 그리고 경제적 모순으로 야기된 사회의 불안정을 해소할 것인가 하는 문제로 모아질 수밖에 없었다. 이 과제를 해결하기 위해 조선 건국세력이 표방한 것이 곧 유교 정치이념에 기초한 민본사상이었다. 다시 말하면 민본사상을 통치의 이념으로 삼음으로써 하루속히 새 왕조의 기틀을 다지고자 했던 것이다. 그리하여 건국 초부터 민본사상에 근거한 국가의 정책이 본격적으로 시행되었다.

조선 초기에 민본사상에 근거한 국가의 정책은 크게 두 가지 방향에서 이루어진 것으로 보인다. '민심'을 안정시키는 것이 그 하나이고, 다른 하나는 '민생'을 안정시키는 것이다. 물론 이 두 가지는 동전의 양면과 같은 것이지만, 전자가 왕조교체기의 흐트러진 민심을 수습하고 여러 계층 간의 갈등을 해소하려는 것이라고 한다면, 후자는 고려 말의 경제적 혼란에 따른 민생의 피폐를 해결하려는 것이었다고 할 수 있다. 결과론적으로 말하면 초기의 조선왕조는 이 두 가지 과제를 성공적으로 수행함으로써 그 전후의 시기보다 상대적으로 안정될 수 있었다.

본고에서는 위의 두 과제 가운데 '민심'을 안정시키기 위한 국가의 시책에 초점을 맞추어, 여기에 조선 초기의 통치이념인 민본사상이 어느 정도 반영되어 있는지를 살펴보고자 한다. 즉 관념적인 민본사상이 현실 정치에서 어떻게 표출되고 있는가를 구체적으로 알아보려는 것이다. 이것은 당시 통치이념으로서의 민본사상이 단순한 표방에 불과하였는지, 아니면 정책의 추진 과정에서 현실적 규정력을 지닌 것이었는지의 여부를 판단하는 것일 뿐만 아니라, 나아가 이 시기 유교 정치이념의 성격까지도 가늠할 수 있는 문제라고 생각한다.

그렇다고 여기서 민심의 안정과 관련된 국가의 시책 모두를 검토하려는 것은 물론 아니다. 민심을 안정시키기 위한 국가의 시책에는 여러 가지가 있을 수 있겠는데 본고에서는 특히 제천례(祭天禮)의 시행을 둘러싼 논쟁과, 당시에 시행된 사유제(赦宥制)에 중점을 두고자 한다. 제천례와 사유는 서로 직접적인 관련이 없어 보이지만, 양자는 모두 재이(災異)에 대한 대책의 일환으로 행해진 것이고, 아울러 재이가 당시 민심의 불안정을 초래하는 주된 요인이었다는 점에서 양자는 모두 민심을 안정시키기 위한 분명한 의도에서 행해진 것이라 할 수 있다. 따라서 이 두 시책을 통하여 조선 초기의 관인 지배층이 지녔던 민본사상에 대한 인식의 일단을 살펴볼 수 있을 것이다.

사전(祀典)의 정비 과정에서 제기되어 쟁점화된 제천례에 대해서는 그동안 많은 연구가 진행되었다.[1] 그런데 지금까지의 연구는 대체로 세 가

---

1) 中村榮孝, 「朝鮮世祖の圜丘壇祭祀について」上, 『朝鮮學報』54, 1970.
　김태영, 「조선 초기 사전의 성립에 대하여」『역사학보』58, 1973.
　한우근, 「조선왕조초기에 있어서의 유교이념의 실천과 신앙 · 종교」『한국사론』

지 방향에서 이루어진 것으로 보인다. 첫째는 유교적인 지배 질서를 확립하려는 조선 초기 지배층의 의지가 사전의 성립 과정에서 어떻게 반영되고 있는가를 밝히는 것이고, 둘째는 이 시기 집권층의 국가관 내지는 국가의식을 살피는 수단으로 제천례를 다룬 것, 그리고 마지막으로는 길례(吉禮)로서의 제례(祭禮)를 포함하는 오례의(五禮儀)에 왕과 사대부 관료층 사이의 정치권력 관계가 투영되어 있다는 시각에서 다룬 것 등이다. 그러나 어느 것이든 지배층이 유교적인 지배체제를 구축하는 수단으로 사전의 문제를 이용하였다는 것이 전제되어 있다. 물론 이같은 전제가 잘못된 것은 아니지만, 그러나 기존의 연구에서는 이 시기 제천례의 시행 여부를 둘러싼 논쟁에 내포되어 있는 통치이념으로서의 민본사상에 대해서는 간과하고 있다. 따라서 본고에서는 민본이념의 실천이라는 시각에서 이 시기의 제천례를 다루고자 한다.

한편 제천례와 마찬가지로 재이의 대책으로 행해진 사유(赦宥)는 잘 알려진 바와 같이 범죄자에 대한 형의 집행을 면제해 주는 제도이다. 그런데 전근대 사회에서 빈번히 행해진 이 사유는 여러 가지 정치적 의도를 지닌 정치행위였음에도 불구하고 지금까지 그다지 주목을 받아오지 못했다. 더욱이 조선 초기의 사유에 대해서는 거의 연구가 되어 있지 않은 실정이고, 다만 고려시대의 사유제에 대해서만 어느 정도 밝혀져 있을 뿐이다.[2] 따라서 사유제 전반에 대한 고찰은 뒤로 미루고 본고에서는 이 제도

3, 1976.

한영우, 「조선전기의 국가관·민족관」 『조선전기사회사상연구』, 지식산업사, 1983.

이범직, 「국조오례의의 성립에 대한 일고찰」 『역사학보』 122, 1989.

_____, 「조선전기의 오례와 가례」 『한국사연구』 71, 1990.

한형주, 「조선 세조대의 제천례에 대한 연구」 『진단학보』 81, 1996.

桑野榮治, 「高麗から朝鮮初期における円丘壇祭祀の受容と變容」 『朝鮮學報』 161, 1996.

2) 한용근, 「고려시대의 사에 관한 연구」 『경희사학』 12·13, 1986.

신호웅, 「고려시대의 사면제도」 『하석김창수교수화갑기념사학논총』, 1992.

의 민본적 성격, 즉 민심을 안정시키고자 하는 측면만을 우선적으로 살펴보려고 한다.

이상의 작업을 통하여 조선 초기의 통치이념인 민본사상이 현실 정치에 어떻게 반영되고 있는가 하는 구체적인 모습을 확인할 수 있으리라 기대한다.

2. 제천례

유교 정치사상의 핵심은 천인합일론(天人合一論)이라고 할 수 있다. 천인합일론은 천도(天道)와 인도(人道)가 하나의 동일한 원리에 의해 이루어졌고, 또한 그 원리에 따라 움직인다는 명제에 근거한 것이다. 여기서 천도와 인도를 관통하는 원리로서 제시된 것이 유교적 덕목이다. 따라서 인간은 이 유교적 덕목을 실천함으로써 천인합일의 유교적 이상사회를 이룰 수 있는 것이다. 다시 말하면 덕을 매개로 천인합일을 이루고자 하는 것이 유교가 지향한 바였다고 할 수 있다.

유교의 정치사상이 이러했기에 유교에서는 당연히 지배층의 덕치가 강조될 수밖에 없었다. 그런데 전근대의 신분제 사회에서 지배층의 덕치를 담보해내는 강제적인 수단을 마련한다는 것은 현실적으로 불가능하였다. 그것은 지배층 스스로의 '선택'에 맡겨진 문제일 뿐이었다. 그렇지만 유교 정치사상이 덕치를 강조하는 한, 이에 대한 대책이 없을 수 없었다. 유교의 재이론은 바로 이 때문에 마련된 것이었다.

이 재이론에 따르면, 천지만물은 음양오행의 기(氣)로 이루어졌고 나아가 천지만물의 일부인 인간 사이의 사회적 관계에도 음양오행의 원리가 관철되는 것으로 보고 있다. 따라서 인간의 사회적 관계에 따른 행위, 즉 인사(人事)가 이 원리를 벗어난다는 것은 음양오행의 운행이 순조롭지 못하게 됨을 뜻하는 것이다. 여기서 인사가 어긋난다는 것이 현실적으로 의미하는 바는 말할 필요도 없이 유교적 덕목이 행해지지 않는 것이다. 만약 이렇게 되면 동일한 원리에 의해 운행되는 천도도 마찬가지로 어긋나게 되는데, 천도의 파행적 운행은 곧 자연의 일탈현상인 재이로 나타나게 된다. 결국 재이는 인간의 행위가 초래한 필연적인 결과이며, 동시에 천(天)이 인간의 행위에 대해 보내는 경고일 수 있는 셈이다. 이 때문에 인사를 책임져야 할 군주는 항상적으로 나타나는 재이를 통하여 스스로 덕치를 행하지 않으면 안되었던 것이다.

이처럼 유교의 정치사상은 지배층의 덕치를 담보하는 재이론을 마련함으로써 천도와 인사를 합치시키는 천인합일의 이상사회를 지배층 스스로가 추구하도록 하였다. 따라서 유교를 통치이념으로 삼은 조선 초기에도 이같은 천인합일론과 재이론이 받아들여졌다. 더욱이 전환기로서의 이 시기에는 덕치가 보다 강조될 수밖에 없었기 때문에 여타 시기와는 다른 성격의 천인합일론과 재이론이 주장되었다.[3]

천도와 인사의 불일치로 인해 나타나는 천의 경고가 재이라고 하는 조선 초기의 천인합일론적 재이론은 천을 근거로 하여 정치의 도덕성을 제고하고 궁극적으로는 민본정치를 적극 보장하려는 것이었다. 덕치가 천을 근거로 하여 이처럼 민본정치와 동일시될 수 있음은 물론 선진유교(先秦儒敎)에서부터 비롯된 것이지만,[4] 다음과 같은 조선 태조의 언급에서도 알 수 있다.

---

[3] 조선 초기의 천인합일론과 재이론이 지니는 특징적 성격에 대해서는 이석규, 「조선초기의 천인합일론과 재이론」 『진단학보』 81, 1996 참조.
[4] 천(天)이 군주에게 덕치를 요구하면서 그 내용으로 민에 대한 사랑을 지적하고, 또 그렇게 함으로써 덕치가 군주의 지배권을 제한하게 된 배경에 대해서는 平石直昭, 「前近代の政治觀」 『思想』 792, 岩波書店, 1990, 153~154쪽 참조.

(태조가-인용자) 도승지 한상경(韓尙敬)에게 명하여 도평의사사
　　에 전지하기를, "왕씨의 제사가 끊어지고 천이 나로 하여금 국가를 세
　　우게 한 것은 실로 이 민(民)을 위한 것이다. 만약 경천근민(敬天勤民)
　　하지 않으면 반드시 천이 재앙을 내릴 것이다."[5]

　여기서 태조는 조선왕조의 창건이 천명에 의한 것이며, 천명이 왕씨에
게서 자신에게로 옮겨진 것은 '위민(爲民)' 때문이라고 한다. 따라서 그에
게 있어 경천(敬天)은 곧 근민(勤民)과 동일시되며, 만약 경천근민하지 않
으면 천은 재이로써 경고할 것이라는 사실을 분명히 인식하고 있다.
　이처럼 경천 = 근민의 인식 때문에 재이가 발생하게 되면 이 시기의 왕
들은 이에 대한 일차적인 책임을 지고 자신의 잘못을 반성하는 모습을 보
임으로써 천의 경고에 응답해야만 했다. 정전(正殿)을 피한다든가, 감선
(減膳)·철악(輟樂)·금주(禁酒) 등은 이러한 왕의 수성(修省)을 표현하는
상징적인 조치들이었다. 아울러 죄수를 살펴 사유를 반포하거나, 궁핍한
민(民)을 진휼하는 등의 위민정책을 행하기도 하였다. 그러나 애당초 왕
의 수성으로 재이가 그쳐질 수 있는 것은 아니었다. 재이가 장기화될수록
왕의 두려움은 더욱 커지게 되면서 아울러 민심도 흉흉해질 수밖에 없었
다. 이에 왕은 재이를 일으킨 주체라 생각되는 천에 대해 직접 호소하였
는바, 그것이 곧 제천례였다.
　조선 초기에 국가에서 제천의 의식을 거행하는 데에는 두 가지 형태가
있었던 것으로 보인다. 하나는 천에게 '섬긴다(= 奉仕)'는 뜻을 표하는 것
으로서 이는 천의 권위를 인정하고 그 권위에 의지하려는 의도를 지닌 것
이다. 다음의 사료에서 이같은 사실을 알 수 있다.

　　원(元; 천을 의미함-인용자)을 본받아 정(正)에 거하였으니 바야흐
　　로 태평의 기틀이 열리게 되었고, 조상을 높여 천에 배향하니 비로소

---

5) 『태조실록』 권6, 태조 3년 6월 임진조.

명인(明禋)의 예를 거행하였습니다. 일은 간책(簡策)에 빛나고 기쁨은 신민(臣民)에 넘칩니다. 공경히 생각하건대 성경(聖敬)은 탕왕에 이르렀고, 대효(大孝)는 순임금과 같았습니다. 상제를 밝게 섬기니 극진함은 마치 (상제가-인용자) 내려와 있는 것처럼 정성스러웠고, 백신(百神)을 위로하여 편안하게 하니 꾸밈없는 제사가 모두 떳떳했습니다.[6]

이것은 세조가 원구단(圜丘壇)에서 천에 제사하는 제천의식을 거행한 후 왕세자가 올린 전문(箋文)의 일부이다. 이 원구제에서는 호천상제(昊天上帝)뿐만 아니라 악독산천(岳瀆山川)·풍운뇌우(風雲雷雨)·동남서해(東南西海) 등의 여러 신위(神位)에도 함께 제사하였는데, 위의 사료는 상제를 섬기고 백신(百神)을 편안하게 하려는 것이 제사의 목적임을 분명히 하고 있다. 아울러 그렇게 하는 것이 신민(臣民)에게도 기쁜 일이라고 한다. 이같은 형태의 제사는 천의 권위에 대한 인정을 전제로 한 것이며, 따라서 제천례의 주체인 왕을 천과 연결시킴으로써 천의 권위에 의지하여 역으로 왕의 통치기반을 확고히 하려는 의도를 내포한 것이라 할 수 있다.[7] 세조가 한달 이상을 치밀하게 준비하여 성대하게 원구제를 지낸 것도 그 시기가 성삼문(成三問) 등의 '단종복위기도'가 드러난 직후였다는 점을 고려할 때, 자신이 천명을 받은 왕이라는 사실을 확고히 하면서 동시에 민심을 수습하려는 의도 때문이었다는 것은 자명하다. 이처럼 천을 섬긴다는 의미로 행하는 제사는 천의 권위를 인정하고, 그 권위에 의지하여 민심을 안정시키려는 의도를 지니는 것이다.

이 시기 제천례의 또 다른 형태로 천에게 원하는 바를 구하는 '기원'의 성격을 지닌 제사를 들 수 있다. 대부분의 제천례가 여기에 해당하는바, 이는 만물의 생육을 관장하는 주재자로서의 천의 존재를 인정하기 때문에 가능한 것이다. 그리하여 만물을 주재하는 천에게 민의 바램을 호소함

6)『세조실록』권6, 세조 3년 1월 경진조.
7) 한형주, 앞의 논문, 118~124쪽.

으로써 궁극적으로는 민심을 안정시키려는 것이다. 세종대에 기우제를 행하면서 지은 다음의 제문에서 이같은 의도를 파악할 수 있다.

> 오호라, 호천(昊天)은 만물의 부(父)입니다. 무릇 그 덮은 아래에 있는 것으로 성색(聲色)과 상모(象貌)가 있는 것은 생육에 힘입어 그 성명(性命)을 이루지 않음이 없습니다. 만일 그 보호받음을 잃어버리면 또한 천에 호소하여 복호(覆護)해 줄 것을 빌지 않음이 없는 것은 이치가 실로 그러한 것이며 인정이 반드시 그러한 것입니다.……지금 한창 농사철을 당하여 심한 가뭄을 만나니 떨리고 두려워 어찌할 바를 몰라 스스로 반성하고 자책합니다.……지금 재이를 만난 것은 실로 자취한 바이니 또한 누구를 원망하겠습니까. 다만 생각컨대 무지한 억조지중(億兆之衆)으로부터 미미한 초목에 이르기까지 모두 초췌하였으니 이 어찌 내 마음에 차마 볼 수 있으며, 어찌 천심도 편안하겠습니까.……나의 심성(深誠)을 혜량하시고 나의 고사(苦辭)를 들으셔서 다만 긍휼히 여기시고 지난 허물을 용서하여 억수같은 비를 내려주소서.[8]

이 제문은 세 부분으로 이루어져 있다. 우선 인간이 천의 주재 아래 있다는 사실을 인정하고는 이어 인간이 주재자로서의 천에게 기원하는 것은 당연한 일이라는 점과, 다음에 재이의 원인은 왕 자신에게 있다는 자책과 반성, 그리고 마지막으로는 기원의 내용을 밝히고 있다. 이는 당시 제문의 전형적인 형식으로서, 여기서 주목되는 것은 민이 초췌하면 천심도 편안하지 못할 것이라는 점을 들어 기원하고 있다는 사실이다. 즉 천심이 편안해지기 위한 조건으로 민의 안정을 들고 있는 것이다. 따라서 기원의 성격을 지닌 제천례는 천심과 민심이 하나라는 인식에 근거한 것이라 할 수 있다.

이처럼 '봉사(奉仕)'와 '기원'의 두 가지 성격을 지닌 형태의 제천례가

---

8) 『세종실록』 권29, 세종 7년 7월 임신조.

각기 행해졌지만 양자는 실상 마찬가지의 의미를 지닌 것이다. 왜냐하면 천에게 봉사함으로 천을 기쁘게 하는 것은 곧 민을 기쁘게 하는 것이며, 민의 바램을 기원하여 민을 안정시키는 것은 천을 안정시키는 것에 다름 아니기 때문이다. 한마디로 전자가 민의 안정을 위해 천에게 봉사하는 것이라면, 후자는 천심의 편안함을 위해 민의 안정을 요구하는 것이다. 이로 볼 때 제천례의 궁극적인 목적은 천심과 민심의 합치를 통해 민심을 안정시키는 것이었고, 이는 당시의 천인합일론적 세계관 내지는 자연관에 근거한 것임을 알 수 있다.

그러나 이같은 제천례를 행하는 데에 아무런 문제가 없었던 것은 아니었다. 제후국의 왕이 천에 제사를 드리는 제천의식은 원래 유교적 명분론에 근거하는 한 참람한 것이기 때문이었다. 유교적 예제에 의하면 제천례는 천으로부터 수명(受命)한 천자만이 행할 수 있는 것이었고, 천자로부터 봉작을 받은 제후는 단지 사직과 경내의 산천에만 제사를 지낼 수 있을 뿐 천과의 직접적인 교통은 금지되었던 것이다. 그러나 한국에서는 비록 중국의 영향을 받은 것이라고도 하지만 독자적인 제천례가 삼국시대부터 있어 왔고,[9] 유교가 정치이념으로 자리잡기 시작한 고려시대에 이르면 전통적으로 내려오던 제천행사와 도교적인 초제(醮祭), 그리고 유교적인 원구제 등이 습합된 제천례가 말기에 이르기까지 계속되었다.[10]

그러다가 조선이 개창된 직후부터 이에 대한 시비가 일어나기 시작하였다. 즉 태조 원년 8월에 예조전서 조박(趙璞)이 원구제는 천자의 제천지례(祭天之禮)이기 때문에 파할 것을 요청한[11] 이후 제천례에 대한 논의가 끊이지 않았고, 성종 5년에 완성된『국조오례의』에서 원구제가 빠진 이

---

9) 吉岡完祐,「中國郊祀の周邊國家への傳播」『朝鮮學報』108, 1983.
10) 한우근, 앞의 논문, 166~174쪽.
　　금장태,「제천의례의 역사적 고찰」『대동문화연구』25, 1990, 169~172쪽.
　　이범직,『한국중세 예사상연구』, 일조각, 1991, 71~72쪽.
11)『태조실록』권1, 태조 원년 8월 경신조.

후에도 간헐적이나마 논의는 계속되었다.12) 이 과정에서 원구제의 치폐도 거듭될 수밖에 없었다. 여기서 원구제의 폐지를 주장하는 측은 물론 유교의 명분론에 근거한 것이었지만, 마찬가지로 유신(儒臣)이면서도 제천례에 찬성하는 측의 논리는 어디에 근거한 것인지 살펴 볼 필요가 있다.

제천례에 대해 가장 적극적으로 찬성한 사람은 태종대의 변계량(卞季良)이었다. 그는 태종 16년에, 전년에 이어 극심한 가뭄이 들자 제천례를 행할 것을 상서하였다.13) 여기서 그가 주장한 논리는 다음과 같이 정리할 수 있다.

① 비오고 햇볕나고 춥고 덥고 바람부는 것은 모두 천의 소위이므로 천에 감통하기 위해서는 천에 기우하는 것이 마땅하다.
② 제후가 천지에 제사하는 것은 명분에 어긋나는 참람한 것이라고 말하는 사람이 있지만, 천자가 천지에 제사하는 것은 상도(常道)이고 제후가 천에 기우하는 것은 비상지변(非常之變)에 대처하는 것이다.
③ 우리나라는 단군이 시조로서 천으로부터 내려왔기 때문에 천자가 분봉한 나라가 아니다. 그 후 천년 이상이나 사천지례(祀天之禮)를 고친 적이 없다. 혹자는 말하기를 단군은 그렇다 하더라도 그 후에는 중국과 통하여 군신지분(君臣之分)이 있다고 하지만, 천자는 천지에 제사하고 제후는 산천에 제사하는 것은 예의 대체가 그렇다는 것이다. 그러나 제후가 천에 제사한 경우도 있는 바, 이는 예의 곡절이 그러한 것이다.
④ 중국에서도 의례는 본속(本俗)에 따를 것을 허락하였다.

이와 같은 변계량의 주장에서 기존의 연구가 주목한 것은 그의 단군에 대한 인식이었다. 즉 우리나라는 원래 중국의 천자가 분봉한 제후국이 아

---

12) 구체적인 논의의 과정 및 내용에 대해서는 한우근, 김태영, 금장태 등의 앞의 논문 참조. 특히 한우근의 논문이 자세하다.
13) 『태종실록』 권31, 태종 16년 6월 신유조.

니고 천으로부터 직접 수명(受命)한 나라라는 것이다. 이는 우리나라가 중국으로부터 자유스러운 자주국이라는 점을 밝힘으로써 우리도 제천례를 통하여 천과 직접 교통하는데 아무런 문제가 없음을 나타낸 것이다. 이는 당시 사대부층이 '전통적 독자적인 국가의 실재'를 분명하게 의식한 것이며, 이같은 인식은 제후국으로서의 명분을 지켜야 한다는 유교적 인식과 아울러 조선 초기 지배층의 '이율배반'적인 국가의식의 양면성의 한 측면을 이루는 것이었다.[14]

그러나 여기서 주목하려는 것은 변계량의 국가의식에서 나타나는 양면성이 아니라 제천례를 찬성하는 그의 입장이 유교의 논리에서 벗어나는 것이 아니라는 점이다. 그는 중국과 조선이 군신관계에 있다는 것을 부정하지 않으면서도 예에는 상도(常道)와 권도(權道)가 있다는 것을 자

---

14) 김태영, 앞의 논문 참조. 한우근도 이러한 양면성에 대해, 비록 자세히 다룬 것은 아니지만, "(변계량은—인용자) 조선이 중국의 천자가 분봉한 나라가 아닌 자주의 나라임을 자부하면서도 명제(明帝)의 회자(回咨) 내용을 증언하여 「본속(本俗)에 따를 것을 허했다」고 한 것은 당시에 있어서의 명과의 관계와 자주의식의 문제와는 별개의 문제로 인식되었음을 나타내는 것"이라고 하여 이 양면성을 '별개의 문제'로 이해하고 있다(앞의 논문, 201쪽). 그런데 이후 김태영은 「조선전기 봉건적 사회사상 시론」(『경제사학』 2, 1978)에서 다시 이 문제를 다루면서 양자, 다시 말하면 (유교적) 세계질서 의식과 자주국 의식은 상호 모순성을 내포한 듯하다고 하면서도 이를 '중세적인 세계관'속에서 통일성을 지니는 것으로 파악하는 보다 진전된 언급을 하였다(172~173쪽). 즉 "무엇보다도 객관적인 실재의 개성—그 고유한 주체성을 전제하면서 이 객관적인 실재들을 계층적으로 파악하고 있었던 것이 중세적 세계관의 기본입장이었다.……조선 초기의 독자적 국가의식도 그 자체 장구한 역사 속에서 심화 발전된 끝에 성취된 자주의 의식이었다. 또한 그 세계의식은 이같은 자주성을 전제로 하여 형성된 새로운 계층적 봉건적 세계질서 의식이었다. 그리고 그것은 성리학적 세계관에 그대로 들어맞는 질서였던 것"이라고 한 것이다. 유교적 세계질서 의식과 자주국 의식이 성리학적 세계관 내에서 모순되지 않고 통일성을 갖는 것으로 보는 이와 같은 견해의 문제점은 김영한에 의해 지적되었지만(『경제사학』 2, 199~200쪽), 김태영은 이러한 견해를 그 이후에도 견지하고 있다(「조선초기 정치사상의 이론적 기초」, 『한국사상대계』 III, 1979, 133쪽 참조).

기 주장의 논거로 삼고 있다. 즉 천자만이 천에 제사할 수 있다는 것은 예의 상도(= 대체)가 그렇다는 것이고 제후도 때에 따라서는 제사할 수 있는바, 그것은 예의 권도(= 곡절)로서 문제가 되지 않는다는 것이다. 예에 권도가 있다는 것은 주지하는 바와 같이 『맹자』에서부터 비롯되었다. 맹자는 남녀가 친히 주고 받지 않는 것이 예이지만 형수가 물에 빠졌을 때 손을 잡아 구하는 것은 권도라고 하여 이를 인정한 것이다.[15] 따라서 변계량의 경우, 불가피한 상황이 인정된다면 제후가 제천례를 행하더라도 예에 어긋나는 것은 아니었다. 그러면 불가피한 상황이라는 것은 어느 때를 말하는가.

> 상시로 제사하는 것은 불가하지만 일에 따라서는 행하는 것이 오히려 가한 일입니다. 지금 커다란 가뭄을 당하여 또한 방해될 것이 없으니 천에 제사한들 무슨 혐의가 있겠습니까.[16]

변계량도 제천례를 평소에 늘 행하는 것에 대해서는 반대하였다. 그러나 극심한 가뭄과 같은 비상지변(非常之變)을 당해서는 무방하다는 것으로, 이는 결국 민이 커다란 피해를 당하는 상황을 예의 권도에 따를 수 있는 경우로 상정하고 있음을 의미하는 것이다. 때문에 그의 제천례 주장은 유교의 민본사상에 근거한 것이라 할 수 있다. 변계량뿐만 아니라 당시 왕을 비롯한 지배층은 국가의 제례를 민을 위한 것으로 인식하고 있었다.

> 왕(태종—인용자)이 편전에 나아가 의정부 제경(諸卿)을 불러 말하기를, "가뭄을 우려하여 기우하는 것은 본시 말절이다. 내가 행하지 않고자 하였으나 민이 재해를 입는 것을 돌이켜 생각하면 오히려 내가 천을 두려워하지 않고 민에 뜻을 두지 않는다고 하므로 뜻을 굽혀

---

15) 『맹자』 「이루장구」 상, "男女授受不親 禮也 嫂溺援之以手者 權也"
16) 『세종실록』 권4, 세종 1년 6월 경진조.

이를 행하였다."17)

우사간 박안신(朴安臣) 등이 상소하여 말하기를, "1. 사직과 선농제
는 모두 민사(民事)를 위하여 마련한 것이므로 진실로 중사(重祀)입니
다. 고로 옛날 제왕이 선농단에 제사할 때에는 몸소 쟁기를 잡고 친히
사사(祀事)를 행하였으니 민을 위해 그 일을 중히 여긴 까닭입니다."18)

이처럼 당시 지배층은 제천례뿐 아니라 사전에 기록된 대부분의 국가
제례를 민을 위한 것으로 생각해 중시하였다. 그들은 물론 제사를 통해
기원하는 바가 이루어질 것이라고 기필한 것은 아니었지만 민의 바램을
자신들이 중히 여기고 있다는 점을 표현하고, 그럼으로써 민심을 안정시
키려는 의도에서 제례를 행하였던 것이다. 조선 초기에는 고려시대와는
달리 왕권의 안정을 확보하기 위한 수단으로서의 제천례는 점차 사라지고
대부분은 이와 같이 재이를 계기로 민을 위해 행해지는 제천례가 주류였
던바, 여기서도 이 시기 제사에서 강조된 민본적 성격을 짐작할 수 있다.

한편 제천례를 찬성하는 입장이 민본사상에 의한 것이었다고 해서 이
를 반대하는 측은 민을 도외시했다는 것은 물론 아니다. 명분 때문에 제
천례를 반대하였지만 그들은 한편으로 제사보다는 인사(人事)가 더 중요
함을 강조하였다. 즉 천인합일의 입장에서 인사를 바루는 것이 천심을 돌
리는 일이라는 것이다. 다음은 세종 25년에 왕이 제천례의 시행 여부를
신하들과 의논하면서 나눈 대화의 일부이다.

권제(權踶)가 의논하여 말하기를, "신은 예가 아니면 흠향하지 않
습니다. 예가 아닌 것을 천이 어찌 흠향하겠습니까. 천이라는 것은 리
(理)일 뿐입니다. 만약 일호(一毫)라도 리에 따르지 않는다면 상천(上

17) 『태종실록』 권27, 태종 14년 6월 정사조.
18) 『세종실록』 권32, 세종 8년 4월 을해조.

天)이 도와주겠습니까. 비록 재변을 만났더라도 단연코 제사할 수 없습니다." 왕(세종-인용자)이 이르기를, "제천의 의논은 신개(申槪), 하연(河演), 권제의 의논이 옳다. 인사(人事)가 아래서 순(順)한즉 비록 제사하지 않더라도 천이 어찌 재이를 내리겠는가. 인사가 아래서 불순(不順)한즉 비록 제사하더라도 천이 어찌 복을 내리겠는가"[19]

즉 이들은 제사의 여부와 관계없이 인사를 다하면 천도도 따라서 순해질 것이라는 천인합일의 논리로 제사를 반대하였다. 인사를 다한다는 것이 천의 법도에 따라 민을 사랑하는 정치를 행하는 것임은 다시 말할 필요도 없다. 때문에 이들은 제사보다는 민본정치를 통해 천도를 따르고자 하였고, 이 점에서 제천례를 찬성하는 쪽과 하등의 다른 점이 없었다. 어느 입장에 있건 그들은 민본사상에 근거하고 있었던 것이다.

그런데 여기서 주목되는 것은 제천례를 반대하는 유신이 천을 리(理)로 이해하고 있다는 점이다. 물론 천의 주재자적 성격이 완전히 부정된 것은 아니지만,[20] '천즉리(天卽理)'라는 주자의 견해에 따라 동시에 천을 법칙 또는 도리로 이해한 것이다. 이렇게 되면 신에게 제사하는 일에 소극적으로 되는 것은 필연의 일이었다.

> 사간원에서 상소하여 이르기를, "귀신의 도는 선한 일을 하면 백가지 상서를 내리고 선하지 못한 일을 하면 백가지 재앙을 내리는 것입니다. 그러한즉 복과 재앙을 내리는 것은 선하고 악한데 달려 있지 않음이 없는 것이니 어찌 신에게 아첨하여 복을 구하는 이치가 있겠습니까."[21]

---

19) 『세종실록』 권101, 세종 25년 7월 계해조.
20) 조선 초기에는 천에 대해서, 그것을 주재자로 이해하기도 하고 리(理)로 파악하기도 하였다. 이같은 두 가지 인식이 병존했던 까닭에 대해서는 이석규, 앞의 논문, 93~98쪽 참조.
21) 『세종실록』 권34, 세종 8년 11월 병신조.

이 점은 '주재자로서의 천'을 수용하지 않은 주자에게 있어서도 마찬가지일 수밖에 없었다.[22] 그리하여 결국 제천례를 폐지하는데 성공한 반대론자들은 한편으로 사전을 정비해 나가는 과정에서 구래로부터 민간에서 행해지던 명분에 어긋나는 수많은 제례도 점차 배제해 나갔다.

그러나 이 과정도 순탄한 것만은 아니었다. 오히려 이는 제천례를 폐지하는 것보다도 훨씬 어려운 문제였다. 여기서 항상 문제가 되었던 것은 당시 민간에서 뿐만 아니라 사대부층에서조차 구습에 따라 광범위하게 행해지던 음사(淫祀)를 어떻게 할 것인가 하는 것이었다.[23] 음사는 명분에 없는 귀신에게 제사하는 것으로서 유교 정치체제를 확립하는 과정에서는 필연적으로 금단하지 않으면 안되는 것이었다. 제천례 찬성론자였던 변계량은 이에 대해서도 관대한 입장이었지만,[24] 대세는 개국 초부터 명분에 근거한 반대론자들에게로 기울어져 있었다. 그리하여 이것도 국가제례로 사전에서 정한 이외 일체의 사적인 귀신신앙을 음사로 규정하고 이를 법으로 금지하였다. 그러나 이를 엄격하게 적용한다는 것은 불가능하였다. 그것은 곧 민심의 안정과 직결되는 문제였던 것이다.

　　왕(태종-인용자)이 또 묻기를, "소격전의 초성지사(醮星之事)는 영이(靈異)함이 누차 나타났으니 경홀히 할 수 없다. 그 나머지 음사는 제거하는 것이 어떤가" 하니 경연관등이 대답하기를, "천자 제후 사서인은 각기 제사하는 신이 있어 천자인 연후에야 천지에 제사할 수 있고 제후인 연후에야 산천에 제사할 수 있는 것입니다. 지금 우리나라

---

22) 김홍경, 「변계량의 철학사상 연구」『민족문화』14, 1991, 100쪽.
23) 이 시기의 음사에 대한 논의 과정 및 국가의 대책에 대해서는 한우근, 앞의 논문 참조.
24) 『세종실록』권23, 세종 6년 2월 정사조, "於是 李稷與大提學卞季良 吏曹判書許稠 禮曹判書申商等 稽古典以謂 山神封爵 始於唐宋 本國封爵山神 立廟山上 上下通祭 其來已久(중략)臣等以爲莫如仍舊 初許稠申商 切欲罷之 及聞稷與季良之言 遂同辭以啓"

풍속은 비록 서인(庶人)이라도 역시 모두 산천에 제사하니 예에 마땅히 금해야 합니다." 왕이 이르기를, "지금 풍속이 신을 숭상하여 모두 신의 음조(陰助)가 없으면 생을 안정할 수 없다고 생각하니 만약 금령을 내리면 민이 열복하지 않고 도리어 원망할 것이다." 응교 김첨(金瞻)이 대답하기를, "고제(古制)에 따라 이사지법(里社之法)을 세워 민으로 하여금 모두 제사하게 하면 민이 모두 기뻐 복종하고 음사도 장차 없어질 것입니다."25)

위의 대화에서는 민심 때문에 선뜻 음사를 금할 수도 없는 당시 지배층의 어려움이 잘 드러나 있다. 그리하여 음사의 기능을 대신하는 제도로서 이사제(里社制)와 가묘제(家廟制)의 시행이 추진되었다. 그러나 이것도 조선 초기에는 사대부층에게조차 제대로 행해지지 않았으며, 더욱이 국가에서도 국무당(國巫堂)을 정파하지 못하고 이들이나 승도 등을 통하여 사전에 등재된 정사(正祀) 이외의 사신처(祀神處)에 대한 제례를 계속하였다. 이같은 상황에서 법은 유명무실해질 수밖에 없었고, 따라서 국가의 묵인하에 음사는 근절되지 않은 채 계속되었다.

심지어 민심을 안정시키기 위해서는 이단인 불사(佛事)까지도 마다하지 않았던 것이 이 시기의 지배층이었다. 다음의 사료는 문종대에 경기도에서 악질이 만연하자 문종이 글로 은밀하게 도승지에게 말한 것이다.

　　무릇 인심은 곧 천지지심(天地之心)이고, 천지지심은 실상 조화의 근원이다. 고로 인심이 화열(和悅)한즉 천지지심도 화열하고, 천지지심이 화열한즉 여기(厲氣)가 스스로 흩어지고 화기(和氣)가 응할 것이다. 지금 불법(佛法)이 사람의 이목에 들어간 것이 심착(深着)하여 마치 취한 것 같아 수륙재(水陸齋)를 설시(設施)하면 그곳 인심이 반드시 기뻐하고 안정되어 이에 의뢰할 것이다. 천지지화(天地之和)가 비록 반드시 일신의 병에 응하는 것은 아니지만 혹 나을 이치도 있을 수 있

<hr>

25) 『정종실록』 권6, 태종 즉위년 12월 무신조.

다. 또 마음이 허망하면 쓸데 없음이 목석과 같지만 정성이란 한 가지이고 하나는 통하지 않음이 없다. 고로 수륙지법(水陸之法)이 비록 이단이라고 하지만 정성을 다하는 것은 매한가지이니 이익이 될 이치가 있을지 또한 알 수 없다.[26]

즉 문종은 악질로 인해 인심이 허망한 상태에 이르자 인심을 기쁘게 하고자 수륙재(水陸齋)를 행하는 것이 어떤가를 물은 것이다. 수륙재가 비록 불사이긴 하지만 이를 통해서라도 인심이 기뻐하고 안정되어 정성을 다한다면 불사든 아니든 정성은 하나의 이치이기 때문에, 천지에 감응되어 천지지심(天地之心)도 화열(和悅)하고 그러면 악질도 없어질지 모른다는 생각에서 이처럼 물은 것이다. 결과는 민간의 수륙재를 묵인하는 반면 국가 차원의 수륙재는 행하지 않고 대신에 여제(厲祭)를 거행하기로 하였지만, 어쨌든 이 시기의 지배층은 민심의 안정을 위해서라면 비록 이단의 제사까지도 행하고자 했던 것이다.

이상에서 본바, 조선 초기의 제례에 대한 정책에는 민심을 안정시키기 위한 민본사상이 그 바탕에 깔려 있었다. 이는 제천례의 시행 여부를 둘러 싼 논의에서도 나타나는 것이었고, 음사에 대한 대책에서도 알 수 있는 것이다. 물론 후자의 음사에 대한 묵인은 '유교적' 민본사상에는 원칙적으로 어긋나는 것이었다. 그러나 당시의 유교가 교조적인 주자성리학으로부터 상대적으로 자유로웠고, 이 자유로움의 근거가 된 것이 바로 '민본적' 유교였다고 한다면,[27] 이것도 당시의 유교와 전혀 무관하지는 않으리라 생각된다.

---

26) 『문종실록』 권9, 문종 1년 9월 경자조.
27) 조선 초기 유교의 특징에 대해서는 이석규, 앞의 논문, 93~98쪽 참조.

3. 사유제

법은 국가를 유지하기 위한 통치 수단이므로 거기서 국가의 통치 이념을 엿볼 수 있음은 말할 필요도 없다. 이는 조선 초기에도 예외가 아니어서 이 시기의 법전에 나타난 통치 이념에 대해서는 이미 많은 연구가 이루어져 왔다. 그 결과 조선 초기의 법은 유교의 광범한 우주론적 철학 체계에 근거하여 그 일부로서 인식되었다는 사실이 일반적으로 받아들여지게 되었다.28) 이는 천지만물의 운행질서와 인간 사회의 질서를 합치시키는 수단으로서 법이 인식되었다는 것을 의미한다. 따라서 유교가 인간의 도덕적 행위를 매개로 해서 천인합일을 추구하였다는 앞서의 언급을 상기한다면, 이 시기의 법은 곧 유교적 도덕 규범을 성문화한 것이었다고 할 수 있다.29)

법에 대한 인식이 이러했기에 법은 제정 단계에서부터 대단히 신중하게 다루어졌다. 그리하여 입법 과정에서는 다음의 몇 가지 사항이 전제되었다.30) 우선 법은 삼대(三代) 성왕(聖王)의 고법(古法)에 따라야 했는바, 이는 고법이 민의(民意)에 근거하고 있기 때문이었다. 그리고 고법의 법 정신에 따라 마련된 '조종성헌(祖宗成憲)'도 마땅히 준수해야 할 모범적 규범이었다. 둘째로 법은 '양법미의(良法美意)'이어야 했다. 양법미의의 기준은 폐단이 없어야 하며 특히 민정(民情)에 합치되어 '상하상안(上下相安)'해야 하는 것이었다. 셋째, 이같은 기준에 따라 제정된 법은 경솔하게 개폐해서는 안된다는 것이다. 넷째는 법이 민신(民信)·민지(民志)에 근거해야 한다는 것이고, 마지막으로 이렇게 만들어진 법은 왕이라 하더

---

28) 최종고, 『한국법사상사』, 서울대 출판부, 1989, 82~86쪽.
29) 『태종실록』 권13, 태종 7년 6월 계미조, "法者 禁民爲非 勸民爲善也 若法立而必
行一法 足以化民成俗矣"
30) 박병호, 「조선시대 입법자의 법률관」 『한국사상대계』 III, 1979, 604~628쪽.

라도 사사로이 고칠 수 없고 또 준수해야만 했다. 이같은 전제 사항은 한 마디로 이 시기의 법이 민본사상에 바탕하고 있음을 말해 주는 것이다.

한편 법의 집행 과정에서도 민본적 성격은 드러난다. 수령에게는 '권농상(勸農桑)'과 더불어 항상 '성형벌(省刑罰)'이 강조되었고, 죄의 경중을 판단하기 어려울 때에는 경전(輕典)을 따르는 것을 원칙으로 하였다.[31] 뿐만 아니라 우민(愚民)이 법을 몰라 죄에 빠지는 것을 우려하여 수령으로 하여금 민에게 법의 내용을 알려주는 '독률지법(讀律之法)'도 시행되었다.[32] 이같은 법집행 과정에서의 조치들은 결국 '호생지덕(好生之德)'과 '흠휼지정(欽恤之情)'에 기초한 것이었다고 할 수 있다.[33]

그러면 법의 제정과 집행 과정에서 나타나는 민본사상에 근거한 법정신은 좀더 구체적으로 무엇을 위한 것이었는가. 결론부터 말하면 그것은 민심의 안정을 위한 것이었다.

> (세조가―인용자) 의정부에 전지하기를, "민은 천이니 민심이 안정된 연후에야 천심도 안정되는 것이다. 치국지도(治國之道)는 마땅히 안민(安民)을 우선해야 하는데 민이 어질지 못한 관리에게 고통을 받으면 제재할 방법이 없어 분하고 독한 마음이 날로 자라고 화이(和易)한 덕이 날로 상실되므로 효제충신이 생겨날 길이 없어진다. 고로 왕자가 법을 세우고 형(刑)을 제정하는 것은 민을 안정시키려는 소이이다."[34]

---

31) 『세종실록』 권29, 세종 7년 7월 병술조, "教旨……罪之疑於輕 疑於重 情理相等者 則當從輕典"
32) 이 법의 시행에는 일부 신하의 반대도 있었다. 즉 명분에 근거하여 부민고소금지법(部民告訴禁止法)의 시행을 강력히 주장하였던 허조(許稠)는, 세종대에 민이 법을 몰라 범죄하는 것을 우려하여 왕이 법을 이문(吏文)으로 번역하여 알리려 하자, 간악지민(姦惡之民)이 율문을 알게 되면 법을 농락하는 무리가 흥기할 것이라 하여 반대하였다. 그러나 세종은 민에게 법을 알리지 않고 죄를 주는 것은 조삼모사(朝三暮四)의 술수에 가까운 것이라 하여 이를 받아들이지 않고 독률지법(讀律之法)을 추진하였다(『세종실록』 권58, 세종 14년 11월 임술조).
33) 이종길, 「조선 초 지배층의 형벌관」 『박병호교수환갑기념(II) 한국법사학논총』, 1991, 70~71쪽.

여기서 세조는 법을 제정하는 목적이 민심을 안정시키기 위한 것이라는 사실을 독특한 논리로 설명하고 있다. 즉 법이 민의 도덕적 실천을 담보하기 위한 것이기는 하지만, 민이 도덕을 실천하지 못하는 원인을 민에게서 구하는 것이 아니라 관인 지배층에게 돌리고 있다.[35] 왜냐하면 민이 관리로부터 고통을 받으면 덕성을 상실하기 때문이다. 세조는 민이 어질지 못한 관리에게 고통받는 것을 제재하기 위한 수단으로 법의 효용성을 상정하고 있는 것이다. 그리하여 이 법을 통하여 민의 덕성을 함양하고, 그렇게 하는 것이 곧 민심을 안정시키는 것이라는 생각이다.

이처럼 조선 초기에는 법이 민심을 안정시키는 수단이었으며, 아울러 민심의 안정은 천심의 안정과도 직결되는 것이라는 인식이 있었다. 때문에 새로운 법을 만드는 일에는 대단히 신중해야만 했다. 신법이 민심의 안정을 해칠 수 있는 이유는 대개 인정은 다시 고치는 것을 꺼리고 고상(故常)을 편안하게 여기기 때문이었다.[36] 따라서 만약 법이 오래 되어 폐단이 생기는 경우에도 민심의 안정을 위해서는 이를 점차적으로 고쳐서 구법과 같게 여겨지도록 하는 방법이 요구되었다.

---

34) 『세조실록』 권4, 세조 2년 5월 정해조.
35) 민이 도덕을 실천하지 못하는 이유가 관인지배층에게 있다고 하는 세조의 인식은 사회문제의 원인을 지배층의 탓으로 돌리는 것으로서, 이 시기의 정치사상을 이해하는데 시사하는 바가 크다고 생각된다. 우선 이같은 인식으로 말미암아 조선 초기에는 민에 대한 직접적인 교화보다는 관인층에 대한 교화에 치중하였던 것으로 여겨진다. 이에 대해서는 별도의 고찰이 필요하겠지만, 민에 대한 직접적인 교화는 16세기 이후부터 본격적으로 이루어졌다는 주장이 이미 제출되어 있다(김훈식, 「16세기 '이륜행실도' 보급의 사회적 고찰」『역사학보』107, 1985; 「중종대 "경민편" 보급의 고찰」『이재룡박사환력기념 한국사학논총』, 1990). 아울러 조선 초기에 민에 대한 교화가 적극적으로 행해지지 않았던 것은, 당시 지배층이 민을 도덕적 능력이 하열한 자로 인식하였던 데에도 그 원인이 있을 것이다(이석규, 「조선초기 관인층의 민에 대한 인식」『역사학보』151, 1996).
36) 『태종실록』 권8, 태종 4년 11월 경술조, "大抵人情憚於更改 安於故常"

1. 안정을 숭상하소서. 대개 지영수성(持盈守成)의 군주는 삼가 이루어진 법규를 지킬 뿐입니다. 만약 고쳐야 할 폐단이 있다면 점차 이를 개정하여 마치 전의 법규와 같게 할 뿐입니다. 고로 치민(治民)은 팽선(烹鮮)과 같으니 능히 분요(紛擾)하지 않으면 족한 것입니다. 민심이 한번 동요하면 방본(邦本)이 위태로우니 송의 신법이 이러한 것입니다. 그러한즉 폐법은 진실로 경장(更張)하지 않을 수 없지만 인군이 숭상할 바는 안정뿐입니다.[37]

고려와 달리 이 시기에 오면 송의 왕안석(王安石)에 대해 부정적인 견해가 주류를 이루었는데,[38] 위에서 보듯이 그 비판의 초점은 그가 민심에 근거하지 않은 변법을 강행했다는 점에 모아져 있었다. 이처럼 조선 초기에는 법을 다루면서 민심의 안정을 최우선적인 고려의 대상으로 삼았다. 그것은 천도와 인사를 일치시키는 수단으로 법이 인식되는 한 당연한 것인바, 민심이 안정되지 못하여 민의 원억이 쌓이면 화기(和氣)를 손상하고 이것이 천에 감응하여 재이를 초래한다는 것이었다.

입법창제(立法創制)는 민심을 결속하여 국체(國體)를 유지하고 장치구안(長治久安)의 효과를 거두기 위한 것이다. 그러나 신법이 행해지면 민이 반드시 원망하고 민심이 불화하면 천기가 불순하여 재이가 이르지 않는 바가 없다. 고로 법을 행하는 자는 너무 급하게 서두르면 안되고 오래도록 시행되기를 기약해야 한다.[39]

그러나 법의 정신은 그렇더라도 실제로 법의 제정과 집행 과정에서도 이것이 그대로 구현된 것은 물론 아니었다. 특히 수령의 가혹한 형정과

<hr>

37) 『세조실록』 권1, 세조 1년 7월 무인조.
38) 고려시대까지만 해도 왕안석의 신법에 대한 평가는 긍정적이었다. 특히 고려 중기의 개혁정책이 그의 사상적 영향을 받은 것이었음은 이미 밝혀진 바가 있다. 정수아, 「고려중기 개혁정책과 그 사상적 배경」(『수촌박영석교수화갑기념 한국사학논총』 상, 1992) 참조.
39) 『세종실록』 권31, 세종 8년 2월 경인조.

법사의 오결이나 자의적인 '인률비부(引律比附)'[40]로 말미암아 법의 정신이 훼손되어 민심의 안정을 해치는 경우가 허다하였다. 실제로 이 시기에는 재이의 가장 주된 요인으로 민의 원억을 들었고, 민의 원억은 이같은 법의 집행 과정에서의 잘못에서 기인하는 경우가 대부분이라고 생각하였다. 때문에 이를 해결하기 위해 앞서 언급한 '호생지덕'과 '흠휼지정'이 강조되었지만, 이것만으로는 부족하여 재이가 발생하면 죄수들을 보살피고 옥송을 다시 점검하는 등의 조치가 취해졌다. 그래도 재이가 계속될 경우에는 마지막으로 보다 원천적인 원억의 해소 방안이 시행되었는바, 사유가 바로 그것이다.

사유는 범죄자에 대한 형의 집행을 면제해 주는 것이다. 이와 같은 제도는 이미 고대부터 있어 왔고 고려시대에 이르러는 유교 정치사상의 영향으로 위에서 본 바와 같이 형정의 잘못으로 말미암아 생기는 민의 원억을 해소하여 민심을 안정시키려는 분명한 의도에서 행해지는 사유제가 정착되었다.[41] 조선 초기의 사유제도 그 동기와 방식에서 대체로 전시대와 비슷했던 것으로 보인다. 이제 이 시기의 사유제를 통해 드러나는 민본적 성격을 살펴보기로 한다.

---

40) 인률비부(引律比附)는 해당되는 법조항이 없을 때 비슷한 율문을 유추하여 적용하는 것을 의미한다. 법이 미비했던 당시로서는 인률비부하는 경우가 많을 수밖에 없었지만 이는 법의 자의적인 해석을 가능케 하는 것이기 때문에 많은 폐단을 자아냈고, 따라서 이 법의 적용을 신중히 할 것이 강조되었다. 조선 초기에 자의적인 인률비부로 인해 문제가 야기된 대표적인 사례로 '제서유위율(制書有違律)'의 남용을 들 수 있다. 제서유위율은 제서를 봉행해야 할 자가 이를 어겼을 경우에 적용하는 형률인바, 따라서 율문의 본의는 관리로서 봉행해야 할 자를 그 적용 대상으로 한 것인데도 이를 상인(常人)에게까지 인률비부함으로써 세종대에 문제가 되었던 것이다. 세종은 법 적용의 이와 같은 남용으로 말미암아 무지지민(無知之民)의 원망을 초래한다고 지적하면서 왕지로써 금하는 법을 범한 자라도 봉행해야 할 현임관리만 제서유위율을 적용하고 대소인민에게는 본률로써 과단할 것을 지시하였다(『세종실록』 권25, 세종 6년 8월 계해조).
41) 고려시대의 사유제도에 대해서는 한용근, 신호웅 앞 논문 참조.

다음은 사유를 반포하면서 내린 교지의 일반적인 형태라 할 수 있는 것으로, 사유의 목적이 잘 드러나 있다.

내가(세종-인용자) 부덕하여 신민의 위에 의탁하면서 밤낮으로 잘 다스리기를 도모하여 융평에 이르기를 기약한 것이 이미 8년이 되었으나 재이의 변고가 없는 해가 없었고, 더욱이 지금 농사가 한창인데 한재가 대단히 심하니 아무리 그 이유를 생각해도 잘못은 실로 나에게 있다. 새벽에 조심하고 저녁에 두려워 하며 어찌 할 바를 모르겠다. 혹시 형벌이 맞지 않아 원억을 펴지 못하여 원망을 불러 화기를 손상하였는가. 말이 이에 이르니 자못 척연하다. 홍희(洪熙) 원년(세종 7년-인용자) 6월 23일 이전의 이죄(二罪) 이하는 이미 발각되었거나 아니거나, 결정(結正)되었거나 아니거나 아울러 모두 용서하여 내가 재이를 만나 위구(危懼)하는 뜻을 밝히라.[42]

여기서 왕은 재이의 책임을 자신의 탓으로 돌리면서, 사유가 형정의 잘못으로 생기는 민의 원억을 해소하고 이로써 화기를 회복하려는 절실한 마음에서 나온 것임을 밝히고 있다.

그러나 사유는 위에서처럼 재이에 대한 대책으로만 행해진 것은 아니었다. 사유를 행하는 동기에는 재이외에도 여러 가지가 있었다. 즉 신왕의 즉위, 왕의 탄일 · 불예(不豫), 세자 책봉, 황제의 즉위, 수고명(受誥命), 종묘 · 사직제례, 상서(祥瑞) 등의 여러 이유도 그 계기가 되었다. 따라서 여러 가지 동기를 계기로 행해지는 사유는 성격상 크게 둘로 나눌 수 있는바, 재이를 그치려는 소재(消災)의 성격을 지닌 사유와, 기타 왕의 은전으로 행해지는 사유가 그것이다. 사유의 성격을 이같이 구분하여 건국 초부터 성종 15년 사이에 행해진 사유의 횟수와 성격을 왕대별로 정리하면 다음과 같다.

---

42) 『세종실록』 권28, 세종 7년 6월 신유조.

왕대별 사유의 횟수와 성격

왕	재위기간	성 격				계
		은전	소재	기타	미상	
태조	6년 2개월	10	5		3	18
정종	2년 2개월	8	1			9
태종	17년 9개월	21	15	1	8	45
세종	31년 6개월	20	15			35
문종	2년 3개월	6				6
단종	3년 2개월	6				6
세조	13년 3개월	44	3		1	48
예종	1년 2개월	10	2			12
성종	15년 1개월	17	8			25
계	92년 6개월	142	49	1	12	204

* 특정인 · 특정사건 · 특정지역을 대상으로 한 사유는 제외한 숫자임.
* 태종대에 은전과 소재의 성격을 모두 지닌 사유가 한차례 행해진 적이 있기 때문에 이를 기타로 처리하였음(『태종실록』 권9, 태종 5년 5월 경술조).

위의 표에 의하면 이 시기의 사유는 대체로 1년에 2회 이상 시행되었다. 그리고 은전의 성격을 지닌 사유가 소재를 위한 사유에 비해 약 3배가량 많았음도 알 수 있다. 그러나 왕대별로는 커다란 편차를 보이면서 몇 가지 특징적인 모습이 드러난다.

우선 재위 기간에 비해 사유가 가장 적었던 때는 세종대로서 1년에 겨우 한 차례 정도에 불과하였지만 예종은 1년 2개월간 재위하면서 12차례나 사유를 행하였다. 그러나 10년 이상을 재위한 왕만을 대상으로 한다면, 세조가 1년에 3.5차례 행함으로써 태종이나 세종, 성종에 비해 그 횟수가 월등히 많았다. 특히 세조는 어느 왕보다도 은전으로서의 사유를 빈번히 행하였고 또한 그것은 재위 후반기에 집중되었는바, 이는 자신의 무단적인 정치를 상쇄하려는 의도 때문이었던 것으로 보인다. 즉 '단종복위기도사건'으로 여러 사람을 사형에 처한 뒤 대사(大赦)를 베푼 적이 있는 그는, 세조 11년에도 수십일 사이에 범죄인 다섯 명을 주륙한 뒤 군신백성(群臣百姓)이 두려워 하자 중심(衆心)을 안정시키기 위한 은전으로 대사를 행하였다.[43] 더욱이 세조는 말년에 불사에 힘쓰면서 불교에서 상서라 하는 사리분신(舍利分身)·서기(瑞氣)·우화(雨花) 등의 현상이 나타날 때마다 사유를 행하였는데, 세조 10년부터 14년까지 28번의 사유 가운데 절반 이상인 16번이 이에 해당하는 것이었다. 이것도 세조대의 정치적 상황과 무관하지 않으리라 생각된다.

그러나 사유의 민본적 성격과 관련해서 무엇보다 주목되는 것은 재위기간에 비해 세종대의 사유 횟수가 상대적으로 가장 적게 나타난 점이다. 은전으로서의 사유는 물론이지만, 소재 성격의 사유도 상당히 자제된 편인바, 더욱이 세종대에 대규모의 수·한재와 같은 재이가 빈번하였다는 점을 고려한다면,[44] 이는 의외의 일이라고 생각된다. 그러면 사유를 행할 계기가 자주 발생하였음에도 불구하고 세종이 이를 꺼린 이유는 무엇인가. 이에 대해서는 다음과 같은 세종의 말에서 실마리를 찾을 수 있다.

---

43) 『세조실록』 권37, 세조 11년 9월 기유조.
44) 수·한재와 같이 민심에 직접적인 영향을 미치는 재이의 발생 빈도를 수치화하여 왕대별로 비교한다는 것은 사실 어려운 일이다. 이는 왕의 개인적 성향에 따라 재이의 보고 자체를 꺼리는 경우도 있어 『실록』의 기록을 의심스럽게 만드는 때문이기도 하지만(박성래, 「한국의 재이와 재이관」 『전통과학』 1, 한양대 전통과학연구소, 1980, 58~59쪽 참조), 한반도는 기후 조건상 거의 매년 수·한재를 겪기 때문에(예컨대 태조부터 연산군대까지 115년 동안 가뭄의 재해가 없었던 해는 13년에 불과하다. Seong—rae Park, "Portents in Korean History", JOURNAL OF SOCIAL SCIENCES AND HUMANITIES No.47, THE KOREAN RESEARCH CENTER, 1978, 65쪽의 Table 2 참조), 재이의 발생 빈도가 문제되기보다는 그 규모가 중요한데 이를 객관화시켜 비교할 만한 기록이 『실록』에는 없다는 것이 더 큰 이유이다. 그렇기는 하지만 세종대에 심각한 재이가 조선 초기의 다른 왕대에 비해 빈번하였다는 점에 대해서는 연구자들 간에 이견이 없는 것 같다(이민수, 「세종의 복지정책에 관한 연구」(Ⅰ) 『대구사학』 26, 1984, 119~120쪽; 오종록, 「15세기 자연재해의 특성과 대책」 『역사와 현실』 5, 1991, 32~33쪽 참조). 그리고 재이로 말미암아 세종대에는 그 어느 때보다 대규모의 진휼곡을 계속적으로 방출하였다는 사실도 이를 뒷받침하는 것이라 생각된다(김훈식, 「조선초기 의창제도연구」, 서울대 박사학위논문, 1993, 77~81쪽).

승정원에 전지하기를, "근년이래 수·한재가 계속되어 연곡(年穀)이 익지 못하니 내 마음에 걱정된다. 금년에는 한재가 대단히 심하니 실로 내가 부덕한 소치이다. 생각컨대 정사를 닦아 재이를 그치려 하나 시행할 바를 알지 못하겠다. 경내에 대유(大宥)를 내려 너그러운 은혜를 베풀고자 하지만, 그러나 사(赦)라는 것은 군자의 불행이고 소인의 다행인 것이다. 근래 수·한재로 여러 차례 사유를 내렸는데 지금 또 대사(大赦)를 내린즉 천도의 복선화음(福善禍淫)의 뜻에 어긋남이 있다."45)

즉 사유는 형정의 잘못으로 인해 생길 수 있는 민의 원억을 원천적으로 해소하려는 것인데 이로 말미암아 천도에 당연히 형을 받아야 할 악인까지도 죄를 면하게 되면 오히려 천리에 어긋난다는 것이다. 실제로 사유를 자주 행함으로 민에게 해를 주는 경우가 이미 발생하고 있었다. 태종대에는 사유로 방면된 절도인이 장물의 징수를 우려해 도망하면 이를 친척이나 주리(州里)의 사람에게 징수함으로써 사유가 무고한 사람에게 피해를 입히는 경우가 있었다.46) 심지어 세종대에는 요행을 바라는 무리가 형헌(刑憲)을 면하고자 가뭄이 들기를 원하는 경우까지도 있었다.47) 이 때문에 세종은 사유할 계기가 여러 번 있었음에도 불구하고 사유가 오히려 민심의 안정을 해칠까 우려하여 이를 자제하였던 것이다. 대신에 그는 죄인을 석방한 상태에서 조사하는 '보방추고(保放推考)'의 방법을 자주 시행하여 민의 원억을 최소화하고자 하였다.48) 이로 본다면 세종대에 사유가 적었던 것도 민심의 안정을 위한 것이었음을 알 수 있다.

한편 사유의 조치로도 용서할 수 없는 죄가 있었다. 사유에서 제외되는

---

45) 『세종실록』권108, 세종 27년 5월 갑신조.
46) 『태종실록』권12, 태종 6년 윤7월 계해조.
47) 『세종실록』권89, 세종 22년 4월 정유조.
48) 『세종실록』권108, 세종 27년 5월 갑신조. 이후 '보방추고'의 조치가 자주 시행되었다.

죄는 유지(宥旨)에 명시하는 것이 상례인데 사유의 범위가 가장 넓은 대사의 경우, 대체로 모반대역·구살부모조부모(毆殺父母祖父母)·처첩살부(妻妾殺夫)·노비살주(奴婢殺主)·고독염매(蠱毒魘魅)·모고살인(謀故殺人)·강도 등의 죄가 제외되었다. 이는 명분과 인명을 중시한 것이라 할 수 있다. 그러나 유지에는 명시하지 않지만 관리가 탐오하여 장죄(贓罪)를 범했을 경우는 사유를 경과하더라도 당연히 용서하지 않는 것이 법으로 규정되어 있었다.49) 관리의 장죄는 민이 범하는 절도와 그 성격이 달랐기 때문이었다.

　　사간원 좌사간 유계문(柳季聞) 등이 상소하기를, "신등이 생각하건대 관민이 장죄(贓罪)를 범하는 것은 실로 나중을 믿는 것인데 이같은 죄는 의당 중하게 논죄해야 합니다. 그러나 아조에서는 무릇 민의 절도는 상률(常律)로 과단하지만 관리가 장죄를 범하면 비록 사유를 경과하더라도 통렬히 과단하니 이는 무지하여 범법한 죄는 가볍고 감독하는 자가 스스로 도둑질하는 죄는 무겁기 때문입니다."50)

　즉 감독의 책임이 있는 관리가 도둑질하는 '감림자도(監臨自盜)'의 죄는 무지하고 가난한 민의 절도와 분명히 구분되는 것이었다. 때문에 탐오한 관리의 장죄는 유지에 명시되어 있지 않더라도 사유될 수 없었고, 이는 이미 수죄(受罪)하여 부처(付處)된 자가 사유를 만나더라도 마찬가지였다.51)

　관리의 범장(犯贓)외에 또한 결송관(決訟官)이 고의로 오결하는 경우에

---

49) 『세종실록』권24, 세종 6년 6월 병진조, "凡贓吏 雖經赦宥 不在原例 已有著令"
50) 『세종실록』권28, 세종 7년 5월 병술조.
51) 세종 7년 6월에 구언에 따른 응지상소에서 장죄를 범한 관리로서 이미 수죄(受罪)하여 부처(付處)된 자가 다시 사유를 만나면 외방에서의 자원거생(自願居生)을 허락할 것을 청하는 자가 있었지만 받아들여지지 않았다(『세종실록』권28, 세종 7년 6월 신유조).

는 사유를 거쳤더라도 관직에의 재임용은 불가능하였다. 이같은 예는 문종대에 보이는데 남해현령이 결송관리로서 소송하는 자와 모의하여 압량위천(壓良爲賤)하고 노비를 증여받는 등 탐오한 행적이 드러나자 사유를 거쳤음에도 징치하여 직첩을 회수하고 종신토록 서용치 않은 일이 있었다.[52] 원래 범죄하였다가 사유를 입은 자를 임용할 때에는 죄의 대소를 막론하고 교지를 받은 후에 주의(注擬)히도록 하였기 때문에,[53] 관리가 범죄하였을 경우 사유를 만나면 다시 임용될 수 있는 가능성이 전혀 없었던 것은 아니지만 위와 같은 죄는 그런 기회가 완전히 차단되었던 것이다. 잘못을 알면서도 고의로 오결하거나 판결을 미루는 관리는 사유를 거치더라도 관직의 재임용에서 제외시키는 법이 이후 『경국대전』에서 조문화되었다.[54]

이처럼 관리의 탐오한 장죄를 사유에서 제외시키고, 잘못을 알면서도 고의로 오결하는 자를 영구히 서용치 않은 것은 사유의 목적에 비추어 볼 때 당연한 것이라 할 수 있다. 즉 사유가 민의 원억을 해소하여 민심을 안정시키려는 것이었기 때문에 민의 원억을 야기하는 관리의 죄는 사유에서 제외하고 오히려 엄격히 다스리지 않을 수 없었던 것이다. 그리고 이는 민심의 안정이라는 법정신과도 합치되는 것이었다.

4. 맺음말

조선 초기에는 전시대의 정치 · 사회적 혼란으로 인한 민심의 불안정

---

52) 『문종실록』 권1, 문종 즉위년 5월 정미조.
53) 『세종실록』 권33, 세종 8년 7월 병진조, "傳旨吏曹 今後犯罪蒙赦人薦用時 罪無大小 開具罪名 取旨後注擬 以爲恒式"
54) 『경국대전』 권5, 「형전」, 決獄日限條, "知非誤決者 故意淹延者 杖一百永不敍用 (經赦則不敍用)"

을 해소하는 것이 당면한 급선무로 떠올랐다. 민심을 안정시키는 것은 곧 천심을 안정시키는 것과 동일시되었다. 이것은 천인합일의 이상사회를 추구하는 유교적 정치이념에 근거한 것이었다. 이에 근거하는 한, 지배층은 '경천 = 근민'의 민본정치를 행하지 않으면 안되었고, 이를 통해서만 민심의 안정을 꾀할 수 있었다. 그렇지 않으면 천은 재이라는 자연의 일탈현상을 통하여 분명한 경고의 신호를 지배층에게 보냈던 것이다. 따라서 이 시기에는 이념적으로 민본정치를 표방하면서 민심의 안정이라는 목표가 모든 국가정책의 근간이 되고 있었다.

민심을 안정시키기 위한 노력의 구체적인 모습은 재이현상이 그치지 않을 경우에 보다 직접적이고 분명하게 간취할 수 있다. 재이는 곧 민심의 안정 여부를 판단하는 확실한 기준이 되기 때문이었다. 그리하여 재이가 발생하면 지배층은 그 원인을 자신들의 탓으로 돌리면서 천에 직접 호소하는 제천례를 행하거나, 민심의 안정을 해치는 가장 커다란 원인이라고 생각했던 법의 집행과정에서의 잘못으로 인한 민의 원억을 원천적으로 해소하기 위해 사유를 반포하기도 했다.

제천례는 천을 섬긴다[奉仕]는 뜻을 표하기 위해 행하는 것과, 천에게 기원하는 성격의 것으로 나눌 수 있다. 그러나, 전자가 민의 안정을 위해 천에게 봉사하는 것이라면, 후자는 천심의 편안함을 위해 민의 바램을 기원하는 것이라는 점에서 양자는 궁극적으로 민심의 안정을 위한 것이었다고 할 수 있다. 다시 말하면 천심과 민심의 합치라는 천인합일론적 자연관을 근거로 하여 민심의 안정을 구하는 것이 곧 제천례의 목적이었던 것이다.

그러나 제후국에서 제천례를 행하는 것은 유교적 예제에 어긋나는 것이었다. 천자만이 천에 제사를 지낼 수 있었던 것이다. 이 때문에 제천례의 시행이 순조로울 리가 없었다. 제천례를 찬성하는 쪽에 의하면 예에는 상도(常道)와 권도(權道)가 있는바, 민에게 커다란 피해를 입히는 '비상지 변'을 당해서는 권도에 따라 제천례를 행하는 것이 가능하다는 것이다. 반면에 제천례를 반대하는 입장에서는 명분에 어긋나는 제사보다는 실질 적으로 민을 위하는 민본정치를 행하는 것이 더 중요하다는 인식이었다. 물론 유교적 정치체제가 확립되어감에 따라 점차 제천례는 폐지되었다. 그러나 적어도 교조적인 주자성리학으로부터 상대적으로 자유로웠던 조선 초기에는 민심의 안정을 위해서라면 명분에 어긋나는 음사(淫祀)라 하 더라도 국가에서는 이를 묵인하고 있었다.

한편 조선 초기의 법은 그 제정 단계에서나 집행 과정에서도 '호생지덕 (好生之德)'과 '흠휼지정(欽恤之情)'을 강조하는 법정신에 바탕하여 민심 을 안정시키는 것을 우선적으로 고려하였다. 그러나 현실에서는 수령의 혹형과 법사의 오결, 그리고 '인률비부(引律比附)' 등으로 말미암아 민심 을 해치는 경우가 허다하였다. 때문에 재이가 발생하면 그 주된 원인이 법의 잘못된 운용으로 인한 민의 원억에 있다고 생각하여 죄수를 보살피 고 옥송을 점검하거나, 보다 원천적인 원억의 해소 방안으로 사유가 행해 졌다.

사유에는 재이를 그치게 할 목적을 지닌 것도 있지만, 왕이 은전을 베 풀기 위해 행하는 것도 있었다. 조선 초기에 왕대별로 사유가 행해진 횟 수와 성격을 보면 두 가지 특징이 나타난다. 하나는 세조대에 은전의 성 격을 지닌 사유가 빈번하였다는 점이고, 다른 하나는 재위기간에 비해 세 종대에는 사유가 극히 자제되었다는 점이다. 전자가 세조대의 무단적인 정치로 인한 민심의 불안을 해소하기 위한 것이라면, 후자는 사유로 인해 마땅히 벌을 받아야 할 악인까지도 석방되면 오히려 그들로 인해 민심을 해칠 수 있다는 판단 때문이었다. 따라서 세종대에는 대신에 죄인을 석방 한 상태에서 조사하는 '보방추고(保放推考)'의 방법을 통하여 민의 원억을 최소화하고자 하였다. 한편 사유의 조치로도 용서할 수 없는 죄가 있었다. 탐오한 관리의 장죄(贓罪)가 그것인바, 이는 유지에 명시되어 있지 않더라도 사유에서 제외되었다. 또한 결송관이 잘못을 알면서도 고의로 오결하거나 판결을 지체하는 경우에는 사유를 거치더라도 관직에의 재임용은 영원히 불가능하였다. 사유가 민심을 안정시키려는 것이었다는 점을 염두에 둔다면, 이같이 민의 원억을 야기하는 관리들을 사유에서 제외시키는 것은 오히려 당연한 일이었다.

이상에서 본 바와 같이 제천례와 사유제를 시행하면서 조선 초기의 지배층이 초점을 맞춘 것은 민심의 안정이었다. 이는 조선왕조의 통치이념인 유교적 민본사상이 구체적인 정책의 추진 과정에서 현실적 규정력을 가지고 작용하고 있었음을 말해주는 것이다. 그렇기 때문에 역으로 이 시기의 유교 정치이념의 특징적 성격을 민본적 유교에서 찾는다고 하더라도 지나친 것은 아니라고 생각한다.

(『사학연구』54, 1997. 12)

제3장 _
조선 초기 '교화'의 성격

1. 머리말

유교를 통치 이념으로 하는 사회에서 '교화(敎化)'는 대단히 중요한 의미를 지닌다. 이는 물론 유교가 현실의 사회에서 각 개인의 행위를 규범화하여 덕목으로 제시하고, 이 덕목을 기준으로 개인의 수신을 강조함으로써 나아가 사회의 질서를 유지하려는 것을 궁극적인 목표로 삼기 때문이다. 따라서 사회의 구성원을 유교적 정치 · 사회윤리에 적응토록 하는 일은 유교를 통치 이념으로 삼는 한, 국가의 가장 시급한 과제일 수밖에 없었다. 더구나 불교에서 유교로의 사상적 전환이 결과적으로 고려에서 조선으로의 시대적 전환까지를 수반하는 것이었기에 조선 초기에는 새로운 사상이 내포하고 있는 정치 · 사회윤리를 각 개인에게 가르쳐야 할 필요성이 그 어느 시대보다도 높았다. 이 때문에 당시 교화의 문제는 국가의 존폐와도 직결되는 것으로 여겨져 모든 정책의 수립 · 집행 과정에 직 · 간접적으로 관련된 중요한 과제가 되었다.

그러나 이와 같은 교화의 중요성에도 불구하고 그동안 이에 대한 연구는 만족스러울 정도는 아니었다. 지금까지의 연구는 대체로 두 가지 방향에서 이루어졌다고 할 수 있는데, 하나는 교육 · 정표정책과 같은 제도적 측면에서의 접근이고, 다른 하나는 교화서 · 주자서와 같은 서적의 보급 상황을 통한 접근이다. 여기서 관심이 가는 부분은 후자의 경우인바, 이는 단순히 서적의 보급 사실만을 밝히는데 그치지 않고, 더 나아가 이를 통해 여말선초 지배층의 사회윤리에 대한 인식상의 변화를 추적함으로써 정치 · 사회사상사의 측면에서 이 시기가 지니는 특징을 이해하는데 커다란 도움을 주었다.[1]

그렇기는 하지만 기존의 연구에서는 교화와 관련된 가장 기본적인 문제를 간과하고 있는 것으로 보인다. 즉 교화라고 하면 우선 그 대상은 누구인가, 무엇을 가르치려는 것인가, 그렇게 해서 얻고자 했던 것은 무엇인가 하는 등의 기본적인 물음이 당연히 제기되는데, 지금까지는 대체로 이러한 과제에 대해서 소홀했던 것이다. 이렇게 된 이유는 아마도 교화에 대한 선입관 때문일 것이다. 일반적으로 교화는 성인의 덕을 갖춘 군주 또는 이 덕을 이미 닦은 관인층이 일반 민(民)에게 유교적 도덕 규범을 가르치는 것으로 이해하고 있다.[2] 이 때문에 교화의 대상은 당연히 일반 민이며, 그 내용은 유교적 도덕 규범이 되고, 또 유교의 도덕 규범이 상하의 엄격한 신분관계를 전제로 한 것이었다는 점에서 지배층의 피지배층에

---

1) 김훈식, 「16세기 『이륜행실도』 보급의 사회사적 고찰」 『역사학보』 107, 1985.
      _____, 「고려후기의 『효행록』 보급」 『한국사연구』 73, 1991.
      _____, 「여말선초 유불교체와 주자학의 정착」 『한국 고대 · 중세의 지배체제와 농민』, 김용섭교수정년기념한국사학논총 2, 지식산업사, 1997. 10.
      _____, 「15세기 후반기 향당윤리 보급의 배경」 『한국사연구』 99 · 100, 1997.
   고영진, 「15 · 16세기 주자가례의 시행과 그 의의」 『한국사론』 21, 1989.
   도현철, 「고려후기 주자학 수용과 주자서 보급」 『동방학지』 77 · 78 · 79, 1993.
      _____, 「고려말기의 교화론과 생업안정론」 『한국사상사학』 9, 1997.
2) 김준석, 「조선전기의 사회사상」 『동방학지』 29, 1981, 123~130쪽.
   정재걸, 「조선전기의 교화연구」, 서울대 박사학위논문, 1989, 8~10쪽.

대한 지배를 정당화시키는 지배 이데올로기적 성격을 지니는 것이었다는 인식이 보편화되어 있는 것으로 보인다.[3] 이같은 인식에서 본다면 위에서 제시한 기본적인 과제는 너무나 당연한, 그래서 의문을 제기할 필요조차 없는 문제가 되어버린 것이 아닌가 생각된다.

물론 이같은 보편화된 인식은 충분한 근거가 있다고 할 수 있다. 그러나 전근대의 정치사상을 다루면서 그것이 지배 이데올로기였다고 해서 단지 지배층의 지배논리로만 이해하는 것은 비역사적인 태도이다. 하나의 정치사상은 그것이 현실 정치에 적용될 때 현실 상황에 의해 차별적으로 적용되기 마련이며, 그 차별성으로 인해 시대적 특징이 드러날 수 있는 것이다. 아울러 이 차별성은 경우에 따라 역으로 그 정치사상의 지배 이데올로기적 성격을 제한하기도 한다. 유교가 한국의 중세사에서 지배 이데올로기로 기능하였고, 이에 따라 지배층은 일반 민에게 유교의 도덕규범을 가르치고자 했던 것은 분명하지만, 우리의 관심은 여말선초라는 전환기적 상황이 이같은 지배층의 생리적 의도를 어떻게 굴절시켰는가에 맞추어져야 할 것이다. 유교의 교화를 다루면서 어떻게 보면 지극히 당연할 수도 있는 앞서의 기본적인 물음을 새삼스럽게 제기하는 이유도 여기

---

3) 그러나 김훈식, 앞의 논문(1991)에서는 『효행록』의 보급 대상을, 고영진, 앞의 논문에서는 주자가례의 시행 대상을 각각 언급하고 있는데, 이에 의하면 『효행록』은 지배층의 자제를 대상으로 한 교화서였고, 주자가례도 사대부 계층을 시행해야 할 대상으로 삼았다고 한다. 이는 여말선초 교화의 주된 대상이 지배층이었음을 의미하는 것으로, 교화에 대한 일반적 인식과는 다르다는 점에서 주목된다. 최근 김훈식은 『삼강행실도』의 보급 대상을 주제로 한 논문에서도 이점을 분명히 하고 있다(「조선초기 『삼강행실도』 보급의 대상」 『인제논총』 12−1, 1996). 그러면서 김훈식은 지배층을 교화서 보급의 대상으로 삼은 이유가 '지배층의 족적 결집을 유지·강화'하기 위해서, 또는 '군주의 권위에 대한 복종'을 이끌어내기 위해서였다고 한다. 이같은 주장에 반대할 생각은 없지만, 고려 말의 혼란이 지배층의 민에 대한 자의적인 수탈에 기인한다는 점을 고려하면, 여말선초의 새로운 관인층이 교화의 대상을 지배층으로 하였다는 것은 민에 대한 배려라는 측면이 있었음을 간과해서는 안 된다고 생각한다.

에 있다. 더욱이 기존의 교화에 대한 인식이 유교에서 말하는 본래적 의미의 '교화'와 다르다고 한다면, 이같은 물음은 더더욱 필요한 것이라 생각된다.

본고에서는 먼저 유교에서의 '교화'가 지니는 의미를 분명히 하고자 한다. 여기서 확정된 내용을 바탕으로 조선 초기의 관인층이 우선적으로 교화의 대상으로 삼았던 계층은 누구이며, 아울러 각 계층에게 요구된 구체적인 덕목은 무엇이었는가에 초점을 맞추어 논의를 진행하려고 한다. 이 과정에서 조선 초기의 관인층이 어떤 방식으로 자신들의 지배를 관철시키려 했는지가 드러날 수 있을 것이다.

2. '교화'의 유교적 의미

유교에서는 모든 인간의 본성을 선하다고 하면서도 동시에 모든 인간의 차별인(差別因)으로서의 기(氣)를 인정하고 있음은 주지하는 바와 같다. 그리고 기는 인간의 차별인이면서도 또한 이 차별이 인간의 선악에 따른 구분을 포함하고 있다는 점에서 인간 악의 근원이기도 하다. 즉 인간의 기가 혼탁해지면 선한 본성이 가리워져 이로 말미암아 인욕이 생기고, 아울러 이것이 사회를 악하게 만드는 원인이라는 것이다. 따라서 유교 정치사상이 추구했던 궁극적인 목적점은 어떻게 하면 인간의 혼탁한(= 악한) 기질지성(氣質之性)을 성인과 같은 청명한(= 선한) 기질지성으로 바꾸어 인간의 선한 본성을 그대로 드러낼 것인가 하는 것이다. 여기서 인간의 선한 본성이 드러나도록 하는 것이 곧 '교화'라고 할 수 있다.[4]

---

4) 본 논문에서는 '교화'의 의미를 이처럼 인간의 선한 본성이 드러나도록 하는 것으로 이해하고자 한다. 이같은 의미의 교화가 유교에서 말하는 본래적 의미의 교화와 부합한다고 생각되는데, 이에 대해서는 계속 서술해나갈 것이다.

『중용』의 첫머리에서는 이를 다음과 같이 추상화시켜 표현하고 있다.

> 천명(天命)을 일러 성(性)이라 하고, 성을 따르는 것을 일러 도(道)라
> 하고, 도를 닦는 것을 일러 교화라고 한다.[5]

유교의 기본 명제라 할 수 있는 이 말은 교화의 의미가 무엇인지를 명
확히 전달하고 있다. 여기서 교화는 도(道)를 닦는 것을 의미한다. 그런데
한편으로 도는 성(性)을 따르는 것이고, 성은 곧 천명(天命)이라고 함으로
써 결국 교화는 천명 = 성을 따르는 것이 된다. 즉 모든 인간이 천(天)으로
부터 받은 '본래의 성'이 드러나도록 하는 것이 바로 교화가 되는 것이다.
이 천명→성→도→교화로 이어지는 이유와 '본래의 성'이 의미하는 바에
대해서 주자(朱子)는 좀더 구체적으로 설명하고 있다.

> 천(天)이 음양오행으로 만물을 화생(化生)하여 기(氣)로써 형(形)을
> 이루고 리(理) 또한 품부하니 마치 명령하는 것과 같다. 이에 인간과
> 사물이 생겨남에 각기 그 품부한 바의 리로 인하여 건순(健順)·오상
> (五常)의 덕을 이루니 이른바 성(性)이다.……인간과 사물이 각기 그
> 성의 자연함을 따른즉 일용사물지간(日用事物之間)에 각기 마땅히 행
> 해야 할 길이 있지 않음이 없으니 이것이 도(道)라는 것이다.……성과
> 도가 비록 같지만 품부한 기가 혹 다른 고로 능히 과·불급의 차이가
> 없지 않아, 성인이 인간과 사물의 마땅히 행해야 할 바를 품절(品節)하
> 여 천하에 법으로 삼은즉 이를 교화라 하니 예악(禮樂)·형정(刑政) 같
> 은 것이 이것이다.[6]

여기서 주자는 인간과 사물이 리(理)와 기(氣)로 이루어졌음을 밝히면
서, 이 리가 건순(健順)·오상(五常)의 덕을 이루는 성(性)이므로 인간과

---

5)『중용』1.
6)『중용장구』1.

사물은 마땅히 성에 따라 행해야 할 길＝도가 있지만, 기의 차별성으로 인하여 도에 지나치기도 하고 못미치기도 하여 성인이 그 도의 내용을 구체적으로 차등있게 정리해서 본받게 하였기 때문에 교화라고 한다는 것이다. 따라서 성인이 품절(品節)한 예악·형정을 따르면 건순·오상의 덕을 내용으로 하는 성에 따르는 것이 되고, 이것은 결국 천의 '명령'에 따르는 것이 된다.

이처럼 유교에서 교화는 도＝성＝천명과 같은 차원의 중요성을 지니는 것으로 인식되었다. 이 때문에 유교를 통치 이념으로 하는 국가에서의 모든 정책은 이 교화를 이루기 위한 수단이었다고 해도 지나친 표현은 아니라고 할 수 있다.

한편 위에서 말한 '본래의 성'의 구체적 내용은 무엇인가. 주자는 한대 유교의 영향으로 이를 '건순·오상의 덕'이라고 표현했지만, 좀더 공맹의 선진유교의 의도를 따른다면, 그것은 말할 필요도 없이 인의예지(仁義禮智)의 사덕(四德)이다. 이에 대해 맹자는 다음과 같이 말하고 있다.

> 측은지심·수오지심·공경지심·시비지심은 사람들이 모두 지닌 것이니, 측은지심은 인(仁)이고, 수오지심은 의(義)이며, 공경지심은 예(禮)이고, 시비지심은 지(智)이다. 인의예지는 외부로부터 나에게 이르는 것이 아니라 내가 본래부터 가지고 있는 것이지만 사람들이 생각하지 않는 것뿐이다.[7]

맹자는 인의예지를 인간이 본래부터 지니고 있는 덕목으로 생각하였다. 따라서 유교에서는 인의예지를 체득하고 이를 궁행함으로써 인욕을 없애고 청명한 기를 지닐 수 있다고 생각했으며, 그러한 인간을 가장 이상적인 인간, 곧 '본래의 성'을 따르는 인간으로 상정하였던 것이다. 이로

---

7) 『맹자』 「고자」 상.

써 유교는 그 성격에 있어서 도덕적 지향을 분명히 한 셈이었다. 때문에 교화도 구체적으로는 도덕 규범의 실천을 목표로 하는 것이었다.[8] 그러 므로 '화민성속(化民成俗)', 즉 '민'을 교화하여 도덕적으로 규범화된 사회 를 만드는 것이 유교를 통치이념으로 하는 국가의 가장 근본적이고 최우 선적인 과제였다고 할 수 있다.

이상과 같은 교화의 의미와 내용에는 다음과 같은 두 가지 사실이 전제 되어 있다. 우선 교화는 이론적으로나 현실적으로도 인간 모두를 그 대상 으로 하고 있다는 점이다. 일반 민은 말할 것도 없지만, 군주나 관인층과 같은 지배층도 교화의 대상에서 예외가 아니었다. 천의 입장에서 볼 때 군주를 포함한 모든 인간은 '민'이었다.[9] 이들은 모두 유교에서 요구하는 도덕 규범의 측면에서 볼 때 불완전한 존재였다. 물론 성인은 예외라고 할 수 있지만, 맹자가 구체적으로 이윤(伊尹)·공자 등의 인물을 성인으 로 지칭하기 전까지 성인은 실재하는 존재가 아니었다. 더구나 경전을 가 진 유교의 사상체계에서 모든 인간은 이 경전에 따라 '수도(脩道)'할 의무 만 있을 뿐이지, 이를 벗어나 스스로가 새로운 경전을 만들어낼 수 있는 권리는 없는 것이다.[10] 이를 맹자는 이윤의 말을 빌어 다음과 같이 표현 하고 있다.

천(天)이 이 민(民)을 낳으매 선지자(先知者)로 하여금 후지자(後知 者)를 깨닫게 하고, 선각자로 하여금 후각자를 깨닫게 하였는데 나는 천민(天民) 가운데 선각자라. 나는 장차 사도(斯道)로써 이 민을 깨닫

---

8) 『예기』 26, 「경해」, "故禮之敎化也微 其止邪也於未形 使人日徙善 遠罪而不自知 也 是以先王隆之也"
9) 군주도 '민'에 포함된다는 사실을 알려주는 사료는 경전에서 여럿 찾아지지만, 다 음의 것이 대표적이다. 『맹자』 「양혜왕」 하, "書曰 天降下民 作之君作之師 惟曰 其助上帝 寵之四方 有罪無罪 惟我在 天下曷敢有越厥志"
10) 佐藤愼一, 「儒敎とナショナリズム」 『中國─社會と文化』 4, 東大中國學會, 1989, 35쪽.

게 할 것이니 내가 아니면 누가 깨닫게 하리오.11)

즉 유교에서는 선지자(先知者) = 성인(聖人) = 경전(經典)만 있을 뿐이지 모든 인간은 후각자 = 후각자인 것이다. 한편 현실적으로도 군주를 포함한 지배층이 도덕적으로 완전할 수 없음은 말할 필요도 없다. 군주 자신도 '수도(修道)'의 대상일 뿐이었다. 이는 역대의 군주들이 공자를 '백왕지사(百王之師)'라 하여 문묘에 배알했음에서 단적으로 드러난다.

이처럼 유교에서는 정도의 차이는 있지만, 모든 인간은 혼탁한 기를 가지고 태어난 불완전한 존재였다. 이것이 전제되지 않으면 인간의 선한 본성을 회복하려는 유교는 그 존립의 기반 자체가 허물어지는 것이다. 따라서 군주를 비롯한 지배층이라 하더라도 유교에서 요구하는 도덕 규범을 실천해야 했고, 이 때문에 이들에게도 당연히 교화는 필요하였다.

다음으로 교화의 구체적인 내용이 도덕 규범, 즉 인의예지의 실천이었다는 것은 교화가 목적하는 바가 명분에 바탕한 사회 질서의 구축이었다는 것을 의미한다는 점이다. 왜냐하면 인의예지의 덕목은 보다 구체적으로 군신·부자·부부·형제·붕우 사이에 적용되는 윤리이고, 이 인간 관계는 인간 사이에 있을 수 있는 모든 상하 관계를 포함하는 것이기 때문이다.

> 사람에게 도가 있으매 배불리 먹고 따뜻하게 입으며 편안하게 살면서 가르침이 없으면 금수에 가까우므로 성인이 이를 우려하여 설(契)로 하여금 사도(司徒)를 삼아 인륜을 가르쳤으니 부자유친 군신유의 부부유별 장유유서 붕우유신이다.12)

---

11) 『맹자』 「만장」 상.
12) 『맹자』 「등문공」 상.

> 인(仁)이라는 것은 사람이니, 어버이를 친하는 것이 큰 것이다. 의
> (義)라는 것은 마땅함이니, 어진이를 높이는 것이 큰 것이다. 친친지쇄
> (親親之殺)와 존현지등(尊賢之等)에서 예가 생기는 것이다.[13]

결국 상하의 인간 관계에 적용되는 규범으로서의 인의예지가 교화의 내용이었기 때문에 '상하지분(上下之分)'을 지키는 명분론(名分論＝正名論)에 바탕한 사회가 유교적 이상 사회의 전제로 등장할 수밖에 없는 것이다. 공자가 『춘추』를 지은 것도 바로 이 명분을 바로잡기 위해서였다.

이미 잘 알려져 있는 내용을 교화와 관련해서 다시 언급하는 이유는 이 두 가지 전제가 유교의 정치사상을 이해하는데 핵심적인 사항이기 때문이다. 유교는 명분을 바탕으로 한 질서있는 사회를 지향했지만, 그러한 사회는 지배층까지도 교화되어야만이 가능했기 때문에 지배층의 일방적인 지배만을 허용하는 것은 아니었다. 다시 말하면 상하의 질서가 유지되기 위해서 지켜야 할 도덕 규범은 피지배층에게만 강요된 것이 아니라 상하의 모든 사람에게 쌍무적으로 요구되는 것이었다.

> 웃자리에 있으면서 아랫사람을 능멸하지 않고, 아랫자리에 있으면
> 서 웃사람을 끌어내리지 않으며, 자신을 바르게 하고 다른 사람에게
> 구하지 않으면 원망이 없을 것이니, 위로 천(天)을 원망하지 않으며 아
> 래로 사람을 탓하지 않는다.[14]

유교에서는 모든 사람이 자기가 처한 위치에서 자신에게 요구되는 도덕 규범을 지킬 것을 강조한다. 물론 시대적 상황에 따라 재상자(在上者)의 책임이 강조되기도 하고 그보다는 재하자(在下者)의 복종이 강조될 수도 있겠지만, 원칙적으로 유교는 양자 모두에게 자신의 '분(分)'을 지킬 것

---

13) 『중용』 20.
14) 『중용』 14.

을 요구한다. 이것을 한마디로 가장 잘 표현한 것이 바로 공자가 말한 '군군신신부부자자(君君臣臣父父子子)'15) 라 할 수 있다.

이처럼 유교에서의 모든 상하 관계는 상대방의 유교적 도덕 규범의 실천을 전제로 형성된 관계이다. 이 때문에 군주에게 요구되는 도덕적 실천의 결과물이라 할 수 있는 '항산(恒產)'이나 '족식(足食)'이 전제되어야 민에게도 '항심(恒心)'이나 '예의(禮義)'를 기대할 수 있는 것이다. 이 점을 분명히 할 때, 다음과 같은 주자의 말이 이해될 수 있다.

> 천하에서 힘써야 할 것으로 휼민(恤民)보다 큰 것이 없다. 휼민의 근본은 인군이 마음을 바르게 하여 기강을 확립하는 데 있다. 대개 천하의 기강은 능히 저절로 확립될 수 없으니, 반드시 인주의 심술이 공평정대하고 편당(偏黨)과 반측(反側)하는 사사로움이 없은 후에야 이로 말미암아 기강이 확립되는 것이다.16)

위에서 주자는 휼민(恤民)의 근본은 인군의 마음을 바르게 하여 기강을 확립하는 데 있다고 한다. 기강을 확립한다는 말이 명분을 세운다는 것임은 말할 필요도 없다. 유교의 명분론이 지배층의 지배를 위한 논리라는 시각에서만 본다면, 휼민의 근본이 명분을 확립하는 데 있다는 이 말은 전혀 이해할 수 없게 된다. 주자가 기강을 확립한다고 했을 때의 기강, 즉 명분은 인군의 도덕적 실천을 전제로 한 명분인 것이다. 인군이 먼저 자신에게 요구되는 덕목＝휼민을 행해야 재하자로서의 민도 자신의 '분'을 지키고, 이로써 기강이 확립된다는 말이다. 그렇기 때문에 주자는 이 말에 이어서 곧바로 인군에게 요구되는 구체적인 덕목을 나열하고 이로써 기강이 확립된다고 한 것이다.

한편 상하의 모두에게 인의예지의 사덕이 요구되었다고 해서 상하에

---

15) 『논어』 「안연」
16) 『송사』 「열전」 권188, 주희전.

대해 강조하는 내용까지 같았던 것은 아니다. 다시 말하면 모두 사덕에 바탕을 둔 것이면서도 지배층과 피지배층에게 특별히 강조되는 도덕 규범의 내용은 각기 다를 수 있다는 것이다. 이는 위의 주자의 말에서도 짐작할 수 있지만, 그 구체적인 내용은 맹자의 다음과 같은 말에서 분명해진다.

> 왕이 만약 민에게 인정(仁政)을 베풀어 형벌을 줄이고 세렴(稅斂)을 가볍게 하면, (민은－인용자) 깊이 밭을 갈아 김을 매고 장정은 한가한 날에 그 효제충신(孝悌忠信)을 닦아, 들어와서는 그 부형(父兄)을 섬기며 나가서는 그 장상(長上)을 섬길 것입니다.[17]

여기서 군주에게 요구된 것은 인정(仁政)이었고, 민에게는 부형(父兄)과 장상(長上)에 대한 복종이 요구되었다. 유교에서는 흔히 '인(仁)'과 '애(愛)'가 같은 의미로 사용되기 때문에 인정은 민을 사랑하는 정치를 의미한다. 즉 군주에게는 민에 대한 사랑이 요구되었고 민에게는 이러한 군주에 대한 복종을 강조하였던 것이다. 그렇다면 결국 교화는 피지배층에게 유교적(＝명분적) 질서에 순응하도록 가르치는 것이면서도 한편으로는 지배층에게도 피지배층에 대한 자의적인 지배를 금하는 민본정치를 요구하는 것이었다고 할 수 있다. 유교가 지배층의 지배 이데올로기였다고 해서 교화의 이같은 두 가지 내용 가운데 전자만을 강조하고 후자를 사상시킬 수 없는 이유가 바로 여기에 있다. 역사적으로 전자가 후자의 내용을 제약했듯이 후자도 때로는 전자의 내용을 제약하였는바, 우리는 고려 말의 신흥사대부들이 민본사상을 근거로 '역성혁명'을 추진한 사실에서 그 단적인 예를 찾을 수 있다.

---

17)『맹자』「양혜왕」상.

3. 조선 초기 '교화'의 대상

교화의 본래적 의미를 위와 같이 확정지었을 때, 그렇다면 조선 초기 관인층은 교화에 대해서 어떻게 이해하고 있었을까. 결론부터 말하면 조선 초기에는 그 어느 시기보다도 본래적 의미의 교화에 충실했다고 할 수 있다. 이는 기본적으로 조선왕조의 새로운 지배층의 사상적 기반이 유교였기 때문이기도 하지만, 무엇보다도 이들이 고려 말 혼란의 원인을 유교적 도덕 규범이 행해지지 않았던 데에서 구한 그들의 경험적 인식에 기인하는 것이었다. 사실 고려 말의 신흥 사대부들은 사회의 혼란이 지배층인 자신들의 도덕적 실천이 부족했던 때문이라는 반성적 자각을 하고 있었고,[18] 아울러 자신들의 도덕적 실천을 통해서 사회의 혼란을 극복할 수 있다고 생각하였다. 이 자기반성에 기초한 도덕의 실천은 당연히 현실 정치에서 민생의 안정을 위한 노력으로 나타났다.[19] 따라서 이들에 의해 건국된 조선왕조에서는 교화의 두 가지 내용을 모두 중시했던 것이다.

다음의 인용문은 태종이 지은 정자인 낙천정(樂天亭)에 대해 세종대에 변계량(卞季良)이 선지(宣旨)를 받고 쓴 기(記)의 일부인바, 비록 장황하게 태종을 예찬한 것이기는 하지만 조선 초기의 관인층이 교화를 어떻게 이해하고 있었는가를 잘 나타내주고 있다.

천(天)이라는 것은 리(理)일 뿐이고 낙(樂)은 힘쓰지 않고도 자연히

---

18) 이같은 신흥사대부들의 자기반성은 고려시대 민본정치의 전개 과정에서 대단히 중요한 의미를 지니는 것이라 생각되기 때문에 별고에서 다루려고 한다. 다만 여기서는 반성적 모습의 대표적 예라 할 수 있는 이제현(李齊賢)의 다음과 같은 언급만을 제시한다. 『익재난고』 권9, 益齋眞自贊, "獨學而陋 聞道宜晚 不幸由己 何不自反 何德于民 四爲國相 幸而致之 祇速衆謗 不揚之貌 又何寫爲 告爾後嗣 一覩三思 誠其不幸 早夜以勉"

19) 도현철, 앞의 논문(1997).

리에 합하는 것을 말하는 것이다. 대개 무극(無極)의 진(眞)과 음양오행의 정(精)이 묘합하고 응결하여 인(人)이 생기는 것이니 천리가 인에게 부여된 것은 같지 않음이 없다. 비록 그러하나 중인(衆人)이 태어남에 기품이 잡히고 물욕에 가리워져 있으니 가리워진 자가 힘써 천리를 따르려 하나 또한 능히 할 수 없는데 하물며 자연스럽게 리에 합하기를 바라겠는가. 생각컨대 전하는 천이 세운 자질이라 서물(庶物)에 뛰어나고 청명함이 몸에 있으며 덕성을 상용(常用)하니 그 행하는 바에 천리가 유행되지 아니함이 없다.……궁정에 처해서는 화목하고 제사를 받든즉 공경하기를 엄숙히 하며, 충직한 사람을 등용하고 간사한 자를 내쫓으며, 간하는 것을 좇고 배우기를 좋아하며 숭검절용(崇儉節用)하여 천의 경계를 삼가고 민은(民隱)을 불쌍히 여기니 무릇 신심(身心)에 있어서 행사(行事)로 나타나는 바가 순수하게 하나같이 리에 좇으며 역시 애쓰는 바 없이 행하니 대개 천성이 그러한 것이다.……신이 쓰는 것은 전하가 천리를 즐거워 함이 일을 행하는 실질로 나타났으니 무릇 일을 행하는 실질이 나타난 것은 신서(臣庶)가 함께 아는 바인즉 그 보고 느낀 것이 천성의 진(眞)을 흥기시켜 각기 친한 이를 친하게 여기고 어른을 어른으로 여겨 인륜의 도를 다하고 전하의 즐거움을 즐기니 어찌 그칠 것인가.[20]

위의 내용은 세 가지로 정리할 수 있다. 우선 인간은 기가 혼탁하기 때문에 천리를 가지고 태어났음에도 불구하고 물욕에 가리워 천리를 따르지 못하는 것이라 하면서, 천리를 따른다는 것은 곧 덕성을 상용(常用)하는 것, 바꿔 말하면 도덕의 실천과 동일한 것으로 이해하고 있다. 아울러 천리에 따라 덕성을 상용한 결과로서 나타난 군주의 행동을 구체적으로 나열하였는바, 이는 민본이념에 부합하는 것이다. 마지막으로 신서(臣庶)들은 이러한 군주의 덕성을 보고 자신이 지닌 천리를 일깨워 어른을 어른으로 여기는 인륜의 도를 실천한다는 것이다. 변계량의 이 말은 인간에게 교화가 왜 필요한지와, 교화를 통해 현실 정치에서 얻고자 했던 것이 무

20)『세종실록』권5, 세종 1년 9월 을사조.

엇인지를 밝혀주고 있는데, 그것은 유교에서 말하는 본래적 의미의 교화와 정확히 일치하는 것이다. 이처럼 조선 초기에는 군주에게 도덕의 실천에 따른 인정(仁政)이 요구되었고, 민에게는 이러한 군주에 대한 복종이 덕목으로 여겨졌던 것이다.

그러나 사실 유교를 통치 이념으로 삼는 한 이같은 인식은 어느 시대에서나 원론적으로 있을 수 있는 것이기 때문에 이것만으로 조선 초기의 교화가 지니는 성격을 논하기는 곤란하다. 따라서 다음에는 교화의 대상을 군주를 포함한 관인층과 일반 민으로 나누어 조선 초기의 주된 교화의 대상은 누구였으며, 구체적으로 요구된 덕목은 무엇이었는지를 살펴보기로 한다.

(1) 관인층에 대한 교화

군주의 인정과 민의 복종은 현실 정치에서 항상 동시적으로 강조되는 것이 관행이었다.[21] 그러나 이를 가르치는 교화에서는 전자, 즉 군주를 정점으로 하는 관인층의 '인정을 위한 도덕의 실천'이 우선적으로 강조되었다. 다시 말하면 조선 초기에는 관인층이 교화의 일차적 대상이었다고 할 수 있는데, 여기에는 다음과 같은 두 가지 이유가 있었던 것으로 보여진다.

우선 여말선초라고 하는 전환기적 정치 상황을 첫 번째 이유로 들 수 있다. 고려 말의 혼란을 자신들의 도덕적 실천을 통하여 극복할 수 있다고 생각하였고, 이를 명분으로 '혁명'이란 극단적인 방법까지 동원하여 새 왕조를 개창한 개혁 주도 세력들이 자신들의 행위를 정당화하고자 할 때,

---

21) 『세조실록』권1, 세조 1년 7월 무인조, "盖休養生息 固人君之先務 而立法定制 亦不可緩也 愛民則爲國之本 立法則馭世之道 固不可舉此而遺彼也"

그들은 무엇보다도 먼저 덕에 의한 인정을 표방할 필요가 있었던 것이다.

> 주상전하는 순천(順天)·웅인(應人)하여 신속하게 보위를 바루었으니 인(仁)은 심덕(心德)의 온전함이 되고 애(愛)는 곧 인이 발한 것임을 알았다. 이에 그 심(心)을 바루어서 인을 체득하고 그 애를 펼쳐서 인(人)에 미쳤으니 인의 체(體)가 서고 인의 용(用)이 행해진 것이다. 오호라 그 위(位)를 보유하여 길이 천만세에 전하여질 것을 어찌 믿지 않겠는가.[22)]

정도전의 『조선경국전』 첫 머리에 나오는 위의 말은 새 왕조의 정통성이 '순천웅인(順天應人)'에 있음을 천명한 것이다. 여기서 관념적인 '순천'과 '웅인'의 구체적인 내용으로 '체인(體仁)'과 '애인(愛人)'을 들고 있다. 그리고 '체인'이 밖으로 드러난 것이 '애인'이라고 함으로써 양자를 하나로 보고 있다. 인(仁)이란 곧 덕이므로 결국 새 왕조의 정통성을 덕에 의한 인정에서 구한 것이다. 만약 자신들이 표방한 인정에 의한 통치를 실천하지 않는다면 그들의 '역성혁명'은 한낱 정권 탈취에 불과한 것이고, 이는 자신들의 사상적 기반인 유교의 명분론에서 볼 때 있을 수 없는 죄에 해당하는 것이었다. 이같은 사실은 누구보다도 그들 자신들이 잘 알고 있었다.

> 가만히 생각하건대 지극히 공정하고 사사로움이 없는 것은 천(天)이고, 지극히 어리석어도 신통한 것은 민(民)입니다. 천도는 왕씨에게 화를 주고 전하에게 복을 준 것이 아니라, 곧 무도한 자에게 화를 주고 유도한 자에게 복을 준 것입니다. 민심은 왕씨를 미워하고 전하를 사랑한 것이 아니라, 곧 무도한 자를 미워하고 유도한 자를 사랑한 것입니다. 전하는 웅천순인(應天順人)하여 혁명 개국하였으니 진실로 마땅히 천으로부터 듣고 인(人)을 따라야 합니다.[23)]

---

22) 정도전, 『조선경국전』상, 「정보위」
23) 『태조실록』권5, 태조 3년 2월 병신조.

건국 직후에 대간과 형조에서 한 이 말은 자신들의 '혁명'을 합리화시키는 내용을 담고 있다. 즉 '군주'로서의 왕씨에 대한 '혁명'이 아니라 '무도(無道)'한 자로서의 왕씨에 대한 '혁명'이었다는 것이다. 이 논리는 바로 맹자의 '혁명론'의 논리와 같은 것으로서,[24] 자신들의 '혁명'이 민본사상에 근거한 것이기 때문에 명분에 어긋나는 것이 아님을 밝힌 것이다. 이 논리에 따라 자신들의 '혁명'을 합리화시키기 위해 군주는 '청어천(聽於天)'하고 '순어인(順於人)'하지 않을 수 없었다. 이처럼 '순천응인'의 인정을 표방하였기 때문에 조선 초기에는 당연히 인정의 주체인 군주를 비롯한 관인층이 우선적으로 교화의 대상이 되었다.

관인층이 일차적인 교화의 대상이 된 또하나의 이유로서 이 시기 민에 대한 인식을 들 수 있다. 여말선초의 관인층의 민에 대한 인식은 부정적이었다. 그것은 특히 그들의 도덕적 능력이 하열하다는 이유 때문이었다. 즉 민은 유교적 도덕 규범을 행할 수 있는 능력이 부족하고, 이에 따라 인욕을 억제하지 못하는 존재였던 것이다. 이 때문에 민은 늘 '무지지민(無知之民)' 혹은 '우민(愚民)'으로 묘사되었다.[25] 따라서 조선 초기에는 민에 대한 교화에 소극적일 수밖에 없었다.

관인층의 이같은 인식은 결국 자신들만이 도덕적 능력을 지녔고, 유교적 도덕 규범을 행할 수 있는 존재라는 인식과 일치하는 것이었다. 다시 말하면 관인층과 민을 구별하는 기준은 도덕적 능력의 유무에 있었고, 이것이 관인층이 민을 지배할 수 있는 근거가 되었던 것이다. 도덕적 능력의 차이를 신분의 구별과 일치시키는 이같은 인식은 유교의 오랜 전통에

---

24) 맹자는, 탕왕(湯王)이 걸왕(桀王)을 몰아내고 무왕(武王)이 주왕(紂王)을 벌(伐)한 것에 대해 제선왕(齊宣王)이 "신하가 임금을 시해하는 것이 가하냐"고 묻자, "일부(一夫)에 불과한 주(紂)를 주살하였다는 말은 들었어도 임금을 시해했다는 말은 듣지 못했다"고 함으로써 자신의 '혁명론'이 민본사상에 바탕한 것이며, 아울러 명분론과 모순되지 않음을 분명히 하였다(『맹자』「양혜왕」하).
25) 이석규, 「조선초기 관인층의 민에 대한 인식」『역사학보』151, 1996, 52~57쪽.

서 비롯된 것이지만,[26] 교화와 관련해서는 단계적인 교화의 방법을 당연한 것으로 받아들이게 하였다.

> 인군의 학문은 마음을 바루는 것이 근본이 된다. (인군의－인용자)
> 마음이 바른 연후에야 백관이 바르게 되고, 백관이 바른 연후에야 만
> 민이 바르게 되는 것이다.[27]

이것은 군주가 최고의 도덕적 존재가 되어야만 관인층도 군주를 좇아서 덕을 행하고, 궁극적으로는 민도 교화시킬 수 있다는 것이다. 군주에게 최고의 도덕성을 요구한 이 말은, 바꿔 말하면 최고의 도덕적 존재만이 군주가 될 수 있다는 것을 의미하였다. 그리고 군주가 덕성을 드러내어 상용하면 관인층도 도덕적으로 교화되고, 이어 민들도 그것을 보고 느껴서 그들도 자신들이 지닌 덕성을 일깨우는 것이다. 이것이 이른바 '덕교(德敎)'이며 군주와 관리, 민을 단계적으로 교화시키는 것이다. 이처럼 단계적인 교화의 방식에는 상하 신분의 차이가 도덕적 능력의 차이와 일치한다는 인식이 전제로 되어 있고, 이 때문에 조선 초기에는 관인층과 민의 역할에도 차이가 있었다.

---

26) 공자의 "生而知之者上也 學而知之者次也 困而學之 又其次也 困而不學 民斯爲下矣"(『논어』「계씨」)라는 말에 대해 주자는 사람의 기질이 다르기 때문에 이같은 네 가지 등급이 있는 것이라고 주해하였고, 또 맹자의 "天下有道 小德役大德 小賢役大賢 天下無道 小役大 弱役强 斯二者天也 順天者存 逆天者亡"(『맹자』「이루」상)이라는 말에 대해서도 주자는 "有道之世 人皆修德 而位必稱其德之大小 天下無道 人不修德 則但以力相役而已 天者 理勢之當然也"라고 해석하였다. 즉 주자는 맹자보다 분명하게 도가 행해지는 사회에서는 지위의 높고 낮음이 도덕의 대소와 일치한다고 함으로써 도덕적 능력이 있는 자가 그렇지 못한 자를 부리는 것이 천리라 이해하고 있다. 이처럼 유교에서는 전통적으로 도덕적 능력의 차이를 상하 신분 관계와 일치시켜 왔다.

27) 『세종실록』권1, 세종 즉위년 10월 무자조.

국맥을 배양하는 것은 예속(禮俗)을 기르는데 있다. 고려 말에는 정교(政敎)가 능이(陵夷)해지고 예제(禮制)가 크게 무너져 사습(士習)과 민풍(民風)이 함께 불미(不美)하여 망함에 이르렀다. 지금부터 사대부가 된 자는 몸을 닦고 직책에 부지런하며 민서(民庶)가 된 자는 분수를 지키고 역을 바처, 요행으로 구득(苟得)하지 말고 방벽(放僻)함으로 자일(自逸)하지 말아 예의의 풍속을 이루도록 하라.[28]

여기서 묘사되고 있는 가장 바람직한 인간은 사대부의 경우, '칙신(飭身)', 즉 도덕 규범을 실천하는 존재이고, 민의 경우는 '수분(守分)'하여 역을 바치는 자였다. 이같은 관인층과 민에게 요구하는 역할의 차이로 인해 관인층에게는 민에 비해서 보다 엄격한 도덕성이 요구되었다. 다음의 사료는 재상들이 중국에 입조하는 사신을 통해 포(布)를 무역하자 사간원에서 이를 탄핵하면서 한 말로서, 여기서 민보다는 관인층에게 도덕의 실천이 강조되었음을 알 수 있다.

만일 우민(愚民)이라면 용서하는 것이 가하겠지만, 대체를 아는 훈신(勳臣)이 이를 범하였다면 어찌 그대로 두는 것이 가하겠습니까.[29]

이상에서 본 바와 같이 인정을 행할 수밖에 없는 조선 초기의 정치적 상황과 도덕적 능력의 차이가 상하의 신분 관계와 일치한다는 인식으로 인해 조선 초기에는 군주를 비롯한 관인층에 대한 교화가 우선적으로 강조되었다. 특히 인정의 주체이며 동시에 최고의 도덕적 존재인 군주는 교화의 정점에 위치하면서 교화가 행해지는지의 여부에 대한 최종적인 책임을 지지 않으면 안되었다. 군주의 덕성은 국가의 흥망을 좌우하는 가장 중요한 요인이었던 것이다. 그리하여 조선 초기에는 이를 위한 제도적 장

28) 『태조실록』 권8, 태조 4년 10월 을미조.
29) 『태종실록』 권18, 태종 9년 8월 신유조.

치로서 대간을 두어 군주의 잘못을 상시적으로 간쟁할 수 있도록 보장하였고, 경연과 서연을 통하여 경사(經史)를 강론함으로써 왕이나 세자의 '정심(正心)'을 이끌어내고자 하였다. 더 나아가 이러한 제도적 장치 외에, 인간의 능력으로는 이해하거나 극복할 수 없는 재이(災異) 현상을 군주에 대한 천의 경고 내지는 견책으로 설명함으로써 군주의 정심을 항상적으로 보장받는 동시에 왕권의 자의적인 행사를 막고자 하였다.30)

한편 정심의 내용으로서 군주에게 특히 요구된 덕목은 앞서 인용한 정도전의 말에서도 알 수 있었던 바와 같이 '인(仁)'이었다. 그러나 현실의 정치에서는 인이 좀 더 구체적인 내용을 지니고 강조되었다. 그것은 '사천(事天) · 사친(事親) · 책기(責己) · 안민(安民)'의 네 가지였다.

> 재이를 그치게 하는 길은 단지 전하가 일념으로 천연(天然)함에 있으니 그 요체는 사천(事天) · 사친(事親) · 책기(責己) · 안민(安民)의 네 가지에 지나지 않습니다. 사천은 경외(敬畏)를 지극히 하는데 있고, 사친은 성효(誠孝)를 다하는데 있으며, 책기는 허물을 생각하는데 있고, 안민은 일을 줄이는데 있을 뿐입니다.31)

이 네 가지는 혹 '성신(誠身) · 사친(事親) · 수정(修政) · 휼민(恤民)'으로 표현되는 경우도 있지만,32) 어느 것이든 군주의 개인적인 '사친'을 제외하면 궁극적으로는 '안민'으로 귀착될 수 있는 것이었다. 이 점은 세종대에 『향약집성방』이 완성되자 서(序)를 쓴 직제학 권채(權採)의 다음과 같은 말에서도 드러난다.

---

30) 당시의 재이론이 지니는 정치적 성격에 대해서는 이석규, 「조선초기의 천인합일론과 재이론」『진단학보』81, 1996 참조.
31) 『태종실록』권6, 태종 3년 8월 병인조.
32) 『태종실록』권13, 태종 7년 6월 계미조, "臣等之所望於殿下 不過四事 曰誠身也 事親也 修政也 恤民也"

군상(君上)의 도는 인(仁)보다 큰 것이 없는데 인도(仁道)는 지극히 크며 또한 여러 가지가 있다. 지금 주상전하가 성덕(盛德)으로써 지치(至治)를 일으키고 수위(守位) 발정(發政)함을 온전히 이 도의 큰 것으로 하며, 약의(藥醫)를 알아 민을 구제하는 일에 이르러서도 이같이 행하니 인정(仁政)의 본말과 거세(巨細)를 겸하여 남김없이 다 함을 볼 수 있다.33)

이처럼 군주에게는 인(仁)을 체득한 결과로서의 민본사상이 강조되었지만 전제왕조 체제하에서 왕의 행위를 유교적 규범에 맞도록 실질적으로 규제하고, 이로써 관인층과 민을 단계적으로 교화시키는 데에는 한계가 있었다. 따라서 군주에 대한 교화와 더불어 관인층에 대한 교화가 동시에 강조될 수밖에 없었다. 왕의 고굉(股肱), 또는 사체(四體)로 표현되면서 왕을 도와 직접 민을 다스리면서 인정을 베풀어야 하는 위치에 있었던 그들은 기본적으로 유교적 도덕 규범을 익힌 자라야만 했다. 이를 정도전은 다음과 같이 말하고 있다.

일찍이 유(儒)와 이(吏)를 논한 설(說)에, 도덕을 신심(身心)에 온축한 것을 유라 하고 교화를 정사에 베푸는 것을 이라 하였다. 그러나 그 온축된 것이 베푸는 바의 본(本)이 되는 것이고 베푸는 것은 온축된 것으로부터 미루어가는 것이니, 유와 이는 한 사람이고 도덕과 교화는 두 가지 이치가 아닌 것이다.34)

도덕과 교화가 하나임을 이처럼 분명하고 논리적으로 밝힌 조선 초기의 사료는 더 이상 찾아보기 어렵다. 정도전은 여기서 유자(儒者)와 관리는 일인(一人)이라고 함으로써 관리가 될 수 있는 조건이 도덕의 온축에 있다는 점을 명확히 하였다. 이처럼 관리에게는 도덕의 실천이 자격 조건

---

33) 『세종실록』 권60, 세종 15년 6월 임진조.
34) 정도전, 『삼봉집』 권3, 「서」, '送楊廣安廉庚正郎詩序'

이었고, 이 점에서 그들은 흔히 '식리지사(識理之士)'로 불리기도 하였다. 즉 왕을 대신해 인정을 행해야 하는 그들은 자신들의 책임에 걸맞게 사리의 옳고 그름을 판단할 줄 아는 도덕적 능력을 지녀야만 했다. 이 때문에 '식리지사'로서의 관리에게는 법의 적용에서도 민보다 더욱 엄격하였다.

> 아조에서는 무릇 민이 절도한 것은 상률(常律)로 처리하지만 장죄 (贓罪)를 범한 관리는 비록 사유(赦宥)를 거쳤다 하더라도 통렬하게 과 단하니, 이는 무지하여 법을 범한 죄는 가볍고 감독하는 자리에 있는 자가 스스로 도적질한 죄는 중하기 때문이다.[35]

위에서 볼 수 있는 바와 같이 민과 관인층은 법의 적용에 있어서 차이가 있었고, 그 차이는 도덕적 능력의 차이에서 기인하는 것이었다. 관리들의 죄는 무지한 민이 지은 죄보다 무거울 수밖에 없었던 것이다. 이처럼 당시에는 관리에게 법을 엄격하게 적용함으로써 유교적 윤리를 실천하도록 그들을 교화시키고자 하였다.

한편 관인층은 왕에게 복종해야 하면서도 동시에 민에 대해서는 섬김을 받는 이중적인 입장에 있었기 때문에 그들에게 강조된 도덕 규범의 내용은 왕에게 요구되었던 것과는 달랐다. 관인층에게는 특히 예(禮)·의(義)와 염(廉)·치(恥)가 강조되었다.

> 사헌부에서 상소하기를, "예(禮)·의(義)·염(廉)·치(恥)는 국가의 사유(四維)입니다. 사유가 펴지면 인심이 깨끗하고 정치가 맑아져서 그 나라가 밝고 창성함에 이르고, 사유가 해이해지면 인심이 더럽고 정치가 무너져 그 나라가 어두움에 떨어지니, 예의는 치인(治人)의 대법이고 염치는 입인(立人)의 대절이어서 국가의 치체(治體)에 관계가 있는 그러한 것입니다. 비록 일신으로 말하더라도 예의를 준수하고 염치

---

35) 『세종실록』 권28, 세종 7년 5월 병술조.

를 중히 여기는 자는 능히 그 안영(安榮)을 보존하고 착한 이름이 후대
에 전해질 것이요, 예의와 염치를 버리는 자는 마침내 화패(禍敗)에 빠
져 더러운 냄새가 만세에 흐를 것입니다. 그러한즉 나라를 가진 자가
가히 국체(國體)를 유지하는 도를 알지 못하겠으며, 사(士)가 된 자가
가히 명절(名節)을 갈고 닦는 의를 생각하지 않을 수 있겠습니까."36)

　　이것은 사헌부에서 상소한 말이지만 사실은 조정에 뇌물의 풍습이 만
연하자 세종이 직접 이를 금하는 교서를 지으려다 사헌부가 상소하는 형
식을 취하도록 한 것이다. 즉 이는 관리에게 예의염치의 사유(四維)를 촉
구하는 것으로서, 관리가 예의염치를 실천하는 것은 국가의 치체(治體)에
관계된 것이기 때문에 유국자(有國者)인 왕으로서는 국체를 유지하기 위
해 이를 실천하지 않는 관리를 징치하지 않을 수 없다는 경고의 의미를
지닌 것이다. 이처럼 관리에게 예의염치의 덕목을 요구하는 경우는 어렵
지 않게 찾을 수 있다. 특히 염ㆍ치는 이들에게 있어 최고의 덕목이었다.

　　　사간원에서 상소하기를, "예ㆍ의ㆍ염ㆍ치는 나라의 사유이니 사유
　　가 펴지지 않으면 무엇으로 나라를 다스리겠습니까. 생각하건대 전하
　　는 이 이치를 밝게 아시므로 반드시 이 네 가지로 급무를 삼아 전장(典
　　章)을 강구(講求)하고 영갑(令甲)에 기재하여 교양하기에 지극하지 않
　　음이 없었고 방금(防禁)하기를 엄하게 하지 않음이 없었는데 어찌하
　　여 근년이래로 염치의 도가 사라지고 장죄(贓罪)를 범한 관리가 여러
　　차례 방헌을 어겨 국가에 수치를 끼치고 있습니까."37)

　　이 때문에 염치의 도에 어긋나는 장죄(贓罪)를 범하거나 결송관이 고의
로 오결을 하는 경우는 비록 사유를 만나더라도 용서받지 못하였고,38) 특

---

36) 『세종실록』 권116, 세종 29년 5월 임자조.
37) 『세종실록』 권77, 세종 19년 5월 기유조.
38) 이에 대해서는 이석규, 「조선초기 제천례와 사유제」 『사학연구』 54, 1997 참조.

히 근민지직(近民之職)인 수령의 자리에는 나아갈 수 없었다. 이와 같이 관리들로 하여금 예의염치의 사유를 갖추도록 교화하기 위해 마련된 제도적 장치로서, 관리의 임명장인 고신에 대간의 동의를 거치도록 하는 '서경(署經)'의 제도는 가장 중요한 것이라 할 수 있다.

> 가만히 보건대 (통치의 방법으로—인용자) 가장 좋은 것은 교화를 세우는 것이고 그 다음은 정치를 밝히는 것입니다. 정치의 득실은 사부(士夫)에게 속하는 것이며 사부의 깨끗하고 더러움은 권선징악으로 말미암는 것입니다. 권선징악의 방법이 비록 많다고 할 수 있지만 명백히 성토하지 않고 드러내어 주륙을 가하지 않더라도 그 악의 싹을 끊고 착한 마음을 길러서 악한 자를 징계하고 선한 자를 더욱 권하는 것으로는 고신(告身)과 같은 것이 없습니다.……(고신의 법이—인용자) 어찌 사풍(士風)의 약석(藥石)과 마음을 꾸짖는 부월(斧鉞)로서 그 효과가 교화와 같지 않겠습니까.[39]

여기서는 고신에 서경하는 제도가 사대부를 권선징악함으로 말미암아 결과적으로 그들을 교화시키는 것으로, 나라를 다스리는 데 가장 좋은 방법이라는 것을 말하고 있다. 그런데 주지하는 바와 같이 관리를 임용할 때 대간에서 당사자뿐만 아니라 내외 사조(四祖)까지를 조사하여 적격 여부를 판정하는 서경 제도는 관리 임용에 대한 왕의 권한을 대간이 일정하게 제한하는 성격을 지닌 것이었다. 때문에 왕은 대간의 서경권을 제한하고자 하였고, 반대로 대간은 1품에서 9품에 이르는 모든 관리의 임용에 이 권한을 행사하려고 하였다. 따라서 조선 초기에는 이 문제를 둘러싸고 왕권과 '신권' 사이에 끊임없는 길항 관계가 계속되었다.[40] 그러나 서경 제도를 왕권과 '신권' 사이의 갈등이라는 시각으로만 파악하면 이 제도가

---

39) 『세종실록』 권57, 세종 14년 8월 무자조.
40) 서경권을 둘러싼 왕과 대간 사이의 논란에 대해서는 최승희, 『조선초기 언관·언론연구』, 서울대출판부, 1976, 52~60쪽 참조.

갖는 관인층에 대한 교화라는 본래적인 기능은 무시되기가 쉽다. 서경은 원칙적으로 유교적 덕목을 지닌 자만을 관리로 임용함으로써 사(士) 계층을 교화하려는 제도였던 것이다.

> 치도의 잘잘못은 사풍(士風)의 미악(美惡)에 달려 있고 사풍을 바로 잡는 요체는 직첩을 서경(署經)하는 것보다 중요한 것이 없으니 사람들로 하여금 각기 반성하여 명절(名節)을 닦는데 힘쓰도록 하는 것입니다. 그러므로……고려시대에는 대간을 두어 (임금의－인용자) 이목을 대신하여 1품에서 9품에 이르기까지 그 직첩에 반드시 서경하도록 하여 충사(忠邪)·염오(廉汚)를 살펴 논의하지 않음이 없었으니 대신(大臣)에서부터 소리(小吏)에 이르기까지 비록 아무리 작은 절행(節行)이라도 조심하지 않음이 없었습니다.……지금의 서경은 단지 5품 이하만 행하고 4품 이상에는 미치지 않는 고로 대부가 된 자가 자신의 득실은 공론이 미치는 바가 아니라 생각하여 조금도 거리낌이 없어 염치가 일어나지 못하고 사풍이 서지 못하니 실로 전하의 수문(守文)의 성전(盛典)에 어그러짐이 있습니다.[41]

여기서 말하는 서경의 본래적 기능은 왕의 이목을 대신하여 충성되고 청렴한 관리를 등용함으로써 관인층을 교화하는 것이었다. 따라서 이는 정치의 요체로서 왕권을 제한하는 것이 아니라 오히려 왕정을 돕는 것이라는 인식이었다. 물론 현실적으로 서경권이 행사될 때에는 왕의 관리 임용권을 제한하는 것으로 나타날 수밖에 없었지만, 서경이 지니는 위와 같은 중요성 때문에 조선 초기의 왕들은 극히 짧은 기간을 제외하고 서경 제도를 계속 유지시켰다. 또한 서경을 행하는 과정에서 유교적 덕목의 유무를 판단하는 기준이 모호하였기 때문에 신분상의 귀천과 같은 문제를 서경의 주된 기준으로 삼음으로써 관인층이 그들의 혈통상의 폐쇄성을 배타적으로 유지하고자 했던 것도 사실이었다. 그러나 이것은 서경의 본

---

41) 『세종실록』 권31, 세종 8년 1월 신유조.

래적 기능과는 별개의 문제로서 일단 도덕적으로 하자가 있다고 판단되면 아무리 훌륭한 가문의 출신이라 해도 대간에서 이를 묵인하는 경우는 별로 없었던 것으로 보인다.

(2) 민에 대한 교화

이처럼 조선 초기에는 왕을 비롯한 관인층의 도덕적 실천을 위한 교화가 대단히 중시되었다. 그러나 이에 비해 민을 직접 교화시키는 문제에 대해서는 상대적으로 소극적이었다고 할 수 있다. 이는 앞 절에서도 언급한 바와 같이 당시 관인층의 민에 대한 부정적 인식과 관련된 것으로 생각된다. 즉 민은 인욕을 억제할 수 있는 도덕적 능력이 하열하다는 점에서 관인층과 구분되었기 때문에 민을 직접 교화시키려는 노력이 부족했던 것이다. 물론 고려 말 이후에 주자성리학이 보급되면서 인간은 누구나 도덕적 능력을 본유하고 있다는 인식이 원론적인 수준에서나마 받아들여졌다고 할 수 있겠지만,[42] 그러나 그것은 어디까지나 원론적인 수준에 불과한 것이었다. 아직도 현실 정치에서의 민은 다만 '식리지사'로서의 관인층이 시키는 것만을 추향(趨向)하는 존재일 뿐이었다.[43] 법을 시행할 때에도 민으로 하여금 왜 법을 지켜야 하는지를 알게 할 수는 없고 다만 법의 준수만을 강제할 수 있을 뿐이었다.

> 찬성 허조(許稠)가 아뢰기를, "정부와 육조에서 의득취지(議得取旨)
> 한 일에 윤허되지 않은 의논까지 아울러 기록하여 중외에 이문(移文)

---

42) 김훈식, 앞의 논문(1991), 45쪽.
　　도현철, 「14세기 전반 유교지식인의 현실인식」『14세기 고려의 정치와 사회』, 민음사, 1994, 562~564쪽.
43) 『태종실록』 권6, 태종 3년 9월 경진조, "民之趨向 唯上之指使"

하니 자못 번쇄합니다. 하물며 민은 가히 행하게 할 수는 있지만 이를 알게 할 수는 없는 것입니다. 다만 준수할 법만 알릴 뿐이지 어찌 일의 본말을 다 알도록 할 수 있겠습니까." 왕(세종—인용자)이 이르기를, "경의 말이 옳다."[44]

민의 도덕적 능력을 적극적으로 인정하지 않고 자신들만이 그 능력을 지녔다고 자처함으로써 지배의 근거를 획득한 관인층의 입장에서 볼 때, 이처럼 민에게는 가르쳐 알게 하기가 어려웠다. 따라서 민에 대한 교화에는 소극적일 수밖에 없었다.

그렇다고 민을 교화시키기 위한 노력이 전혀 없었던 것은 물론 아니었다. 새 왕조가 개창되자마자 국가에서는 유교적인 가족 질서를 확립하기 위해 주자가례에 의한 새로운 조상숭배 방식인 가묘제(家廟制)를 시행하였고, 명분에 어긋나는 음사(淫祀)를 배제하기 위해서는 이사제(里社制)를 실시히였다. 이 두 제도는 모두 유교적인 사회 질서를 확립하기 위한 교화의 성격을 지닌 것으로서, 물론 그 대상에는 민까지 포함되는 것이었다. 그러나 가묘제는 관인층에서조차 제대로 시행되지 않으면서 사실상 민을 그 대상에서 제외시켰다.[45] 뿐만 아니라 이사제는 향촌사회에서 거의 시행조차 되지 않았다.[46]

이밖에도 여말선초에는 『효행록』과 『삼강행실도』 등의 교화서가 편찬·보급되기도 하였다. 이들 교화서가 표방한 보급의 대상은 '전야지민

---

44) 『세종실록』 권49, 세종 12년 7월 계묘조.
45) 가묘(家廟)의 건립은 원래 그 대상으로 관인층 뿐 아니라 민까지도 포함하는 것이었다. 그러나 민은 물론이고 관리들조차 구습에 젖어 제대로 행하지 않자 태종은 우선 사대부가에서 선행토록 하자는 상소를 받아들였고, 이로부터 사실상 민은 그 대상에서 제외되었다(『태종실록』 권2, 태종 1년 12월 기미조). 기타 가묘제에 대해서는 한우근, 「조선왕조초기에 있어서의 유교이념의 실천과 신앙·종교」 『한국사론』 3, 1976, 158~163쪽 및 주웅영, 「가묘의 설립배경과 그 기능」 『역사교육논집』 7, 1985 참조.
46) 한우근, 위의 논문, 163~166쪽.

(田野之民)' 혹은 '우부우부(愚夫愚婦)'로 표현되는 일반 민이었지만, 그러나 표방과는 달리 현실적으로는 지배층을 대상으로 보급된 것이었다.[47] 아직 이 시기에는 관인층을 우선 교화시키는 일이 급선무였고, 또한 민의 도덕적 능력에 대해서도 회의적이었던 것이다. 이는 최만리(崔萬理)가 한글 창제를 반대하는 상소를 올린 것에 대해 세종이 한 다음과 같은 말에서 단적으로 드러난다.

> "앞서 김문(金汶)이 아뢰기를, '언문을 제작하는 것은 불가할 것이 없다' 하였는데 지금은 오히려 불가하다 하고, 정창손(鄭昌孫)은 말하기를, '삼강행실을 반포한 후에 충신 효자 열녀의 무리가 나오는 것을 볼 수 없으니 사람의 행하고 행하지 않음은 다만 사람의 자질 여하에 달린 것이다. 어찌 반드시 언문으로 번역한 후에야 사람들이 모두 본받을 것인가' 하였으니 이러한 말이 어찌 유자(儒者)로서 사리를 안다는 말이겠는가. 전혀 쓸모없는 속유(俗儒)이다."[48]

사람의 행(行)·불행(不行)은 그 자질에 달린 것이라는 정창손(鄭昌孫)의 말은, 혼탁한 자질을 청명한 자질로 바꾸는 것이 유교의 최상의 목표이고 이를 위한 것이 곧 교화라는 사실을 몰각한 채 사람의 자질을 바꿀 수 없는 것으로 인식함으로써 교화의 필요성을 무시한, 그야말로 유자로서는 할 수 없는 말이었다. 관리들의 이같은 인식에서 민에 대한 적극적인 교화를 기대하기는 어려웠을 것이다. 다만 민에 대한 직접적인 교화는 그들이 법을 몰라 죄에 빠지는 것을 방지하기 위한 최소한의 수준에 머물렀다.[49]

---

47) 김훈식, 앞의 논문(1991) 및 「조선초기『삼강행실도』보급의 대상」『인제논총』 12-1, 1996 참조.
48)『세종실록』권103, 세종 26년 2월 경자조.
49)『세종실록』권87, 세종 21년 11월 정사조, "決死囚 因謂諸承旨曰 古有讀法之文 然使愚民 盡知律文固難矣 若撮其死罪 不過二十餘條 頒布中外 使愚夫愚婦 曉然共

관인층에 대한 교화가 중시되고 민에 대해서는 소극적이었다는 사실은 조선 초기의 정표정책에서도 짐작이 가능하다. 선행을 칭찬하여 이를 여러 사람에게 알리기 위한 정표정책이 이 시기에 교화의 수단으로 대단히 중시되었음은 주지하는 바와 같다. 그런데 15세기(태조~성종대) 정표자의 신분을 분석한 연구 결과에 의하면,[50] 효자·효녀의 경우 신분이 밝혀진 195명 가운데 77.4%에 해당하는 151명이 사족이었다. 더욱이 151명 가운데 거의 절반은 문무 유직자였다. 이같은 경향은 열녀의 경우에서도 거의 비슷하게 나타나 118명 가운데 사족의 처가 79명으로 67%를 차지한다.[51] 이로써 조선 초기에는 관인층을 교화시키는데 치중하였고, 민에 대한 교화에는 상대적으로 소극적이었음이 드러난다고 할 것이다.[52]

그러면 이와 같은 민의 도덕적 능력을 하열시하는 인식은 어떤 사회경제적 조건에 의해 규정된 것으로 이해할 수 있는가. 이 문제와 관련해서는 고려 말의 농장이 주목된다. 농장의 존재가 고려 말의 사회를 이해하는데 얼마나 규정적 조건이 될 수 있는가에 대해서는 이견이 있을 수도 있다. 당시 농장이 전체 토지에서 어느 정도의 비중을 차지하는지 현재로

知 則犯死罪者 庶可少矣 爾等體予此意 擬議于政府"

50) 박주, 『조선시대의 정표정책』, 일조각, 1990, 59~65쪽.

51) 이같은 경향은 16세기 이후 바뀌게 된다. 즉 16세기 효자·효녀로서 정표된 자의 신분 구성은 전체 215명 가운데 사족이 132명으로 61.4%에 해당하는바, 이는 15세기보다 약 16% 감소한 것이다. 열녀의 경우는 사족의 처가 차지하는 비율이 더욱 줄어, 75명 가운데 45.3%인 34명으로 15세기에 비해 21.7%가 줄었다(박주, 위의 책, 132~137쪽). 이는 정표자 가운데 민의 비율이 상대적으로 늘어났음을 나타내는 것으로, 시기가 지나면서 점차 민을 교화의 대상으로 인식하는 추세를 반영한 것이라 할 수 있다.

52) 이 시기에 민에 대한 교화가 소극적이었다는 점은 당시 주자가례가 정착되는 과정을 살핀 연구에서도 인정하고 있다(고영진, 앞의 논문, 106~109 및 121~123쪽 참조). 그러나 여기서는 그 원인을 당시 국가의 통제력이 '일반민'에게까지 미치지 못하였다는 점에서 찾고 있다. 이것도 하나의 원인이 될 수는 있겠지만, 보다 근본적으로는 위에서 본 바와 같이 민의 도덕적 능력을 적극적으로 인정하지 않은 관인층의 인식 자체에 그 원인이 있다고 생각된다.

서는 정확히 알 수 없기 때문이다. 그러나 '과주포군(跨州包郡) 산천위표 (山川爲標)'[53] 라는 표현이 농장을 지칭하는 것으로 이해하는데 별 무리가 없고, 또 개혁 세력이 이와 같은 대토지소유를 문제삼아 전제개혁을 단행함으로써 새 왕조의 경제적 기초를 마련하였다는 점을 고려한다면, 여기서 농장을 주목한다고 해도 큰 무리는 없을 것이다.

고려 말의 농장에 대해서는 그 형성 시기와, 토지의 소유 형태, 경영 방식, 그리고 이전의 전시과와 이후의 전제개혁과의 관련 및 변화 등 여러 측면에서 연구자들의 견해차가 심하게 노정되어 있는 형편이다.[54] 그렇기는 하지만 본 논문과 관련해서 농장 내의 민의 존재 형태에 초점을 맞추려 할 때, 이 차이가 그다지 심각한 정도는 아니라고 생각된다.

우선 고려 말에 폐단을 자아내던 농장의 소유 형태에 대해서는, 그것이 소유권에 근거하고 있다는 견해와 수조권에 근거한 것이라는 견해가 나뉘어 있다. 현재 보다 일반적으로 받아들여지는 전자의 경우, 그 경영은 노비에 의한 직영이나 또는 전호에 의한 병작제에 의해 이루어졌겠지만 그 비율은 논자에 따라 다르다. 그런데 여기서 주목되는 것은 전호(佃戶) 농민의 처지이다. 이들은 조(租)·용(庸)·조(調)의 삼세 중 국가에 바쳐야 할 용·조까지도 농장주에게 착취당하고 있었다. 즉 이들은 자신의 신분이 무엇이건 간에 농장주의 사민화된 상태에서 인신적으로 농장주에게 예속된 존재였다. '처간(處干)'은 이들을 지칭하는 것이었다. 이 때문에 농장은 그것이 병작제로 경영된다고 하더라도 실질적으로 그 생산 주체는 '노비화'된 민이라 할 만하였다.

한편 농장은 소유권뿐만 아니라 수조권의 집적을 통해서도 형성된 것

---

53) 『고려사』 78, 「지」 32, 식화 1, 祿科田.
54) 이에 대한 연구사 정리로는 다음의 글이 참고된다.
　　이병희, 「고려시기 경제제도 연구의 동향과 '국사'교과서의 서술」 『역사교육』 44, 1988.
　　이경식, 「조선전기 농장연구론」 『국사관논총』 32, 1992.

이며, 고려 말에 문제가 된 농장은 주로 수조권에 근거한 것이라는 후자의 견해는 아직 보편화된 것은 아닌 듯하다.[55] 이 견해에 따르면 수조권자, 즉 전주(田主)는 권력과 연결된 자이고, 따라서 이를 기반으로 전주는 수조지를 점탈·확대해 나가면서 농장을 형성시켰다는 것이다. 그러나 이 경우도 수조권을 이용해 소유지를 확대해 나간 현실을 부정하는 것은 아니다. 아울러 전주는 수화을 답험하면서 전조(田租)를 과징하고, 더 나아가 납조자인 전객(佃客)에 대한 지배권을 강화하기 위해 이들을 자신의 사민화시키고자 하였다. 이 과정에서 농민의 소유지는 전주에게 귀속되기 십상이고, 양인 전객은 '압량위천(壓良爲賤)'을 모면하기 어려웠다. 결국 수조지의 겸병은 단순히 수조지만이 아니라 이를 경작하는 농민에 대한 사적 예속도 병행하였던 것이다.[56] 여기서는 이들 전객 농민을 처간으로 보고 있다.

이처럼 농장의 소유 형태가 어떠하든지 간에 그 경작은 노비, 또는 '노비화'된 농민에 의해서 이루어졌다. 민의 존재 형태가 이러했기에 고려의 지배층은 이들을 정치적으로 무시하는 것이 가능하였다. 즉 자신들에게 인신적으로 예속된 노비나 '노비화'된 농민이 '정치적 배려'의 대상이 될 수는 없었던 것이다. 아울러 이러한 상태에 있던 민의 도덕적 능력에 대해서도 하열시할 수밖에 없었다. 그러다가 12, 13세기의 혼란을 경험한 고려 말의 신흥사대부층이 이를 자기 반성의 계기로 삼을 때, 그들이 문제로 제기한 것은 바로 사민화된 예속 농민에 대한 지배층의 무제한적인 착취였다. 따라서 신흥사대부층은 이를 해결하기 위해 전제개혁을 단행하였고, 그것은 이제 민이 '치국'의 선부(善否)를 가늠하는 기준, 즉 '정치적 배려'의 대상이 되었음을 의미하는 것이었다. 그리고 이 과정에서 민

55) 이경식, 「고려말기의 사전문제」 『동방학지』 40, 1983. (『조선전기토지제도연구』, 일조각, 1986 재록)
56) 이경식, 위의 논문, 39~54쪽.

본사상이 강조되는 것은 당연한 일이었다.

전제개혁이 성공하고 새 왕조가 창건되면서 민의 존재 형태에도 일정한 변화가 있었다. 과전법이 고려 말의 폐단을 어느 정도 극복하였는가에 대해서도 연구자들의 견해는 크게 두 가지로 나뉘어진다. 하나는 과전법으로 인해 종래의 농장이 분해되면서 그 속에 포괄되어 있던 민전 자영지에 대한 농민 일반의 소유권이 확보되었고, 이로써 국가에 직속하는 자작농이 대규모로 창출되었다는 것이다.[57] 다른 하나는 고려 말 농장의 확대가 수조권을 중심으로 이루어졌다는 견해의 연장으로서, 과전법이 소유권에 대한 조정 없이 불법적으로 사전화한 수조지를 재분급하는 것이기 때문에 기왕의 사적 소유권이 폐지된 것은 아니었고 오히려 소유권은 수조권에 의해 침식당할 위험으로부터 벗어나 안정적으로 발전할 수 있었다는 것이다.[58] 이 주장은 수조권 중심의 농장과는 상관없이 고려시대를 관통하면서 존재하던 소유권 중심의 농장은 전호에 의한 병작제 경영이었고, 이는 조선 초기에도 마찬가지였다는 점을 전제로 하고 있다.

이와 같은 두 가지 견해는 과전법의 시행으로 사적 소유권이 성장하거나 성장할 수 있는 전망이 부여되었다는 점에 대해서는 일치하는 것이다. 그러나 양자의 가장 커다란 차이점은 조선 초기의 보편적인 민의 존재 형태는 어떠했는가에 있다고 할 수 있다. 즉 전자의 경우는 그것을 자작농으로 이해하고, 후자는 전호로 보는 것이다. 본 논문의 입장에서 볼 때, 이 차이는 사실 심각한 것일 수 있다. 그러나 어느 것이 보편적이었는가보다는 민의 일반적인 사회경제적 조건만을 살펴본다면, 이 차이도 그다지 문제되지는 않을 것으로 생각된다. 민이 자작농이든 전호든 그들의 존재는 불안정한 상태에 있었다는 점을 양자는 인정하고 있다. 즉 자작농이라 하

---

57) 김태영, 「과전법하의 자영농에 대하여」 『한국사연구』 20, 1978, 77~78쪽.
58) 이경식, 「고려말의 사전구폐책과 과전법」 『조선전기토지제도연구』, 일조각, 1986, 83~96쪽.

더라도 그들은 국가의 도움 없이는 소농민 경영의 단순재생산마저 보장할 수 없을 정도의 열악한 처지였고,[59] 지주전호제도 국가에서 병작제를 법으로 금지한 상태에서는 '노비제적인 자경 방식으로 분장(粉裝)'할 수밖에 없는 불완전한 것이었다.[60]

물론 조선 초기의 민이 비록 이같은 처지에 있었다 하더라도 그것은 고려 말보다는 분명히 나아진 것이 사실이었다. 전제개혁으로 자작농이 어느 정도 창출되었는지는 단정할 수 없지만 그 규모가 확대된 것만은 인정할 수 있고, 또 불법적인 수조권에 의한 위협으로부터도 벗어난 것이 사실이었다. 이같은 민의 처지의 향상은 민을 '정치적 배려'의 대상으로 삼아 민본사상이 강조된 결과로서 이해할 수 있다. 그리하여 이제 민본정치의 주체로서의 국가의 엄격한 통제 아래서, 종래와 같이 민에 대한 사적 예속을 강제하는 것은 결코 쉬운 일이 아니었다.[61]

그렇기는 하지만 이것이 민의 도덕적 능력을 하열시하는 인식을 바꿀 정도에 이른 것은 아니었다. 자작농은 항상적인 자연의 재해 앞에서 언제든지 유리하여 노비와 다를 바 없는 협호(挾戶)로 전락할 가능성을 지니고 있었고, 노비제로 분장된 상태의 전호도 '압량위천'에 의한 사천화(私賤化)로부터 벗어나기 어려운 것이었다. 이같은 상태였기 때문에 민이 비록 '정치적 배려'의 대상이 될 정도로 성장하기는 하였지만, 그것이 민의 도덕적 능력에 대한 인식 자체를 바꾸는 데까지 진전된 것은 아니었다. 민의 도덕적 능력은 적극적으로 인정되지 않았고, 따라서 그들에 대한 교화에도 소극적일 수밖에 없었던 것이다.

---

59) 김태영, 「조선시대 농민의 사회적 지위」『한국사 시민강좌』 6, 일조각, 1990, 54~58쪽.
60) 이경식, 「16세기 지주층의 동향」『역사교육』 19, 1976, 163~166쪽.
61) 이재룡, 「조선전기의 농장」『국사관논총』 6, 1989, 159~163쪽.

4. 맺음말

유교에서 말하는 본래적 의미의 교화는 인간이 지닌 혼탁한 기를 청명한 기로 바꿈으로써 인간이 본유한 선한 본성을 드러내도록 하는 것을 말한다. 그런데 여기서 혼탁한 기를 청명한 기로 바꾸는 실천적인 방법으로 제시된 것이 곧 인의예지의 사덕을 행하는 것이다. 따라서 교화는 인간이 사덕을 행하도록 가르치는 것이라 할 수 있다.

이같은 교화의 의미에는 두 가지 사실이 전제로 내포되어 있다. 하나는 성인이 아닌 한 인간은 모두 교화의 대상이 된다는 것이고, 여기에는 군주를 비롯한 관인층도 예외는 아니라는 것이다. 다른 하나는 인의예지의 사덕이 상하의 모든 인간 관계에 적용되는 윤리 규범이라는 점에서 상하의 인간관계를 계서적으로 질서지우기 위한 것이 곧 교화라는 것이다. 이 두 가지 전제를 통해서 볼 때 결국 교화는 계서적 사회 질서를 확립하기 위해 지배층에게는 '인정'을, 그리고 피지배층에게는 '복종'을 요구하는 것이라 할 수 있다.

조선 초기에는 이 두 가지 교화의 내용 가운데 지배층의 인정이 우선적으로 강조되었다. 이는 다시 말하면 군주를 비롯한 관인층에 대한 교화가 민에 대한 교화보다 시급한 과제였음을 의미한다. 그럴 수밖에 없는 것이 고려 말의 혼란을 유교의 명분론에 어긋날 수도 있는 '역성혁명'을 통해 극복하고자 한 조선 초기의 지배층의 입장에서 볼 때, 자신들의 '혁명'을 정당화시키기 위해서는 우선 인정에 의한 민본정치가 필요했던 것이다. 더욱이 당시의 관인층은 민의 도덕적 능력에 대해 부정적인 인식을 가지고 있었고, 이 도덕적 능력의 유무를 기준으로 자신들과 민이 구분된다고 생각했기 때문에 민에 대한 교화에는 소극적이었다.

군주를 비롯한 관인층에 대한 교화가 강조되면서 구체적인 덕목으로 군주에게는 '사천(事天) · 사친(事親) · 책기(責己) · 안민(安民)'이, 관인층에게는 '예의염치(禮義廉恥)'의 사유(四維)가 각각 요구되었다. 이들 덕목은 대부분 현실 정치에서 인정이 행해진 결과 얻어지는 민생의 안정을 위한 것이었다. 사실 당시의 사회 현실은 민생을 안정시키는 일이 무엇보다 시급한 과제였다. 고려 말 지배층의 자의적인 수탈로 인해 유리 · 도산했던 민은, 비록 전제개혁으로 인해 어느 정도 안정을 되찾고는 있었지만, 그러나 아직도 항상적인 재이와 '압량위천'으로 자립적인 소농민 경영을 기대하기 어려운 상태였다. 이 때문에 새로운 왕조의 관인층은 자신들의 인정, 즉 도덕적 실천을 통해 민생을 안정시키고자 하였고, 이를 통해 계서적인 사회 질서를 확립하고자 했던 것이다.

이처럼 조선 초기의 교화는 관인층을 우선적인 대상으로 삼음으로써 결과적으로 민본정치를 담보해내는 수단이 되었다. 이는 한국 정치사상사의 전개 과정에서 중요한 의미를 지니는 것으로 생각된다. 이 시기가 되어서야 비로소 민은 진정한 의미에서 '정치적 배려'의 대상이 된 것이라 할 수 있기 때문이다. 물론 고려시대에도 유교가 통치이념이 되면서 민본정치를 표방하기는 했지만, 그러나 군주와 관인층이 모두 자신들의 권력을 유지하기 위한 수단으로 유교를 이용하는 상황으로 말미암아 민본정치의 실질을 기대하기는 어려웠다. 고려시대에 민생의 안정을 위한 정책이 제도화되어 꾸준히 추진된 예를 찾기 어려운 이유도 여기에 있다고 생각된다. 그러다가 민을 '정치적 배려'의 대상으로 삼지 않은 결과 야기된 국가적 위기를 겪으면서 이제 유교 정치이념의 중요한 한 축으로서 민본사상이 주목된 것이다.

그러나 이같은 정치사상사에서의 발전은 민의 도덕적 능력에 대한 인식상의 진전을 수반하는 것은 아니었다. 조선 초기의 민본사상은 '명분론적 지배'만으로는 체제의 안정과 유지를 이룰 수 없다는 관인층의 자각의 결과로서 중시된 것이지, 민을 도덕 실천의 주체로까지 인정한 것은 아니었다. 그것을 기대하기에는 아직도 많은 시간이 필요하였고, 여전히 민은 도덕적 능력이 하열한 존재에 불과하였다. 모든 문제는 도덕적 능력이 있고, 따라서 교화되어 도덕을 실천할 수 있는 자신들의 노력만으로 극복할 수 있다고 이 시기의 관인층은 믿었던 것이다.

(『한국사상사학』 11, 1998. 12)

제II부

민에 대한 인식

제1장 _
고려시대 민본사상의 성격
진휼정책과 관련하여

1. 머리말

고려는 사회적으로 불교가 융성하던 시대였다. 그러나 불교에서는 현세의 정치·사회적 문제가 인간의 일차적 관심사가 되지 못하였다. 오히려 그것은 개체로서의 인간이 현세에서 가지는 정치·사회적 관계를 끊는 자기부정을 통해서 '해탈'에 이르려는 데에 궁극적인 관심이 있었다. 이 때문에 고려에서는 비록 불교가 정치·사회 전반에 걸쳐 커다란 영향력을 행사했지만 그것이 국가를 다스리는 체계화된 정치이념까지를 제공할 수는 없었다. 여기서 정치이념으로서의 유교가 고려시대에 뿌리를 내릴 수 있는 여지는 마련되었다.

주지하는 바와 같이 고려시대의 유교는 태조가 '훈요십조'에서 인정(仁政)을 표방하고 『서경』의 무일편(無逸篇)을 강조한 이래 광종이 과거제를 시행하고 성종이 국자감을 설치하면서부터 점차 지배층에 확산되어나갔다. 그 결과 고려 중기에 이르면 "삼강오상지교(三綱五常之教)와 성명도덕지리(性命道德之理)가 충일했다"고 할 정도로 이제 유교는 본격적으로 관인층 사이에 자리잡게 되었다. 물론 이같은 현상은 송(宋)과의 빈번한 접촉을 통해 당시 중국 사상계의 새로운 분위기, 즉 신유학의 학풍을 접한 결과이기도 하였다.[1] 그러다가 송과의 교류가 단절되고 더욱이 무신이 집권하면서 잠시 어려움을 겪기도 하지만, 곧이어 13세기 말 원(元)으로부터 주자성리학이 도입되는 것을 계기로 다시 유교는 발전하기 시작하였다. 이후 유교는 불교와의 갈등을 거치는 과정에서 이를 배척하는데 성공함으로써 새로운 유교국가의 성립까지도 가능하게 되었다.

이처럼 고려시대의 유교가 발전하면서 유교 정치이념의 두 축이라 할수 있는 명분론과 민본사상도 마찬가지로 주목되었다. 명분론과 관련해서는 유교적 예제의 구축을 통해 왕권을 비롯한 지배층의 지배질서를 확립하는 한편으로 유교적 가족윤리를 보급함으로써 이를 군신윤리화하고자 하였다.[2] 민본사상과 관련해서는 의창과 같은 진휼기구를 비롯하여동서대비원 · 혜민국 등의 의료기구가 설치되었고 향약 의서의 보급이 이루어지기도 하였다.[3] 그러나 고려시대에 유교 정치이념이 지배층에게 받아들여졌음에도 불구하고 그것은 제한적이고 또 유교 본래의 내용과는 다른 것이기도 하였다. 특히 민생과 민심의 안정을 위한 민본이념의 부재 · 왜곡은 심한 것이었다.

필자는 그간 조선 초기의 민본사상에 초점을 맞춘 일련의 논문을 발표한 바 있다.[4] 여기서 얻은 결론은 조선 초기에는 민본사상이 명분론에 매

---

1) 문철영, 「여말 신흥사대부들의 신유학 수용과 그 특징」『한국문화』 3, 1982.
2) 이희덕, 『고려유교정치사상의 연구』, 일조각, 1984.
  이범직, 『한국중세예사상연구』, 일조각, 1991.
  김훈식, 「고려후기의 『효행록』 보급」『한국사연구』 73, 1991.
3) 임기형, 「의창고」『역사학연구』 II, 1964.
  박걸순, 「고려전기의 진휼정책」 I · II, 『호서사학』 12 · 13, 1984 · 1985.
  박종진, 「고려전기 의창제도의 구조와 성격」『고려사의 제문제』, 삼영사, 1986.
  이태진, 「고려후기의 인구증가 요인 생성과 향약의술 발달」『한국사론』 19, 1988.
  김훈식, 「조선초기 의창제도연구」, 서울대 박사학위논문, 1993.

몰되지 않고 현실 정치에서 실천적으로 기능하였다는 점이다. 조선 초기의 관인층은 민(民)을 도덕 실천의 주체로까지 인정하지는 않았지만 민과 천(天)을 동일시하면서 '경천근민(敬天勤民)'의 민본사상을 강조하였다. 그리고 이 민본사상이 관념화되는 것을 막기 위해서 그들은 천을 '주재자적' 성격을 지닌 존재로 인식하였다. 즉 천을 주재자로 인식함으로써 항상적으로 나타나는 자연의 재이 현상을 천이 지배층에게 보내는 '견책'으로 받아들일 수 있었고, 이로써 지배층의 민에 대한 자의적 지배를 제약하는 것이 현실적으로 가능했던 것이다. 뿐만 아니라 민에 대한 자신들의 도덕적 순수성을 유지하기 위해 스스로를 '예의염치(禮義廉恥)'의 사유(四維)를 갖춘 존재로 '교화'시키기 위해 노력하였다. 그 결과 조선 초기에는 유교 정치이념의 두 축인 명분론과 민본사상이 갈등을 겪으면서도 양자의 조화가 이루어지는 정치가 행해졌던 것으로 생각된다.

그러면 조선 초기의 실천적인 민본사상은 어떠한 역사적 배경을 가지고 대두된 것인가. 그 이전 시기인 고려시대의 민본사상은 어떠한 성격을 지닌 것인가. 이 성격에 규정된 민본정책의 모습은 어떠했는가. 이같은 문제들이 밝혀질 때 정치사상사에서 조선 초기가 차지하는 위치가 보다 분명해질 것이다.

지금까지 고려시대의 유교에 대해서는 그다지 관심이 두어지지 않았다. 이는 아마도 조선 중기 이후에 심화·발전된 주자성리학을 기준으로 그 이전 단계의 유교를 평가절하해 온 관행 때문이 아닌가 한다. 그러나 근래에 이르러 고려시대의 유교를 적극적으로 해석하려는 경향이 있어

---

4) 이석규, 「정도전의 정치사상에 대한 연구」 『한국학논집』 18, 한양대 한국학연구소, 1990.
_____, 「조선초기의 천인합일론과 재이론」 『진단학보』 81, 1996. 6.
_____, 「조선초기 관인층의 민에 대한 인식」 『역사학보』 151, 1996. 9.
_____, 「조선초기 제천례와 사유제」 『사학연구』 54, 1997.
_____, 「조선초기 '교화'의 성격」 『한국사상사학』 11, 1998.

주목된다. 그 결과 이 시기의 유교가 독자적인 성격을 지니고 있다는 사실이 밝혀졌고, 아울러 성리학 수용의 내적 계기라든가 불교에서 성리학으로의 사상적 전환의 문제, 또한 고려 말 사대부들의 사상적 분기 등의 문제가 심도있게 다루어지고 있다.5) 그러나 정치사상으로서의 고려시대 민본사상에 관해서는 아직 본격적인 연구가 이루어지지 않은 상태이다. 다만 고려 후기의 사회 혼란에 직면한 사대부들의 현실인식과 관련하여 이에 대한 대응책이라는 측면에서만 다루어졌을 뿐이다.6)

따라서 본고에서는 고려시대 민본사상이 조선 초기와는 달리 어떠한 성격을 지니고 있었는가를 살펴 보고자 한다. 이를 위해 우선 고려시대의 유교가 지니는 정치·사상적 한계와, 이것이 초래한 민본사상의 왜곡을 알아보고, 이어 이 왜곡이 민본이념의 현실 정치에의 표출 결과라 할 수 있는 진휼정책에 어떻게 반영되고 있는지를 알아보고자 한다. 마지막으로 민본사상의 왜곡이 고려 말에 이르러 어떻게 극복되고 있는지를 살펴 보기로 한다. 본고를 작성하면서 고려시대에 대한 전반적인 이해가 부족한 필자이기에 기존의 연구 성과에 많이 의존하였음을 미리 밝혀둔다.

---

5) 이와 관련된 논문은 여러 편이 찾아지지만 여기서는 직접 관련된 다음의 몇 편만 소개한다.
　　문철영, 「여말 신흥사대부들의 신유학 수용과 그 특징」『한국문화』 3, 1982.
　　조명제, 「고려후기 계환해 능엄경의 성행과 사상사적 의의」『부대사학』 12, 1988.
　　문철영, 「고려중기 사상계의 동향과 신유학」『국사관논총』 37, 1992.
　　변동명, 『고려후기 성리학수용연구』, 일조각, 1995.
　　도현철, 「여말선초 신·구법과 사대부의 정치 개혁사상 연구」, 연세대 박사학위논문, 1996.
　　최영성, 「고려중기 북송성리학의 수용과 그 양상」『대동문화연구』 31, 1996.
6) 도현철, 「14세기 전반 유교지식인의 현실인식」『14세기 고려의 정치와 사회』, 민음사, 1994.
　　_____, 「고려말기의 교화론과 생업안정론」『한국사상사학』 9, 1997.

2. 고려 유교의 정치·사상적 한계

　고려시대의 정치사에 대한 지금까지의 연구는 대체로 당시를 왕권과 문벌귀족 또는 권문세족 사이의 대립구도하에서 파악하고 있는 듯하다. 이같은 시각은 이 시기의 유교 정치사상의 성격을 이해하는 데에도 중요하다고 생각한다. 왜냐하면 이로 말미암아 유교가 정치이념으로 자리잡아가면서도 제대로의 기능을 수행하지 못했던 것으로 보이기 때문이다. 여말선초의 새로운 지배층이 민본사상을 강조한 것도 이전 시기의 유교에 대한 반성의 성격이 강한 것이었다. 따라서 여말선초에 민본사상이 대두된 배경을 이해하기 위해서는 고려시대의 정치사에 대한 이해가 요구된다.

　고려시대에 왕권과 귀족관료 사이의 대립이 유교와 관련되어 나타나기 시작한 것은 성종대부터라고 할 수 있다. 고려는 건국 초부터 태조의 '훈요십조'를 통하여 유교를 통치이념으로 받아들일 수 있는 계기를 마련하였지만, 지방 호족들의 도움으로 통일을 이룩한 태조로서는 이들과 밀접하게 연결되어 있던 불교를 무시할 수 없었다.[7] 그러나 성종대에 이르면 왕과 중앙 귀족 모두에 의해서 유교의 정치이념이 현실 정치에 점차 적용되기 시작하였다.

　성종대에 유교적 정치체제가 정비되는 데에 결정적인 역할을 한 인물이 최승로(崔承老: 927~989)였음은 주지하는 바와 같다. 최승로의 정치사상은 성종 원년, 왕의 구언(求言)에 응해서 올린 그의 상서를 통해서 짐작할 수 있다.[8] 성종 이전의 다섯 왕에 대한 정치 평가와 시무28조(현전

---

7) 태조 자신도 그 선대가 선종(禪宗)과 결합된 세력 기반을 가지고 있었다.
　김두진, 「요오선사 순지의 선사상」『역사학보』65, 1975, 7~14쪽.
　_____, 「왕건의 승려결합과 그 의도」『한국학논총』4, 국민대 한국학연구소, 1981, 141~152쪽.

하는 것은 22개 조)로 구성된 이 상서문은 고려조의 유교 정치체제를 확립하는데 커다란 영향을 미쳤다는 점에서 이미 여러 연구자들에 의해 관심의 대상이 되어 왔다.[9] 그러나 여기서 주목하고 싶은 것은 최승로가 민을 위하기보다는 왕권을 견제함으로써 자신을 포함한 중앙 귀족들의 이익을 보장하기 위해 유교를 이용하고 있다는 점이다.

그는 상서에서 왕에게 현신(賢臣)을 존중하고 덕에 의한 정치를 행할 것을 요구하였다. 물론 이같은 요구는 유교가 군주의 덕치를 중시하는 정치사상이었다는 점에서 하등 문제될 것이 없어 보인다. 그러나 그는 왕에게 덕을 요구하면서도 그것을 전통적 유교에서처럼 민본정치를 끌어내기 위한 수단으로 삼는 것이 아니라 왕의 신하에 대한 예우를 강조하는 수단으로 삼고 있다. 다음은 그의 시무책 가운데 14번째에 해당하는 부분이다.

『역』에서 말하기를, "성인이 인심에 감응하면 천하가 화평하다"고 하였고, 『논어』에서는, "행위가 없이 다스린 자는 순(舜)이다. 무엇을 한 것인가. 자신을 공순히 하여 바르게 남면(南面)하고 있었을 따름"이라고 하였습니다. 성인이 천인(天人)을 감동시키는 까닭은 그 순일(純一)한 덕과 무사(無私)한 마음이 있기 때문입니다. 만약 성상이 남을 높이고 자신을 낮추는 마음을 가지고 항상 경외함을 지녀 신하를 예우하신다면 누가 심력을 다하여 나아가서는 모유(謀猷)를 고하고 물러나서는 광찬(匡贊)할 것을 생각지 않겠습니까. 이것이 이른바 군

8) 『고려사』 권93, 「열전」 6, 崔承老傳 참조.
9) 김철준, 「최승로의 시무이십팔조에 대하여」 『조명기박사화갑기념 불교사학논총』, 1965(『한국고대사회연구』, 지식산업사, 1975 재록).
　이기백, 「신라통일기 및 고려초기의 유교적 정치이념」 『대동문화연구』 6・7, 1970(『신라사상사연구』, 일조각, 1986에 「신라 골품제하의 유교적 정치이념」으로 재록).
　_____, 「고려 귀족사회의 형성」 『한국사』 4, 국사편찬위원회, 1974.
　하현강, 「고려초기 최승로의 정치사상 연구」 『이대사원』 12, 1975(『한국중세사연구』, 일조각, 1988에 「최승로의 정치사상」으로 재록).

주는 신하를 예로써 부리고 신하는 군주를 충으로써 섬긴다는 것입니다. 원컨대 성상은 날마다 삼가하여 스스로 교만하지 말고 신하를 접하면서 공경할 것을 생각하고 혹 죄가 있는 자라도 경중에 따라 법대로 논한다면 태평지업은 가히 서서 기다릴 수 있을 것입니다.[10]

위에서 인용한『역』의 내용은『주역』단사 함괘에 나오는 것으로서 이는 천(天)과 지(地)가 감응하여 만물이 화생하듯이 성인이 인심에 감응하면 천하가 화평하다는 것이다.[11] 그리고『논어』의 내용은 공자가 말한 것으로서 군주의 통치 행위가 없어도 나라가 다스려지는 것은 성인 = 군주의 공순한 마음가짐 때문이라는 것이다.[12] 이 부분에 대해 주자(朱子)는 군주의 공순한 마음가짐은 곧 군주의 '덕'이고 덕이 성하여 민이 교화되면 군주의 작위 = 통치 행위가 없어도 다스려지는 것이라고 해석한다.[13] 따라서『주역』과『논어』의 내용은 상통하는 것으로서 성인이 그 덕으로 인심을 감응 = 교화하면 작위적인 통치가 없더라도 천하가 화평할 것이라는 내용을 담고 있다. 최승로가 이 두 구절을 인용하면서 "성인이 천인(天人)을 감동시키는 까닭은 그 순일(純一)한 덕과 무사(無私)한 마음이 있기 때문"이라고 한 것은 본의를 정확히 파악한 것으로서 당시 최승로의 유교에 대한 인식이 상당한 수준이었음을 말해주고 있다.

그러나 그는 군주의 '덕치'를 요구하면서도 이 덕치의 구체적 내용으로 신하에 대한 군주의 예우를 들고 있다. 즉 덕치를 왕의 신하에 대한 대우를 요구하는 수단으로 삼았던 것이다. 더욱이 유교의 명분론에 대한 언급에 이르면 이같은 입장은 좀더 노골화된다. 그는 명분을 강조하면서도 이를 왕권의 강화보다는 오히려 왕권을 견제하고 관료화된 중앙 귀족의 이

---

10)『고려사』권93,「열전」6, 崔承老傳.
11)『주역』「단사」, 咸卦, "天地感 而萬物化生 聖人感人心 而天下和平"
12)『논어』「위령공」
13)『논어집주』「위령공」, "無爲而治者 聖人德盛而民化 不待其有所作爲也"

익을 보호하는데 이용하고 있는데, 이는 그가 여러 왕의 치적을 평가하면서 그 기준으로 삼은 것이 전제권의 행사 여부였다거나, 궁원(宮院)과 공경(公卿)의 비위를 옹호하고 있는 점(22조) 등에서 단적으로 드러난다. 이렇게 본다면 최승로의 시무책 가운데 민을 위한 직접적인 정책 제시가 여러 섬에 사는 거민을 위해 공역(貢役)을 균평하게 하는 것(12조)뿐이라는 사실도 우연은 아닌 듯싶다. 결국 그는 자신으로 대표되는 신라의 육두품 계열 유신들의 입장을 대변하였고, 이를 위하여 유교의 명분론을 이용하여 왕권을 견제하려 했던 것으로 생각된다.14)

최승로의 시무책은 성종에 의해 상당 부분 받아들여졌지만, 그러나 최승로의 사후 성종은 오히려 유교를 왕권 강화에 이용하려는 일련의 조치들을 취하였다. 우선 최승로가 사망한 성종 8년을 계기로 과거급제자의 수가 예년에 비해 갑자기 4배 가까이 증가하는 현상이 나타난다. 이는 성종 즉위 초에 집권체제의 정비 과정에서 정계를 주도하던 최승로를 비롯한 친 신라계통의 세력을, 서경(西京) 세력으로 대표되는 지방 호족 출신을 등용하여 견제하려는 의도로 풀이된다.15) 즉 성종은 중앙 귀족 사이의 세력 균형을 통하여 왕권의 안정을 꾀하려 했던 것이다. 뿐만 아니라 성

---

14) 이와 관련하여 고려 전기의 자연관이 성종대를 기준으로 뚜렷한 차이가 있다는 지적은 주목할 만하다. 이희덕, 「고려초기의 천문·오행설과 유교정치사상」『고려유교정치사상의 연구』, 일조각, 1984, 40~60쪽. 이에 의하면 태조에서 경종대까지는 재이 현상에 대해서 이것이 군주의 실정이나 부덕한 정치에 대한 견책이라는 관념보다는 오히려 이를 신료들의 실정 탓으로 돌리는 경향이 뚜렷하였다. 그러나 성종대 이후에는 반대로 천재지변의 발생이 신료들의 불충·실정에서보다는 군주 스스로의 부덕한 정치로 말미암아 일어나는 것이며, 따라서 그 기양(祈禳) 대책도 군주의 책기수덕(責己修德)이 기본을 이루고 있다고 한다. 이같은 변화에 대해서 위의 논문에서는 성종대 이후 유교 관인층의 성장에 따라 왕권에 대한 견제 기능이 강화된 것으로 파악하고 있다.

15) 또한 이 때부터 성종이 서경의 경영에 커다란 관심을 나타내기 시작하였다는 점도 신라 세력을 견제하려는 움직임으로 파악할 수 있다(하현강, 「고려 서경고」『역사학보』35·36, 1967, 156~163 및 이기백, 앞의 논문(1974), 170~177쪽 참조).

종의 관심이 유교 교육에 집중되었다거나,[16] 성종 9년 이후 충신을 얻기 위한 분명한 의도에서 효자(孝子)·순손(順孫)·의부(義夫)·절부(節婦)를 포상하고,[17] 처음으로 종묘·사직을 설치하는 조치[18] 등이 취해진 것도 이와 무관하지는 않을 것이다.

이상의 내용은 고려 초기의 왕과 중앙 귀족들이 길항관계 속에서 각기 자신들의 입장을 강화하려는 의도에서 유교를 이용하였음을 말해 주는 것이라 할 수 있다. 이같은 상황에서는 왕이나 귀족 관료 어느 쪽으로부터도 유교의 민본사상이 적극적으로 강조될 수는 없었다. 다시 말하면 유교에서 민본정치를 이끌어 낼 수 있는 유일한 수단인 왕의 덕치가 관인층 내부의 이익을 위해 왕에게 요구되는 한, 왕으로서는 효＝충을 보다 강조하여 이들을 견제할 수밖에 없었던 것이다.

왕과 귀족관료 사이의 대립, 그리고 이에 따른 유교 정치사상의 왜곡은 문벌귀족사회가 성숙되면서 더욱 심화될 수밖에 없었다. 특히 문종대에서 인종대에 이르는 80여 년 간이나 권병을 잡았던 최대의 문벌귀족인 인주(仁州) 이씨 일파가 전횡하던 시기는, 이같은 모습이 그 어느 때보다도 극명하게 드러난 시기였다. 이 때문에 숙종과 예종대에는 왕권을 강화하여 문벌귀족의 세력을 견제하려는 움직임도 구체화되었다.

인주 이씨 이자의(李資義)의 난(1095)을 진압함으로써 즉위가 가능했던 숙종은 재위 중 왕권의 강화를 위해 신진관료를 중용하는 한편, 불교 종파 간의 대립을 적절히 이용하였다. 우선 윤관(尹瓘)으로 대표되는 신진관료 세력은 대부분 하급관리의 가문이나 지방의 향리 가문 출신들로서 주로 과거를 통하여 입사한 자들이었다.[19] 따라서 이들은 문벌귀족이

---

16)『고려사』성종 세가에 의하면 그는 재위 16년간 20차례의 교서를 내렸는데, 이 가운데 유교와 관련된 것이 10차례이고 그 절반이 교육에 관한 것이다.
17)『고려사』권3,「세가」3, 성종 9년 9월조.
18)『고려사』권3,「세가」3, 성종 10년 윤2월 및 성종 11년 12월조.
19) 정수아,「윤관세력의 형성」『진단학보』66, 1988, 8~16쪽. 이 논문에서는 또한

요직을 독점하고 있던 당시의 정치 현실에 커다란 불만을 가질 수밖에 없었고, 숙종은 이들 신진관료들을 중용하여 세력화하고자 하였다. 숙종의 비호를 배경으로 급성장한 이들은 여진 정벌을 추진하면서 예종대 초까지 효과적으로 문벌귀족의 세력을 견제하였고, 상대적으로 왕권은 안정될 수 있었다.

한편 숙종은 유교뿐만 아니라 불교도 왕권 강화에 이용하였다. 당시 불교계의 동향은, 국초에 선종의 성행으로 약세이던 교종 계통의 화엄종이 광종과 성종대에 이르면 지배세력과 연결되면서 성장하다가 문종대에는 교종이 선종을 압도하면서 다시 교종 계통의 법상종도 대두하였다. 그리하여 숙종대에 이르러서는 화엄종과 법상종이 각각 해주(海州) 최씨, 인주 이씨 등의 정치세력과 밀접한 관계를 가지고 서로 대립하면서 불교계를 지배하고 있었다.[20] 따라서 인주 이씨 세력을 누르고 즉위한 숙종으로서는 당연히 화엄종을 지원함으로써 법상종 세력을 억제하고자 하였고, 이에 중요한 역할을 한 인물이 숙종의 동모제인 대각국사 의천(義天)임은 주지하는 바와 같다.

이같은 숙종의 왕권을 강화하려는 의도는 이 시기 유교의 성격을 이해하는데 많은 도움을 주는 것으로 생각된다. 성종대에 통치 이념으로서의 위치를 확보하기 시작한 유교는 과거제의 정착과 병행하여 자체적인 발전을 거듭하고 있었다. 그리하여 문종대에 이르면 최충(崔沖)의 9재학당을 비롯한 사학(私學)이 융성하게 되었는바, 이 사학에서는 경학 중심의 교과 내용을 가르침으로써 유학에 대한 이해의 정도가 심화되기 시작하였다. 그러나 사학의 기능이 주로 과거 관료를 배출하는 것이었다는 점에

윤관 세력의 여진 정벌을 국내의 정치상황과 관련시키면서, 그것이 문벌귀족 세력을 제압하기 위한 것이었다는 점을 구체적으로 논증하고 있다.

20) 최병헌, 「천태종의 성립」『한국사』6, 국사편찬위원회, 1975, 79~83쪽.
_____, 「고려중기 현화사의 창건과 법상종의 융성」『한우근박사정년기념사학논총』, 1981, 259~260쪽.

서[21] 그것은 일정하게 한계를 지닌 것이었다. 즉 문벌귀족체제하에서의 과거제는 이들과 불가분 관련을 가질 수밖에 없었고,[22] 따라서 문벌귀족과 과거를 통해 관료가 된 신진 세력은 서로 다른 사상적 기반을 가진 것이 아니었다. 이 점은 신진관료층이 유교를 공통분모로 해서 스스로 결집된 것이라기보다 왕권 강화라는 정치적 목표를 위해 또 하나의 정치 세력을 형성했던 것을 의미하는 것이라 할 수 있다. 그렇기 때문에 당시의 유교는 불교와의 공존이 얼마든지 가능한 상태였고, 이는 불교의 입장에서도 마찬가지였다.[23]

숙종의 왕권 강화책은 일정하게 성공을 거두었지만, 이어지는 예종대

---

21) 김충렬,『고려유학사』증보판, 고대출판부, 1987, 91~94쪽.

22) 이는 최충이 해주최씨 문벌출신으로 문종대에 문하시중까지 올라 정계에 영향력이 대단하였고, 더욱이 두 차례에 걸쳐 지공거로서 과거시험을 주관하였다는 점에서 충분히 추론할 수 있다(김충렬, 위의 책, 95쪽의 私學十二徒表 참조). 아울러 뒤에 예종이 관학의 진흥에 관심을 쏟은 이면에도 후술하는 바와 같이 사학과 연결된 문벌귀족의 세력을 억제하기 위한 의도가 내포되었다는 점에서 당시의 사학은 문벌귀족 세력과 밀접한 관련을 가졌음이 분명하다.

23) 이같은 점은 윤관과 의천의 정치적 행보에서 구체적으로 드러난다. 윤관과 의천에게서는 그들이 유학자와 불승이라는 차이 못지않게 공통점도 많이 나타나는바, 우선 의천은 왕실과의 관계를 배경으로 화엄종의 입장에서 법상종, 더 나아가 선종을 통합하려는 의도에서 천태종을 개창하였다. 당시 소외 세력이었던 선종을 의천이 적극 포섭하려는 것은 왕권 강화와 무관한 것이 아니었다(정수아, 앞의 논문(1988), 20~22쪽). 뿐만 아니라 의천은 정치에도 깊이 관여하여 잘 알려진 바와 같이 강력하게 주전론(鑄錢論)을 주장하였다. 법과 제도를 개혁하려는 변법사상에 바탕한 그의 주전론은 북송 왕안석(王安石)의 개혁정책으로부터 영향을 받은 것으로 보인다(정수아, 「고려중기 개혁정책과 그 사상적 배경」『박영석교수화갑기념 한국사학논총』상, 1992, 450~456쪽). 왕안석의 신법당이 경제질서에 대한 국가의 통제를 바탕으로 부국강병을 추진하였음을 생각한다면(이범학, 「왕안석 개혁론의 형성과 성격」『동양사학연구』18, 1983, 65~71쪽), 의천이 주전론을 제기한 이유도 대강 짐작할 수 있다. 한편 윤관도 의천과 밀접한 관계를 가졌던 것으로 보인다. 양자의 직접적인 관계를 알려주는 사료는 없지만 의천의 비문을 쓰기도 했던 윤관이 당시 관료들 가운데는 유일하게 주전론을 주장하였고, 또 변법의 입장에서 별무반의 설치를 관철시켰던 것을 보면(정수아, 위의 논문(1992), 456~464), 양자는 당시 개혁정책을 매개로 서로 연결되어 있었다는 추론이 가능하다.

초에는 이자의의 난에 관련된 자들이 서용되고 윤관의 여진 정벌이 성과 없이 끝나면서 인주 이씨의 세력은 다시 강화되었다. 이에 예종은 그의 부왕과 마찬가지로 신진관료를 이용하여 자신의 장인인 이자겸의 인주 이씨 세력을 견제하고자 하였다. 그리하여 우선 예종은 사학에 비해 열세 이던 관학의 정비를 통하여 문벌귀족과 연결되지 않은 인재를 광범위하게 등용하고자 하였다. 뿐만 아니라 청연각과 보문각을 설치하고 여기서 문사들과 자주 유교 경전을 강경함으로써 유풍(儒風)을 진작시키기도 하였다. 당시 청연각에서의 강경 분위기를 김연(金緣)은 다음과 같이 전하고 있다.

> 한 곳에 주공(周公)·공자(孔子)·맹자(孟子)·양웅(楊雄) 이래의 고금 문서를 모으고 날마다 노사(老師)·숙유(宿儒)와 더불어 토론하고 선왕지도(先王之道)를 부창(敷暢)하였다. (서적을─인용자) 모으고, (학문을─인용사) 닦고, 쉬며 노는 것이 이 곳에서 벗어나지 않았으니 삼강오상지교(三綱五常之敎)와 성명도덕지리(性命道德之理)가 사방에 충일하였다.[24]

고려 중기에 이미 북송의 성리학이 수용되었다는 사실을 뒷받침하는 데 자주 인용되는 위의 사료에서 예종대에 이미 유교가 상당한 수준으로 발전하고 있었음을 알 수 있다. 이같은 분위기에서 유교 관인층이 성장할 수 있는 토대가 마련되었다. 이자겸 일파와 대립했던 한안인(韓安仁) 일파의 등장은 이렇게 해서 이루어졌고, 그들은 출신 성분이 대개 한미한 가문에 과거 급제자였다는 점에서 숙종대의 윤관 세력과 동일한 성격을 지녔다.[25] 즉 관학의 정비와 유풍의 진작은 왕권강화라는 정치적 성격을

---

24)『동문선』권64, 淸讌閣記.
25) 김윤곤,「고려 귀족사회의 제모순」『한국사』7, 국사편찬위원회, 1973, 45~48쪽.
　　E.J.Shultz,「한안인파의 등장과 그 역할」『역사학보』99·100, 1983, 150~156쪽.

띠고 있었던 것이다. 다음의 사료도 이를 뒷받침해 주고 있다.

> (예종이 내린—인용자) 제서(制書)에 이르기를, "국학을 설치하고 현인을 기르는 것은 삼대이래 치치(致治)의 근본인데 유사의 의논이 정해지지 않은 바가 있으니 마땅히 신속하게 시행하라." 하였다. 왕이 바야흐로 문·학에 뜻이 있어 마침내 이러한 제서를 내렸는데 대신은 하나도 받드는 자가 없으니 시의가 이를 애석하게 여겼다.[26]

관학을 부흥시키려는 예종의 의지에 대하여 대신들이 소극적이었다는 것은 이들이 왕의 정치적 의도를 견제하려는 것으로 밖에 볼 수 없다.

한편 예종은 불교를 통해서도 이자겸 일파를 견제하였던 것으로 생각된다. 숙종대까지 열세이던 선종은 다시 세력을 회복하게 되지만, 그 부흥하는 시기에 대해서는 인종대가 아니라 예종대로 보아야 한다는 견해가 이미 제시되어 있다.[27] 이에 의하면 예종의 선종에 대한 관심은 각별하였던바, 이는 자신의 아들(廣智大禪師 之印)에게 선법(禪法)을 배우게 하였다든가, 인주 이씨와 인척관계에 있던 우간의 김연의 반대를 무릅쓰고 선승을 왕사로 봉하였다든가, 관례를 깨고 그의 진전사찰(眞殿寺刹)이 선종계의 안화사(安和寺)로 결정되었다는 점 등을 통하여 알 수 있다. 뿐만 아니라 그의 지원을 통해 성장한 한안인 일파도 선종과 밀접하게 연결되어 있었다. 이러한 점은 예종이 선종을 지원함으로써 교종과 연결된 이자겸 일파를 견제하였다는 추론을 가능케 한다.

지금까지 숙종과 예종대의 정치사를 왕과 문벌귀족 사이의 대립이라는 시각에서 장황하게 서술하였지만, 이를 통하여 당시 유교에 대한 다음과 같은 이해가 가능하게 되었다고 생각한다. 우선 유교는 주로 과거를

---

26) 『고려사절요』 권7, 예종 2년 1월조.
27) E.J.Shultz, 앞의 논문, 163~165쪽.
  김상영, 「고려 예종대 선종의 부흥과 불교계의 변화」 『청계사학』 5, 1988, 51~61쪽.

통하여 중앙 정계에 등장한 신진관료들에 의해 정치이념으로서의 위치를 확보하면서 발전하고 있었다. 그것은 중국에서 신유학으로서의 성리학이 발전하던 것과 궤를 같이 할 정도의 수준이었다. 그러나 그 발전은 왕과 문벌귀족 모두가 자신들의 권력을 유지하기 위한 수단으로 유교를 이용함으로써 가능한 것이었다. 이와 같은 유교의 정치·사상적 한계는 중앙 권력층이 유교뿐 아니라 불교를 이용해서도 자신들의 권력 기반을 마련하였던 점에서도 기인하는 것이었다.[28] 이는 당시의 유교가 불교와도 얼마든지 공존이 가능했음을 말해주는 것이다.

고려 유교의 이러한 특징에 규정된 정치이념으로서의 한계는 민을 위한 정치부분에서 가장 두드러지게 나타났다. 원래 유교=성리학은 인간의 '본연지성(本然之性)'과 우주만물의 '생성·운행 원리'를 동일한 '리(理)'로 설명하는 것이다. 이 명제를 따른다면 그 논리적 귀결로서, 유교=성리학에서의 모든 인간은 동일한 리를 지니고 있다는 점에서 '평등'한 것이다. 물론 인간의 차별인(差別因)으로서의 '기(氣)'가 문제가 되지만 그것도 인간의 도덕적 실천을 통해 극복할 수 있는 가능성이 당연히 열려 있었다. 따라서 유교=성리학에서의 모든 인간은 도덕 실천의 주체로 인정되어야만 했다. 신분적으로 피지배층이라 하더라도 그들은 도덕 실천의 주체라는 점에서 지배층과 하등 다를 바가 없었다. 이는 피지배층=민에 대한 보다 진전된 인식이었고, 이에 근거하여 민본사상은 강조될 수 있었

---

28) 불교가 중앙의 권력과 정치적으로 연결되어 있음은 이미 보아왔지만, 양자는 경제적으로도 밀접한 관계를 지니고 있었다. 당시 사원은 왕권과의 유착을 배경으로 사급(賜給)·시납(施納)·투탁(投托)·매입(買入) 등의 방법을 통하여 막강한 경제적 기반을 가졌고, 뿐만 아니라 사원전이 소유지이든 수조지이든 간에 그 경작 농민에 대해서는 용(庸)과 조(調)에 해당하는 것까지 수취하고 있었다(이병희, 「고려전기 사원전의 분급과 경영」『한국사론』18, 1988, 44~46쪽). 문벌귀족들도 '불보(佛寶)'를 매개로 이러한 사원과 결탁하여 광범하게 고리대 행위를 하였다(김윤곤, 「여대의 사원전과 그 경작농민」『민족문화논총』2·3, 1982, 159~164쪽). 즉 중앙 권력층의 경제적 기반은 불교와 연계되어 있었던 것이다.

다.29) 그러나 고려시대에는 이같은 논리의 유교 = 성리학이 발전하고 있었음에도 불구하고 아직 민에 대한 인식상의 동일한 발전은 이루어지지 않고 있었다. 민은 도덕 실천의 주체도 아니었고, 따라서 유교윤리의 보급을 통한 '교화'의 대상도 아니었다.30) 이같은 상황에서 전통적으로 왕권의 전제화를 견제하는 방편으로 주로 강조되어 온 민본사상은 중앙 정계의 그 누구로부터도 일차적인 관심의 대상이 될 수 없었다. 왕은 명분론에 근거한 충과 효만을 중시하였고, 더욱이 자신의 권력을 강화하기 위해서는 언제든지 반 유교적인 정책도 취할 수 있는 입장이었다.31) 신진관료들은 유교적 정치이념의 구현에 노력하였지만 유교를 수단으로 자신들의 정치적 지위를 보장받기에는 그들은 아직 너무 허약하였다. 왕권에 의한 보호로부터 벗어났을 때, 그들 세력은 급속히 약화될 수밖에 없었

---

29) 이 때문에 "고려 후기 주자성리학이 도입되면서 국가의 민에 대한 정책은 근원적으로 같은 인간이 인간을 지배한다는 논리로 인하여 이전에 비해 좀더 인간적 배려가 진전될 수 있다"는 지적은 타당하다(도현철, 「14세기 전반 유교지식인의 현실인식」『14세기 고려의 정치와 사회』민음사, 1994, 563~564쪽). 그러나 이같은 가능성은, 현재 고려 중기에 북송 성리학이 광범하게 수용되고 있었음을 보여주는 사료가 속속 발굴되는 점으로 미루어 볼 때(최영성, 「고려중기 북송성리학의 수용과 그 양상」『대동문화연구』31, 1996), 고려 후기가 아니라 이미 중기 때부터 열려 있었다고 보아야 할 것이다.
   한편 고려 후기에『효행록』이 편찬·보급되었다는 사실로부터 이를 인간의 보편적인 도덕적 본성에 대한 인정이 원론적인 수준에서나마 이루어지고 있는 것으로 해석한 견해도 있다(김훈식, 「고려후기의 ≪효행록≫ 보급」『한국사연구』73, 1991).
30) 고려 후기에 유교 교화서인『효행록』이 간행된 사실을 들어 주자학을 받아들인 유교지식인이 민에 대한 교화를 강조했다는 견해가 있다(도현철, 위의 논문, 569쪽).『효행록』을 편찬하면서 그 보급 대상으로 '전야지민(田野之民)'을 표방한 것은 사실이지만, 현실적으로 '전야지민'이 한문으로 된『효행록』을 해독하기는 어려웠을 것이다. 따라서 실질적으로는 '동몽'으로 표현된 지배층의 자제를 그 주된 보급의 대상으로 삼았던 것으로 보아야 할 것이다(김훈식, 위의 논문, 43~46쪽). 사실 민에 대한 '교화'는 조선 초기까지도 적극적이지 못했다. 민은 여전히 도덕적 능력이 하열한 존재로 인식되었기 때문에 '교화'의 대상이 될 수 없었다(이석규, 앞의 논문, 1996. 9 및 1998 참조).
31) 하현강, 「고려 의종대의 성격」『동방학지』26, 1981, 12~16쪽.

다.32) 문벌귀족들로부터 민본정치를 기대할 수 없다는 것은 더욱 자명한 일이었다. 따라서 다음과 같은 당시의 사회상은 결코 과장으로만 볼 수 없는 것이다.

> 지금 제도(諸道) 주군(州郡)의 사목(司牧)으로서 청렴우휼자(淸廉憂恤者)가 열에 한둘도 없고 이익만 생각하고 명예만을 낚으려 하여 대체를 손상시킴이 있다. 재물을 좋아하고 사리사욕에만 관심이 있어 생민에게 해를 끼치니 유망민이 서로 잇달아 열집에 아홉은 비었다.33)

왕권과 문벌귀족간의 대립, 이 대립에 이용되는 불교와 유교, 이에 따른 유교의 정치 · 사상적 한계라는 상황은 도덕 실천의 주체로서의 민을 '정치적 배려'의 대상으로 받아들일 수 없도록 만들었다. 다음의 사료는 당시 지배층에게 민이 어떻게 인식되었는가를 단적으로 보여주고 있다.

> 혜일중광사(慧日重光寺)를 창건할 것을 명하여 인부와 공장을 징발하니 보신(輔臣)과 간관(諫官)들이 모두 백성들이 피폐하므로 공사를 일으키는 것은 마땅치 않다고 하였으나 좌승선 이양(李瓖)만이 홀로 아뢰기를, "부처를 위하여 절을 건축하면 공덕이 무량할 것이니 민을 수고롭게 한들 무엇이 해롭겠습니까." 하였다.34)

여기서의 민은 국가가 정책을 시행할 때에 전혀 '정치적 배려'의 대상이 되지 못했다. 물론 대다수의 관리들은 민을 '배려'의 대상으로 인식한 듯이 기록하고 있지만, 『고려사』에서 수없이 나타나는 불사의 창건은 현

---

32) 인종 초 이자겸의 난을 전후하여 정치적 부침이 심했던 한안인파는 묘청의 난으로 인해 다시 김부식 등의 문벌귀족과 정치적 갈등을 겪는다. 그러다가 의종대에 이르러 왕의 비호를 받지 못하게 되자 그들은 거의 제거되었다(E.J.Shultz, 앞의 논문, 168~181쪽 참조).
33) 『고려사절요』 권7, 숙종 10년(예종 즉위년) 12월조.
34) 『고려사』 권5, 「세가」, 현종 18년 9월 무술조.

실적으로 민에 대한 배려없이 강행되고 있었다. 민은 다만 지배층의 수탈의 대상으로만 인식될 뿐이었다.

이같은 상황은 인종대의 이자겸의 난(1126)과 묘청의 난(1135)에 이르러 최고조에 달했고, 이어 무신란에 이르기까지 계속됨으로써 12세기의 고려는 혼란에 빠질 수밖에 없었다. 그리고 이 혼란은 결과적으로 이후 거의 전국적으로 일어난 농민의 반란을 예고하는 것이었다.

3. 진휼정책의 성격

고려시대 유교 정치이념, 특히 민본이념의 전개 과정에서 알 수 있었던 한계는 당연히 그 이념의 현실 정치에의 한 표출 형태인 진휼정책에 그대로 반영되었다. 이 장에서는 유교적 민본이념이 고려의 진휼정책에 어떻게 나타나고 있는가를 살펴보기로 한다.

유교를 통치이념으로 삼았던 성종의 다음과 같은 말은 고려 초의 민에 대한 진휼이 유교적 민본이념에 근거하고 있음을 분명히 밝히고 있다.

> 교서에 이르기를, "상제(上帝)는 말을 하지 않아도 성신(星辰)을 벌여놓아 아래를 밝게 비추고, 대군(大君)은 교화를 펴면서 어진 선비를 사방에 나누어 보낸다. 과인이 비록 몸은 구액(九掖)에 있어도 마음은 두루 만민에 있으니 현능한 신하와 더불어 함께 교화를 맑게 하고자 한다.……다시 계욱지단(戒勗之端)을 열어 따로 정녕지지(丁寧之旨)를 내리니 무릇 너희 목민지관(牧民之官)은 옥송을 지체하지 말며, 창름을 충실히 하여 궁민을 진휼하고, 농상(農桑)을 권과(勸課)하며, 요부(徭賦)를 가볍게 하고, 일을 공평하게 처리하라."[35]

---

35) 『고려사』 권3, 「세가」, 성종 5년 9월 기축조.

교서의 전반부는 유교에서 말하는 군주가 민을 교화하는 전형적인 방식이며, 후반부는 민을 교화시키기 위해 먼저 군주가 해야 할 민본정치의 구체적인 내용들이다. 여기서 민에 대한 진휼이 유교의 민본이념에 근거하여 강조되고 있음을 알 수 있다. 이에 따라 고려에서는 제도화된 진휼정책이 마련되어졌다.

고려의 진휼정책에 대해서는 『고려사』 「식화지」에 있는 '상평의창' 항목과 '진휼' 항목에 정리되어 있다. 따라서 지금까지 이 기록들을 중심으로 상당한 연구가 이루어졌는바, 특히 의창(義倉)에 많은 관심이 두어졌다.[36] 식화지에는 '상평의창'과 '진휼'이 서로 다른 항목으로 구분되어 있지만, '은면지제(恩免之制)', '재면지제(災免之制)', '환과고독진대지제(鰥寡孤獨賑貸之制)', '수한역여진대지제(水旱疫癘賑貸之制)', '납속보관지제(納粟補官之制)'의 다섯 조목으로 이루어진 '진휼' 항목 가운데 '환과고독진대지제'와 '수한역여진대지제'는 내용상 대체로 의창과도 밀접한 관련이 있다. 왜냐하면 진대(賑貸)에 사용되는 곡식이 주로 의창곡이었을 것이기 때문이다. 이 점에서 의창에 대한 이해를 통해 고려시대 진휼정책의 추이를 파악하더라도 큰 무리는 없을 것이다. 그러나 진휼의 제도적 측면보다는 그 성격을 파악하고자 할 때에는 진휼책이 시행되는 구체적인 모습도 아울러 살펴보는 것이 필요하다.

우선 의창이 제도화되는 과정을 보면, 의창은 국초부터 있어왔던 흑창(黑倉)을 모태로 하여 성종 5년(986)에 처음 설치되었다. 다음은 의창을 설치하면서 내린 성종의 교서 내용이다.

---

36) 임기형, 「의창고」 『역사학연구』 II, 1964.
　　박걸순, 「고려전기의 진휼정책」 I · II, 『호서사학』 12 · 13, 1984 · 1985.
　　박종진, 「고려전기 의창제도의 구조와 성격」 『고려사의 제문제』, 삼영사, 1986.
　　김훈식, 「조선초기 의창제도연구」, 서울대 박사학위논문, 1993.
　　안병우, 「고려전기 재정구조연구」, 서울대 박사학위논문, 1994.

내가 듣건대 덕은 오직 선정에 있고 정치는 민을 먹이는데 있다고
한다. 나라는 사람으로써 근본을 삼고, 사람은 먹는 것으로써 천(天)을
삼는 것이다. 그러므로 우리 태조가 이에 흑창을 두고 궁민을 진대하
는 것으로 상식(常式)을 삼았던 것이다. 지금 인구가 점점 늘어나는데
저축한 바는 많지 않으니 미(米) 일만 석을 더하고 명칭을 의창으로 할
것이다. 또 여러 주부(州府)에도 각각 의창을 설치하고자 하니 유사(攸
司)는 주부의 인호(人戶)의 다소와 창곡(倉穀)의 수목(數目)을 점검하
여 계문하라.[37]

　여기서도 의창이 유교의 민본이념에 따라 민을 진휼하기 위해 설치하
는 것임을 분명히 하고 있다. 이 교서를 통해 의창은 민을 진대한다는 점
에서 흑창과 기능이 같았음을 알 수 있다. 다만 종전과 다른 것이 있다면
그 내용으로 보아 흑창보다는 의창의 설치 범위가 더 넓었을 것이라는 점
이다. 그밖에 의창곡은 관곡을 기본으로 하였으리라는 추측도 가능하다.
　이렇게 설치된 의창은 현종대에 이르러 한번 변화를 겪게 된다. 즉 현
종 14년(1023)에 이른바 '의창조수취규정(義倉租收取規定)'이 마련되면서
종래 관곡으로 충당했던 의창곡을 이제 전시과제도에 의해 수조권을 지
급받은 자들로부터 거두는 방식으로 바뀌었던 것이다.[38] 이후 의창은 충
렬왕 22년(1296) 이전의 어느 시점엔가 정파되었음이 분명한데, 그러나
이미 인종대(1122~1146) 무렵부터 민을 진휼하는 의창의 기능은 거의
상실되었을 것으로 생각된다.[39] 그러다가 의창이 복설되는 것은 고려가
망하기 직전인 창왕대의 일이다. 물론 그 사이 충선왕 때에 잠깐 유비창
(有備倉)이 설치되어 의창의 기능을 대신한 적이 있고, 또 공민왕이 의창
제를 회복하려고도 했지만 구체적인 기록이 없는 것으로 미루어 별다른

---

37) 『고려사』 권80, 「식화」 3, 常平義倉.
38) 박종진, 앞의 논문, 424~425쪽.
39) 박종진, 위의 논문, 435~436쪽.

역할을 하지는 못했을 것이다. 따라서 고려시대에 의창이 제도화되어 제 기능을 수행했다고 생각되는 기간은 성종대 이후 약 100여 년 정도에 불과하다고 할 수 있다.

의창곡을 이용해서 민을 진휼하는 방식에는 진대(賑貸)와 진제(賑濟) 두 가지가 있었다. 진대는 가을에 환납할 것을 전제로 곡식을 빌려주는 것이고 진제는 무상으로 제공하는 것이다. 진대의 경우 환납할 때 이자를 덧붙이지 않았다는 데 연구자들의 견해는 대체로 일치한다.[40] 그러나 진대와 진제 중에서 어느 것이 의창의 주된 기능이었는지에 대해서는 의견이 나뉘어져 있다.[41] 한편 의창의 성격에 대해서는 고리대와 대척적인 입장에서 농업재생산 조건의 배려를 담당한 것이라는 견해와,[42] 여기에 더하여 유교적 정치이념의 추구라고 하는 정치적 명분을 덧붙인 견해가 있다.[43]

의창에 대한 지금까지의 서술에서 주목되는 것은 그것이 제대로의 기능을 수행하지 못했다는 점이다. 이는 민을 위한 진휼정책이 제도화되어 지속적으로 이루어지지 못했음을 의미한다. 물론 의창과는 직접 관련이 없더라도 자연재해나 기근, 질병이 생기면 민을 진휼하는 조치가 간헐적으로 행해지기도 하였다. 이에 대한 기록은 『고려사』「식화지」의 '진휼'

---

40) 단지 박걸순의 연구에서만 이식을 취했을 가능성을 배제하지 않고 있다(박걸순, 앞의 논문 II, 43~44쪽).

41) 임기형은 의창곡으로는 주로 진제(賑濟)가 행해졌다고 하고(임기형, 앞의 논문, 77쪽), 김훈식은 진대(賑貸)가 주였다고 한다(김훈식, 앞의 논문(1993), 8쪽). 이처럼 견해가 나뉘는 이유는 사료에서 진대와 진제를 명확히 구분하지 않고 있기 때문이다. 임기형의 경우「식화지」에 나오는 '진(賑)'이라고만 되어 있는 기록을 모두 진제로 보고 있다. 그러나 다음의 기록에 의하면 '진'이 진대를 의미하기도 함을 알 수 있다. (高宗) 十三年三月 制曰 全羅道飢甚 有畜儲州郡 宜發倉賑給 其無畜儲州郡 各於私處取其贏餘賑給 待豊年償之 (『고려사』권80,「식화」3, 賑恤, '水旱疫癘賑貸之制')

42) 임기형, 위의 논문, 79~81쪽.

43) 박종진, 앞의 논문, 432~435쪽.

항목에 있는 '수한역여진대지제'조에 정리되어 있다. 이에 의하면 현종대부터 우왕 때까지 약 400여 년 간에 불과 83차례만 진휼이 행해졌다. 평균 5년에 한번 꼴로 행해진 것이다. 따라서 의창이 어느 정도 그 역할을 수행했다고 짐작되는 성종대 이후 약 100여 년간을 제외하면 고려의 진휼정책은 농업재생산구조를 유지하는데 거의 도움을 주지 못했다고 할 수 있다. 오히려 다음의 기록은 고려 국가가 진휼정책을 포기하고 있음을 단적으로 보여주고 있다.

> 도첨의사사가 계하여 이르기를, "흉년으로 아사자가 심히 많지만 진휼하여 살릴 수가 없으니 양인(良人)으로서 스스로 먹고 살 수가 없는 자는 부인(富人)으로 하여금 먹이게 하되 역은 그 일대에만 그치게 하고, 노비가 있는 사람이 능히 (그 노비를 - 인용자) 기르지 못하면 그를 먹이는 자가 영구히 노비를 삼도록 하소서."44)

여기서는 국가가 굶주리는 민을 진휼하는 것을 포기하고 이들을 부유한 자에게 맡겨 노비로 삼을 수 있도록 할 것을 주청하고 있다. 이 요청을 왕은 묵살하였지만, 이로써 당시의 민은 이미 국가의 '정치적 배려'의 대상이 되지 못하고 있음을 알 수 있다. 민은 다만 부유한 지배층의 수탈 대상으로만 여겨질 뿐이었다.

그러면 간헐적이나마 행해진 진휼정책은 유교적 민본이념에 근거한 것이었는가. 이에 대해서도 부정적일 수밖에 없다. 이미 살펴본 바와 같이 민본이념에 근거하여 진휼이 행해진 것은 의창이 설치되는 초기 정도에 불과하다고 할 수 있다. 불교와의 공존이 이루어졌던 당시로서는 진휼책이 행해져도 이것을 유교의 민본이념에 따른 것이라고 판단하기가 쉽지 않다. 다음과 같은 사료가 이에 해당한다.

---

44) 『고려사』 권39, 「세가」, 공민왕 10년 5월 갑술조.

왕이 보현원루(普賢院樓)에 가서 걸인에게 1인당 포 1필과 면 2냥
씩을 하사하였다. 다음날[庚申] 또 사루(寺樓)에 가서 친히 행려자에게
밥과 국을 하사하였다.[45]

위의 내용은 유교의 민본사상에 근거한 진휼이라기보다는 불교에서
보시하는 것으로 보아야 할 것이다. 즉 왕 개인의 공덕을 쌓기 위한 진휼
이라고 할 수 있다. 다음의 기록에서는 이 점이 보다 분명하게 드러난다.

이죄(二罪) 이하를 유사(宥赦)하고 또 하지하기를, "빈민이 조세로
인하여 자식을 판 자에게는 관에서 대신 갚아 돌려보내주라." 하였다.
당시 왕의 나이가 61세인데 술자(術者)로서 환갑이 액년이 된다고 말
하는 자가 있었기 때문에 은혜를 미루어 사유를 베푼 것이다.[46]

왕이 공주와 함께 현성사(賢聖寺)에 행차하여 내고미(內庫米) 100
서을 내어 궁민에게 하사하고는 공주를 위해 복을 빌었다.[47]

이것은 모두 충렬왕이 자기 개인과 원의 공주를 위해 민에게 진휼한 것
으로서 여기에서는 전혀 유교적 민본이념을 찾아볼 수가 없다. 『고려사』
「식화지」 '진휼' 항목의 '수한역여진대지제'조에서 행했다고 하는 83차례
의 진휼도 구체적인 내용을 보면 지극히 형식적이거나 또는 유교의 민본
이념에 기반한 것으로 보기 어려운 경우가 많다. 예컨대 무신집권기에 해
당하는 고종대에는 모두 9차례 진휼을 행했지만, 여기에는 몽고 침입시
에 경성을 지킨 사람들에게 상사(賞賜)의 성격으로 행한 진휼과 또 집권
자인 최의(崔竩)의 개인 곡식을 궁민보다는 관리들에게 지급한 경우까지
포함되어 있다. 즉 이같은 진휼은 정권을 유지하기 위한 것으로, 민본이

---

45) 『고려사』 권18, 「세가」, 의종 14년 10월 기미조.
46) 『고려사』 권31, 「세가」, 충렬왕 22년 1월 갑신조.
47) 『고려사』 권31, 「세가」, 충렬왕 23년 5월 계유조.

념과는 전혀 관계가 없는 것이었다. 충렬왕 때에도 7차례 진휼이 행해졌는데 이는 주로 원의 도움으로 행한 것이며, 그것도 빈민보다는 부자들에게 지급한 것이 더 많았다고 『고려사』는 전하고 있다. 이로 볼 때 명분상 민본이념을 표방하기는 했지만 실질적으로 이에 근거한 진휼정책이 행해졌다고 보기는 어려울 것이다.

한편 특정인을 대상으로 진휼이 시행되는 경우도 있었다. 특히 유교의 인정에서 가장 먼저 배려해야 할 존재로 강조된 자들은 이른바 '환과고독(鰥寡孤獨)'들이었다. 때문에 이들에 대한 진휼은 고려시대에도 행해졌는바, 이에 대한 기록은 마찬가지로 『고려사』 「식화지」 '진휼' 항목의 '환과고독진대지제'에 정리되어 있다. 이에 의하면 성종 · 현종 · 충렬왕 · 충선왕 · 충숙왕 · 공민왕 등 여섯 왕대에 걸쳐 모두 11차례 환과고독에 대한 진휼이 이루어진 것으로 되어 있다. 물론 이들에 대한 진휼이 이것만으로 그친 것은 아닐 것이고 앞서의 '수한역여진대지제'에 의해서도 진휼이 이루어졌겠지만, 그렇더라도 이 정도를 가지고 환과고독에 대해 제도화된 진휼책이 시행되었다고 하기는 어려울 것이다.

이같은 진대보다 환과고독에 대해서는 부정기적으로 왕이 직접 행하는 진제의 경우가 더 많았다. 이 진제는 원래 80세 이상의 노인들을 위해 왕이 사연(賜宴)하는 자리에 효자 · 순손 · 독질(篤疾) · 폐질자(廢疾者)와 함께 환과고독이 참석하면서 이루어지는 것이다. 이 내용은 의례화되어 『고려사』 「예지」에 수록되어 있는데,[48] 그러나 실질적으로 환과고독에 대한 진제가 이루어졌다는 기록은 대부분 『고려사』 「세가」에 흩어져 있다. 흩어진 기록들을 정리하면 대체로 현종대부터 공민왕 때까지 모두 34차례 환과고독, 또는 독 · 폐질자에게 진제가 행해졌다.[49] 이중 대부분은

---

48) 『고려사』 권68, 「예지」, 가례, 老人賜設儀
49) 이 숫자는 『고려사』 「세가」의 기록만을 헤아린 것으로 필자의 실수로 약간의 오차가 있을 수 있겠으나 큰 차이는 없을 것이다. 또 환과고독 또는 독 · 폐질자가 왕

고려 전기에 행해진 것이고, 무신란 이후에는 거의 시행되지 않았다. 더욱이 왕의 사연에 따른 특정인에 대한 진휼은 성격상 왕경에 거주하는 자에게만 해당되는 경우가 많았다.[50] 뿐만 아니라 진휼하는 양도 대개는 미 1석 정도에 불과하였다.[51] 인정에 근거한 특정인에 대한 진휼은 지극히 형식적이고 부정기적인 것이었다고 할 수 있다. 따라서 이같은 내용의 진휼책이 농업재생산을 위한 기반을 확보해주지 못하는 것임은 물론이다.

이상에서 볼 때 고려시대의 진휼정책은 초기에 유교의 민본이념을 표방하면서 시행되기도 했지만 의창이 제기능을 상실한 무신란 이전에 이미 유명무실해졌다고 할 수 있다. 이는 정치이념으로서의 유교가 왜곡되고 현실정치에서 민본이념이 퇴색되었다는 사실과 무관한 것이 아니었다. 민본이념이 퇴색된 상태에서 형식적이고 그나마 간헐적으로 행해진 진휼책으로는 민의 농업재생산 구조를 유지하는데 도움을 줄 수 없었다. 이에 따라 사실상 진휼정책은 포기되고, 민은 국가의 '정치적 배려'의 대상에서 제외된 채 지배층의 수탈에 그대로 노출될 수밖에 없었다.

4. 고려 말 민본사상에 대한 재인식

12세기 말에서부터 13세기에 이르는 약 100여 년 간에 걸쳐 격렬하게

의 사연(賜宴)에 참여한 경우만을 대상으로 하였다. 따라서 80세 이상된 노인만을 대상으로 한 사연은 제외하였다. 왕대별 사연 횟수는 다음과 같다.

현종	문종	선종	숙종	예종	인종	의종	희종	고종	공민
3	6	1	2	6	10	3	1	1	1

50) 『고려사』「예지」의 '노인사설의(老人賜設儀)'에 의하면 왕이 사연(賜宴)할 때에는 왕경뿐 아니라 지방의 주부군현에서도 의식을 행하도록 규정하고 있다. 그러나 『고려사』「세가」에서는 지방에서도 행해졌다는 기록을 별로 찾을 수 없다. 단지 왕이 서경 등의 지방을 순행할 경우에만 지방에서도 사연이 행해졌을 뿐이다.
51) 『고려사』권68, 「예지」, 가례, 老人賜設儀

전개된 농민반란은 당시 사회의 구조적 모순을 극명하게 드러내는 것이었다.[52] 국가에 의한 수취의 강화, 토지의 탈점과 겸병을 통한 지배층의 농장의 확대와 고리대 수탈, 이로 인한 농민의 광범한 유망 등으로 특징지을 수 있는 이 시기의 상황은,[53] 궁극적으로 민본이념의 부재라는 유교 정치사상의 왜곡, 그리고 그 결과로서의 진휼정책의 포기라는 상황과 상호 정합적인 관계에 있었다.[54]

그러나 이제 국가체제를 부정할 정도로 심각한 농민반란을 경험했다는 것은 고려 후기의 유교 정치사상의 전개에서 대단히 중요한 의미를 가지는 것이라 생각된다. 즉 이를 경험함으로써 이제 고려의 관인층은 중국의 유교, 특히 송대 이후 등장하는 신유학의 본질에 보다 가까워질 수 있었던 것이다. 이미 언급한 바와 같이 고려 중기의 사상계에서는 당시 북송의 신유학 전개와 병행하여 거의 동시적으로 이에 대한 이해가 심화될

---

52) 농민반란의 원인에 대해서는 박종기, 「무인집권기 농민항쟁 연구론」『한국학논총』12, 국민대 한국학연구소, 1989 및 「12, 13세기 농민항쟁의 원인에 대한 고찰」『동방학지』69, 1990 참조.

53) 이 시기의 사회상에 대한 개괄적 이해는 채웅석, 「12, 13세기 향촌사회의 변동과 '민'의 대응」『역사와 현실』3, 1990 참조.

54) 민본사상을 특히 강조한 『맹자』가 이 시기의 유자들에게 별로 주목받지 못했던 사실도 유교 정치사상의 왜곡과 전혀 무관하지는 않다고 생각된다. 이를『주역』이나『예기』와 같은 경전을 보다 중시하는 북송 유자들의 영향 때문으로 볼 수도 있겠으나, 그렇다고 북송의 유자들이『맹자』를 중시하지 않은 것은 아니었다. 오히려 그들의 정치사상에서는 항상 덕치를 수단으로 하는 민본사상이 강조되었고, 이 경우 맹자의 사상은 그 중요한 근거가 되었다. 뿐만 아니라 그것은 구체적인 정책의 제시까지도 염두에 둔 것이었다. 잘 알려진 바와 같이 장횡거(張橫渠)가 정전법(井田法)에 깊은 관심을 나타낸 것이 좋은 예가 될 것이다. 그러나 원의 간섭기 이전의 고려에서는『맹자』가 중시된 기록을 찾아보기 어렵다. 물론 맹자의 말을 인용하는 경우가 없는 것은 아니지만 맹자에 대한 언급은 주로 원 간섭기 이후에 나타난다.『맹자』는 충목왕대에 이르러 과거에서 거론되었는데(『고려사』권27, 「선거지」1), 이 무렵 권부(權溥: 1262~1346)에 의해서 주자의『사서집주』가 간행되었다. 이로 볼 때 14세기 중엽이 되어서야 비로소『맹자』가 중시되었던 것으로 생각된다.

정도로 유교를 발전시키고 있었다. 그 결과 『주역』·『예기』·『중용』등의 경전을 중시하는 신유학의 영향은 고려 유교의 '심성화' 경향을 낳기도 하였다.[55] 그러나 송대의 심성론이 인간은 마땅히 그러해야 한다는 '존재원칙'을 중시하면서도,[56] 그것이 일차적으로는 유학자 자신들에게 적용되는 것이라는 전제가 있었다. 예컨대 정이천(程伊川)은 당시 유학자들의 세 가지 폐단을 다음과 같이 지적하였다.

> 지금의 학자들은 세 가지 폐단이 있으니 문장에 빠지고, 훈고에 이끌리며, 이단에 미혹하는 것이다. 만약 이 세 가지가 없다면 장차 어디로 귀일할 것인가. 필시 성인의 도로 나아갈 것이다.[57]

즉 정이천은 유학자들이 문장·훈고·이단에 치우치는 것을 경계하면서 이를 반성하고, 이어 『주역』에서 말하는 '경이직내(敬以直內) 의이방외(義以方外)'의 도덕적 신천을 강조히 였다. 그러나 고려의 경우는 이러한 심각한 자기반성이 없었다. 그러면 고려의 관인층이 중국 사상계의 흐름을 정확히 알고 있었음에도 불구하고 이러한 자기반성을 결여한 이유는 무엇인가.

그것은 한 마디로 중국에서 신유학을 배태한 사회경제적 배경을 고려의 관인층은 경험하지 못한 데 기인하는 것이라 할 수 있다. 주지하는 바와 같이 중국의 신유학은, 당 중엽이래의 농업생산력의 발전에 따른 농민층의 성장과 황소의 난과 같이 격렬하고 대규모적으로 일어난 농민반란이라는 현실에 직면하여, 이에 대한 사상적 대응 방식으로 종래의 불교사상을 극복하면서 지주층에 의해 주도된 사상이었다.[58] 즉 신유학은 사회

---

55) 문철영, 「여말 신흥사대부들의 신유학 수용과 그 특징」 『한국문화』 3, 1982, 99~109쪽.

　　　　, 「고려중기 사상계의 동향과 신유학」 『국사관논총』 37, 1992, 52~58쪽.
56) 勞思光, 『中國哲學史』 宋明篇, 정인재 역, 탐구당, 1987, 72~83쪽.
57) 『河南程氏粹言』 권1, 「論學篇」

경제적 변화를 반영한 역사적 사상이었던 것이다.

그러나 고려의 관인층은 이러한 경험을 하지 못했다는 점에서 중국의 유자와는 전혀 달랐다. 그들은 중국 사상계의 변화를 충분히 인식하고 있었음에도 그 변화의 배경까지를 이해할 수는 없었다. 때문에 그들은 비록 유교적 소양을 바탕으로 중앙 정계에 등장하였지만 정이천이 말한 바와 같은 세 가지 폐단을 극복하지 못하였다. 그들은 단지 자신들의 성장을 가능케 했던 왕의 의도에 따라 문벌귀족 세력을 견제하는 데에만 급급할 뿐이었다. 그 결과 자신과 마찬가지로 왕권 강화에 이용된 불교에 비판적일 수 없었고 오히려 이단에 깊은 관심을 가지고 있었던 것이다.[59] 이것이 당시 유교와 불교 사이에 심각한 갈등이 존재하지 않았던 중요한 이유라고 할 수 있다.

그러다가 12세기 이후가 되면서 상황은 달라졌다. 당시 수리시설의 확충과 새로운 도종(稻種)의 보급, 그리고 연해 저습지의 개발 등으로 인한 농업 생산력의 발전은 농민층의 성장을 가능케 하는 것이었다.[60] 그러나 이 가능성은 앞서 언급한 대로 국가와 지배층에 의해 차단되었고, 결과는 대규모 농민반란으로 나타났다. 12, 13세기의 농민반란과 이에 따른 사회 혼란을 겪고 나서, 이제 14세기경에 이르러서야 점차 지배층 내부에서 반성의 기운이 나타나기 시작하였다.

  (충선왕이 묻기를─인용자) "아국은 옛부터 문물이 중국과 비길 만하다고 일컬었는데 지금 학자들이 모두 불승(佛僧)을 좇아 장구나 배우니 이는 의당 문장의 자구나 다듬는 무리들이다. 참으로 번거로울

---

58) 守本順一郎, 『동양정치사상사연구』 김수길 옮김, 동녘, 1985, 71~86쪽.
59) 중국의 경우, 비록 신유학 운동의 담당자들이 불교사상의 영향을 받았고 또 불교와의 절충을 모색하려는 움직임이 있었던 것은 분명하지만, 그들은 본질적으로 현실의 세계를 부정하는 불교의 심성론을 배척하면서 현실 긍정적인 자신들의 이론을 확립해 나갔다(勞思光, 앞의 책, 60~61쪽).
60) 위은숙, 「12세기 농업기술의 발전」 『부대사학』 12, 1988.

뿐이고 경서를 밝히고 행실을 닦는 선비가 끊어졌으니 이는 무슨 까닭인가." (이제현이 대답하기를—인용자) "……지금 전하가 진실로 학교를 넓히고 상서(庠序)를 공경히 하며, 육예(六藝)를 존중하고 오교(五敎)를 밝혀 선왕의 도를 천명하시면 누가 진유(眞儒)를 배반하고 불승을 좇으며 누가 실학(實學)을 버리고 장구를 배우겠습니까. 장차 자구를 다듬는 무리가 모두 경서를 밝히고 행실을 닦는 선비가 될 것입니다.61)

이것은 앞서 인용한 정이천의 말과 일치하는 것이며, 고려 초기 최승로의 시무책 가운데 나타나는 다음과 같은 유교에 대한 이해와는 자못 다른 것이다.

또한 삼교(三敎)는 각기 나름대로의 업(業)하는 바가 있어 행하는 자가 혼동하여 하나로 하는 것은 불가합니다. 석교(釋敎)를 행하는 것은 수신(修身)의 근본이고, 유교를 행하는 것은 이국(理國)의 근원입니다. 수신은 내생의 바탕이고 이국은 금일에 힘써야 할 것입니다.62)

즉 최승로에게 있어 유교와 불교는 각각 '이국(理國)'과 '수신(修身)'이라는 나름대로의 유효한 기능을 지닌 것으로 인식되었기 때문에 양자의 공존은 얼마든지 가능하였다. 그는 유교에서의 '이국'이 '수신'을 전제한 것이라는 사실을 무시하고, 이 전제를 오히려 불교에서 찾았던 것이다. 이와 같이 유교를 기능적으로만 이해하는 경향은 고려 중기까지 계속되었지만, 이제 고려 말에 이르면 무시되었던 전제에 관심을 가지게 되었다. 즉 위에서 이제현(李齊賢: 1287~1367)은 불교가 아닌 유교를, 장구(= 문장)가 아닌 '실학(實學)'을 통해 '경명행수지사(經明行修之士)'가 되어야 한다는 점을 밝혔던 것이다. 그런데 여기서 주목할 것은 그의 이같

___

61) 『역옹패설』 전집 1.
62) 『고려사』 권93, 「열전」 6, 崔承老傳.

은 인식이 지금까지의 유자가 그렇게 하지를 못했다고 하는 자기반성에 기초하고 있다는 사실이다. 이 점은 그가 지은 다음의 책제(策題)에서 분명하게 드러난다.

> 다행히 휴명(休明)의 때를 만나 천하가 글이 같고 집에는 정주지서(程朱之書)가 있어 사람들이 성리지학(性理之學)을 알아 이를 가르치는 도가 또한 비슷하다. 그런데 가난한 선비로서 박학독행(博學篤行)한 자가 과연 누구이며 진신(搢紳)으로서 성덕달재(成德達材)한 자가 능히 얼마인가. 사(士)도 오히려 이러한데 민(民)은 어떠하겠는가.……그러나 조정에는 덕양(德讓)의 기풍이 없고 밖에는 화목한 습속이 없어 분쟁이 교등(交騰)하고 도적이 발생하니 이것도 오히려 면할 수 없는데 하물며 (잘못을─인용자) 부끄러워하고 바르게 되기를 바라겠는가. 무릇 이는 무슨 연고인가.[63]

여기서 이제현은 유자들이 성리학을 배우기는 하지만 독행(篤行)·성덕(成德)한 자가 없어 자신의 잘못을 반성하기를 기대할 수도 없는 당시의 상황을 한탄하고 있다. 이는 곧 당시 유자들의 유교적 '실천'이 없음을 지적한 것이다. 바로 이 자기반성을 토대로 '실천'하는 '경명행수지사'가 그가 생각한 바람직한 유자상이었던 것이다. 그리고 이같은 이제현의 인식은, 그와 더불어 14세기 고려의 사상계를 이끌었다고 할 수 있는 이곡(李穀: 1298~1351), 이색(李穡: 1328~1396), 정몽주(鄭夢周: 1337~1392) 등과 같은 인물들에 의해 공유된 것이기도 하였다.[64]

한편 자기반성에 기초한 도덕적 실천의 강조는 궁극적으로 국가를 경

---

63) 『익재난고』 권9 하, 「책문」
64) 김충렬, 『고려유학사』 증보, 고대출판부, 1987, 166~202쪽.
    도현철, 「목은 이색의 정치사상연구」 『한국사상사학』 3, 1990, 45~60쪽.
    고혜령, 「14세기 고려 사대부의 성리학 수용과 가정 이곡」, 이대박사학위논문, 1992, 194~200쪽.

영하는데 민본이념을 중시하는 것으로 이어졌다. 그럴 수밖에 없는 것이 지배층의 무제한적인 수탈로 야기된 국가의 위기 상황을 지배층의 도덕성 결여의 결과로 인식했던 고려 말의 새로운 지식인들이 자신들의 도덕적 실천을 '이국'(= 치국)의 수단으로 삼고자 할 때, 그들은 이전의 신진 관료들과는 달리 민본사상에 관심을 가지지 않을 수 없었던 것이다. 이제현은 스스로 이 관심을 자기반성과 함께 다음과 같이 표현하고 있다.

> 홀로 배워 고루하니 도를 들은 것은 의당 늦었다. 불행은 자기로 말미암은 것이니 어찌 스스로 반성하지 않는가. 무슨 덕을 민에게 끼쳤기에 네 번이나 나라의 재상이 되었는가. 요행으로 이에 이르렀으니 마침내 뭇 비방을 불러들였다. 떳떳치 못한 모습을 또한 어찌 그리려는가. 네 후손에게 고하여 한번 보고 세 번 생각하게 함이니 그런 불행을 경계하여 아침저녁으로 힘쓸 것이라.65)

여기서 이제현은 도를 제대로 깨닫지 못하여 생긴 불행을 스스로 반성하면서 이어 덕이 민에게 미치지 못한 점을 인정하고 있다. 즉 도를 깨닫지 못한 것을 덕의 부족함과 연결시키고 아울러 그 영향을 민과 관련시킨 것이다. 이는 한 마디로 도덕적 실천이 없음으로 해서 민에게 도움이 되지 못한 점을 자성한 것이라 할 수 있다.

도덕의 실천이 민에 대한 관심으로 이어지는 모습은 이제현의 문인이면서 이색의 아버지인 가정 이곡에게서 보다 분명하게 나타난다. 이곡은 동시대의 어느 누구보다도 민본이념을 강조하였는바, 이는 그의 문집인 『가정집』에서 쉽게 알 수 있다. 다음은 그의 친구인 정영세(鄭永世)라는 사람이 한양참군으로 부임하게 되자 송별하는 자리에서 이곡이 한 말이다.

---

65)『익재난고』권9 하,「찬」, 益齋眞自贊

국가에 사건이 많은 뒤로 일이 예전과 달라 염치의 도가 없어져 상하가 서로 이익만 다투니 호가(豪家)는 겸병하고 혹리(酷吏)는 지나치게 거두니 토지는 송곳 세울만한 곳도 없고 집에는 아무 것도 없어 탄식만 있을 뿐이다. 수령된 자는 좌시하며 아무 말도 않고 민을 학대하여 자봉(自奉)할 따름이니 민의 곤고하고 의지할 데 없음이 지금보다 심한 적이 없다.……어찌 한 두 사람 민에 뜻을 둔 자가 없으랴마는 역시 모두가 인습적이고 잠깐만 그럴 뿐이다.……혹자는 말하기를 "참군은 미관(微官)이니 깊은 폐단을 갑자기 바꿀 수 없다."고 하나 이는 전혀 그렇지 않다. 일가(一家)가 인(仁)하면 일국(一國)이 흥인(興仁)하는 것이니 군자는 진기(盡己)할 뿐이다. 실로 능히 진기하여 백성의 마음을 자기의 마음으로 삼은즉 비록 적중하지 않더라도 또한 멀리 벗어나지는 않을 것이니 어찌 반드시 관직의 높고 낮음과 풍속의 엷고 질박함을 헤아릴 것인가.66)

위의 인용문에서 전반부는 염치의 도가 없어짐으로 해서 호가(豪家)와 혹리(酷吏)의 민에 대한 수탈이 자행되고, 이로 인한 민생의 피폐한 모습을 구체적으로 지적하고 있다. 그리고 도덕의 실천이 없는 한, 민에 대한 관심도 구태의연하고 일시적일 뿐이라고 한다. 따라서 후반부에서는 인(仁)이라는 도덕적 실천을 위해 노력하여 민의 마음을 자신의 마음으로 삼는 것이 중요하다고 강조한다. 이와 같은 도덕의 실천은 자신의 영달을 위한 것이 아니라 민을 위한 것이었다. 그러므로 관직의 높고 낮음은 문제가 되지 않았고 다만 도덕의 실천을 위해 진기(盡己)할 뿐이었다. 그럴 경우 국가는 '흥인(興仁)'될 것이라고 생각하였다. 여기서 군자로서의 이곡의 강한 자부심을 느낄 수 있다. 이곡의 다음과 같은 말에서도 이와 마찬가지의 느낌을 가지게 된다.

---

66) 『가정집』 권8, 「서」, 送鄭參軍序.

천지의 도는 동(動)하기도 하고 정(靜)하기도 하는데 어긋남이 없는 것은 성(誠)뿐이다. 사물의 이치는 곡(曲)하기도 하고 직(直)하기도 하는데 지나치지 않는 것은 경(敬)뿐이다. 성과 경의 이름은 비록 다르지만 그 이치는 하나이다. 『역』에 이르기를 "경으로써 안을 곧게 한다." 고 하였으니 대개 곧다는 것은 이치의 당연한 것이고 경이라는 것은 곧음을 기르는 도구이다. 이를 미루어 덕을 밝히고 민을 새롭게 하는 데 쓴다면 어디를 가든지 천리에 어긋나겠는가.67)

즉 '경이직내(敬以直內)'의 도덕적 실천이 천리라는 확신을 바탕으로 '명덕신민(明德新民)'하려는 포부를 지닌 이곡의 모습을 여기서도 발견할 수 있다. 결국 그는 '수신'을 '치국'의 전제로 삼으면서 '민본' 국가를 건설하려는 의지를 지니고 있었던 것이다.

이처럼 유자들의 자기반성에 기초한 도덕적 실천의 강조와 이에 따른 민본사상에의 착목은 유교 정치이념으로서 민본사상의 정당한 위치를 확보해 주는 것이다. 고려 말의 유자들은, 이전의 유자들이 '이국'(＝치국)과 '수신'을 분리함으로써 유교의 정치사상을 왜곡시켰던 것과는 달리, '치국'을 위해서는 '수신'이 전제되어야 한다는 사실을 깨닫고 '실학'을 통한 '치국'과 '수신'의 일체화를 추구하였다. 그리고 이 양자가 현실의 정치에서 일체화된 구체적인 근거로서 '백성의 마음을 나의 마음으로 삼는다(以百姓之心爲心)'는 민본정치를 분명하게 제시하였던 것이다. 고려 말 신흥사대부들이 향약 의술의 보급에 힘썼다든가,68) 또는 의창이 복설되는 계기가 국가에 의해 마련된 것이 아니라 이무방(李茂方)·정몽주·성석린(成石璘) 등과 같이 신유학의 세례를 받은 관료들이 지방관으로 나가 개인적으로 의창을 설치하면서 마련되었다는69) 사실은 '백성의 마음을 나

---

67) 『가정집』 권7, 「설」, 敬父說.
68) 이태진, 「고려후기의 인구증가 요인 생성과 향약의술 발달」 『한국사론』 19, 1988.
69) 박종진, 앞의 논문, 438~439쪽.

의 마음으로 삼는 것'을 실천하는 구체적인 표현들이었다. 이로써 종래 유교 정치에서 무시되었던 민의 존재는 이제 객관적으로 실재하는 '치국'의 핵심 대상, 즉 '정치적 배려'의 대상으로 확고한 위치를 차지하게 되었다. 심지어 정도전은 관인 지배층과 민과의 관계를 '상자(相資)'의 관계로까지 보기도 하였다.

> 옛 성인이 부세의 법을 세운 것은 다만 민에게서 취하여 자봉(自奉)하려고 한 것이 아니다. 민이 서로 모이게 되면 음식과 의복에 대한 욕구가 밖에서 공격하고, 남녀에 대한 욕망이 안에서 공격하여 견줄 만하면 다투고 대적할 만하면 싸워서 서로 죽이는 데까지 이르게 된다. 위인상자(爲人上者)는 법을 가지고 이를 다스려 다투는 자로 하여금 평화롭게 하고 싸우는 자는 화해하게 한 후에 민생이 안정되는 것이다. 그러나 이러한 일은 농사를 짓는 자가 겸해서 할 수 없기 때문에 민이 1/10을 내어 기상(其上)을 봉양하는 것이다. 그 취하는 몫이 큰만큼 웃사람이 봉양하는 자에게 보답하는 것 역시 중하다. 후세의 사람들이 이와 같은 입법의 뜻을 모르고는 말하기를 "민이 나를 공양하는 것은 그 직분상 당연한 것"이라고 한다.[70]

여기서 정도전은 사회적 '지배' 관계의 발생 과정에 대해 보다 합리적이고 구체적인 언급을 하고 있다. 이에 따르면 관인층이 민을 '지배'할 수 있는 근거는 민의 공존이라는 필요에 따라 사회적 기능을 분담하는 과정에서 찾아진다. 따라서 관인층과 민과의 관계는 단순한 지배－피지배 관계가 아닌 사회적 분업에 따른 '상자'의 관계인 것이었다. 민이 부세를 내야 하는 이유도 그들이 피지배층이기 때문이 아니라 위인상자(爲人上者)와 '상자'의 관계에 있기 때문이었다. 위인상자가 민생을 안정시킨 대가인 것이다. 따라서 관인층의 민에 대한 책임이 우선적으로 강조되는 것은

---

70) 『조선경국전』 상, 「부전」, 賦稅.

당연하였다.

정도전의 지배층과 피지배층의 관계에 대한 이같은 인식은 대단히 주목할 만한 것이다. 적어도 과거 가능성으로만 존재했던 '정치적 배려'의 대상인 민은 이제 현실적으로 배려하지 않으면 안되는 진정한 유교정치의 객체로 등장한 것이다. 이는 물론 12, 13세기 농업 생산력의 발전에 따라 민이 성장한 결과였으며, 동시에 농민반란으로 인해 야기된 국가의 혼란을 경험한 새로운 지배층의 자기반성의 표현이기도 하였다.

5. 맺음말

고려시대에는 초기부터 유교를 정치이념으로 삼으면서 이에 근거한 민본사상이 강조되었다. 민본사상의 현실 정치에의 반영이라 할 수 있는 진휼정책이 중시되고 의창이 설치된 것은 그 결과였다. 그러나 고려의 유교는 처음부터 한계를 지니고 있었다. 왕과 문벌귀족 사이의 길항관계 속에서 각기 자신들의 입장을 강화하려는 수단으로 유교가 이용되었던 것이다. 왕은 유교적 소양을 갖춘 신진관료를 등용하여 이들을 세력화함으로써 왕권을 강화하고자 하였고, 이에 대해 문벌귀족은 유교의 덕치를 왕권의 견제에 이용하였다. 이같은 상황이었기에 유교 본래의 정치이념은 왜곡될 수밖에 없었다. 물론 어떤 이유에서건 과거제의 시행이 확대되고, 이를 통해 과거관료가 배출되면서 유교는 현상적이나마 발전하고 있었다. 그리고 그 발전은 중국에서 신유학으로서의 성리학이 발전하던 것과 거의 궤를 같이 할 정도의 수준이었다. 그러나 이것은 어디까지나 현상적인 것에 불과하였다. 주로 왕의 비호하에 성장할 수 있었던 신진관료들은 마찬가지로 왕권강화에 이용된 불교와의 공존이 필연적이었고,

더구나 왕은 자신의 권력을 위해서는 언제든지 반 유교적인 정책도 취할 수 있는 입장이었다.

고려 유교의 정치이념으로서의 한계는 민에 대한 인식에서 그대로 드러났다. 유교 = 성리학의 인간관은 모든 인간을 도덕 실천의 주체로 인정하는 것이었다. 이는 인간 = 민에 대한 보다 진전된 인식이었고, 이에 근거하여 민본사상은 강조될 수 있었다. 그러나 고려에서는 유교가 발전하면서도 이것이 민에 대한 인식상의 진전까지를 수반하는 것이 아니었다. 민은 도덕 실천의 주체도 아니었고, 따라서 교화의 대상도 될 수 없었다. 뿐만 아니라 '정치적 배려'의 대상으로도 인정되지 못하였다. 이같은 상황이었기에 현실정치에서 민본이념이 표방되더라도 그것은 공허한 것일 수밖에 없었다. 고려시대의 진휼정책을 살펴볼 때 이 점은 보다 분명해진다.

성종대에 민본이념을 표방하면서 설치된 의창이 어느 정도 민의 농업 재생산 과정에 기여했는지는 분명치 않다. 설사 기여했더라도 의창은 무신란 이전에 이미 진휼기구로서의 기능을 상실하였다. 이후 고려에서는 민에 대한 진휼정책이 제도화되어 지속적으로 시행된 바가 없었다. 물론 자연재해나 기근이 들면 민을 진휼하는 조치가 간헐적으로 행해지기도 하였지만, 그것은 지극히 형식적이었고 또 유교적 민본이념과는 관계없이 왕 개인의 기복이나 정권을 유지하기 위한 수단으로 행해진 경우도 많았다. 유교의 인정에서 가장 먼저 배려해야 할 존재인 환과고독이나 독·폐질자에 대한 진휼도 형식적이기는 마찬가지였다. 민본이념은 퇴색하였고 마침내는 국가가 민에 대한 진휼을 포기한 채, 굶주리는 양인을 부유한 자가 먹이는 대신 노비로 삼을 수 있도록 하자는 건의가 나오기까지 하였다. 이미 민은 국가의 '정치적 배려'의 대상이 아니었고, 따라서 지배층의 수탈에 그대로 노출될 수밖에 없었다.

유교적 정치이념의 왜곡과 이에 따른 민을 위한 정책의 포기는 지배층의 민에 대한 무제한적인 수탈로 이어졌고, 그 결과는 농민반란이었다. 12세기 말에서부터 13세기에 이르는 약 100여 년 간에 걸쳐 전개된 농민반란은 당시 고려 사회의 구조적 모순을 총체적으로 드러내는 것이었다. 그러나 이 혼란은 유교 정치사상의 전개 과정에서는 오히려 순기능을 하였다. 즉 이를 경험함으로써 이제 고려의 관인층은 중국에서 신유학으로서의 성리학이 등장할 수 있었던 배경까지를 이해하게 된 것이다. 중국의 성리학도 당 말 오대의 혼란을 극복하는 과정에서 민의 성장을 인정함으로써 지배이념이 될 수 있었던 것이다. 농민반란 이전의 고려의 관인층은 비록 송과의 교류를 통해 성리학을 발전시키고 있었지만 성리학의 본질까지를 이해할 수는 없었다. 그러다가 사회혼란을 겪은 뒤에야 민에 대한 인식을 새롭게 할 수 있었다.

고려 후기의 유교 관인층들에게서 나타나는 가장 커다란 특징은 그들의 유교에 대한 인식이 자기반성에 기초하고 있다는 점이다. 사회혼란의 책임이 자신들의 도덕적 '실천'이 없음에 기인한다는 사실을 인정한 것이다. 그리하여 자기반성을 토대로 유교적 덕목을 실천하는 '경명행수지사(經明行修之士)'가 바람직한 유자상으로 떠올랐다. 아울러 자신들의 도덕적 실천을 치국의 수단으로 삼고자 할 때, 실천의 구체적인 표현은 민에 대한 '정치적 배려'로 나타났다. '백성의 마음을 나의 마음으로 삼는 것'을 실천하기 위해 그들은 국가가 포기한 민을 자신들의 개인적 노력으로 구휼하고자 하였다. 지방관으로 나간 그들이 지방 단위로 의창을 설치하여 민을 진휼했다는 사실에서 이러한 노력의 일단을 볼 수 있다. 이 노력의 결과, 종래 무시되었던 민본사상은 점차 유교 정치이념의 한 축으로서 확고하게 자리잡았고, 이제 민은 '정치적 배려'의 대상으로 분명하게 인식되었다. 아직 민을 도덕 실천의 주체로까지 인정한 것은 아니었지만, 자신들의 '수신'을 치국의 전제로 삼아 혼란을 극복하려는 고려 말 유신들이 새로운 국가를 창건하고자 할 때, 그들이 '민본국가'를 표방한 것은 당연한 일이었다.

(『국사관논총』 87, 1999)

제2장 _
여말선초 신흥유신의 민에 대한 인식

1. 머리말

유학은 궁극적으로 '치인'을 위한 학문이다. 그런데 유학에서 치인은 곧 '교화'와 같은 의미로 사용되었다.[1] 사람을 다스린다는 것은 사람으로 하여금 유학에서 강조하는 덕목인 인의예지를 알고 이를 실천하도록 가르치는 것을 의미하였다. 즉 사람을 다스리는 행위[치인]와 사람을 가르치는 행위[교화]를 동일시했던 것이다. 이처럼 유학에서는 교화가 강조되었는데, 특히 신유학으로서의 성리학은 교화를 극한적으로 강조하기 위해 인간과 인간의 본성에 대한 인식론적 탐구를 하는 과정에서 성립했다고 해도 지나친 말이 아니다.

그렇다면 '인간을 어떻게 인식했는가' 라는 물음은 성리학에서는 근본

---

1) 『예기』 25, 「제통」, "凡治人之道 莫急於禮"
이같은 『예기』의 선언적 언급이 조선 초기의 관료들에게 오면 다음과 같이 보다 논리적으로 구체화되고 있다. "司諫院 條陳時務八事 下議政府 擬議以聞 其一曰 風俗國家之元氣 敎化國家之急務 敎化修 則風俗厚 而國家治矣" (『태종실록』 권19, 태종 10년 4월 갑진조)

적인 문제의식이 될 수밖에 없다. 이 문제에 대해 어떻게 답하느냐에 따라 성리학자들의 입장이 나뉘고, 또한 성리학을 받아들인 사회의 본질적인 성격도 달라지게 된다. 따라서 성리학을 지배이념으로 해서 성립한 조선시대의 성격도 마찬가지로 이 문제에 대한 해명을 통해 파악하는 것이 가능하다.

이같은 문제의식을 가지고 본 논문에서는 14~15세기에 해당하는 고려 말부터 조선 초기에 이르는 시기, 치인을 주도했던 신흥유신들이[2] 치인의 대상이 되었던 민(民)을[3] 어떻게 인식했는가를 살펴보고자 한다. 주지하는 바와 같이 이 시기는 성리학이 도입되고 성리학의 정치이념에 따라 종래의 불교를 배척하고 새로운 유교국가를 건설해나가던, 한국사에서는 대단히 중요한 변혁기에 해당한다. 이같은 변혁기에는 민에 대한 인식도 종래와는 달랐을 것이라 추측할 수 있다. 특히 조선의 건국이 유학의 민본사상을 표방함으로써 가능했다는 점을 고려한다면 더욱 그러하다.

그러나 지금까지 이에 대한 연구는 극히 부족하다. 문제의 중요성에 비추어 볼 때 의외일 정도이다.[4] 민의 사회경제적 처지에 대해서는 활발한

---

2) 여기서의 '신흥유신'은 기왕의 많은 연구자들이 사용하는 '신흥사대부'와 개념상 크게 다른 존재는 아니다. 그럼에도 굳이 '신흥유신'이라 표현한 것은 당시의 '사대부'가 문무관료 모두를 포함하는 용어라는 지적도 있지만, 무엇보다 본 논문이 유교와의 관련하에서 민에 대한 인식을 다루고 있기 때문에 이를 드러내기 위한 것이다.

3) 본 논문에서의 민(民)은 관인층을 제외한 모든 사람을 지칭하는 의미로 사용하였다. 따라서 여기에는 신분이나 직업, 또는 역에 의해 구분되는 특정 계층만을 지칭하는 의미가 없다. 즉 양인이든 천인이든, 또는 농민이든 공상인이든 관계없이 관인층에 의해 통치의 대상으로 인식된 모든 사람을 의미한다.

4) 다만 이 시기의 정치사상이나 교화정책을 다루면서 민에 대한 인식을 단편적으로 언급하고 있는 다음과 같은 논고가 있을 뿐이다.

김훈식, 「여말선초의 민본사상과 명분론」 『애산학보』 4, 1986.

_____, 「15세기 민본이데올로기와 그 변화」 『역사와 현실』 창간호, 1989.

_____, 「중종대 "경민편" 보급의 고찰」 『이재룡박사환력기념 한국사학논총』, 1990.

_____, 「조선초기 『삼강행실도』 보급의 대상」 『인제논총』 12 – 1, 1996.

_____, 「15세기 후반기 향당윤리 보급의 배경」 『한국사연구』 99 · 100, 1997.

논의가 있었음에도 불구하고 정작 그들이 정치적으로 어떤 존재였는지에 대한 문제의식은 결여되었던 것이다. 이는 아마도 전근대사회에서의 민이 일관되게 피지배층으로만 존재했기 때문이 아닌가 싶다. 물론 그렇기는 하지만 이것이 곧바로 민의 정치적 위상에 변화가 없었다는 것을 의미하지는 않는다. 주로 직접생산자층이었던 민은 생산력이 발전하면서 자신의 지위를 향상시켰고, 이에 따라 그들에 대한 지배층의 인식도 달라졌기 때문이다. 이 점에서 본 논문은 궁극적으로 민의 성장 과정에 대한 해명을 목적으로 하고 있다.

필자는 이미 조선 초기의 민에 대한 인식을 이 시기의 정치이념이었던 민본사상과 관련하여 다룬 바가 있다.[5] 그러나 이것은 두 가지 측면에서 보완해야 할 필요가 있는 것이었다. 하나는 조선 초기의 민에 대한 인식이 전시기인 고려시대의 그것과 어떠한 차별성을 지닌 것인지에 대한 고려가 없었다는 점이고, 다른 하나는 이 때문에 민에 대한 인식을 개념화하는 작업이 충분하고 또 분명하게 이루어지지 못했다는 점이다. 민에 대한 인식의 변화를 통해 민의 성장 과정을 해명하고자 한다면, 사실 이같은 문제는 반드시 극복해야 할 것이다. 그래야만 한국사의 전개 과정에서 이 시기가 지니는 의미가 분명히 드러날 것이기 때문이다.

2. 고려 유교 정치사상의 한계와 민

성종대에 통치이념으로서의 위치를 확보하기 시작한 고려의 유교는

고영진, 「15 · 16세기 주자가례의 시행과 그 의의」『한국사론』 21, 1989.

이석규, 「조선초기 '교화'의 성격」『한국사상사학』 11, 1998.

이태진, 「조선시대 '민본'의식의 변천과 18세기 '민국'이념의 대두」『국가이념과 대외인식－17～19세기』, 아연출판부, 2002.

5) 이석규, 「조선초기 관인층의 민에 대한 인식」『역사학보』 151, 1996.

과거제의 정착과 병행하여 자체적인 발전을 거듭하였다. 그러다가 11세기 말에서 12세기 초에 이르는 시기에 고려의 유교는 전성기를 맞이하였다. 특히 북송으로부터 수용된 신유학으로서의 성리학은 고려의 사상계에 커다란 영향을 미쳐 '삼강오상지교(三綱五常之敎)'와 '성명도덕지리(性命道德之理)'가 사방에 넘쳤다고 할 정도였다.[6] 그리하여 이 시기의 유교를 평가하면서 그것은 중국에서 신유학으로서의 성리학이 발전하던 것과 궤를 같이 할 정도의 수준이었고, 아울러 '경학화'·'심성화'의 경향이 두드러지는 특징을 지니는 것으로 지적되기도 한다.[7]

이처럼 고려의 유교는 발전하고 있었지만 그것은 두 가지 측면에서 한계를 지니는 것이었다.[8] 먼저 당시의 유교가 왕권강화라고 하는 정치적 목적에 규정되어 있었다는 점이다. 왕과 문벌귀족 사이의 대립을 기본 축으로 전개된 무신집권 이전 시기의 정치사에서 유교도 이 구조로부터 자유로웠던 것은 아니다. 유교의 발전을 주도했던 신진관료들은 유교를 공통분모로 스스로 결집된 세력이라기보다 왕권강화라는 정치적 목적을 위해 왕의 비호 아래 성장한 세력이었다. 때문에 왕의 보호로부터 벗어났을 때, 그들 세력은 급속히 약화될 수밖에 없었다. 한안인파가 등장하고 또 몰락하는 과정은 이를 잘 말해주고 있다. 뿐만 아니라 왕은 자신의 권력을 강화하기 위해서라면 언제든지 반유교적인 정책도 취할 수 있는 입장이었다. 불교도 왕권강화에 이용되기는 마찬가지였다. 상황이 이러했기에 비록 유교가 발전하고는 있었지만, 당시의 유교 관인층은 자신들의 정체성으로 유교만을 내세울 수 있는 형편이 아니었던 것이다.[9]

---

6) 『동문선』 권64, 「기」 '淸讌閣記'
7) 문철영, 「여말 신흥사대부들의 신유학 수용과 그 특징」 『한국문화』 3, 1982.
　　　　, 「고려중기 사상계의 동향과 신유학」 『국사관논총』 37, 1992.
8) 이 부분에 대한 서술은 주로 이석규, 「고려시대 민본사상의 성격」(『국사관논총』 87, 1999)에 근거하였다.
9) 고려시대의 사상사에서 이 시기 신진관료의 대두를 적극적으로 평가하는 견해가

두 번째로 지적할 수 있는 것은 이 시기의 고려 유교가 중국에서 신유학으로서의 성리학이 고민했던 본질적인 문제의식을 공유하지 못했다는 점이다. 주지하는 바와 같이 성리학은 그것이 발흥하던 시기의 사회적 혼란을 인간의 도덕적 실천을 통해 극복하려는 사상체계이다. 즉 성리학의 문제의식은 어떻게 하면 인간이 본래적으로 지닌 도덕적 가치를 항상적으로 발현시킴으로써 사회를 안정시킬 것인가에 맞추어져 있는 것이다. 종래의 훈고(訓詁)와 사장(詞章)에 기운 한당 유학으로는 이 문제를 해결할 수 없어 초기의 성리학자들은 공맹으로 돌아가 거기서 수기(修己)와 치인의 근거를 찾았고, 아울러 이를 극대화하기 위한 철학체계를 마련하였다. 그것은 인간 행위의 근거를 심성에서 구하고, 심성의 근거를 이기론(理氣論)에서 구하면서 이 이기를 인간사회를 포함한 우주만물의 형성 · 운행의 원리로 추상화 · 절대화시키는 것이었다. 송대의 경학과 심성론은 모두 도덕의 실천을 담보해내기 위한 수기를 목적으로 하는 것이었고, 궁극적으로는 이를 통해 혼란해진 사회질서를 회복시키려는 것이었다. 결국 성리학은 송대 사대부들의 치열한 경세의식이 낳은 사상이었다고 할 수 있다.

그러나 고려의 유교는 성리학을 수용하면서도 그것이 등장했던 배경

있다. 즉 신진관료들이 추진한 "유학에 있어서의 새로운 혁신운동"은 "고려 초기 유학을 '심성'의 차원에서 내재적으로 극복하면서 독자 영역을 확보해나가는 신유학 운동인 동시에, 당시 외척의 발호에 의해 횡행했던 조정의 귀족적인 정실주의에 대응하기 위하여 유교주의로 자각된 신진관료로서의 당당한 자기 존재 선언"이라는 것이다(문철영, 앞의 논문(1992), 52쪽). 여기서 말하는 '유교주의'는 아마도 "유교적 합리주의로 자신을 수양하면서 도교와 불교에 대항하는 의식"(66쪽)을 가리키는 것으로 보인다. 이같은 평가는 지금까지 소홀히 다루었던 고려 중기의 유학을 재검토하게 한다는 점에서 의미있는 것이라 생각된다. 그렇지만 이같은 평가를 그대로 받아들이기에는 주저되는 점이 있다. 이들 신진관료들의 정체성을 '유교주의'에서만 찾기는 어렵다는 점 때문이기도 하지만, 무엇보다도 후술하는 바와 같이 이들은 신유학이 추구했던 본질적인 문제에 다가서지 못한 것으로 보여지기 때문이다.

과 궁극적으로 추구하는 지향점까지를 이해했다고 보기는 어렵다. 비록 성리학의 영향으로 존경(尊經)과 심성화의 경향이 나타났다고는 하지만, 그것은 매우 제한적인 것이었으며 그나마 이러한 경향이 수기에 대한 관심으로 이어지지 못한 채 여전히 사장의 학풍이 주류를 이루고 있었다.10) 수기에 무관심한 상황에서는 치인의 경세학에서도 문제가 있기는 마찬가지였다. 숙종과 예종대에 추진된 개혁정치의 이념적 근거가 왕안석의 신법에서 찾아지기도 하지만,11) 이 개혁정치도 기본적으로는 왕권과 귀족세력 간의 길항관계에서 왕권을 강화하기 위한 정치적 목적을 지닌 것이었다. 왕권강화 자체가 목적이었기 때문에 왕권강화를 통해 이루고자 하는 유교 정치이념의 실현에 대한 의지는 너무 허약하였다.

지배층 내부의 대립과 이에 규정된 유교 정치이념의 빈곤은 민생을 파탄으로 몰아갔다. 지배세력의 어느 누구에게도 민생은 관심의 대상이 되지 못했다. 왕에게는 민생보다 왕실의 안녕이 더 큰 관심사였다. 왕의 유교(遺敎)에서조차 민을 걱정하는 모습은 찾을 수 없고 오로지 '협보왕실(協輔王室)', '영강왕실(永康王室)'만을 강조할 뿐이었다.12) 관인층도 민생에 관심이 없기는 마찬가지였다. 그것은 이 시기에 매관매직이 광범하게 퍼져 있었다는 사실에서 단적으로 드러난다. 이 상황을 무신집권기의 대표적인 유교 지식인이라 할 수 있는 이규보(李奎報: 1168~1241)는 다음과 같이 전하고 있다.

---

10) 마종락, 「고려중기 정치권력과 유학사상」 『부산사학』 32, 1997, 27~37쪽.
11) 정수아, 「고려중기 개혁정책과 그 사상적 배경」 『수촌박영석교수화갑기념 한국사학논총』 상, 1992.
12) 『동문선』에는 숙종·예종·인종 세 왕의 유교(遺敎)가 수록되어 있는바, 여기서 나타나는 공통점은 민생에 대한 언급은 없고 모두 협보왕실, 영강왕실, 영강왕가만을 신하들에게 부탁하고 있다는 점이다(『동문선』 권23, 「교서」, 肅王遺敎·睿王遺敎·仁王遺敎).

이자(李子: 이규보 ─ 인용자)가 남쪽으로 어떤 강을 건너는데, 때마침 배를 나란히 해서 건너는 사람이 있었다. 두 배의 크기도 같고 사공의 수도 같으며, 배에 탄 사람과 말의 수도 거의 비슷하였다. 그런데 조금 후에 보니, 그 배는 나는 듯이 달려서 벌써 저쪽 언덕에 닿았지만, 내가 탄 배는 오히려 머뭇거리고 전진하지 않았다. 그래서 그 까닭을 물었더니, 배 안에 있는 사람이 말하기를, "저 배는 사공에게 술을 먹여서 사공이 힘을 다하여 노를 저었기 때문이오." 하였다. 나는 부끄러워하지 않을 수 없었으며, 따라서 탄식하기를, "아, 이 조그마한 배가 가는 데도 오히려 뇌물의 있고 없음에 따라 지속(遲速)·선후가 있거늘, 하물며 벼슬을 경쟁하는 마당에 있어서랴? 나의 수중에 돈이 없는 것을 생각하매, 오늘날까지 하급 관직 하나도 얻지 못한 것이 당연하구나." 하였다.13)

　돈이 없어 관직에 나아가지 못하는 현실을 한탄하는 이규보의 모습에서 당시 매관매직이 광범하게 퍼져 있었음을 쉽게 짐작할 수 있다. 심지어는 왕조차도 이같은 풍조를 조장하고 있었다.14) 상황이 이러했기에 관인들에게 민생을 위한 정치를 기대할 수는 없었다. 오히려 민에 대한 수탈이 끊임없이 문제가 되고 있음을 사료는 전하고 있다. 이규보조차도 관직을 위민의 정치를 행하는 수단으로 인식하지 못하였다.

　　아아, 뜻은 크나 재주가 소루하고 타고난 운명이 천박하여, 나이 30이 되도록 오히려 한 군현의 소임도 맡지 못하여 고고(苦孤)한 모든 정상이 말할 수 없으니, 앞일을 벌써 알 만합니다. 그러나 저의 행장(行藏)과 거취는 각하가 운명을 맡아 결정짓게 되었으니, 진퇴와 승강 역시 각하께서 보아 처리하시기에 달렸는데 제가 오히려 무슨 말을 하

---

13) 『동국이상국집』 권21, 「설」, 舟賂說.(이하 『동국이상국집』의 번역은 민족문화추진회, 고전국역총서 『동국이상국집』을 따랐음)
14) 『고려사절요』 권13, 명종 14년 12월조, "王凡用人 唯與嬖臣宦豎議之 由是奔競成風 賄賂公行 賢否混淆 嬖臣宦豎 有所請托 王問日 得賂幾何 多則喜從其請 否則延時日 以冀其多 故近習竊權 甚於前朝"

겠습니까. 만일에 한 번 돌봐 주시는 은혜를 베풀어 길을 열고 끌어올려 주셔서 첫 벼슬길에 오르도록 해 주신다면, 청운만리를 높이 뛰어 갈 수 있을 것인데, 어찌 길이 멀고 시기가 늦은 것을 걱정하겠습니까. 또 선비가 왕공대인들에게 돌봐 주기를 바라는 것은 진실로 그 자신만 도모하려는 것이 아니라, 역시 왕공 대인의 명예도 성취시키려는 것입니다.15)

급제 후에도 9년 동안이나 관직을 얻지 못하자 그는 수차례에 걸쳐 구관(求官)의 시서(詩書)를 썼는데, 이것은 당시 인사권을 행사하던 조영인(趙永仁)에게 보낸 편지이다. 관직을 구하는 편지임에도 이규보는 자신이 관직을 통해 성취하고자 하는 대의에 대해서 말하기보다는 오직 자신과 자신을 써줄 인물의 명예만을 위한 수단으로 관직을 인식하고 있다. 한마디로 유교 지식인으로서 위민의 경세의식은 찾아볼 수 없다.16) 이규보에게 있어서 유교는 과거를 통해 관직에 진출하기 위한 수단, 특히 문한직에 나아가기 위한 수단 이상의 의미는 없었던 것으로 보인다.17) 그렇기 때문에 그가 지방관으로 재직하면서 민의 비참한 생활상을 직접 목도하고 또 이를 묘사한 많은 시문을 남겼음에도 불구하고 이같은 경험이 민생을 바로잡아야 한다는 의식으로 이어지지 못한 채, 오히려 하루속히 지방

---

15)『동국이상국집』권26,「서」, 上趙太尉書.
16) 물론 이규보에게서 위민의식을 전혀 찾을 수 없는 것은 아니다. 이규보의 정치사상을 다룬 연구들에서 그의 민본 또는 애민의식이 지적되고 있다(김인호,「이규보의 현실이해와 정치경제 개선론」『학림』15, 1993; 마종락,「이규보의 유학사상」『한국중세연구』5, 1998). 그렇지만 이들 연구에서도 이규보의 민본 또는 애민의식이 체계화되지 못했다거나, 또는 소극적인 것이었다고 평가하고 있다. 여기에 한 가지 덧붙이고 싶은 것은 이규보는 민생을 해결해야 할 일차적인 책임이 자신과 같은 유교 관인층에게 있다는 사실을 절실하게 깨닫지 못했다는 점이다. 책임이 절실하지 않았기에 민생이 도탄에 빠진 현실에 대한 자기반성도 부족하였고, 민의 곤궁한 처지를 가엾게 여기면서도 이 감정이 위민의 경세의식으로 이어지지 못했던 것이다.
17) 마종락,「이규보의 유학사상」『한국중세연구』5, 1998, 84~89쪽.

에서의 생활을 벗어나고자 하였던 것이다.[18]

왕과 관인층으로부터 외면된 민생을 제도가 지켜줄 리도 없었다. 고려 초 성종은 유교의 민본이념에 따라 민을 진휼하기 위한 의창(義倉)을 설치하였다. 그러나 인종대 이후가 되면 의창의 기능은 거의 상실된 것으로 파악된다.[19] 물론 왕들은 끊임없이 민의 질고를 구휼하라는 조명(詔命)을 내렸지만 그것은 고식적인 것에 지나지 않았다. 예컨대 명종 7년 말에 민란이 어느 정도 가라앉자 명종은 이듬해 정월 전국에 찰방사를 파견하여 문민질고와 함께 관리 및 봉사자(奉使者)들에 대한 출척을 시행하였는 바, 이 때 적발되어 탄핵을 받은 탐관오리가 무려 천여 명에 이르렀다. 그런데 이들 장리(贓吏)들은 공동으로 뇌물을 마련하여 녹안(錄案)에서 자신들의 이름을 삭제해 줄 것을 권귀들에게 수차례 요청하였다. 그 결과 명종 11년에 왕은 마침내 이들을 옛 관직에 따라 서용할 것을 허락하였다. 이에 대해 대각(臺閣)에서 조차 아무런 문제제기가 없었다는 『고려사』의 기록은 당시 관인층 일반에게 민이 어떤 존재였는지를 극명하게 보여준다.[20]

원 간섭기 이전 고려의 민은 왕을 비롯하여 관인 지배층으로부터 철저하게 외면당했다. 민은 정치적으로 배려하지 않으면 국가가 유지될 수 없는, 즉 객관적으로 실재하는 정치적 실체로 인정받지 못했던 것이다. 표면적으로는 '민유방본(民惟邦本)'을 말하고 있지만 이를 뒷받침하는 구체적인 정책은 찾아보기 어려울 정도로 빈약하였다. 성리학을 수용하여 성

---

18) 박창희, 「이규보의 본질에 대한 연구」 『외대사학』 창간호, 1987, 20~23쪽.
　　김호동, 「고려 무신정권시대 문인지식인 이규보의 농촌현실관」 『국사관논총』 42, 1998, 179~181쪽.

19) 박종진, 「고려전기 의창제도의 구조와 성격」 『고려사의 제문제』, 삼영사, 1986, 435~436쪽.

20) 『고려사』 권19, 「세가」 19, 명종 8년 정월 정사조 및 동년 3월 신해조.
　　『고려사』 권20, 「세가」 20, 명종 11년 9월 병자조.

리학적 용어를 말하고 또 유교 경전의 내용도 알고는 있었지만, 중국에서 성리학을 배태한 사회경제적 배경까지를 경험한 것은 아니었기에, 그것이 치열한 경세의식이 낳은 사회적 산물이라는 사실을 이해하지 못한 채 '민유방본'이라는 구두선만 반복했던 것이다. 한마디로 이 시기의 유교 정치사상에서 민은 어느 곳에도 존재하지 않았던바, 이는 지배층의 민에 대한 수탈을 제어할 수단이 없었음을 의미하는 것이었다. 그 결과 최소한의 재생산기반도 유지하지 못하게 된 민의 유망과 항쟁이 끊이지 않았지만, 그럼에도 불구하고 민을 정치적 실체로 인식하지 못했던 유교 관인층은 이같은 사회현실에 대해 이것이 자신들의 책임이라는 사실을 깨달을 수 없었다. 그것을 깨닫는 데에는 거의 100여 년의 시간을 기다려야 했다.

3. 정치적 실체로서의 민

지배층 내부의 대립과 갈등, 이에 규정된 유교 정치이념의 빈곤, 그리고 그 모든 결과로서의 민의 항쟁을 겪은 이후 원 간섭기가 되면서 점차 관인층 내부에 변화가 나타나기 시작하였다. 이 변화를 주도한 것은 이른바 신흥유신들이었다. 이들은 원과의 빈번한 교류를 통하여 주자성리학을 적극적으로 수용하였다. 성리학을 수용하였다는 점에서만 본다면 신흥유신들은 그 이전 고려 중기의 신진관료들과 그다지 다를 바가 없었다. 그러나 수용 당시의 상황은 많이 바뀌었다. 우선 유일한 정치권력인 원의 등장은 기왕의 권력구조를 해체시켰고, 이에 따라 종전과 같은 권력투쟁이 표면화되기 어려웠다. 또한 원으로부터 수용한 주자성리학은 우주론적인 이기론보다 지경(持敬)을 위주로 한 실천윤리를 강조하는 특징을 지녔다는 점에서 이전과 달랐다.[21] 그러나 무엇보다 중요한 것은 고려 후기의 신흥유신들은 민을 정치적 실체로 인정하지 않은 결과로 초래된 장기간의 사회혼란을 경험한 존재들이었다는 점이다. 국가체제를 부정할 정도로 심각한 민의 항쟁을 경험함으로써 이제 신흥유신들은 신유학으로서의 성리학이 지닌 본질적인 문제의식에 보다 가까워질 수 있었던 것이다. 이는 당시의 사회 혼란에 대한 그들의 인식을 살펴봄으로써 분명하게 드러난다.

고려 후기 신흥유신들의 사회 인식에서 나타나는 공통된 특징으로는 무엇보다 당시의 사회 문제에 대한 책임을 유교 관인층인 자신들에게 돌리고 있다는 점을 들 수 있다. 이 시기 사회 문제의 핵심이 무엇인지에 대해서는 이곡(李穀: 1298~1351)의 다음과 같은 언급에 명료하게 정리되어 있다.

> 국가에 사고가 많은 뒤로 일이 예전과 달라 염치의 도가 없어져 상하가 서로 이익만 다투니 호가(豪家)는 겸병하고 혹리(酷吏)는 지나치게 거두어 토지는 송곳 세울만한 곳도 없고 집에는 아무 것도 없어 탄식만 있을 뿐이다. 수령된 자는 좌시하며 모르는 척 민을 학대하여 자봉(自奉)할 따름이니 민의 곤고하고 의지할 데 없음이 지금보다 심한 적이 없다.[22]

당시 사회의 문제는 한마디로 민생의 피폐에 있었다. 그런데 민생이 피폐해진 원인은 호가(豪家)의 겸병과 혹리(酷吏)의 수탈 때문이었고, 이는 무신집권과 이어진 원과의 전쟁과 같은 국가적 혼란을 거치는 과정에서 염치의 도가 없어졌기 때문이라는 인식이다. 결국 민생이 피폐해진 책임은 염치의 도를 행해야 할 유교 관인층에게 있는 셈이었다. 바꾸어 말하면 이곡은 염치의 도, 즉 유교적 도덕의 실천을 통해 민생의 피폐, 즉 국가

---

21) 문철영, 「고려후기 신유학 수용과 사대부의 의식세계」『한국사론』41 · 42, 1999.
22) 『가정집』 권8, 「서」, 送鄭參軍序

의 문제를 해결하려는 인식을 갖고 있었던 것이다. 이는 이곡과 동시대인이었던 최해(崔瀣: 1287~1340)에게서 보다 분명하게 드러난다.

> 무릇 수기와 치인은 집안에서 시작하여 국가에 이르는 것이니 유자가 배워야 할 것이다. 맹자가 이르기를 어려서 배우는 것은 장성하여 행하기 위함이라 하였다.……생각건대 배운 바를 행하려는 것은 뜻이 천하국가에 있는 것이니 어찌 일시의 명예를 훔쳐 자신의 영광만을 도모할 뿐인가.……근년에 토전(土田)은 거의 개간되었는데도 국가의 수입은 늘어난 것이 없고 생민은 점차 번성하는데도 거처할 곳은 없으며 부중(府中)은 고갈하여 녹봉이 부족한 형편이다. 사(士)로서 염치를 닦은 이는 드물고 집집마다 겸병을 다투어 풍속은 혼탁해지고 사람들은 원통한 마음이 있어도 이를 풀어줄 곳이 없다.[23]

홍미롭게도 이 글에서는 최해가 마치 120여 년전 이규보가 쓴 앞서의 구관서(求官書)를 직접 비판하는 듯한 느낌을 받는다. 이규보에게 유교는 자신과 왕공대인의 명예를 위한 것이었지만, 최해는 자신만을 위한 것이 되어서는 안되고 유교는 국가를 위한 것이어야 한다는 점을 강조하고 있다. 그럼에도 재정은 고갈되고 민은 거처할 곳도 없을 정도로 국가의 현실이 어려운 상황이라면 그 책임은 당연히 유교를 배운 유자들에게 있었다. 이 점에서 최해는 염치의 도, 즉 유교적 도덕을 실천하는 선비가 드물다는 것을 지적하고 있는바, 여기에서 수기를 통한 치인의 확고한 경세의식을 읽을 수 있다.

도덕의 실천을 통해 사회의 혼란을 극복하려는 유교의 본질적인 문제의식에 다가가면서 신흥유신들은 지금까지 그렇게 하지 못한 자신들을 반성하기 시작하였다. 자기반성의 모습도 신흥유신들에게서 찾아지는 공통된 특징이었다. 우선 이제현(李齊賢: 1287~1367)의 경우를 보기로 하자.

---

23) 『졸고천백』 권1, 問擧業諸生第二道

다행히 휴명(休明)의 때를 만나 천하가 글이 같고 집에는 정주지서 (程朱之書)가 있어 사람들이 성리지학(性理之學)을 알아 이를 가르치는 도가 또한 비슷하다. 그런데도 가난한 선비로서 박학독행(博學篤行)한 자가 과연 누구이며 진신(搢紳)으로서 성덕달재(成德達材)한 자가 능히 얼마인가. 사(士)도 오히려 이러한데 민(民)은 어떠하겠는가.24)

유교를 배웠음에도 이를 실천하지 않는 당시의 유교 관인층을 향한 통렬한 비판이지만, 이 비판은 곧 이제현 자신에 대한 반성으로 이어진다.

홀로 배워 고루하니 도를 들은 것은 의당 늦었다. 불행은 자기로 말미암은 것이니 어찌 스스로 반성하지 않는가. 무슨 덕을 민에게 끼쳤기에 네 번이나 나라의 재상이 되었는가. 요행으로 이에 이르렀으니 마침내 뭇 비방을 불러들였다. 떳떳치 못한 모습을 또한 어찌 그리려는가. 네 후손에게 고하여 한번 보고 세 번 생각하게 함이니 그런 불행을 경계하여 아침저녁으로 힘쓸 것이라.25)

유교의 도를 깨닫지 못한 결과로서 덕이 부족하고, 덕이 부족한 결과로서 민생에 도움이 되지 못했다는 이제현의 반성에서 그가 인식했던 유교의 도가 무엇을 의미하는지는 자명해진다. 앞서의 이곡이나 최해와 마찬가지로 이제현도 도덕의 실천을 통한 치인의 경세학으로 유교를 이해함으로써 이러한 반성이 가능했던 것이다.

이제현, 최해와 동년생으로 이들과 깊은 교유관계를 가졌던 안축(安軸: 1287~1348)을 통해서도 당시 신흥유신들의 자기반성의 분위기를 읽을 수 있다.26)

---

24) 『익재난고』권9 하, 「책문」, 問論語曰……
25) 『익재난고』권9 하, 「찬」, 益齋眞自贊
26) 최해와 안축의 활동과 함께 이들과 이제현과의 교우관계에 대해서는 고혜령, 「최해와 안축」 『고려후기 사대부와 성리학 수용』, 일조각, 2001이 참고된다.

부절(符節)을 가지고 관구(關口)에 들어섰다가
길을 따라 돌아서 나오는데
삭풍은 늘어선 창 사이로 불고
낙엽은 병졸들의 옷에 가득하네
민간의 병폐를 구하지 못하였으니
어찌 국체를 튼튼히 했다고 하겠는가
비록 동해의 물을 다 쏟아부어도
2년간의 허물을 씻기는 어려우리[27]

지방관의 임기를 마치고 돌아오는 길에 쓴 이 시에서 안축은 민을 나라의 근본[國體]으로 인식하면서 민생을 구하지 못한 책임을 심하게 자책하고 있다. 또한 홍수가 나서 인가와 곡식이 상하는 것을 보고 두려워하면서 그 죄를 자신에게 돌리는 모습에서도 민생을 자신의 책임으로 느끼는 안축의 마음가짐은 여전하다.[28] 이같은 그의 자기반성이 단지 시에만 나타나는 수사가 아님은, 그가 유교 관인으로서 민을 위해 노력한 것에 대한 자부심을 겸손하게 표현한 다음의 술회에서 충분히 짐작된다.

나의 평생에 가히 칭찬받을 만한 일은 없으나, 네 번 사사(士師)가
되어 무릇 민으로서 억울하게 노비가 된 자는 반드시 양인으로 처리
하였다.[29]

국가의 문제를 자신의 책임으로 돌리고 이를 반성한다는 것은 결국 이들 신흥유신들이 치열한 경세의식을 지니고 있었음을 말해주는 것이다.[30] 실제로 이들은 당시의 국가적 문제를 해결하고 새로운 이상사회를

---

27) 『근재집』 권1, 「관동와주」, 至順二年九月十七日罷任如京過順忠關
28) 『근재집』 권1, 「관동와주」, 大雨歎
29) 『고려사』 권109, 「열전」 22, 安軸
30) 고려 후기 신흥유신들이 생각했던 경세론의 구체적인 내용에 대해서는 다음의 저
   서가 참고된다. 김인호, 『고려후기 사대부의 경세론 연구』, 혜안, 1999.

건설하고자 하는 의지와 자신감으로 충만해 있었다. 다음은 정영세(鄭永世)라는 사람이 한양참군으로 부임하게 되자 그를 송별하는 자리에서 친구들이 지은 시에 대해 서(序)한 이곡의 말이다.

> 혹자는 말하기를 "참군은 미관이니 깊은 폐단을 갑자기 바꿀 수 없다"고 하나 이는 전혀 그렇지 않다. 일가(一家)가 인(仁)하면 일국(一國)이 흥인(興仁)하는 것이니 군자는 진기(盡己)할 뿐이다. 실로 능히 진기하여 백성의 마음을 자기의 마음으로 삼은 즉 비록 적중하지 않더라도 또한 멀리 벗어나지는 않을 것이니 어찌 반드시 관직의 높고 낮음과 풍속의 엷고 질박함을 헤아릴 것인가.[31]

이것은 당시 사회 문제의 핵심을 지적한 것이라 해서 인용했던 앞서의 이곡의 언급에 뒤이어 나오는 말이다. 피폐한 민생을 구하기에 참군은 미관말직에 불과했지만 이곡에게 이것은 전혀 장애가 되지 않았다. 미관말직이나마 백성의 마음을 자신의 마음으로 삼는 인을 실천한다면 언젠가는 국가도 '흥인(興仁)'할 것이라는 확고한 믿음이 있었던 것이다. 국가의 혼란을 바로잡을 수 있다는 이곡의 자신감과 함께 유교 관인으로서의 자부심이 동시에 느껴지는 대목이다. 한편 다행스럽게도 『가정집』에는 이 모임에서 그가 지은 시도 함께 남아 있다.

> 남강(南江)의 풍우에 어화(漁火)가 어지럽고
> 북령(北嶺)의 연하(烟霞)에 불찰(佛刹)은 밝구나
> 한많은 거민의 눈가 주름은 붉어지고
> 울타리는 쓸쓸하니 사는 것이 괴롭구나
> 그대는 돌아가 신음하는 몸을 어루만져
> 무엇보다 우선 한 마을을 소생시키소서
> 근래의 세상사 차마 들을 수 없어

---

31) 『가정집』 권8, 「서」, 送鄭參軍序

나 또한 남쪽으로 돌아가기를 결심하였다오
　　봄물에 삿대가 반 정도 떠오르기를 기다려
　　한강에 조각배 띄우고 돛대를 두드리리[32]

　미관말직을 마다하지 않고 지방으로 떠나는 친구에게 민생의 피곤함을 어루만져 주기를 부탁하면서, 한편으로는 자신도 민생의 어려움을 외면하지 않고 시방으로 내려가겠다는 의지를 표현하고 있다. 관직의 고하나 경외를 가리지 않고 민생을 구하겠다는 이들의 경세의식에서는 차라리 소박함마저 느껴진다. 그렇지만 시간이 흐르면서 신흥유신들의 경세의식은 점점 더 원대해지고 구체적인 현실감을 지니게 된다. 이곡보다 한 세대 후에 해당하는 조선 건국의 주역인 조준(趙浚: 1346~1405)과 정도전(鄭道傳: 1342~1398)의 글에서 이를 알 수 있다.

　　내 평생의 소원은 정대한 계책을 펼쳐
　　인주에게 삼대(三代)를 회복케 하고
　　커다란 황금인을 차고는
　　일거에 도적 멸하기를 술잔 들 듯하며
　　장대한 위엄을 풍뢰처럼 떨쳐서
　　천하를 먼지 하나 없이 하고
　　칼과 화살촉을 녹여 쟁기와 호미를 만들어
　　잡풀만 무성한 밭을 개간하여
　　문물을 펼치고 태평성대를 열어
　　적막한 창생을 한번 위로하는 것이다.[33]

　위의 조준의 시에서는 그가 지방의 한 고을이 아니라 국가 전체의 경영에 뜻이 있음을 숨김없이 드러내고 있다. 그의 궁극적인 목표도 민생을

---

32) 『가정집』 권14, 「고시」, 送漢陽鄭參軍
33) 『동문선』 권8, 「칠언고시」, 조준, 春日昭陽江行

구하는 것이었다. 그러나 이같은 목표가 순수하고 소박한 의지만으로 이루어질 수는 없었다. 이를 정도전은 다음과 같이 말하고 있다.

> 이단은 날로 성하고 오도는 날로 쇠하니 민은 금수처럼 몰리고 도탄에 빠졌습니다. 천하가 도도(滔滔)하여 기강이 없으니 오호, 통탄할 뿐입니다. 이것을 누가 바르게 하겠습니까. 반드시 학술이 바르고 도덕과 지위가 높아 사람들이 믿고 복종할 만한 자라야 가히 바르게 할 것입니다.……다행히 하늘로부터 품부한 본성은 없어지지 않아 비록 퇴폐한 가운데에도 한 두명의 명경지사(明經之士)가 있어 (이단의－인용자) 폐해를 알아 가만히 논의하며 탄식합니다. 가끔 사람들에게 분변한즉 혹 들은 바를 믿고 깨닫는 자가 있으니 이는 이의지심(理義之心)을 사람들이 모두 지니고 있기 때문입니다. 그러나 (지위가－인용자) 낮아 우러러 보지 않으니 민은 마침내 따르지 않습니다.[34]

이것은 정도전이 정몽주(鄭夢周: 1337~1392)에게 보낸 편지의 일부이다. 정몽주가 능엄경을 탐독한다는 소문을 듣고 쓴 이 편지는 고려 말의 신흥유신들이 불교에 경도되어 있었다는 근거로 흔히 인용되는 것이다. 그러나 여기서 주목하고 싶은 것은 국가를 바로잡기 위해 정도전이 현실적으로 필요하다고 생각한 것은 무엇인가 하는 점이다. 그는 먼저 유교가 쇠퇴했기 때문에 민생이 도탄에 빠진 현실을 지적하고, 이어 이같은 현실을 바로잡기 위해서는 도덕과 지위가 높은(德位之達) 사람이 필요하다고 한다. 그런데 당시 명경지사(明經之士)가 없는 것은 아니지만 이들은 정치적 지위가 낮아 민이 따르지 않는다고 말하고 있다. 명경지사의 개인적인 도덕적 실천만으로 현실을 개혁하기란 쉽지 않고, 이와 함께 민이 복종할 수 있는 정치적 지위가 있어야 한다는 점을 정도전은 깨닫고 있었던 것이다.

---

34) 『삼봉집』 권3, 「서」, 上鄭達可書

국가의 문제를 민생의 피폐로 규정하고 그 책임을 도덕적 실천이 없었던 유교 관인층의 탓으로 돌리는, 자기반성을 전제로 한 신흥유신들의 경세의식은 확산되었다. 그리고 이 경세의식이 국가의 차원으로 확대되고 현실 정치에서 구체성을 가지게 되면서 이들의 민에 대한 인식도 점차 바뀌었다. 민생을 구하는 것이 경세의 최종적인 목표가 된 이상, 과거와 같이 민을 외면할 수는 없었던 것이다.

> 신이 듣건대 "천민(天民)을 잘 양육하는 자는 흥하고 천민을 잔혹하게 다루는 자는 망한다" 하였습니다. 이로써 인주가 천명을 받아 천위(天位)에 있는 것이니 반드시 위로는 천심에 순응하여 천민을 양육하기를 부모가 자식을 사랑하는 것 같이 한 후에야 민심이 붙좇고 천명이 공고해지는 것입니다.35)

공민왕에게 올린 윤소종(尹紹宗: 1345~1393)의 상서에서는 천명을 민심과 등치시키고 있다. 추상적인 천명의 내용을 구체화시킬 수 있는 수단으로 민심이 제시되고 있는 것이다. 따라서 민심을 어기는 군주는 천명을 어기는 것이 되어 천위를 잃을 수밖에 없었다. 이를 정도전은 보다 구체적으로 언급하고 있다.

> 인군의 지위는 높은 것으로 말하면 높고 귀한 것으로 말하면 귀하다. 그러나 천하는 지극히 넓고 만민은 지극히 많다. 한번 그 심(心)을 얻지 못함이 있으면 대개 크게 우려할 만한 일이 있을 것이다. 하민(下民)은 지극히 약하지만 힘으로 위협할 수 없고, 지극히 우매하지만 지혜로 속일 수 없다. 그 심을 얻은 즉 그들이 복종할 것이고, 그 심을 얻지 못한 즉 그들이 떠날 것이니 거취의 사이는 터럭만큼도 용납되지 않는다.36)

---

35) 『동문선』 권53, 「주의」, 윤소종, 上恭愍王書
36) 『삼봉집』 권13, 「조선경국전」 상, 正寶位

군주의 지위가 아무리 높고 귀해도 지극히 약하고 우매한 민의 마음을 얻지 못하면 안된다는 점을 준엄하게 표현하고 있다. 민심을 외면한 결과로 초래된 국가적 혼란을 경험한 신흥유신들이었기에 이들의 위민의 표현은 이전 시기처럼 상투적인 것이 아니었다. 그것은 이들이 이전과는 달리 군주와 민, 그리고 그 중간에 위치한 관인층의 상호 관계와 역할에 대한 치밀하고도 분명한 인식을 가지고 있었던 데에서 알 수 있다.

> 당우(堂宇)는 비유하면 군주이고, 동량(棟樑)은 비유하면 재상이며, 터는 비유하면 민이다. 터가 견고하고 두터워 동량이 안전하게 우뚝 선 후에야 당우가 튼튼하고 치밀해질 수 있는 것이다. 동량은 위로 그 집을 받들고 아래로는 터를 의지하니 마치 재상이 군부(君父)를 받들고 민서(民庶)를 위무하는 것과 같다.[37]

정도전의 이 말은 재상의 역할을 집에 비유한 것인데, 집터에 해당하는 민이 견고해야 동량인 재상이 안전하고, 결국에는 군주에 해당하는 집도 튼튼해진다는 것이다. 민과 재상, 그리고 군주로 이루어진 국가에서 삼자의 관계는 어느 누구도 없어서는 안될 상호 유기적으로 연결되어 있는 관계인 것이다. 그런데 정도전은 이 유기적으로 연결된 관계가 어떤 연유에서 형성된 것인지에 대해서도 보다 진전된 인식을 가지고 있었다.

> 옛 성인이 부세의 법을 세운 것은 다만 민에게서 취하여 자봉(自奉) 하려고 한 것이 아니다. 민이 서로 모이게 되면 음식과 의복에 대한 욕구가 밖에서 공격하고, 남녀에 대한 욕망이 안에서 공격하여 견줄 만하면 다투고 대적할 만하면 싸워서 서로 죽이는 데까지 이르게 된다. 위인상자(爲人上者)는 법을 가지고 이를 다스려 다투는 자로 하여금 평화롭게 하고 싸우는 자는 화해하게 한 후에 민생이 안정되는 것이

---

37) 『삼봉집』 권4, 「기」, 高麗國新作都評議使司廳記

다. 그러나 이러한 일은 농사를 짓는 자가 겸해서 할 수 없기 때문에 민이 1/10을 내어 기상(其上)을 봉양하는 것이다. 그 취하는 몫이 큰 만큼 윗사람이 봉양하는 자에게 보답하는 것 역시 중하다. 후세의 사람들이 이와 같은 입법의 뜻을 모르고는 말하기를 "민이 나를 공양하는 것은 그 직분상 당연한 것"이라고 한다. 가렴주구를 하면서도 오히려 남보다 뒤처질까 걱정하고 민도 역시 이를 본받아 일어나 쟁탈하니 화란이 생기게 되었다. 선왕이 법을 세운 것은 천리이지만 후세에 그 폐단이 생긴 것은 인욕 때문이다.38)

정도전은 '권력'의 발생 과정과 사회의 갈등 원인에 대해 치밀하고도 합리적인 인식을 가지고 있던, 아마도 유일한 여말선초의 사상가였던 것으로 생각된다. 자연상태에서의 '민'(광의의 민으로 모든 인간)은 끊임없이 쟁투를 벌이는데 이는 인간의 생존을 위한 본능적 욕구에 기인하는 것이다. 따라서 공존을 위해서는 이를 법으로 제재해야 하지만, 이를 생산 활동을 하면서 겸행할 수는 없기에 누군가 전담하는 자가 있어야 한다. 그리하여 '위인상자(爲人上者)'가 이를 전담하고, 대신에 민은 생산물의 1/10을 세로 내어 '위인상자'를 봉양한다는 것이다. 그런데 후에 '위인상자'가 이러한 천리를 망각하고 가렴주구를 행함으로 민과 갈등을 일으키니 이는 인욕 때문이라고 한다.

정도전의 이같은 인식은 여러 측면에서 중요한 의미를 갖는 것으로 생각된다. 특히 여기서 주목하고 싶은 것은 관인층이 민을 '지배'할 수 있는 '권력'이 '민'의 공존이라는 필요에 따라 사회적 역할을 분담하는 과정에서 생겨난 것이라는 인식이다. 그것은 관인층이 천(天)으로부터 부여받은 본래적인 것도 아니고, 또는 힘에 의해 스스로 쟁취한 절대적인 것도 아니었다. 따라서 관인층과 민과의 관계는 일방적인 지배↔피지배의 관계가 아닌 사회적 분업에 따른 '상보(相報)'의 관계였다고 할 수 있다.39) 정

---

38) 『삼봉집』 권13, 「조선경국전」 상, 부전, 賦稅

도전은 이 양자의 '상보적 관계' 자체를 천리라 함으로써 절대화하였던 것이다.

관인층과 민의 관계에 대한 정도전의 인식은 유교정치사상사에서 대단히 의미있는 진전을 이룬 것으로 생각된다. 사실 고려는 건국 초부터 유교를 통치이념으로 삼았다. 이에 따라 민을 위한 위민의 정치가 적어도 선언적으로는 행해졌다. 그러나 이 위민의 정치는 군주나 관인층의 일방적인 '시혜'의 성격을 지닌 것이었다. 다음의 사료는 이를 말해준다.

> (鄭文이−인용자) 국자감시에서 '군위민천부(君爲民天賦)'를 지었는데, 이르기를 "만약 만물이 초췌하여 시들면 나는 비와 이슬의 은택을 베풀겠고, 만약 풍속이 완악하고 흉포해지면 나는 우레와 천둥의 노여움을 나타낼 것이다." 하였다. 문종이 이를 듣고 몇번이나 칭찬하고 감탄하였다.[40]

여기서 군주는 천과 같은 절대적 권위를 지니면서 민에게 일방적인 시혜와 함께 위엄을 드러내는 존재로 묘사되고 있다. 민을 위해 은택을 베푸는 위민의 정치를 행하지만, 그것은 어디까지나 군주의 시혜로 인식되었던 것이다. 이같은 '군위민천(君爲民天)'의 인식에서는 군주와 민의 관계가 일방적인 지배↔피지배의 관계일 수밖에 없었다. 그러나 양자를 상보의 관계로 보는 정도전의 시대에 이르면 '군위민천'의 인식은 '민위군천(民爲君天)'의 인식으로 전환된다.

---

39) 정도전은 「조선경국전」의 다른 곳에서도 관인층과 민의 관계를 '상보'의 관계로 설명하고 있다. "夫力者 下之所以事上 恩者 上之所以撫下 交相報也" (『삼봉집』 권 14, 「조선경국전」 하, 政典, 存恤) 두 사료를 통해서 볼 때 정도전이 말하는 상보의 관계라는 것은, 관인층과 민의 구분이 사회적 역할을 분담하는 과정에서 생긴 것이기 때문에 서로 도움을 주고받지 않으면 안되는 관계이면서도, 한편으로는 재상자와 재하자의 신분적 존비의 차등을 부정하지 않는 관계였다고 할 수 있다.
40) 『고려사』 권95, 「열전」 8, 鄭文

대개 군주는 국가에 의존하고 국가는 민에 의존한다. 민은 국가의 근본이면서 군주의 천(天)이다. 고로 『주례』에서는 민수(民數)를 군주에게 봉헌할 때 군주가 절을 하고 받도록 하였으니 이는 군주의 천을 중히 여긴 때문이다. 인군이 된 자가 이 뜻을 안다면 애민하는 바가 불가불 지극해야 한다.[41]

'군위민천'의 인식에서는 군주의 시혜를 강제할 수단이 없었기 때문에 민이 외면될 수 있었다. 그렇지만 '민위군천'의 인식에서는 민이 국가의 근본이면서 군주의 천이기에 결코 외면해서는 안되었다. 외면했을 경우 '민위군천'의 인식은 '혁명적' 사상으로까지 발전할 수 있는 것이었고, 실제로 고려의 멸망과 조선의 건국은 이를 증명하는 것이었다. 이제 위민의 정치는 시혜가 아니라 군주를 포함한 관인층이 민으로부터 부세를 거둔 대가로 마땅히 행해야 할 사회적 의무가 되었다. 신흥유신에게 민은 국가의 유지를 위해 외면해서는 안되는 정치적 실체로 인식되었고, 이로써 마침내 민은 현실 정치의 장에 그 모습을 드러내게 되었던 것이다.

4. 도덕 능력 하열자로서의 민

민이 정치적 실체로 인정되고 이들에 대한 위민정치가 관인층의 의무이자 동시에 국가가 당면한 가장 시급한 과제로 인식되면서 관인층과 민을 구분하지 않고 똑같은 인간이라는 차원에서 동일시하는 경향이 나타났다. 이는 두 가지 측면으로 나타났는데, 하나는 양자를 통칭하는 용어가 빈번하게 사용된다는 점이고, 다른 하나는 인간의 본성은 양자가 동일하다는 성리학적 인식이 확산되었다는 사실이다. 물론 이 두 가지는 상호

---

41) 『삼봉집』 권13, 「조선경국전」 상, 부전, 版籍

인과관계에 있는 것이지만, 여기서는 나누어 살펴보도록 하겠다.

우선 관인층과 민을 구분하지 않고 모두가 같은 인간이라는 의미에서 사용된 용어로 '동포'를 들 수 있다. 다음은 이숭인(李崇仁: 1349~1392)이 쓴 누기(樓記)에 나오는 말이다.

> 소위 즐거움이라는 것은 사람이 그것을 자득하는 것인데, 그 즐거운 바를 밀어 확장시키면 민은 동포이고 사물은 나와 더불어 존재하게 되므로 훈증(薰蒸)·융액(融液)하여 이르지 못할 바가 없게 된다. 저 한갓 놀며 구경하는 것에만 힘쓴다면 그 즐거움은 이미 협애한 것이 아니겠는가. 그러므로 목민관이 된 자는 그 즐거워 하는 바가 어떠한지를 살펴야 할 것이다.[42]

여기서 이숭인이 말한 '민은 동포이고 사물은 나와 더불어 존재한다'는 구절은 주자의 성리학에 커다란 영향을 미친 장재(張載)의 유명한 '민오동포(民吾同胞) 물오여야(物吾與也)'[43]라는 말을 그대로 옮긴 것이다. 잘 알려진 바와 같이 장재가 이 말을 한 것은 천지를 부모에 비유하면서 천지가 낳은 인간을 포함한 만물이 모두 천지의 같은 '기(氣)'로 이루어졌다는 점을 설명하기 위한 것이었다. 그런데 이같은 장재의 형이상학적 우주론을 그 자체로 받아들이지 않고 이숭인은 당시 고려 사회의 과제와 관련하여 목민관으로서의 수령과 민의 관계라는 현실의 경세론에 주체적으로 적용하고 있다.[44] 즉 수령과 민은 '동포'이므로 수령의 즐거움이 곧 민의

---

42) 『동문선』 권76, 「기」, 이숭인, 星州夢松樓記

43) 『정몽』, 乾稱篇

44) 고려 후기 성리학의 특징을 우주론적인 이기론보다 지경(持敬)을 위주로 한 실천 윤리 = 경세론을 강조한 데에서 찾을 수 있다는 지적은 이미 제기되어 있다(문철영, 앞의 논문(1999), 351~374쪽). 형이상학적 우주론을 현실의 경세론에 주체적으로 적용한 이숭인의 언급도 당시 신흥유신들에게 풍미했던 치열한 경세의식이 낳은 특징적인 현상의 하나라고 생각된다는 점에서 주목된다. 이같은 경우는 더 찾아지는데, 예컨대 주자성리학의 인식론과 심성론에서 주로 언급되는 '체용(體

즐거움이 되어야 한다는 것이다. 이처럼 관인층과 민을 함께 '동포'로 지칭하는 것은 고려 후기 이전에는 찾아보기 어려운,[45] 이 시기의 새로운 경향이었던 것으로 생각된다.

한편 '동포'와 같은 의미로 '동류(同類)'라는 용어가 사용되기도 하였다. '동류'의 용례는 권근(權近: 1352~1409)에게서 찾아진다.

> 군자의 즐거움에는 본(本)과 말(末)이 있으니 흉중에 얻어진 것은 본이고, 드러나 사물에 미치는 것은 말이다. 흉중의 즐거움에서 미루어 사물에 미치기까지 이른다면 천지만물이 오히려 나와 일체가 되어 나의 즐거움 가운데 있지 않은 것이 하나도 없을 것이다. 인간은 동류(同類)이니 (사물 가운데서도－인용자) 마땅히 먼저 미쳐야 할 것이다.[46]

이숭인과 마찬가지로 권근도 군자＝유신의 즐거움이 혼자만의 즐거움이 되어서는 안되고 군자와 '동류'인 인간 모두와 함께 하는 즐거움이 되어야 한다는 점을 말하고 있다. 결국 민과 함께 하는 즐거움을 강조하기 위해서 군자와 민을 '동류'로 표현한 것이라 할 수 있다. 정도전의 경우에는 아예 '동포'와 '동류'가 같은 의미로 함께 사용되고 있다.

用)'의 개념도 고려 말의 신흥유신들은 경세론과 관련해서 많이 사용하고 있다. 한두 가지 사례를 들면 다음과 같다. "猗歟雲兮 性靜情動 實兼體用 自下而上 以望行天施雨 以澤下土 君子是則 成己成物"(『동문선』 권49, 「명」, 李詹, 雲軒銘), "主上殿下 順天應人 驟正寶位 知仁爲心德之全 愛乃仁之所發 於是正其心以體乎仁 推其愛以及於人 仁之體立 而仁之用行矣 嗚呼 保有其位以延千萬世之傳 詎不信歟"(『삼봉집』 권13, 「조선경국전」 상, 正寶位)

45) 고려 후기 이전에는 '동포'가 말뜻 그대로 같은 어머니의 자식이라는 의미로 사용되었다. 다음의 기록이 이에 해당한다. "(숙종－인용자)五年二月詔 太祖內玄孫之孫 外玄孫之子及太祖同胞昆弟玄孫之子及外玄孫 後代正統君王玄孫之子及外玄孫 各戶爵一人"(『고려사』 권75, 「선거」 3, 銓注, 敍祖宗苗裔)

46) 『양촌집』 권13, 「기류」, 獨樂堂記

사람은 다른 사람과 더불어 동류이니 마치 나의 동포와 같은 것이다. 그러므로 마땅히 서로 친해야 하고 서로 해쳐서는 안된다. 서로 해치는 것을 금하지 않으면 인류는 멸망할 것이다.[47]

이처럼 신흥유신들은 민을 '동포'·'동류'로서 자신과 함께 해야 할 존재로 받아들였다. 관인층과 민이 극복할 수 없는 차별적인 관계에 있는 것이 아니라 일체적 관계에 있다고 생각한 것이다. 뿐만 아니라 민은 자신들과 똑같은 인간의 본성을 지니고 있다는 인식도 확산되었다.

이에 말하기를 '천(天)은 곧 리(理)이다'라고 한 연후에야 비로소 인사(人事)가 천이 아닌 것이 없음을 알았다. 무릇 성(性)이라는 것은 인(人)과 물(物)에 모두 있다. 인과 물을 가리켜 부르기를 '인이다' 또는 '물이다' 라고 하는데 이는 드러난 흔적일 뿐이다. 그 소이연(所以然)으로써 말한 즉 인에게 있는 것도 성이고 물에 있는 것도 역시 성이다. 동일한 성인즉 동일한 천이다. 어찌 의심하겠는가.[48]

이색의 이 말은 '성즉리(性卽理)'라는 성리학의 명제를 전제로 하면서 사람과 사물 모두가 동일한 성(性)을 지니고 있음을 지적한 것이다. 사람뿐만 아니라 사물도 천으로부터 동일한 성을 갖고 생겨났다는 것은 주자 성리학의 일반적인 인식인바, 이를 받아들인 신흥유신들도 마찬가지의 인식을 갖고 있었다. 때문에 그들은 민이 죄를 범하는 것도 그들의 본성과는 무관한 것이라 말하고 있다.

인성은 모두 선한 것이며 수오지심은 사람마다 모두 가지고 있는 것이다. 도적이 되는 것이 어찌 사람의 정이겠는가. 항산이 없는 자는 인하여 항심이 없는 것이니 기한(飢寒)이 절신(切身)하면 예의를 돌아

---

47) 『삼봉집』 권14, 「조선경국전」 하, 헌전, 人命鬪毆
48) 『목은문고』 권10, 「설」, 直說三篇

볼 겨를이 없어 대부분 부득이 그렇게 될 수밖에 없는 것이다. 그러므
로 민의 어른된 자는 능히 인정을 베풀어 민이 그 업에 안정할 수 있도
록 해야 한다. 그들을 부릴 때에는 그 시기를 빼앗지 말아야 하고 그들
을 취할 때에는 그 힘을 손상시키지 말아야 한다.[49]

여기서 정도전은 인간의 선한 본성은 모두 같기 때문에 인정을 통해 민
생을 안정시키면 민의 선한 본성이 드러나 유교적 도덕을 실천할 수 있다
고 말한다. 문제는 민의 본성이 아니라 역시 관인층의 인정이라는 것이
다. 신흥유신들이 이처럼 민을 자신들과 동일한 범주에 있는 인간이라는
사실을 강조하면서 관인층의 위민정치를 역설한 것은 물론 성리학의 영
향 때문이기도 하지만, 보다 근본적으로는 당시의 사회가 직면했던 과제
를 해결해야 한다는 시대적 상황에 기인하는 것으로 보아야 할 것이다.
이는 앞서 언급한 바와 같이 성리학을 수용하면서도 이를 자신들의 필요
에 따라 주체적으로 받아들였던 데에서 단적으로 드러난다.[50]

이처럼 신흥유신들은 자신과 같은 본성을 지닌 민을 '동포' · '동류'로
표현하면서 양자를 상보의 관계로 보았지만, 그렇다고 자신들과 민을 완
전히 동일시한 것은 아니었다. 여전히 민은 상하 · 존비 · 귀천의 측면에
서 자신들과 분명하게 구분되는 존재였다. 이 구분을 가능케 하는 근거로

---

49) 『삼봉집』 권14, 「조선경국전」 하, 헌전, 盜賊
50) 성리학을 수용하면서도 신흥유신들이 이를 주체적인 입장에서 받아들였다는 것
은 변동명, 『고려후기 성리학수용연구』(일조각, 1995)의 제2장, 「수용초기 성리
학의 성격과 수용의 동기」에서도 지적되고 있다. 이 글에서도 당시의 신흥유신들
이 현실을 개혁하기 위한 경세제민의 정치적 이념으로 성리학을 수용하였다는 결
론을 내리고 있다. 다만 신흥유신들의 경세제민 = 치인을 위한 노력을 지나치게
강조함으로써 이를 치인의 전제인 개인적 도덕의 실천 = 수기와 구분하는 느낌이
든다. 신흥유신들은 이미 언급한 바와 같이 자신들의 도덕적 실천을 통해서만 사
회를 개혁할 수 있다는 사실을 절실하게 깨닫고 있었다. 다시 말하면 수기는 치인
의 전제가 되는 것이지 양자를 구분하여 어느 한 쪽을 다른 쪽보다 더 중시했다고
말하기는 어렵다는 것이다. 이같은 문제는 문철영, 앞의 논문(1999)의 주 51)에서
도 지적되고 있다.

신홍유신들이 내세운 것은 유교적 도덕의 실천 능력이었다. 민도 자신의 선한 본성을 드러내는 도덕의 실천이 불가능한 것은 아니지만, 그것은 관인층의 도움이 없이는 어려운 일이었다.

> 타고난 본성을 지키고 덕을 좋아하는 어진 마음은 모든 사람들이 가지고 있는 것이다. 그러나 위에 있는 자가 앞에서 이끌지 않으면 아랫사람은 보고 느껴서 (어진 마음을－인용자) 흥기시키는 바가 없을 것이다.[51]

> 또한 하민(下民)은 어둡고 우매하여 취할 것과 버릴 것을 알지 못합니다. 만약 한 시대의 뛰어난 사람이 있어 (이단을－인용자) 물리치면 그것을 떠나고, (이단을－인용자) 주창하면 그것을 따릅니다. 이는 대개 뛰어난 자가 하는 것을 믿고 복종할 줄만 알지, 도(道)에 사(邪)와 정(正)이 있다는 것은 모르기 때문입니다.[52]

위에서 민은 덕성을 지니고 있지만 어둡고 우매하여 이 덕성을 제대로 발현시키지 못하기 때문에 재상자(在上者)가 앞에서 이끌어주어야만 하는 존재로 묘사되고 있다. 민은 스스로 도덕을 실천할 수 있는 능력이 하열(下劣)하다는 점에서 재상자로서의 관인층과 구분되는 것이고, 그 결과로 관인층의 통치를 받아야 하는 타율적인 존재라는 것이다. 이는 고려 말에서 조선 초기에 이르는 시기의 관인층이 갖고 있던 일반적인 인식이었다.[53] 민을 천민(天民)이라 하면서도 한편으로는 항상 유교적 도리를 모르는 무지한 존재로 생각하였다. 무지한 민은 자신의 욕망대로 행하다가 끝내는 죄에 빠질 수밖에 없었다. 때문에 민은 끊임없이 관인층에 의해 교화되어야 했다.

---

51) 『삼봉집』권13, 「조선경국전」상, 예전, 旌表
52) 『삼봉집』권3, 「서」, 上鄭達可書
53) 이석규, 앞의 논문(1996), 52~57쪽.

민은 가르치지 않으면 안된다. 하늘이 내린 천성이 있어 이를 지키고 덕을 좋아하니 이 민은 곧 삼대(三代)의 민과 같다. 인욕이 있어 욕심을 다투고 무지하여 어찌할 줄 모르다가 형벌에 떨어지고 금수에 빠지는 것은 민의 죄가 아니다. 민의 어른된 자가 능히 학교를 일으켜 교화를 밝히지 못한 까닭이다.[54]

　이것은 유교적 이상사회였던 삼대(三代)의 민과 당시의 민이 같은 본성을 지녔지만 교화의 여부에 따라 구분된다는 점을 지적하면서 민에 대한 교화를 강조한 말이다. 그렇지만 이 시기에 민에 대한 교화가 적극적으로 이루어진 것은 아니었다. 민은 분명 교화되어야 했지만, 도덕적 능력이 하열한 그들을 직접 가르쳐 알게 하기는 어렵다고 생각하였다. 대신에 재상자의 행위를 보고 따를 줄만 아는 민이었기에 그들을 교화시키기 위해서는 관인층의 도덕적 실천이 우선되어야 했다. 이같은 점은 관인층의 도덕적 실천이 없음을 반성하던 당시의 분위기와 맞물려 더욱 강조되었다. 따라서 이 시기에는 민에 대한 직접적인 교화보다는 관인층의 도덕적 실천이 보다 시급한 과제일 수밖에 없었다.[55] 그렇게 되면 민은 자연스럽게 교화될 것이라 생각하였던 것이다.

　　천지의 도가 혹은 동(動)하고 혹은 정(靜)하면서도 어긋나지 않는 것은 성(誠)일 뿐이다. 사물의 이치가 한번은 굽기도 하고 한번은 곧기도 하면서도 잘못되지 않는 것은 경(敬)일 뿐이다. 성과 경의 이름은 비록 다르지만 그 이치는 하나이다. 『역』에 이르기를 '경으로써 안을 곧게 한다.'고 하였다. 대개 곧다는 것은 이치의 당연한 것이며, 경이라는 것은 곧음을 기르는 도구이다. 이를 미루어 덕을 밝히고 민을 새롭게 하는데 이용한다면 어디를 가든지 천리에 어긋나겠는가.[56]

---

54) 『양촌집』 권14, 「기류」, 利川新置鄕校記
55) 이석규, 앞의 논문(1998), 163~183쪽.
56) 『가정집』 권7, 「설」, 敬父說

이곡은 성(誠)과 경(敬)이라는 도덕의 실천을 강조하면서, 이를 통해 덕을 밝히고 민을 교화시키는 것이 천리와 일치하는 것이라는 사실을 말하고 있다. 민을 교화시키기 위해서는 도덕의 실천이 중요하다는 것이다. 이같은 인식은 이들보다 한 세대가 지나 초창기의 조선을 이끌었던 관인층에 이르면 보다 명료하게 표현되고 있다.

> 동지경연 이지강(李之剛)이 『대학연의』를 진강하고는 또한 아뢰기를, "인군의 학문은 정심(正心)을 근본으로 삼는 것이니, (인군의―인용자) 마음이 바른 연후에야 백관이 바르고, 백관이 바른 연후에야 만민이 바르게 되는 것입니다. 정심의 요체는 오로지 이 책에 있습니다." 하니, 왕이 말하기를, "경서의 구절을 해석하는 것으로는 배움에 무익하니 반드시 마음을 끌어올리는 공부가 있어야 이에 유익할 것이다." 하였다.57)

세종과 경연관과의 이 짧은 대화는 조선 초기의 사회가 상대적으로 안정될 수 있었던 이유를 압축해서 보여준다. 경연관이 민을 교화시키기 위한 전제로 군주와 관인층의 정심(正心)이 중요하다는 것을 지적하면서 『대학연의』를 언급하자, 세종은 경서를 읽는 것에서 한걸음 더 나아가 정심을 위한 구체적인 실천이 있어야 함을 강조하고 있다. 신하의 말을 듣고 군주 스스로가 실천적인 도덕을 다짐하는 이 대화에서 유교국가의 이상적인 군신관계의 모습을 찾을 수 있다. 군주→관리→민으로 이어지는 교화의 단계에 대해서는 동중서가 이미 말한 바 있다고 하지만, 조선 초기의 군주와 신하는 이를 유교적 언설로만 받아들이지 않고 스스로의 책임으로 인식했던 것이다. 자신들이 이 책임을 외면하지 않는다면 민은 교화될 것이고, 민이 교화된다면 그들은 자신의 분수에 따라 국가에 역을 제공하는 존재가 될 것으로 생각하였다.

---

57) 『세종실록』 권1, 세종 즉위년 10월 무자조.

국맥을 배양하는 것은 예속을 기르는 데 있다. 고려 말에는 정교(政教)가 능이(陵夷)해지고 예제가 크게 무너져 사습(士習)과 민풍(民風)이 함께 아름답지 못하여 망함에 이르렀다. 지금부터 사대부가 된 자는 몸을 닦고 직책에 부지런하며 민서(民庶)가 된 자는 분수를 지키고 역을 바쳐, 요행으로 구득(苟得)하지 말고 방벽(放僻)함으로 자일(自逸)하지 말아 예의의 풍속을 이루도록 하라.58)

위의 조선 태조의 교서에서 사대부는 '칙신근직(飭身勤職)'하는 자로, 그리고 민은 '수분공역(守分供役)'하는 자로 각각의 역할이 분명하게 구분되어 있다.59) 이 구분에 따라 각자의 역할에 충실할 때, 그것이 곧 예의의 풍속이 이루어진 것이라 한다. 도덕을 실천하는 것은 사대부의 일이지만 도덕적 능력이 하열한 민에게는 단지 '수분공역'하는 것만이 요구되었고, 이 요구를 따르는 것이 바로 교화된 민의 모습이었다. 이는 당시 민에 대한 일반화된 인식이었다.

위로 천자와 공경대부는 민을 다스리는 것으로 먹고 살았고, 아래로 농공상고는 열심히 힘쓰는 것으로 먹고 살았으며, 중간의 사(士)는 들어와서는 효도하고 나와서는 공경하여 선왕의 도를 지키면서 후일의 배우는 자를 기다리는 것으로 먹고 살았다.60)

여기서도 정도전은 사대부를 '입효출제(入孝出悌)'하여 선왕의 도를 실

---

58) 『태조실록』권8, 태조 4년 10월 을미조.
59) 사대부와 민의 역할이 분명하게 구분되어 있었다고 해서 양자 간에 역할의 이동이 불가능했던 것은 아닌 듯하다. 특히 사대부로서 관직을 얻지 못한 경우에 '수분공역'하는 것은 오히려 떳떳한 일로 여겨졌다. 다음의 두 사료가 이를 말해준다. "余惟在野且久 其爲野人也 非禮樂之野人也 乃出租賦 養君子之野人也"(『동문선』권77, 「기」, 李詹, 野望후기), "戊寅夏 (金篤이란 자가-인용자) 使人請於陽村曰 生民之本 莫重於農 士之不得於朝者必歸(農-인용자)焉 予之務此亦久矣"(『양촌집』권13, 「기류」, 農隱記)
60) 『삼봉집』권5, 「불씨잡변」, 佛氏乞食之辨

천하는 존재로 여겼지만, 민은 역시 '근력이식(勤力而食)'하는 존재에 불과하였다. '근력이식'하면서 '수분공역'하는 것이 당시의 가장 바람직한 민의 모습이었다. 민을 자신들과 같은 본성을 지닌 '동포'·'동류'로 인식하면서 현실 정치의 장으로 끌어들였던 신흥유신들이었지만, 그들은 도덕을 실천할 수 있는 능력에서 자신과 민을 구분하였다. 도덕적 능력이 하열한 민은 유교적 도덕정치에 근거한 자신들의 통치를 받아야 하는 존재였다. 이 통치하에서의 민은 '근력이식'하면서 '수분공역'하는 존재일 수밖에 없었다. 민은 유교의 도덕정치에서는 결코 그 정치의 주체가 될 수 없는 자로 인식되었던 것이다.

5. 맺음말

지금까지 고려 말에서 조선 초기에 이르는 시기의 정치를 주도했던 신흥유신들이 민을 어떻게 인식했는가를 살펴보았다. 신흥유신들이 뚜렷하게 자신의 모습을 드러내기 이전인 고려 중기의 사회는 왕권과 귀족세력, 그리고 귀족세력 상호 간의 대립과 갈등이 끊임없이 계속되던 시기였다. 지배층 내부의 대립은 이 시기의 유교에도 영향을 미쳤다. 비록 과거제의 정착과 더불어 유교가 발전하고 있었고 더욱이 북송으로부터 수용된 신유학으로서의 성리학은 고려의 사상계에 커다란 영향을 미치기도 했지만, 이같은 발전은 한계를 지니는 것이었다. 지배층이 상호 대립하는 구도하에서 유교의 역할은 제한적일 수밖에 없었고, 성리학을 수용하면서도 중국에서 그것이 등장했던 배경과 지향점까지를 이해하지는 못했던 것이다.

유교의 한계는 곧 '민유방본(民惟邦本)'이라는 정치이념의 빈곤을 의미하였다. 민에 대한 국가의 배려가 왜 필요한 것인지를 심각하게 고민하지 않았던 당시의 지배층에게 민은 객관적으로 실재하는 정치적 실체로 받아들여질 수 없었다. 그들에게 민은 단지 수탈의 대상일 뿐이었다. 유교 관인층이라 하더라도 별반 다를 것이 없었다. 그들에게 유교는 관직에 진출하기 위한 수단에 불과하였기 때문에, 그것이 궁극적으로는 수기를 통한 치인의 경세학이라는 사실을 주목하지 못하였다. 이규보의 예에서 보듯이 민생의 비참함을 직접 목도했음에도 불구하고 이것이 위민의 경세의식으로 이어지지는 못했던 것이다. 국가가 민을 외면한 결과, 최소한의 재생산기반도 유지하지 못하게 된 민의 유망과 항쟁은 끊이지 않았고 국가의 기반은 여지없이 무너져 내렸다.

민을 외면한 결과로 초래된 장기간의 사회혼란을 경험하고 원 간섭기가 되면서 점차 관인층 내부에 변화가 나타나기 시작하였다. 이 변화를 주도한 것은 이른바 신흥유신들이었다. 그들은 국가체제를 부정할 정도로 심각한 민의 항쟁을 경험함으로써 이제 성리학의 문제의식에 보다 가까워질 수 있었다. 우선 신흥유신들은 당시 사회의 문제를 민생의 피폐로 규정하고, 민이 피폐하게 된 책임을 도덕적 실천이 없는 유교 관인층 스스로에게 돌렸다. 이 자기반성은 곧 유교적 도덕의 실천을 통해 민생을 안정시키려는 경세의식의 표현이었다. 신흥유신들은 자신들의 수기를 전제로 한 치인을 통해 국가를 개혁하겠다는 의지와 자신감이 충만하였다.

민생을 구하는 것이 경세의 최종적인 목표가 된 이상, 이들의 민에 대한 인식도 점차 바뀌었다. 민에 대한 가장 진전된 인식은 정도전에게서 나타난다. 그는 군주를 포함한 관인층이 민을 '지배'할 수 있는 근거가 천으로부터 부여되거나 또는 관인층 스스로가 쟁취한 것이 아니라, '민'의 공존을 위해 사회적 역할을 분담하는 과정에서 생겨난 것이라고 생각하였다. 관인층과 민의 관계가 '상보(相報)'의 관계라는 것이다. 이같은 정도전의 인식은 유교정치사상사에서 중요한 전환점을 이루는 것이라 할 수 있다. 종래 양자의 관계는 일방적인 지배↔피지배의 관계였다. 군주는 천과 같은 절대적 권위를 가지고 민 위에 군림하였다. 이같은 '군위민천(君爲民天)'의 인식에서는 위민의 정치가 행해지더라도 그것은 군주의 일방적인 '시혜'의 성격을 지닌 것이었다. 그러나 정도전에 이르러 양자의 관계가 '상보'의 관계로 바뀌면서 '군위민천'의 인식도 '민위군천(民爲君天)'의 인식으로 전환되었다. '민위군천'의 인식에서는 위민의 정치가 시혜가 아닌, 관인층이 민으로부터 부세를 거둔 대가로 마땅히 행해야 할 의무였다. 이제 민은 국가의 유지를 위해 외면해서는 안되는 정치적 실체로 인식되면서 현실 정치의 장에 그 모습을 드러내게 되었던 것이다.

민을 정치적 실체로 인정하면서 관인층과 민을 구분하지 않고 동일시하는 경향이 나타났다. 우선 양자를 통칭하는 용어로 '동포' · '동류'라는 표현이 빈번하게 등장하였다. 원래 '동포'는 성리학의 형이상학적 우주론에서 천지가 낳은 만물이 모두 같은 기(氣)로 이루어졌다는 점을 설명하기 위해 사용된 것이지만, 고려 말에는 현실의 경세론에서 사용되고 있다. 즉 관인층과 민은 '동포'이므로 '상락(相樂)'하고 '상친(相親)'해야 한다는 것이다. 이는 신흥유신들이 성리학을 수용하면서도 그것을 자신들의 필요에 따라 주체적으로 받아들였다는 점에서도 의미있는 것이지만, 무엇보다 관인층과 민의 관계가 극복할 수 없는 차별적인 관계가 아닌 일체적 관계로 볼 수 있는 단초를 열었다는 점에서 중요한 인식의 변화였다. 이 변화가 단순히 표현상의 변화에만 머무는 것이 아니라는 것은, 이 시기에 인간의 본성은 관인층이나 민이나 모두 동일하다는 점이 강조되고 있다는 사실에서도 드러난다.

그렇지만 신흥유신들이 자신들과 민을 완전히 동일시한 것은 아니었다. 여전히 민은 상하 · 존비 · 귀천의 측면에서 자신들과 구분되는 존재였다. 구분의 근거로 내세운 것은 민이 스스로 도덕을 실천할 수 있는 능력이 하열하다는 점이었다. 민은 비록 덕성을 지니고 있지만 어둡고 우매하여 이를 제대로 발현시키지 못하기 때문에 자신들에 의해 교화되어야 하는 존재로 인식되었던 것이다. 그렇다고 민을 직접 가르치는 일에 적극적이지는 않았다. 민은 다만 '근력이식(勤力而食)'하는 자로서 '수분공역(守分供役)'하기만 하면 되는 존재였고, 이것은 도덕을 실천할 수 있는 능력이 있는 자신들의 '칙신근직(飭身勤職)'으로 해결할 수 있다고 생각했던 것이다.

고려 말에서 조선 초기에 이르는 시기에 민은 정치적 실체로 인정받는 성장을 이루었다. 물론 사회경제적 측면에서 보면 이것은 직접생산자층인 민이 생산력을 발전시킨 결과로 얻어낸 것이었다. 그러나 유교적 도덕정치를 지향하는 국가에서 도덕적 능력이 하열한 민이 주체적으로 행동할 수 있는 공간은 없었다. 민은 여전히 정치의 객체에 머물러 있었다. 그들이 정치의 주체로 인식되려면 아직도 많은 시간을 기다려야 했다.

(『조선시대사학보』31, 2004. 12)

제3장 _
조선 초기 관인층의 민에 대한 인식
민본사상과 관련하여

1. 머리말

조선왕조의 성립은 고려 말의 혼란을 어느 정도 극복하는데 성공함으로써 가능하였다. 특히 당시 사회 혼란의 주원인이었던 사전(私田) 문제, 즉 토지소유의 극심한 불균등이라는 문제를 해결하기 위해 추진된 전제개혁의 성공은 새로운 왕조의 개창에 결정적 계기가 되었다. 따라서 전제개혁의 결과로서 과전법이 시행된 조선 초기는 그 전후의 시기보다 상대적으로 사회가 안정된 시기였다고 할 수 있다.

그런데 이같은 고려 말 전제개혁의 이념적 토대가 된 것은 민본사상이었다. 전제개혁이 진행되는 과정에서 개혁론자들이 언필칭 '인정은 반드시 경계를 바루는 것으로부터 시작한다(仁政必自境界始)'라든가, '족식과 안민의 방도는 전제를 바르게 하는 데 있을 뿐이다(足食安民之道 在正田制而已)'라고 강조한 것은 이를 말해주는 것이다. 때문에 전제개혁이 성공한 후 개혁 세력이 새로운 왕조 창건의 명분으로 민본사상을 표방하고, 이에 근거하여 조선왕조를 건설해 나간 것은 당연한 일이었다.

그렇다면 민본사상은 조선 초기 정치사상을 이해하는데 핵심적인 주제가 아닐 수 없다. 그럼에도 불구하고 이 시기의 민본사상에 대한 연구는 극히 부진한 것이 사실이다. 특히 민본사상과 관련하여 가장 기초적으로 밝혀져야 할 문제들조차도 아직 해명되지 않은 상태이다. 따라서 본 논문에서는 조선 초기 민본사상을 연구하기 위한 기초 작업으로서 다음의 두 가지 과제를 다루려고 한다.

우선 민본사상에서 말하는 '민(民)'은 과연 누구를 가리키는가 하는 문제이다. 이에 대한 종합적인 검토는 아직 이루어진 적이 없다. 대부분의 연구자들은 민을 통념적으로 농민이나 직접 생산자, 혹은 피지배층과 같은 의미로 사용하고 있다. 그러나 이는 검증을 거치지 않았고, 또 설령 민이 농민이나 피지배층을 가리킨다 하더라도 여기에는 고려되어야 할 변수들이 있다는 점에서 부적절하다. 그렇다고 본 논문에서 민에 대한 본격적인 개념 규정을 하려는 것은 아니다. 그것은 사료에 흔히 나타나는 민이 쉽게 개념지을 수 있을 정도로 간단하지 않다는 점 때문이다. 따라서 여기서는 당시 현실 정치에서 언급되는 민의 범주만을 규명하고자 한다.

다음의 과제는 민에 대한 유교 관인층의 인식이 어떠했는가 하는 점이다. 이 문제는 비단 민본사상의 성격을 이해하는데 뿐만 아니라, 명분론을 포함한 이 시기 유교 정치사상의 성격을 해명하는 기본적인 주제가 된다는 점에서 반드시 다루어야 한다고 생각된다. 이에 대해서는 전혀 연구가 없는 것이 아니지만,[1] 지나치게 사료의 나열에만 치중한 감이 없지 않다. 본 논문에서는 당시의 정치사상과 관련하여 유교 관인층이 민에 대해 가졌던 두 가지 인식, 즉 천(天)으로서의 민과 도덕 능력 하열자로서의 민이란 상반된 듯한 인식을 검토하려고 한다.

한편 이같은 민에 대한 상반된 듯한 인식이 공존함에 따라 필연적으로

---

1) 최승희, 「세종조 정치지배층의 대민의식과 대민정치」 『진단학보』 76, 1993.

나타날 수밖에 없는 정치적 갈등의 모습도 살펴보고자 한다. 이를 다루고 자 한 이유는 이 갈등이 존재했다는 것만으로도 당시의 현실 정치에서 민 본사상이 실천적으로 기능하였음을 알 수 있다고 판단되기 때문이다. 이 는 유교를 명분론 일변도로만 이해함으로써 유교를 지배 이념으로 했던 조선 초기에도 명분론이 정치의 가장 규정적 인자였다는 그 동안의 인식 에 대한 재검토를 요구하는 것이다.

이상의 작업을 통하여 조선 초기 민본사상에서 말하는 민의 윤곽이 개 략적이나마 그려지고, 아울러 당시의 통치자들이 정치이념으로 표방했던 민본사상의 성격을 이해하는 기초가 마련될 수 있기를 기대한다.

2. 민의 범주

조선 초기의 사료에서 민은 극히 다양한 의미로 사용되고 있다. 그것은 넓게는 인간 모두를 의미하기도 하고, 또는 어느 특정 계층만을 의미하거 나, 아니면 특정 계층을 제외한 모든 사람을 의미하는 경우도 있다. 따라 서 민을 한마디로 개념 규정한다는 것은 거의 불가능하고, 이 때문에 민 을 신분적 의미로만 국한시켜 사용하는 것도 잘못이라 생각한다. 예를 들 어 우리나라 전근대의 사회 구성원을 사(士)와 민과 노비로 구분한다면[2], 이는 민을 신분적 의미로만 사용한 것으로 실제의 민의 용례와는 어긋나 는 것이다.

민은 '민' 그대로 사용되기도 하지만 다른 글자와 결합하여 사용되는 경우도 대단히 흔하다. 그런데 이 때 결합하는 형태는 사용자의 의도에 따라 다음과 같은 세 가지로 구분지을 수 있다. 우선 인민(人民) · 민서(民

---

2) 이상백, 「서얼금고시말」『동방학지』 1, 1954, 161~162쪽.

庶)·생민(生民)·여민(黎民)과 같이 어느 특정 계층을 의미하는 것이 아니라 대체로 하나의 무리로서의 민 모두를 표현하는 경우가 있고, 다음으로는 양민(良民)·평민(平民)·상민(常民)·서민(庶民) 등 신분적 의미가 내포된 형태로 결합되는 경우도 있다.[3] 마지막으로 민의 처지나 특징적 성격을 나타내는 경우로서 하민(下民)·우민(愚民)·소민(小民) 등이 여기에 해당된다. 한편 '민'이 다른 글자와 결합하지 않고 전혀 다른 단어가 사용되면서도 이것이 민과 같은 의미를 지니는 경우도 흔하다. 생령(生靈)·여서(黎庶)·중서(衆庶) 등이 이에 속하겠지만, 아마도 대표적인 단어로는 백성(百姓)을 꼽을 수 있을 것이다.

이처럼 민은 다양한 형태로 사용되는바, 여기서는 이들 모두를 개별적으로 고찰하지 않고 크게 광의의 민과 협의의 민으로 나누어 살펴보고자 한다. 광의의 민에 대해서는 그것이 인간 모두를 의미하는 것이기 때문에 이를 민본사상에서의 민으로 볼 수 없다는 점을 분명히 하려고 한다. 협의의 민은 신분이나 직업, 역에 의해 구분되는 특정 계층을 지칭하거나 또는 특정 계층만을 배제하는 경우 등 여러 형태가 사료에 나타나지만, 이같은 기준에 의한 특정 계층만을 민으로 포괄하는 것이 가능한가에 초점을 맞추고자 한다. 이러한 방법만으로라도 민본사상에서의 민이 과연 누구를 가리키는 것인지에 대한 파악이 가능하리라 생각한다.

---

3) 여기서 '신분적 의미가 내포'되었다는 것은 이들 용어들을 하나의 신분 범주로 고정시킬 수 있다는 의미가 아니라 이들 용어에는 특정 신분이 포함되지 않는다는 의미이다. 좀 더 단정적으로 말한다면 양민·평민·상민·서민 등의 용어에는 천인(賤人)이라는 신분층이 배제되어 있다. 이와 같은 신분으로서의 성격을 지닌 용어의 구체적인 의미와 사용처에 대한 검토는 이미 몇몇 연구자들에 의해 이루어졌다. 특히 조선 초기의 사회 성격을 규명하는 작업의 일환으로 근래 활발히 전개된 이른바 '양천제' 논쟁의 결과, 우리는 일부 용어에 대한 비교적 정확한 지식을 얻을 수 있게 되었다(유승원, 『조선초기 신분제연구』, 을유문화사, 1987, 46~54 및 62~72쪽 참조).

(1) 광의의 민

우선 민이 가장 넓게 사용되는 경우, 결론부터 말하자면 그것은 인간 모두를 의미한다. 다음의 인용문은 이에 해당하는 것이다.

> 천(天)이 중민(蒸民)을 낳고 군장(君長)을 세워 중민을 길러서 서로 살도록 하고, 중민을 다스려서 서로 편안하게 한다. 고로 군도(君道)에 득실이 있고 인심에 향배가 있어서 천명의 거취가 그것들(득실, 향배 -인용자)에 달려있다. 이것이 이치의 상경(常經)이다.[4]

태조의 즉위 교서에 나오는 위에서의 '천생중민(天生蒸民)'은 『시경』 증민편(烝民篇)의 '천생증민(天生烝民)'에서 인용한 것으로서 민의 출생이 천에서 기인하였다는 유교의 오래된 관념을 그대로 반영한 것이다. 여기서의 민은 천이 낳은 모든 사람을 의미한다. 이런 의미에서는 위로 왕에서부터 아래로 천인에 이르기까지 모두가 민에 해당할 수밖에 없고, 때문에 다음과 같은 말이 가능하다.

> (태종이-인용자) 또 말하기를, "재이의 변에 대해 고서에 모두 이르기를 '인사의 감응한 바로 말미암는다.' 하고, 『중용』에서도 말하기를 '나의 기(氣)가 순하면 천지의 기도 역시 순하다.' 하였으니 대개 한 사람의 기가 천지의 순함을 이르게 하는 것이다. 이 이치는 매우 묘한 것이다. 그런즉 이른바 나라는 사람도 역시 중인(衆人) 가운데 하나일 뿐이다."[5]

> 천지가 민을 낳음에는 본래 양천이 없었다. 일반 천민(天民)을 가지고 사재(私財)로 여겨 부조(父祖)의 노비라 칭하고 서로 쟁송함이 끝이

---

4) 『태조실록』 권1, 태조 원년 7월 정미조.
5) 『태종실록』 권12, 태종 6년 7월 무술조.

없어 골육이 상잔하고 풍속이 패상함에까지 이르니 가히 마음 아픈 일이라 하겠다.[6]

이와 같이 민이 넓은 의미로 사용될 때 그것은 왕을 포함한 모든 사람을 의미한다. 아울러 광의의 민은 인간의 출생을 관념적으로 표현할 때 주로 이용됨을 알 수 있다. 한편 인간의 출생과 관련되지 않은 기타의 경우, 특히 국가의 구체적인 정책과 관련하여 모든 사람을 지칭할 때에는 민은 거의 사용되지 않고 인(人)이나 인민(人民)·대소인민(大小人民)·대소신민(大小臣民) 등을 사용하는 것이 일반적이다. 그러면 이러한 광의의 민을 민본사상에서의 민으로 이해할 수 있을 것인가.

유교가 인간 중시의 사상이라는 것은 재론할 필요가 없다. 공자는 인간이 도덕성을 본유하고 있다는 자각과 이의 실천을 통해서만이 자신의 존재 의의를 찾을 수 있다는 인간론을 수립함으로써 도덕 실천의 근거를 천에 의존하지 않고 인간의 자각에서 구하였다.[7] 그리고 민본사상이 이러한 전통유가의 인간론에 근거하고 있는 것도 사실이다. 그러나 그렇다고 해서 민본사상에서의 민을 인간 모두를 의미하는 것으로 볼 수는 없다. 민본사상은 '민유방본(民惟邦本)'이라는 선언적 명제에 근거하여 민에 대한 통치자의 '시혜'를 강조함으로써 유교 정치사상에서 핵심적인 위치를 차지한 것이다. 다시 말하면 유교에서 중시된 인간은 가치라는 측면에서의 인간을 의미한 것이고 민본사상에서의 민은 이미 어느 위치에 있는 인간을 의미하는 것으로 양자가 분명하게 구분되어야 함은 물론이다.[8] 이

---

6) 『태종실록』 권29, 태종 15년 1월 기미조.
7) 勞思光, 『中國哲學史』 古代篇, 정인재 역, 탐구당, 1986, 92~105쪽.
8) 민본사상에서의 민이 가지는 이러한 범위의 제한적 성격 때문에 조선 초기에 있어서 민본사상은 현실정치에서 곧잘 명분론과 대립하였다. 관념적으로나 현실적으로 인간의 차별성을 인정하는 명분론이, 결코 지배층일 수 없는 민을 나라의 근본으로 삼는 민본사상과 갈등을 겪었다는 것은 당연한 일이다. 이와 같은 명분론과 민본사상의 구체적인 갈등·대립 양상에 대해서는 4장에서 상세히 언급하고자 한다.

때문에 천에 의해 출생한 모든 사람을 의미하는 광의의 민은 관념적으로만 사용되었을 뿐, 현실정치에서는 민이 제한적 범주를 지닌 특정 계층을 의미하는 것으로 봄이 타당할 것이다.

(2) 협의의 민

『실록』에서 쓰인 대부분의 민은 특정 계층을 지칭하고 있다. 그러나 이 특정 계층을 추출해서 그 실체를 밝히기란 쉬운 일이 아니다. 그것은 대단히 다양한 경우에 다양한 의미로 사용되기 때문이다. 이 다양한 경우를 모두 검토한다는 것은 불가능하고 또 그럴 필요도 없을 것이라는 생각에서 여기서는 민본사상에서의 민이, 크게 신분과 직업 그리고 역에 의해 구분되는 특정 계층만을 의미한다고 보는 것이 가능한지를 하나씩 검토하기로 한다.[9]

주지하는 바와 같이 조선 초기의 신분체제는 크게 양인과 천인으로 나눌 수 있다.[10] 이 중 천인은 노비라는 단일 신분층만을 의미하는 것으로 볼 수 있지만 양인은 내부가 복잡한 계층 구조로 되어 있다. 그런데 양인 가운데 관인층을 제외한 나머지 사람들을 전부 지칭할 때에는 대부분 서인(庶人)·평민(平民)·상인(常人) 등의 용어가 사용된다. 이들 용어는 비록 개념상에 차이가 있고 따라서 그 사용처가 다를지라도[11] 천인과는 구

---

9) 『실록』에서 특정 계층을 지칭하는 용어를 분류한다면 그것은 거의 대부분 신분이나 역, 혹은 직업과 관련된 것이기 때문에 이 세 가지만 검토하면 이것과 민본사상에서의 민과의 관련 여부를 알 수 있을 것이다.

10) 이른바 조선 초기의 양천제 논쟁은 이 시기의 신분체계를 양신분(양인)과 천신분(천인)으로 나누면서도 양신분 내에 양반·중인·(좁은 의미의)양인이라는 별도의 신분층이 있었는가 하는 문제가 초점이다. 어느 입장이든 크게는 양·천으로 나누고 있다는 점에서, 그리고 신분 문제가 본 논문의 주된 관심이 아니라는 점에서 여기서는 서술의 편의상 양인과 천인으로만 나눈 것이다.

분된다는 점에서 다같이 신분적인 성격을 지니고 있다. 다음은 각각의 용어가 민과 혼용된 경우를 한 가지씩만 예시한 것이다.

각 도에 산재한 관(官)·민(民)의 자서제질(子婿弟姪)을 시위군과 기선군에 정속시킨즉 조사(朝士)가 될 수 없고 영원히 서인(庶人)이 되는 자가 더욱 많아질 것이니, 원컨대 금후로는 만약 종사하고자 하는 자는 외방의 역처(役處)를 불문하고 자원에 따라 청종하고 만약 군역을 피하여 종사하지 않으려는 자가 있다면 의율논죄(依律論罪)하고 영원히 종사시키지 마소서.[12]

추쇄제조가 아뢰기를, "금년 8월 수교한 해당 절목에 '임자년 이후 평민(平民)으로 나이가 40에 이르러 공천에게 장가들어 낳은 소생 가운데 제사를 주관하는 장자를 제외한 나머지 자녀들은 모두 종천시킨다.'고 하였습니다. 지금 양부(良夫)에게 시집가 낳은 소생들의 종량(從良)한 문계를 상고하건대, 민으로 나이 40이 되지 않은 자의 소생과, 임자년 이전에 나이 40이 안되면서 혼인한 자가 40이 된 후에 낳은 소생, 혼인할 때 대부(隊副)·대장(隊長)·잡직(雜職)과 같은 종류 및 제사(諸司)의 이전(吏典)이나 혹 무직 평민 등이 공천을 취하여 낳은 자녀들로 후에 유품직(流品職)을 받은 자가 동서반 유품(流品)이라 칭하고 그 소생을 전례대로 모두 종량한 것입니다."[13]

『대명률』의 제서유위조(制書有違條)에 이르기를 '무릇 제서를 봉행하여 시행해야 하는데도 어긴 자는 장 100에 처하고 지의(旨意)를 실착(失錯)한 자는 3등을 감한다.'고 하였는데, 율문의 본의는 다만 관리로서 봉행해야 할 자를 지칭하여 말한 것이지 상인(常人)으로 범법한 자를 말하는 것이 아니다. 근래 법사에서 조율함에 모두 그 본지를 잃고 무릇 한 때의 잘못으로 왕지의 금령을 범한 자를 의례껏 제서유위로 논결한다. 내가 생각컨대 선왕이 형벌을 사용한 것은 형벌이 없어

---

11) 이들 용어의 개념상의 차이와 사용처에 대해서는 유승원, 앞의 책, 64~72쪽 참조.
12) 『태종실록』권29, 태종 15년 4월 병술조.
13) 『세조실록』권18, 세조 5년 10월 계축조.

지기를 기약하는 것인데 어찌 차마 무지한 민을 무거운 법으로 다스리겠는가.14)

위에서 두 가지 사실을 알 수 있다. 하나는 서인 · 평민 · 상인이 어느 것이든 모두 민과 혼용되고 있음으로써 이들을 명백하게 민에 포함시킬 수 있다는 점이고, 다른 하나는 이들 용어에는 관인층이 포함되지 않고 있다는 사실이다. 이로 볼 때 일단 민은 관인층을 제외한 양인 모두를 의미한다고 할 수 있다. 그러면 민에는 천인은 포함될 수 없는 것인가. 다음의 사료는 그렇지 않다는 것을 분명하게 보여주고 있다.

> 호조에서 계달하기를, "무자년(세조 14년 – 인용자) 8월 28일에 명하여 병술년(세조 12년 – 인용자) 이상의 제사(諸司) 노비의 신공 가운데 거두지 못한 것은 견감하고 이미 거둔 물건은 감하지 말도록 하였습니다. 이로 인해 제읍의 수령으로 이미 거둔 포물(布物)을 남용한 자가 모두 그 문적에서 제거하고는 오히려 거두지 않았다고 하니 견감한 혜택이 민에 미치지 못하여 심히 옳지 않습니다."15)

여기서 공노비가 민으로서 국가의 민본정책의 대상이었음을 알 수 있다. 이로써 결국 민본사상에서의 민은 양인이든 천인이든 생래적이고 세습적으로 획득 · 유지되는 어느 특정 신분만을 지칭하는 것이 아님이 분명하다.

다음으로는 특정 직업에 종사하는 계층을 민이라 할 수 있는지 보기로 한다. 조선시대에는 모든 사람을 그 직업에 따라 사 · 농 · 공 · 상으로 분류하였다. 이 가운데 농업에 종사하는 사람을 민이라 한 것은 말할 필요도 없지만 가장 하대시했던 공상(工商)도 민에서 제외된 존재는 아니었다.

---

14) 『세종실록』 권25, 세종 6년 8월 계해조.
15) 『예종실록』 권5, 예종 1년 5월 무술조.

(의정부 상서에 — 인용자) 이르기를, "부상대고(富商大賈)와 장인(匠人)들이 국법을 가볍게 여기고 몰래 미포(米布)로써 사사로이 서로 무역하여 저화(楮貨)를 사용하지 않으니 방전(邦典)이 해이해집니다.……사헌부에서 이졸(吏卒)로 하여금 미복(微服)을 입고 저화를 가지고 공장(工匠)의 집에 가서 이를 엿보게 하여 만약 싫어하는 자가 있으면 구속하여 신문하소서." 하니, 왕이 듣고 말하기를, "이는 민을 속이는 것이다." 하고 명하여 그만두게 하였다.16)

따라서 특정 직업에 종사하는 계층만을 민이라 하는 것도 곤란하다. 그런데 여기서 문제가 되는 것은 사(士)도 민에 포함시킬 수 있는가 하는 점이다. 사농공상을 '사민(四民)'이라 하여 사를 민에 포함시킨 경우는 『실록』에서 어렵지 않게 찾을 수 있는바, 이러한 사민관은 한(漢) 왕조를 전후한 시기부터 있어 왔던 것 같다.17) 그러나 '배워서 관직에 있는 자를 사라 한다(學以居位曰士)'라고 말해지는 바와 같이 사가 관인층까지를 포함하고 있다는 점에서 사민이라고 할 때의 민은 모든 사람을 지칭하는 것이라 할 수 있다. 그렇다면 사민에서의 민은 광의의 민으로서, 이것이 민본사상에서의 민과 구분되어야 함은 이미 언급한 바와 같다. 따라서 민본사상에서의 민에 포함되는 사람은 관인층을 제외한다면 그들이 무슨 업에 종사하는가 하는 점도 관계가 없음을 알 수 있다.

신분이나 직업 외에 사람들은 그들이 부담하는 역에 의해서도 구분되었다. 역 가운데서도 특정 계층과 직접적으로 관계되는 것은 신역이다. 신역에는 서리·향리의 이역(吏役)과 역자(驛子)·간척(干尺) 등의 천역(賤役)이 있는바, 이들 역과 관련된 계층도 민에 속했던 것은 물론이다.

---

16) 『태종실록』 권21, 태종 11년 1월 계유조.
17) 사민이란 용어는 『서경』을 비롯한 몇몇 경전에 간헐적으로 나타나는데 『한서』에 이르면 "士農工商四民有業 學以居位曰士 闢土殖穀曰農 作巧成器曰工 通財鬻貨曰商"(『한서』 권24상, 「食貨志」)이라 하여 사농공상의 구체적인 업(業)의 내용까지 기술된 것으로 보아 한왕조에서부터 보편화된 듯하다.

지금 음죽현의 국농소를 혁파하고 그 칭간농부(稱干農夫) 등을 모두 선군(船軍)과 한도연와군(漢都鍊瓦軍)에 분속시켰는데 호강한 무리들이 그 전(田)을 다투어 점거하고 아울러 간(干) 등의 소경전을 취하며 그 가사(家舍)도 또한 탈점하니 간 등이 업을 잃고 원억을 펴지 못한다. 그러니 행대감찰을 파견하여 전에 있던 농소(農所)와 관사(館舍)는 음죽현에 소속시키고 그 공전(公田)은 소경전이 없는 선군과 어려운 자에게 분급하며 간 등의 빼앗긴 가사와 전지는 환급하고 공전을 점거하여 민과 이익을 다투는 자는 일일이 추국해서 신문논죄(申聞論罪)할 것.[18]

위에서는 칭간농부(稱干農夫)들의 소경전을 호강지배(豪强之輩)가 탈점하는 것을 고발하면서 이들 칭간농부를 민이라 하고 있다. 즉 천역에 종사하는 자들도 민에 속했던 것이다. 문제는 신역 중에서도 가장 커다란 비중을 차지하는 군역인데, 그러나 조선 초기의 군역이 병농일치제를 바탕으로 하고 있었기 때문에 군역 의무자 내지는 군인만을 민으로 상정한다는 것은 의미가 없다. 따라서 역에 의해 구분되는 어느 계층도 민에 포함시킬 수 있으며, 동시에 어느 계층만을 민으로 단정하는 것도 불가능하다.

이상에서 볼 때 민본사상에서의 민은 결코 신분이나 직업, 또는 역에 의해 구분되는 특정 계층만을 지칭하는 것이 아니라고 할 수 있다. 민의 모습은 계층을 확연히 구분시켜 주는 이러한 분류 기준에 의해 드러날 수 있는 것이 아니다. 그러면 민의 실체는 과연 무엇인가.

이 문제와 관련하여 '인(人)'의 용례를 살펴보면 특이한 점이 발견된다. 인은 물론 사람 일반을 의미하는 용어이지만 이것이 '민'과 구분되어 사용될 때에는 단순히 사람을 의미하는 것으로만 볼 수 없다. 다음의 사료를 보기로 하자.

18) 『태종실록』 권9, 태종 5년 3월 계해조.

"내가(태종－인용자) 듣건대 인(人)들이 모두 품미(品米)를 되돌려 받기를 원한다니 그런가. 만약 그렇다면 지금 국가가 무사하니 환급 하는 것도 가하다.……품미를 환급하면 소민(小民)으로 쌀을 사서 생 계를 유지하는 자는 쌀을 얻기가 쉬울 것이다." 성석린이 대답하기를, "소민도 오히려 연호미를 돌려받지 못했는데 각 품이 돌려받는 것은 미편한 듯합니다."[19]

이는 중국에 병란이 일어나자 그 영향이 우리에게 미칠까 염려하여 군 량을 마련하기 위해 품미(品米)라는 이름으로 각 품관으로부터 쌀을 거두 었는데 이 때에 이르러 병란이 그치므로 이를 다시 돌려줄 것을 의논하는 자리에서 나온 말이다. 위에서 품미를 낸 관리는 인(人)이라 하였지만 연 호미를 낸 사람에 대해서는 소민(小民)으로 표현하고 있다. 즉 관인층인 지의 여부에 따라 '인'과 '민'의 용처가 달랐던 것이다. 다음의 사료도 마 찬가지이다.

전하(세종－인용자)가 가뭄을 민망히 여겨 구언(求言)하고 은택을 베풀어 죄과를 용서하며 부채를 견감해주고 추징을 면제해주는 등 가 히 민심을 기쁘게 할 만한 일은 시행하지 않은 것이 없으니 그 천(天) 을 두려워하고 민을 긍휼히 여기며 몸소 자책하여 재이를 그치게 하 려는 뜻이 지극합니다. 그러나 대소신료들로서 육기(六期)의 법을 혁 파할 것을 청하는 자가 열에 여덟아홉이나 되니 인심(人心)이 이와 같 은즉 천의(天意)도 가히 알 수 있습니다.[20]

여기서도 진휼의 대상이 되는 사람은 민이라 하였지만 대소신료에 대 해서는 인이라 하여 관인층인지의 여부에 따라 인과 민을 구분해서 사용 하고 있다. 이와 같이 인과 민을 구분한 예는 『실록』에서 얼마든지 볼 수

19) 『태종실록』 권23, 태종 12년 4월 경신조.
20) 『세종실록』 권28, 세종 7년 6월 을축조.

있지만, 반면에 관인층을 민으로 표현한 예는 찾을 수가 없다. 이는 의도적으로 관인층을 민과 구분한 것으로밖에 볼 수 없는 것으로, 결국 인은 넓은 의미에서 사람 일반을 가리키기도 하지만, 한편으로는 민과 구분되어 관인층만을 지칭하는 것이라 할 수 있다.[21] 인이 관인층만을 의미하는 경우에는 흔히 대소인원(大小人員)·대소신료(大小臣僚)·대소원인(大小員人) 등과 같은 좀 더 구체적인 용어로 바꿔 사용되기도 하였다.

인이 관인층을 지칭하였다는 것은 앞에서 본 바와 같이 신분이나 직업, 역에 따른 계층 구분 없이 모든 사람을 민이라 하면서도 유독 관인층만은 여기서 제외되었던 사실과도 일치한다. 이로 볼 때 결국 민본사상에서의 민은 관인층을 제외한 모든 사람을 의미하는 것이라 할 수 있다. 물론 민 가운데 절대 다수는 양인이었을 것이고, 또 그 중 대부분은 농업에 종사하였겠지만 원칙적으로 여기에는 양인이든 천인이든, 농민이든 상인이든 관계 없었고, 또는 무슨 역에 종사하는지도 문제가 되지 않았다. 그들은 단지 관인층에 의해 통치의 객체로만 인식된 존재들이었다.

이러한 통치의 객체로서의 민은 그 구성원이 대단히 다양했던 만큼이나 많은 다른 용어로 대치되기도 하였다. 그 대표적인 용어로 '백성'을 들 수 있고,[22] 혹은 생민·민서·중민·여서·여민 등의 용어로 표현하거

---

21) 인의 용례에서 나타나는 이러한 제한적 성격은 비단 조선시대에만 특징적인 것은 아니었던 듯하다. 예컨대 『논어』에 사용된 인과 민의 용례에서도 마찬가지의 특징을 엿볼 수 있다. 『논어』에 나오는 '인'과 '민'의 용례를 유물론적 시각에서 검토한 연구에 의하면, 춘추시대 말기의 사회계급관계를 크게 '인'과 '민'의 대립관계로 파악하면서 이것은 곧 노예주와 노예의 관계이면서 동시에 통치계급과 피통치계급의 관계였다고 한다. 趙紀彬, 『論語新探』 제2판, 「釋人民」, 北京, 人民出版社, 1962, 7~28 참조.

22) 백성이 민과 같은 의미로 사용된 예는 얼마든지 있다. 그러나 백성은 간혹 민과 달리 신분적 성격을 지닌 뜻으로 사용되는 경우가 있다. 예컨대 "咸興府人 百姓朴波豆 毆殺其妻 律該處絞"(『세종실록』 권45, 세종 11년 9월 갑인조)라는 사료가 이에 해당한다. 『실록』에서 특정인을 명기할 때에는 그의 거주지를 먼저 밝히고 다음에 신분이나 신역을 쓴 뒤 이름을 적기하는 것이 보통이고, 경우에 따라서는 거주

나 극히 드물게는 민중 · 국민 등이 사용되기도 하였다. 뿐만 아니라 그들의 열악한 처지를 나타낼 때, 혹은 그들의 무지하고 어리석음을 강조할 때에는 주로 하민 · 소민 · 우민 · 세민(細民) 등이 혼용되었다. 이들 용어에는 평민 · 서인 · 상인 등의 용어가 가지고 있는 신분적 성격이 전혀 없고 단지 관인층에 의해 통치의 대상으로 인식된 모든 사람을 지칭하는 의미만 있을 뿐이다. 이들이 곧 유교의 정치사상에서 가장 중시된 존재들이었다.

3. 민에 대한 인식

(1) 천(天)으로서의 민

통치의 객체로서 민은 조선 초기 왕을 비롯한 유교 관인층에 의하여 우선 天과 같은 존재로 인식되었다. 물론 민과 천을 동일시하는 전통은 대단히 오래된 것이다. 『서경』의 "천은 민이 보는 것으로부터 보고, 천은 민이 듣는 것으로부터 듣는다(天視自我民視 天聽自我民聽)"[23]는 말에서 알 수 있듯이 전통유가에서부터 민의 생각은 곧 천의 생각과 동일한 것으로 여겨졌고, 이러한 전통은 조선 초기에도 그대로 이어졌다.[24]

지나 신분 · 신역이 생략되기도 한다. 즉 ○○현인(또는 현민) 사노 ○○○의 형태를 갖춘다. 이 관행에 의해서 위의 사료를 보면 '백성'은 박파두라는 사람의 신분을 나타내는 것임이 분명하다. 만약 여기서 거주지가 생략되었다면 백성이 단순히 민을 의미하는 것으로도 볼 수 있겠고 또 실제로 그렇게 표현되는 경우도 드물지 않지만 여기서의 '백성'은 신분을 표기한 것으로 밖에는 달리 해석할 여지가 없다. 이 '백성'의 존재는 조선 초기의 노비변정사업이나 『실록』에서 산견되는 '고려판정백성(高麗判定百姓)'과 밀접한 관련이 있는 듯하다. 고려판정백성에 대해서는 부분적인 연구가 있지만 별도의 고찰이 필요하리라 생각된다.

23) 『서경』, 「주서」, 泰誓 中
24) 물론 전통유가에서의 천과 조선 초기의 천이 그 가리키는 의미까지도 서로 같았

의정부에 전지하기를, "민은 천이다. 민심이 편안한 연후에야 천심도 편안해지는 것이니 나라를 다스리는 도는 마땅히 안민을 우선으로 삼아야 한다. 민이 어질지 못한 관리에게 고통을 당하면 제어할 방법이 없어 분하고 독한 마음이 날로 자라고 화이(和易)한 덕은 날로 없어져 효제충신의 마음이 생겨날 길이 없게 된다."[25]

천과 민을 동격으로 보면서 관념적인 천의 의지를 판단하는 객관적인 기준으로 민심이 제시되는 경우는 흔하게 찾을 수 있다. 이처럼 천과 민을 늘 같이 연결함으로써 천이라는 절대적 권위를 배경으로 한 민은 국가의 존립 근거로까지 높여질 수 있었다.

왕씨의 제사가 끊어지고 천이 나(태조-인용자)로 하여금 처음으로 나라를 만들도록 한 것은 실로 이 민을 위하려 한 것이다. 만약 경천근민하지 않으면 천이 반드시 재앙을 내릴 것이다.[26]

왕(세종-인용자)이 이르기를, "인군의 직은 대천이물(代天理物)하는 것이니 만물이 그 처소를 잃어도 오히려 또한 마음이 아플 것인데 하물며 인(人)에 있어서랴. 인군이 다스림에 있어서는 진실로 하나로 보아야 하는데 어찌 양·천에 차이가 있을 것인가"[27]

위에서 볼 수 있는 바와 같이 왕은 '대천이물(代天理物)'의 존재이기 때문에 천을 공경하는 마음으로 민을 다스릴 때에만 자신의 존재 의의가 있는 것이고,[28] 아울러 다스림에 신분적 차등을 두어서도 안되는 것이다.

던 것은 아니다. 조선 초기의 천이 지니는 의미에 대해서는 이석규, 「조선초기의 천인합일론과 재이론」『진단학보』81, 1996 참조.
25) 『세조실록』 권4, 세조 2년 5월 정해조.
26) 『태조실록』 권6, 태조 3년 6월 임진조.
27) 『세종실록』 권37, 세종 9년 8월 갑신조.
28) '대천이물'은 왕권의 전제성을 표현하는 성리학적 이데올로기의 기본 명제로서 흔히 원용되어 왔다(김태영, 「조선 전기 사회의 성격」『한국사』 7, 한길사, 1994,

따라서 고려의 멸망도 '경천근민(敬天勤民)'하지 않은데 원인이 있었고, 마찬가지로 조선의 건국도 '경천근민'에서 그 정당성을 획득하는 것이 가능하였다. 한편 여기서 '경천근민'의 구체적 실천 내용으로 가장 중시된 것이 민의 의식(衣食)을 보장해 주는 것이었는바,[29] 이러한 천으로서의 민을 중시하는 인식이 조선 초기에 민본사상이 강조될 수 있었던 바탕이 되었다.

민을 천으로까지 높여 '경천근민'의 민본사상을 건국의 이념으로 하였기 때문에 이같은 입장에서는 "민이 생겨나는 처음에는 존비의 구분이 없었다(生民之始 未有尊卑之分)"[30] 라든가, "사람의 현부는 출신에 관계되지 않는다(人之賢否 不係出身)"[31]는 등의 말이 곧잘 강조되고 또한 받아들여지면서 국가의 정책이 추진되기도 하였다. 이 시기 천으로서의 민의 중요성이 현실적으로 정책에 반영된 예는 상당히 많지만 여기서 간단히 몇 가지 예를 든다면, 우선 양천 교가(交嫁)에 의한 소생의 신분을 결정하는 문제를 들 수 있다. 주지하는 바와 같이 양천 교가 소생의 신분 귀속은 고려 이래 '일천즉천(一賤則賤)'의 원칙에 따라 종천(從賤)시켰다. 그러나 조선 초 태종 14년에 이르러 '종부위량지법(從父爲良之法)'이 시행되면서 부가 양인이면 그 소생도 양인으로 하였고, 이어 이들을 입역시키기 위해 보충군을 설치하였다. 종부법을 시행하면서 태종은 이 법이 천으로서의 민을 중시하는 것임을 분명히 하고 있다.

89~92쪽). 그러나 이 '대천이물'의 이념에는 왕권의 전제성뿐만 아니라, 왕이 천을 대신하여 다스리면서 '천도'에 따라 다스려야 한다는 왕의 책임까지도 내포되어 있다는 사실을 간과해서는 안된다.

29)『태종실록』권13, 태종 7년 6월 경술조, "天之立君 爲民而已 故先王之政 莫先於養民";『세종실록』권105, 세종 26년 윤7월 임인조, "國以民爲本 民以食爲天 農者衣食之源 而王政之所先也"

30)『태종실록』권26, 태종 13년 10월 정묘조.

31)『태종실록』권8, 태종 4년 8월 기축조.

하지(下旨)하기를, "천이 민을 낳음에 본래 천구가 없었다. 전조의 노비법은 양·천이 서로 혼인하면 천인을 엄하게 하는 것을 우선하여 천자는 그 모를 따르게 한 고로 천구는 날로 증가하고 양민은 날로 감소하였다."[32]

즉 종부법 시행의 근거를 "천지생민(天之生民) 본무천구(本無賤口)"에서 구하였던 것이다. 이 뿐만 아니라 경우에 따라서는 민의 욕망을 인정하고 이를 따르는 것이 순리라고까지 여겨지기도 했다.

그 법을 세움에 무지지인(無知之人)이 의혹하는 것은 진실로 마땅하지만 식리지인(識理之人)도 역시 따라서 불평하고 의심함이 심하다. 위국지도(爲國之道)가 어찌 능히 노씨(老氏)의 무위(無爲)와 같아서 민이 스스로 교화됨을 기다릴 것인가. 그러나 일이 부득이한 것은 비난과 책망을 받더라도 할 수 없지만 이같이 작은 일은 아직 예전대로 두면 많은 말들이 거의 없어질 것이다.[33]

---

32)『태종실록』권27, 태종 14년 6월 무진조. 그러나 이후 종부법의 시행에 대한 논란은 계속되었고 『경국대전』에서는 종모법으로 조문화되었다. 태종대에 시행된 종부법의 의미에 대해서는 그것이 양인을 확대하기 위한 정책이었다는 입장(有井智德, 「李朝補充軍考」『朝鮮學報』21·22, 1961)과, 이와는 달리 지배신분층인 사족층에 대한 배려로 보아야 한다는 입장(전형택, 「보충군 입역규례를 통해 본 조선초기의 신분구조」『역사교육』30·31, 1982)으로 나뉘어져 있다. 그러나 차원을 달리하여 이 문제에는 보다 근본적으로 유교 정치사상의 두 축인 민본사상과 명분론과의 갈등이 내재되어 있었다. 즉 논란의 과정에서 종부법을 주장하는 사람의 논거는 천으로서의 민을 함부로 천인으로 만드는 것은 천리에 어긋난다는 것이고, 종모법을 주장하는 사람은 각 품의 천첩소생으로 보충군에 입역한 후 거관하여 대부(隊副)·대장(隊長)이 되면 비록 한품은 있었지만 갑사(甲士)가 되는 것도 가능하여 양반자제와의 구분이 곤란해진다거나 또는 공사비(公私婢)가 그 부(夫)를 자주 바꾸면 자식의 부(父)를 가려내기 어려워 윤상(倫常)이 패란할 수 있다는 명분론에 근거하였던 것이다. 물론 이 문제가 종모법으로 귀착되기는 했지만, 조선 초기가 상대적으로 안정될 수 있었던 이유는 민본사상이 명분론에 매몰되지 않고 현실 정치에 실천적으로 적용되었기 때문이라 생각한다.
33)『태종실록』권29, 태종 15년 4월 경진조.

위의 말은 입제(笠制)를 중국의 제도에 따라 고칠 것을 예조판서 황희(黃喜)가 청하자 태종이 이를 옳게 여기면서도 부득이한 일이 아니므로 민의 바람을 따라야 한다면서 윤허하지 않은 것이다. 심지어 유교의 이념과 배치되는 불사(佛事)라 하더라도 민이 원하고 또 민을 위하는 일이라 생각되면 금하지 않고 오히려 국가에서 이를 조장하기까지 하였다. 문종대에 경기도에 전염병이 만연하자 왕은 수륙재(水陸齋)를 행하여 그 곳 민심을 안정시키고자 하면서도 수륙재가 이단이기 때문에 스스로가 이 일을 주장할 수 없어 의정부에서 의논하여 왕에게 아뢰는 형식을 취할 것을 도승지에게 은밀히 지시한 일이 있었다.34) 물론 이에 대해 의정부에서는 반대하는 신하도 있었지만 문종은 다음과 같은 김종서(金宗瑞)의 단호한 말을 따르고 있다.

　　민을 위하는 일이라면 비록 천금을 흩는다 하더라도 아까울 것이 없는데 어찌 대향(大香)을 이어대기 어려운 것을 헤아리겠습니까. 수륙재를 지내는 일은 인군이 복을 구하기 위해 설시한다면 심히 불가하지만 민을 위하는 일이라면 이를 행해도 무방합니다.35)

여기서 천으로서의 민을 국가의 근본으로 삼는 민본사상이 이 시기의 정치에 얼마나 실질적인 영향을 미쳤는지를 짐작하기는 어렵지 않다. 맹자의 "민이 귀하고 사직은 그 다음이며 군주는 오히려 가벼운 존재(民爲貴 社稷次之 君爲輕)"36)라는 선언적이고 추상적인 민본사상이 조선 초기에는 현실의 정치에서 실천적으로 적용되고 있었던 것이다.

---

34) 『문종실록』 권9, 문종 1년 9월 경자조.
35) 『문종실록』 권9, 문종 1년 9월 경자조.
36) 『맹자』 「진심장구」 하

(2) 도덕 능력 하열자로서의 민

민이 천과 동일시됨으로써 민본사상이 강조되었지만 그렇다고 민에 대한 인식이 항상 이와 같았던 것은 아니다. 오히려 민 자체에 대해서는 하대시하는 인식이 보다 일반화되어 있었다고 할 수 있다. 이런 하대시하는 인식으로서 민은 우선 무지한 존재로 묘사되고 있다.

> 사헌부에서 상소하였는데 그 소에 이르기를, "가만히 보건대 국가에서 다시 저화(楮貨)를 제조하여 통행하도록 하였으나 무지지민(無知之民)이 구습에 익숙하여 신종(信從)하기를 기꺼이 여기지 않고 몰래 상포(常布)를 사용하여 방헌(邦憲)을 범하는 자가 많습니다."[37]

이처럼 민이 무지한 존재로 인식되는 경우는 허다하였다. 그리고 이들 '무지지민(無知之民)'은 무지하다는 이유 때문에 법의 적용에 있어서도 다른 사람들, 즉 관인층보다 가볍게 처리되는 경우도 많았다.[38]
그러면 민은 구체적으로 무엇에 대해 무지하다는 것인가. 다음의 사료에서 이에 대한 해답의 실마리를 얻을 수 있다.

> 집현전 부제학 신장(申檣) 등 14인이 진언하기를, "하나는, 불교가 재물을 좀먹고 무리를 미혹하는 폐단은 신등이 지난번에 소를 갖추어 계문하여 비록 가납함을 입었으나 다 시행되지는 않았습니다. 무지한 민서(民庶)라면 그만이지만 식리(識理)의 사대부에 이르러서도 드러난 영을 준수하지 않고 재(齋)를 설행하고 객을 초치하여 막대한 비용을 허비함이 여전합니다."[39]

---

37) 『태종실록』 권20, 태종 10년 10월 정사조.
38) 이런 경우는 대단히 많지만 한 가지 예를 든다면, 조선 초기에는 민의 절도죄는 상률(常律)로 처리하면서도 관리의 장죄(贓罪)는 사유(赦宥)가 있더라도 용서하지 않고 엄하게 다스렸던 사실을 들 수 있다.
39) 『세종실록』 권28, 세종 7년 6월 신묘조.

위에서 사대부, 즉 관인층은 이치를 아는 '식리(識理)'의 존재로 인식된 반면 민은 무지지민으로 묘사되고 있다. 여기서의 '식리'가 유교의 인식론에서 말하는 천리 또는 도리를 아는 것을 의미함은 의심의 여지가 없다. 관인층은 유교의 천리나 도리를 알고 있다는 점에서 흔히 '식리지인(識理之人)' 혹은 '식리지사(識理之士)'로 표현하기도 하지만, 민은 이를 모르기 때문에 '무지지민' 혹은 '우민'으로 표현되었다.[40] 다시 말하면 관인층과 민의 차이는 유교적인 이치의 당연함을 아는지의 여부로 구분되었고, 여기서 민은 유교의 도리를 알지 못하는 존재로 인식되었던 것이다.

한편으로 이와 관련하여 민은 또한 인욕을 억제하지 못하고 이에 따라서만 행동하는 존재였다. 그들은 유교적 덕목과 사리에 따라 자신의 욕망을 자제할 수 있는 능력이 하열하다는 점에서 관인층과 구별되었다.

> (태종이―인용자) 하교하기를, "내가 속히 환도하려는 것은 다름 아니라 인심에 순하려는 것이다.……나의 지위로도 오히려 능히 권속을 다 데려오지 못했는데 하물며 지금 소민(小民)으로 처자와 부모를 떠난 자가 자못 많으니 어찌 모여 살려는 마음이 없겠는가."……하연(河演) 김효손(金孝孫) 원숙(元肅)이 말하기를, "근신과 식리지인(識理之人)은 반드시 그런 마음이 없을 것입니다. 그 무지하고 단한(單寒)한 군민(軍民)인 즉 부부가 떨어져 있으니 모두 반드시 싫어할 것입니다."……하교하기를, "그러하다. 식리자(識理者)는 잠시라도 임금을 원망하는 마음이 없을 것이다. 내가 돌아가려는 것은 민망(民望)을 따르려는 것이다."[41]

---

40) 『실록』에서 관인층과 민에 대한 이와 같은 표현방식에는 어느 정도 일관성을 찾을 수 있다. 관인층을 '식리지인'이나 '식리지사'라 하면서도 관인층으로서 천리나 도리에 따라 행하지 않는 자를 지칭할 때에는 무지하다고 하지 않고 '무식지인(無識之人)' 또는 '무식지도(無識之徒)'라고 하는 것이 일반적이다. 민의 경우에도 극히 드물게 예외가 있기는 하지만, 거의 대부분은 '무식지민(無識之民)'이라고 하기보다 '무지지민' 혹은 '우민'으로 표현하고 있다.

41) 『태종실록』 권35, 태종 18년 4월 임오조.

이것은 태종이 성녕대군의 죽음을 슬퍼하여 거처를 개경으로 옮긴 것이 60여 일이 되자 환경(還京)을 논의하면서 나눈 왕과 신하 간의 대화 내용이다. 여기서 '식리지인'과 달리 민은 왕에 대한 충의의 마음이 없어 자신의 욕망이나 이익에 조금이라도 어긋나는 일이 있게 되면 윗사람을 원망하거나 따르지 않는 존재로 인식되고 있다. 이 때문에 국가에서 세를 거두는 것에 대해서는 물론이고 심지어는 여름의 장마나 겨울의 추위에 대해서조차 원망하는 것이 민이었다.42)

이처럼 민이 유교적 도리나 사리를 모르고 자신의 욕망에 따라 행동하는 존재로 받아들여졌다는 것은, 관인층이 민의 도덕적 능력을 하열한 것으로 인식했음을 의미하는 것이다. 다음은 세종대에 평안도 곽산군민 김마언(金磨彦)이라는 사람의 처가 전광병(癲狂病)에 걸리자 김마언이 처를 버렸는데 그 딸 사월이가 자신의 손가락을 잘라 먹여 병이 낫게 된 일을 관찰사가 보고한 내용이다.

> "사월이는 미천한 집안에서 태어나 이미 아무런 교회지자(教誨之資)가 없는데도 다만 그 어미가 아비에게 버림받은 것을 보고 몸을 아끼지 않고 병을 고쳤으니 이는 조아(曹娥) · 노고(魯姑)와 짝하는 것입니다. 마땅히 장려하여 풍속을 후하게 하소서."43)

여기서 민은 '교회지자(教誨之資)', 즉 가르쳐서 깨닫게 할 수 있는 자질이 없는, 다시 말하면 도덕적 능력이 없는 존재였다.44) 이 점이 바로 민과

---

42) 『태종실록』 권26, 태종 13년 11월 경인조, "夫民之常情 暑雨祁寒 猶且怨咨 況終歲勤勞 望賴秋成 而反違其欲 以舊易新乎"
43) 『세종실록』 권16, 세종 4년 6월 임자조.
44) 이 '교회지자'를 교회의 '자질'이 아닌 교회의 '도움'으로 해석할 수도 있다. 그렇게 되면 사월이는 가르침을 받지 못한, 즉 유교적 교육을 받지 못한 것이 되어 그의 도덕적 능력의 유무에 대한 인식이 어떠했는지는 알 수 없게 된다. 그러나 조선 초기의 관인층은 민의 도덕적 능력을 그들의 자질과 관련시켜 부정적으로 보았기 때

관인층이 구분되는 가장 커다란 요인이었고, 민이 '우민'으로 인식된 까닭이었다.

그런데 관인층이 민의 도덕적 능력에 대해 부정적으로 인식했다는 사실은 이 시기의 정치사상에서 대단히 중요한 의미를 지니는 것이라 생각된다. 왜냐하면 그것은 바로 관인층이 민을 강제할 수 있는 명분론의 근거가 되기 때문이다. 그러면 어째서 민에 대한 이러한 인식이 관인층의 지배를 가능하게 하는 명분론의 현실적인 근거가 될 수 있는가.

민이 도덕적 능력없이 인욕만을 좇는 존재로 인식된다면 민의 바라는 바를 국가에서 그대로 따르는 것은 불가능하였다. 만약 민이 원하는 바를 모두 따른다면 국가는 혼란에 빠지고 다스려질 수 없었다.

> 하는 바의 일이 만약 정(正)에 합한다면 비록 우민이 원망하더라도 천(天)이 싫어하겠는가. 만약 민원을 모두 따른 즉 민이 어찌 부역을 하고자 하겠는가. 만약 이러한 즉 재상이 어찌 그 조를 거두며 국가가 무엇으로 말미암아 다스려지겠는가. 자고 이래로 상하에 예절이 있은 후에야 국가가 가히 다스려질 수 있었다.[45]

이는 태종의 말인데, 국가의 정책이 '정(正)'에 합하는 것이라면 우민이 원망하더라도 천의 의지와는 어긋나는 것이 아니라는 생각은, 민이 천으로까지 인식되어 민을 위해서라면 이단의 불사라도 금하지 않았던 것과는 자못 다르다. 여기서 '정'에 합한다는 것은 인용문 말미에 상하에 예절이 있어야 국가가 다스려질 수 있다는 말이 있는 것으로 보아 상하 예절,

---

문에 여기서는 교회의 자질로 해석하였다. 다음의 사료에서 당시 관인층의 이에 대한 인식의 일단을 엿볼 수 있다. "又鄭昌孫曰 頒布三綱行實之後 未見有忠臣孝子烈女輩出 人之行不行 只在人之資質如何耳 何必以諺文譯之而後 人皆效之"(『세종실록』 권103, 세종 26년 2월 경자조)
45) 『태종실록』 권30, 태종 15년 8월 을축조.

즉 명분에 어긋나지 않는 것을 의미하는 것이라 할 수 있다. 그렇다면 태종의 말은 명분에 따라 관인층이 민을 다스릴 때에는 민의 욕망을 모두 따르지 않아도 된다는 것이다. 이는 다시 말하면, 국가를 유지하기 위해서는 민의 욕망을 억제해야 하는데 민은 도덕적 능력이 하열하여 스스로 이를 자제할 수 없으므로 관인층이 명분을 통해 민의 욕망을 억제시켜야 한다는 것이다. 여기서 관인층이 명분에 따라 민을 강제할 수 있는 근거가 마련됨을 알 수 있고, 그것은 곧 민의 도덕적 능력에 대한 부정적 인식에서 기인하는 것이었다.

이처럼 도덕적 능력의 유무가 관인층과 민을 구별짓는 중요한 기준이고 이 때문에 관인층이 민을 다스릴 수 있는 명분을 획득했다는 것이 당시 관인층의 보편적인 인식이었다. 민은 오직 위에서 가르치고 시키는 것만을 추향할 뿐이지 사리를 알아 스스로 판단하고 행동할 수 있는 존재가 아니었다.[46) 한 마디로 그들은 관인층에 의해 지배될 수밖에 없는 타율적인 존재였던 것이다.

민에 대한 이같은 명분론적 입장에서의 인식은 민본사상에서 말하는 천으로서의 민과는 판이하다. "민이 생겨나는 처음에는 존비의 구분이 없었다." 라거나 "사람의 현부는 출신에 관계되지 않는다." 라고 하던 말이, 여기서는 "귀천의 구분은 천지가 세운 것과 같다(貴賤之分 猶天建地設)." 라든가 "군신이 있은 연후에 민이 있는 것이다(有君臣然後有民)." 라는 말로 바뀌면서 민에 대한 관인층의 지배를 정당화하고 있다.

> "일국에 군신이 있은 연후에 민이 있는 것이다. 모든 것을 민에게 편하게만 하고자 한다면 조사(朝士)에게는 반드시 넉넉지 못한 폐단이 있을 것이다.……소인이 없으면 군자를 봉양할 수 없다. 이 법을 다시 시행할 것을 내 마음에 이미 결정하였으니 고치는 것은 불가하다."[47)

---

46) 『태종실록』 권6, 태종 3년 9월 경진조, "民之鄕向 唯上之指使"

이것은 태종대에 과전에서 수조할 때 민으로부터 곡초를 아울러 거두는 문제를 의논하면서 대사헌 박습(朴習)이 곡초를 거두면 민으로부터 원망을 살까 두렵다고 한 말에 대한 태종의 답변이다. 여기서의 민은 다만 소인으로서 군자인 조사(朝士), 즉 관인층을 봉양하는 존재였다. 이 때문에 관인층의 입장에서 볼 때 중요한 것은 민이 부세를 통하여 자신들을 봉양한다는 사실이었다.

> 항산이 있고 항심이 있는 민은 그 고을에 적부(籍付)하여 부역을 부담하지만 항산이 없고 항심이 없는 민은 금년에는 남쪽 고을의 호활한 무리에게 숨고 명년에는 북쪽 고을의 향원(鄕愿)에게 옮겨 붙어 같은 국민(國民)이면서도 정역(征役)을 모피하니 간민(奸民)이다.[48]

부세를 모피하는 민은 관인층으로서는 간민(奸民)으로 여겨질 수밖에 없었다. 그리하여 민에게는 부세를 통하여 관인층을 봉양하는 것이 당연한 일로 강요되었다. 민은 단지 자신의 분수를 지키면서 국가에 부세만 바치면 되었고, 동시에 그런 민만이 가장 바람직한 존재로 인식되었다. 결국 민의 도덕적 능력을 하열하다고 보는 한, 민의 존재 의미는 이처럼 제한적일 수밖에 없었던 것이다.

4. 민에 대한 인식에 따른 정치적 갈등

조선 초기의 민에 대해서는 위에서 본 바와 같이 두 가지 인식이 공존하고 있었다. 그리고 양자는 유교 정치사상의 핵심인 민본사상과 명분론

---

47) 『태종실록』 권34, 태종 17년 10월 을사조.
48) 『태종실록』 권18, 태종 9년 12월 무오조.

에서 각각 기인하는 것으로서 상호 모순된 듯이 보이기도 하는 것이었다. 즉 민이 천으로까지 높여져 '방본(邦本)'으로 중시됨과 동시에 한편으로는 도덕적 능력이 없는 타율적 존재로서 "군신이 있은 연후에 민이 있는 것"으로 여겨지기도 하였다.

그러나 양자를 모순된 것으로 볼 수는 없다. 민본사상에서는 민이 곧 천이라고 하지만 그렇다고 그 민이 도덕적 능력이 하열한 타율적 존재라는 사실을 부정하는 것은 결코 아니다. 민본적 입장에 있더라도 민은 여전히 타율적인 존재였다. 이는 고려 말 개혁 주도세력으로서 관념적인 덕치보다는 시의 적절한 제도개혁을 통하여 실질적인 민본정치를 이루고자 한 정도전(鄭道傳)의 경우를 보더라도 알 수 있다.[49)]

> 하민(下民)은 어둡고 우매하여 취사(取舍)를 알지 못해서 만약 한 시대의 달자(達者)가 있어 이단을 물리치면 이단을 떠나고, 이단을 주창하면 이단을 따르니, 이는 대개 다만 달자의 행위를 신복할 줄만 알지 도에 사(邪)와 정(正)이 있다는 것은 모르기 때문입니다.[50)]

이처럼 민본사상의 강조와 관계없이 민 자체는 항상 도덕적 능력이 하열한 존재로 여겨졌다. 즉 민본사상은 민에 대한 인식과는 무관하게 관인층에게 요구된 것이었다. 이렇게 볼 때 민본사상에서 민이 천으로까지 높여진 이유는 도덕적 능력이 하열한 민을 천의 권위와 연결시킴으로써 관인층의 민에 대한 자의적인 지배를 스스로 억제하고 이로써 국가를 안정시키려는 것임을 알 수 있다.

---

49) 정도전의 정치사상에 대해서는 이석규, 「정도전의 정치사상에 대한 연구」『한국학논집』 18, 한양대 한국학연구소, 1990 참조.
50) 『삼봉집』 권3, 「서」, 上鄭達可書

인군의 지위는 높다면 높고 귀하다면 귀하다. 그러나 천하는 지극히 넓고 만민은 지극히 많다. 한번 그 심(心)을 얻지 못하면 대개 크게 우려할 만한 일이 있을 것이다. 하민(下民)은 지극히 약하지만 힘으로써 위협할 수 없고, 지극히 우매하지만 지혜로써 속일 수 없다. 그 심을 얻은 즉 복종할 것이고, 그 심을 얻지 못한 즉 그들이 떠날 것이니 복종과 떠남의 구분은 칼날같은 것이다.[51]

이것은 국가를 다스리는 방법으로 인정(仁政)을 강조하면서 정도전이 한 말이다. 여기서 그는 민이 비록 약하고 우매하기는 하지만 힘이나 지혜를 통한 강제적인 방법으로는 복종시킬 수 없고 다만 민심을 얻는 것이 중요함을 지적하고 있다. 만약 그렇지 않으면 '위망복추지환(危亡覆墜之患)'으로 국가는 유지될 수 없다고 경고한다. 이 때문에 정도전은 인정에 바탕한 민본사상을 강조하였고, 우매함에도 불구하고 민이 천으로 인식되었던 것이다.

이처럼 민에 대한 두 가지 인식은 서로 모순된 것이 아니지만, 천으로서의 민이 민본정치를 담보해내기 위한 수단으로 중시되었기 때문에 현실의 정치에서는 명분론과 갈등을 야기할 수밖에 없었다. 따라서 조선 초기의 관인층에게는 이 갈등을 어떻게 해결해야 할 것인가 하는 문제가 국가 운영의 핵심적인 과제로 인식되었다. 다음은 세종대에 맹사성(孟思誠) 등이 의계(議啓)하여 결정된 전시(殿試)의 책제(策題)이다.

존·비를 분변하는 것은 고금의 상경(常經)이다. 근래 인정이 박한 것이 옛날같지 않다. 유사(有司)는 억강부약(抑强扶弱)의 마음에서 무릇 민(民)과 사부(士夫)가 상대하여 소송하는 일이 있으면 많은 경우 (민을-인용자) 도우므로 (민의-인용자) 완악하고 어리석음이 습성이 되어 점차 능상지풍(陵上之風)에 이른다. 만약 민으로 하여금 소송

---

51) 『조선경국전』 상, 「正寶位」

을 못하게 하면 외롭고 약하게 되어 원억을 품어 수탄지성(愁嘆之聲)
이 있음을 면치 못할 것이다. 어떻게 하면 민으로 하여금 예양(禮讓)을
알아 어른을 공경하는 행실이 있게 할 수 있는가.[52]

이처럼 조선 초기의 관인층은 명분론과 민본사상과의 갈등을 해결하
기 위한 방안을 마련하기 위해 노력하였고, 이 때문에 민본사상은 정치이
념으로서의 기능을 수행할 수 있었다. 그 결과, 이 시기에는 양자의 갈등
이 국가의 주요 정책을 추진하면서 항상 표출되고 있었다. 앞서 언급했던
양천 교가 소생의 신분 귀속 문제에서도 마찬가지였지만, 이 갈등의 모습
이 가장 극명하게 드러난 것으로는 부민고소금지법(部民告訴禁止法)의
시행을 둘러싼 논쟁을 꼽을 수 있다. 따라서 여기서는 이 법의 시행과 관
련하여 나타난 민본사상과 명분론의 갈등을 살펴보고, 이것이 의미하는
바가 무엇인지를 알아보기로 한다.[53]

부민고소금지법은 부사서도(府史胥徒)나 부민(部民)이 관리나 지방관
을 고소하는 것을 금하는 것으로서, 세종 2년에 당시 예조판서 허조(許稠)
의 계청으로 처음 제정된 후 끊임없이 논쟁이 계속되다가『경국대전』에
서 조문화된 법이다. 이 법의 입법 취지는 지방관과 민의 관계를 군신 관

---

52)『세종실록』권56, 세종 14년 4월 경자조.
53) 부민고소금지법에 대해서는 이를 중앙정부가 재지의 토호세력을 장악함으로써
향촌사회를 통제하려는 의도가 내포된 것으로 보는 견해가 있지만(이태진,「사림
파의 유향소 복립운동」상,『진단학보』34, 1972, 24~28쪽), 이것만으로 이 법의
논의 과정을 이해하기는 부족하다고 생각한다. 또 이를 유교 정치사상의 명분론적
측면에서 관민지분(官民之分)에 내포된 지방관과 지방 주민의 절대적인 지배─복
종의 관계가 법제화된 것으로 보는 견해도 있다(김훈식,「여말선초의 민본사상과
명분론」『애산학보』4, 1986, 47~54쪽). 그러나 이는 조선 초기의 정치사상을 지
나치게 명분론 일변도로만 이해함으로써 상대적으로 당시 민본사상이 지니는 정
치이념으로서의 위치를 평가절하한 것이라 생각된다. 최근에 민의 정치적 지위가
확대되는 과정을 이 법을 통하여 살핀 논고가 발표되어 참고가 된다(최이돈,「조
선초기 수령 고소 관행의 형성과정」『한국사연구』82, 1993).

계의 의제(擬制)로 보는 유교 정치이념에 따라 민이 지방관을 고소하는 것이 명분론에 어긋나는 하극상의 행위라는 인식하에 사직이나 비법살인 (非法殺人)에 관한 것 외에는 이를 금하려는 것이었다. 그러나 이 법은 제 정되기 이전부터 이미 찬반에 대한 논의가 분분하였다. 다음의 사료는 그 모습을 보여주고 있다.

> 허조가, 전날 상서한 부민(部民)이 그 관(官)의 범죄한 바를 고소하 지 못하게 함으로써 풍속을 두텁게 하는 법을 간절히 청하였다. 왕이 이르기를, "내가 다시 보고자 하여 아직은 그것(상서－인용자)을 보류 하였는데 이미 이루어진 법을 감히 함부로 고칠 수 없기 때문이다." 하 니 중의(衆議)가 분분하였는데 다만 이수(李隨)가 말하기를, "고치는 것은 불가하다. 부민이 만약 탐오한 관리를 고소할 수 없다면 방자한 행동이 거리낌이 없어 해가 민에게 미칠 것은 필연이다." 하였다.54)

허조가 부민고소금지법의 시행을 주장한 것은 물론 명분론 때문이었 지만 이를 반대하는 입장에서는 이 법으로 말미암아 관인층의 민에 대한 자의적인 침탈이 자행될 것을 우려하였던 때문이다. 이 우려는 법의 제정 이후 현실로 나타났다. 즉 수령의 민에 대한 침학 행위가 끊이지 않았던 것이다. 그러자 세종은, 흉년에 진휼정책이 제대로 행해지지 않으면서 이 문제가 다시 대두된 것을 계기로 이 법을 완화하는 조치를 내렸다. 그 내 용은 당시까지 금하던 대간의 수령에 대한 풍문만으로의 탄핵을 허용함 과 동시에, 문민질고를 위해 조관(朝官)을 지방에 분견하여 민이 조관에 게 자진(自陳)하는 것만은 허락하는 것이었다.55)

이 조치는 상당 기간 행해졌고 또 조관에 의해 적발되어 탄핵을 받은 수령의 수가 많았던 것으로 보아 어느 정도 성과가 있었던 것으로 보인

---

54) 『세종실록』 권4, 세종 1년 6월 갑오조.
55) 『세종실록』 권21, 세종 5년 7월 신사조.

다.56) 그러나 조관의 파견이 문제의 근본적인 해결책이 될 수는 없었다. 우선 부민고소금지법의 입법 취지에서 볼 때, 비록 조관에게나마 부민의 고소를 허락한 것은 '능상지풍(陵上之風)'을 조장하는 것이었다. 그렇다고 조관의 파견으로 민의 원억이 모두 해소되는 것도 아니었다. 왜냐하면 조관은 매년 정기적으로 전국에 파견된 것이 아니라 주로 흉황이 심한 지역을 중심으로 간헐적으로 파견되었기 때문이다. 따라서 이 조치는 부민고소금지법을 찬성하거나 반대하는 모든 사람에게 불만족스러운 것이었고, 이 때문에 논쟁은 그치지 않고 계속되었다.

이 논쟁 가운데, 부민고소금지법에서 예외적으로 비법살인에 관한 고소를 허락한 것을 들어 이것이 법의 형평성에 어긋남을 지적하면서 부민고소금지법을 반대한 좌사간 유계문(柳季聞) 등의 주장은 설득력있는 것이었다. 그는, 교하현의 서원(書員) 정을방(鄭乙方)이라는 사람이 부민고소금지법에 저촉될까 두려워 사노(私奴) 두을언(豆乙彦)이라는 가명으로, 그 수령 조만안(趙萬安)이 진제미를 사매(私賣)하고 환자곡을 과징한 사실을 고소한 사건과 관련해서

> "신등이 생각컨대 중외의 관리로서 장죄(贓罪)를 범한 자는 비록 은사(恩赦)를 거치더라도 의율과단(依律科斷)하고 비법살인에 이르러서는 사유(赦宥)를 받으니 이는 장리(贓吏)의 죄는 무겁고 비법살인의 죄는 가벼운 것입니다. 가벼운 것은 고소를 허용하고 무거운 죄는 고소를 불허하니 이는 다만 법을 운용하는데 실중(失中)한 것일 뿐만 아니라 실로 영전(令典)에 어그러짐이 있습니다."57)

라고 하여 부민고소금지법을 반대하였다. 즉 비법살인보다 관리의 장죄(贓罪)가 더 중함에도 불구하고 비법살인은 고소를 허용하고 장죄는 불허

56) 『세종실록』 권27, 세종 7년 3월 갑오조.
57) 『세종실록』 권27, 세종 7년 2월 임인조.

하는 것이 법의 형평에 어긋난다는 것이다.

이처럼 부민고소금지법에 대한 반대가 만만치 않자 처음부터 이 법에 대해 회의적이던 세종은 새로운 대책으로 자기원억에 대한 고소에 한해서 청리(聽理)하는 방안을 제시하였다. 그러나 이것도 찬반이 엇갈렸다.

> 왕(세종－인용자)이 이르기를, "만약 비하(卑下)가 존상(尊上)을 고소하는 것을 금하면 사람의 원억은 펼 곳이 없을 것이다. 자기 자신에게 직접 관련되는 일을 고소한 것은 청리하고, 관리를 고소하는 일 같은 것은 청리하지 않는 것이 어떤가." 하니 신상(申商), 하연(河演) 등이 대답하기를, "상교가 진실로 옳습니다." 하였다. 허조(許稠)가 이르기를, "부민고소를 금한 것은 풍속을 무너뜨리기 때문입니다. 만약 그 단서를 열어 놓으면 사람들이 다투어 고소하여 점차 풍속이 박해질 것입니다." 왕이 이르기를, "원억을 펴지 못하게 하는 것이 어찌 위정지도(爲政之道)이겠는가. 만약 수령이 부민의 전송(田訟)을 오결하였다면, 부민이 오결을 개정할 것을 정소하는 것이 어찌 고소가 되겠는가. 실로 자기로서도 부득이한 일인 것이다."58)

비록 반대가 있었지만 세종은 '위정지도(爲政之道)'를 들어 이를 물리치고, 부민의 자기원억을 청리했을 경우 생기는 문제점을 논의하여 보완할 것을 지시하였다. 그리하여 세종 13년에 이르러 조관의 파견을 취소하고 대신 부민의 자기원억에 대해서는 정소(呈訴)를 허락하는 조치가 내려졌다.59)

이후 세종은 자기원억을 청리하는 과정에서 드러나는 수령의 죄는 처벌하지 않음으로써 민본사상과 명분론 사이의 갈등을 해소하려고 하였다.60) 그러나 이 조치로도 수령의 학민(虐民) 행위가 그치지 않아 논란은

---

58) 『세종실록』 권51, 세종 13년 1월 갑신조.
59) 『세종실록』 권52, 세종 13년 6월 임자 및 계유조.
60) 『세종실록』 권62, 세종 15년 10월 기사조.

계속되면서 다시 행대감찰을 파견하기도 하고 수령에 대한 처벌도 행해지다가 세조가 즉위한 후에는 부민고소금지법 자체를 폐지하였다.[61]

그리하여 세조대에는 대체로 민의 수령에 대한 고소가 허용되었다. 그러나 이 문제에 대한 논쟁은 계속되었고, 해결의 실마리를 찾지 못하자 심지어 세조는 이를 과거의 책제로 삼기도 하였다.

> 민의 고소를 듣고 그 원억을 펴주어 하정(下情)이 상달되게 하고자 하나 고발하고 들추어내는 것이 풍속이 되니 비록 자기의 원억에 관계되지 않더라도 부민이 수령을 고소하고 서도(胥徒)가 관리를 고발하기도 한다. 이를 금하면 언로가 막혀 원억을 펼 수가 없고 이를 모두 들어주면 상하가 서로 능멸하여 풍속이 날로 무너지게 되니 장차 어떻게 처리해야만 옳을 것인가.[62]

위에서 당시의 관인들이 민본사상과 명분론 사이에서 얼마나 고심했는가를 알 수 있다. 그러나 세조의 사후 부민고소금지법은 부활되었고, 자기원억에 대해서만 이를 청리하는 것으로 결정되어 이것이『경국대전』에서 조문화되었다.

지금까지 비교적 자세하게 부민고소금지법의 논의 과정을 살펴보았다. 물론 부민고소금지법이 만들어지고 시행되었다는 것 자체만 놓고 본다면 이 시기의 지방관과 민과의 관계를 명분론에 입각한 절대적인 지배—복종의 관계로 볼 수도 있을 것이다. 이렇게 본다면 "지방관의 권력이 어떠한 형태로 행사되어도 지방 주민은 거기에 복종해야" 하고, "지방관의 탐오, 난정, 학민 등에 지방 주민이 주체적으로 대응하지 못할 뿐 아니라, 보다 상위의 국가 권력에 고소하는 것조차 금지되어" 있었다고 할 수도 있다.[63]

---

61)『세조실록』권5, 세조 2년 11월 기축조.
62)『세조실록』권46, 세조 14년 4월 신묘조.

그러나 조선 초기의 현실은 그렇지 않았다. 적어도 이 시기의 관인층은 민본사상을 무시할 정도로 명분을 절대화하지는 않았다. 그들은 오히려 사회의 안정을 위하여 양자를 조화시키는 방법을 모색하는데 관심을 기울였다. 조관의 파견이나 자기원억의 청리는 그 모색의 결과라고 할 수 있다. 뿐만 아니라 부민고소금지법이 만들어지기 전은 물론이고 이 법이 시행되던 시기라 하더라도 실제로 여기에 저촉되어 지방관을 고소한 민을 처벌한 예는 그다지 많지 않다. 민의 고소가 금지되었다 하더라도 그들은 대체로 자신의 원억과 더불어 수령의 다른 범법 행위도 함께 고소하였는데, 이 경우 예외없이 수령은 처벌을 받았지만 민은 죄죄되지 않았다. 심지어 경우에 따라서는 감사가 임의로 관할 도민에게 수령의 불법을 정소할 수 있도록 하기도 하였다.[64] 이 법이 왕 뿐만 아니라 관인들에게도 얼마나 명목적인 것으로 인식되었는가를 보여주는 사건을 여기서 한 가지만 소개하기로 한다.

> 정흠지(鄭欽之)가 아뢰기를, "문화현인 이말생(李末生)이 그 지방
> 수령 왕효건(王孝乾)의 범죄를 고소하였는데 그 당시 감사 신개(申槩)
> 는 말생을 죄주지 않았습니다. 황해도 찰방 옥고(玉沽)는 다만 신개의
> 죄만 청하고 말생은 논죄하지 않았는데, 지금 사헌부에서도 역시 그
> 와 같으니 청컨대 말생을 형조에 내려 형벌을 결행하고 아울러 찰방
> 과 사헌부의 죄도 다스리소서."[65]

이 사건의 전말은 이러했다. 유지(柳地)라는 사람이 자신의 종형인 감사 유장(柳璋)의 권세를 믿고 문화현감 왕효건(王孝乾)에게 간청하여 문화현에서 공납할 칠(漆)을 대납하고 왕효건을 시켜 관문(關文)을 신천(信

63) 김훈식, 앞의 논문, 54쪽.
64) 『성종실록』 권101, 성종 10년 2월 기해조.
65) 『세종실록』 권24, 세종 6년 5월 경인조.

川)에 보내 칠 값을 묻도록 하자 유지와 동리인인 신천현감 윤번(尹璠)이 칠 값을 올려서 회답하니 왕효건은 이 값대로 민간에서 쌀을 거두어 유지에게 주었다.66) 이 사건의 전모가 조관의 자격으로 문민질고를 위해 파견된 찰방 옥고(玉沽)에 의해 드러나 왕효건, 유지, 윤번은 모두 유배당하거나 장형을 받았지만, 정작 고소한 이말생은 이 사건을 조사한 감사, 찰방, 사헌부 등 어느 누구에 의해서도 좌죄되지 않았다. 그러자 정흠지라는 신하가 이를 문제삼아 이말생과 찰방, 사헌부의 죄를 청한 것이다. 이에 대해 왕은 "말생을 죄주는 것도 부당한데 찰방과 헌부를 어찌 다시 논하겠는가."하고 받아들이지 않았다.67) 여기서 부민고소금지법이 관인층에 의해 입법 취지대로 기능하지 못했음을 알 수 있다. 명분 때문에 법은 만들었지만 지방관의 학민 행위가 명분론에 근거해 묵인되거나, 지방관의 권력이 어떠한 형태로 행사되어도 민은 이에 절대적으로 복종해야 한다고 강요된 것은 결코 아니었다.

그렇다고 본 논문에서 민본사상이 당시 정치사상에서 명분론보다 우위에 있었다고 말하려는 것이 아님은 물론이다. 다만 부민고소금지법의 논의 과정에서 필자가 주목하고 싶은 것은 법 자체가 아니라 이것이 조선 초기를 통틀어 끊임없이 '논쟁의 대상'이 되었다는 점이다. 그 논쟁의 초

---

66) 『세종실록』 권24, 세종 6년 5월 을유조.
67) 만약 이말생이 찰방 옥고에게 처음 고소한 것이라면 당연히 이말생의 죄는 없다. 왜냐하면 당시에는 조관에게의 고소가 허용되었기 때문이다. 그러나 정흠지의 계청에 의하면 이 사건이 옥고에 의해 드러나기 전에 이미 황해도 감사 신개는 이말생의 고소를 알고 있었음이 분명하다. 한편 이것이 이말생의 자기원억이라고 생각할 수도 없다. 자기원억을 정소하는 것을 허락한 것은 훨씬 뒤의 일이었고, 또 『실록』에서 자기원억으로 정소한 일들을 보면 대개 수령이 자기 부모를 죽였다거나 토지·노비를 빼앗은 일들이 대부분이고 여기서 문제가 된 공물과 같이 여러 사람이 관련될 수밖에 없는 일을 자기원억으로 처리한 예는 보이지 않기 때문이다. 결국 이는 부민고소금지법이 제대로 시행되지 않고 명목적으로만 존재했음을 보여주는 것이라 할 수 있다.

점은 민본사상과 명분론 가운데 어느 입장을 따를 것인가 하는 것이었다. 이것은 이 시기의 관인층이 민본사상과 명분론 사이에서 치열한 갈등을 겪었다는 것을 의미한다. 바로 이 갈등이 존재함으로써 민본사상은 관념으로서만이 아니라 실천적으로 현실의 정치에 구현되었고, 이로써 명분론과도 일정한 조화를 이룰 수 있었던 것이다.

이처럼 유교 정치사상으로서의 민본사상이 제대로의 기능을 발휘하였기 때문에 조선 초기에 통치의 객체인 민은 이러한 정치체제에 '복종'하였던 것으로 보인다. 이 시기의 민이 국가에 대해 어떻게 인식하고 있었는지는 전혀 알 길이 없지만 간접적으로나마 짐작할 수는 있다. 초기의『실록』에서는 선정을 행한 지방관의 임기가 다할 경우에 그 지방관을 교체하지 말 것을 요구하는 민의 상서가 간혹 나타난다. 이러한 자료가 모두 사실을 반영한 것이 아님은 말할 필요도 없겠지만, 그러나 어느 정도 사실로서 인정할 수 있는 것들도 있다. 이 경우 민은 지방관을 부모처럼 여기고 그에게 '복종'하였다.

> 성주의 이민(吏民)이 상언하기를, "목사 손소(孫昭)의 자민지정(字民之政)은 근고에 없는 것입니다. 경인년(성종 1년－인용자)에는 보민(保民)하기를 자식처럼 하여 온 고을이 굶주림을 면하여 민이 모두 그를 사랑하기를 부모와 같이 하였습니다. 이제 또 흉년이 들었는데 (손소가－인용자) 마음을 다하여 구휼하니 민이 의뢰하여 살 수 있게 되었습니다. 지금 임기가 차서 교체될 때를 당하였으니 빌건대 잉임하게 하소서." 하였다. 이조에서 이에 근거하여 아뢰기를, "본주(성주－인용자)가 실농하였으니 청컨대 명년에 곡식이 익을 때까지 기다려 교체하소서." 하니, 이를 따랐다.[68]

즉 국가의 정사가 민을 천으로 여겨 실질적으로 민생을 보장해 주면 민

---

68)『성종실록』권13, 성종 2년 11월 갑자조.

은 그러한 국가에 '복종'하였다. 때문에 조선 초기에는 그 전·후의 시기보다 상대적으로 사회의 안정을 유지할 수 있었고, 그 결과 이 시기의 정치는 후세인들에 의해 이상적인 정치로 받아들여졌다. 예컨대 갑오농민전쟁 당시의 격문에 의하면 농민군들은 '아태조(我太祖)의 혁신정치'를 요구하였는바, 이는 그들의 목표가 조선 건국 초의 정치를 회복하는 것이었음을 의미하는 것이다.[69] 여기서 말하는 '아태조의 혁신정치'가 조선왕조의 건국이념인 '민유방본'의 민본사상에 바탕한 것임은 두말할 필요도 없다. 이처럼 후세의 농민들이 조선 초기의 정치를 이상으로 생각했던 것은 전혀 근거가 없는 것이 아니었다. 이 시기에는 민본사상이 명분론에 매몰되지 않고 민본이념에 바탕한 정치가 실천적으로 행해졌던 것이다.

5. 맺음말

지금까지 조선 초기 민본사상을 연구하기 위한 기초작업으로서 민본사상에서 말하는 민의 범주와 이에 대한 당시 국가의 인식을 살펴보았다. 이제 그 결과를 요약함으로써 맺음말에 대신하고자 한다.

조선 초기의 사료에 나타난 민의 범주는 크게 광의의 민과 협의의 민으로 나눌 수 있다. 그러나 광의의 민은 왕을 포함한 인간 모두를 의미하는 것으로 민본사상에서 말하는 민이라 할 수 없다. 민본사상에서의 민은 협의의 민이었는바, 이는 관인층을 제외한 모든 사람을 지칭하는 것이었다. 여기에는 신분이나 직업, 또는 역에 의해 구분되는 특정 계층만을 지칭하는 의미가 없다. 즉 양인이든 천인이든, 또는 농민이든 상인이든 관계없이 관인층에 의해 통치의 대상으로 인식된 모든 사람이 민본사상에서 말

---

69) 정창렬, 「갑오농민전쟁연구」, 연세대 박사학위논문, 1991, 135쪽.

하는 민이었다.

통치의 객체로서 민은 천과 같은 존재로 인식되었다. 민을 천으로까지 높임으로써 천이라는 절대적 권위를 배경으로 한 민은 국가의 존립 근거가 될 수 있었다. 따라서 왕을 비롯한 관인층은 '경천근민'의 민본정치를 행하지 않으면 안되었던 것이다. 그러나 민에 대한 인식이 항상 이와 같았던 것은 아니다. 오히려 민의 도덕적 능력에 대해서는 부정적 인식이 보다 일반화되어 있었다. 즉 민은 유교적 덕목과 사리에 따라 자신의 욕망을 자제할 수 있는 능력이 하열하다는 것이다. 이 점이 민과 관인층을 구분짓는 가장 커다란 요인이었고, 아울러 관인층이 민을 강제할 수 있는 명분론의 근거가 되었다. 민은 오직 위에서 가르치고 시키는 것만을 추향할 뿐이지 사리를 알아 스스로 판단하고 행동할 수 있는 존재가 아니었다. 한마디로 그들은 관인층에 의해 지배될 수밖에 없는 타율적인 존재였던 것이다.

조선 초기에는 이와 같이 서로 모순된 듯한 두 가지 인식이 공존하고 있었다. 그러나 이는 모순된 것이 아니었다. 민본사상에서는 민이 곧 천이라고 하지만, 그렇다고 그 민이 도덕적 능력이 하열한 타율적 존재라는 사실을 부정하는 것은 아니었다. 따라서 민이 천으로까지 높여진 이유는, 도덕적 능력이 하열하기 때문에 관인층의 지배를 받아야 하는 민을 천의 권위와 연결시킴으로써 관인층의 민에 대한 자의적인 지배를 스스로 억제하려는 것이었다고 할 수 있다. 다시 말하면 도덕적 능력이 하열한 민에 대한 관인층의 '책임'을 강조하기 위한 것이 이 시기의 민본사상이었던 것이다.

고려 말의 혼란을 '경천근민'의 민본이념을 통하여 극복하고자 한 조선 초기의 관인층은 자신들의 민에 대한 책임을 외면하지 않았다. 그 결과 민본사상은 현실정치에서 실천적으로 구현될 수 있었고, 이 과정에서 명분론과 갈등을 겪기도 하였다. 그러나 이 갈등이 존재했다는 것은 민본사상과 명분론이 서로 조화를 이루었음을 의미하는 것으로, 조선 초기의 사회가 다른 시기에 비해 상대적으로 안정되었던 이유도 바로 여기에 있다고 생각한다.

(『역사학보』151, 1996. 9)

제III부

구언과 응지상소

제1장 _

조선 초기의 구언

민본정치 · 언로 확대와 관련하여

1. 머리말

조선왕조의 건국을 주도한 세력이 건국의 이념적 근거로 내세운 유교
정치사상은 명분론과 민본사상을 그 내용으로 하는 것이었다. 이 양자는
현실정치에서 서로 충돌할 가능성도 있는 것이었지만, 본질적으로는 상
호 모순되는 것이 아니었다.[1] 유교에서는 명분을 바로 잡는 것이 곧 민을
위하는 길이라 생각하였고, 민을 위한 정치를 행하는 한 통치의 명분은
언제든지 확보할 수 있었던 것이다. 이를 분명히 인식하고 있었던 조선의
건국세력은 따라서 민본정치를 표방함으로써 자신들의 등장을 합리화시
키고자 하였다. 그리고 이같은 시도가 성공할 수 있었던 것은 유교 정치
사상이 당시의 사회가 처한 문제를 해결하는데 적합한 것이기 때문이었
다. 민생의 피폐와 정치적 무질서에서 말미암은 고려 말의 혼란을 극복하

---

1) 명분론과 민본사상이 상호 모순되는 것이 아니라는 점은 다음과 같은 공자와 주자
의 언급에서 분명히 알 수 있다. 『논어』 「자로」, "名不正 則言不順 言不順 則事不
成 事不成 則禮樂不興 禮樂不興 則刑罰不中 刑罰不中 則民無所措手足"; 『송사』
「열전」 권188, 朱熹傳, "天下之務 莫大於恤民 而恤民之本 在人君正心術以立紀綱"

기 위해서는 민생의 안정을 위한 민본정치와 이를 통한 지배 질서의 확립이 필연적이었던 것이다.

그런데 당시에 민생의 안정을 위협하는 가장 커다란 요인 가운데 하나는 역시 재이(災異)였다. 자연재해에 거의 무방비 상태였고, 또 그 현상의 원인을 합리적으로 설명할 수 있을 만큼 과학이 발달하지 못한 전근대사회에서 재이는 민생의 안정뿐만 아니라 왕권까지도 위협할 수 있는 것이었다. 재이는 천도(天道)와 인사(人事)가 어긋날 경우에 나타나는 현상으로, 그것은 양자를 일치시켜야 할 책임이 있는 군주에 대한 천(天)의 경고로 인식되었기 때문이다.[2] 특히 재이가 가뭄이나 장마처럼 민의 생활에 직접적이고 장기적으로 커다란 피해를 주는 것일 경우 문제는 심각하였다. 때문에 이와 같은 심각한 재이가 발생하게 되면, 이에 대한 일차적 책임이 있는 왕으로서는 재이를 초래한 정치의 잘못을 찾아 이를 제거해야만 했다. 이에 왕은 잘못된 정치가 무엇인지를 여러 사람에게 물었고, 그것은 '구언(求言)'이라는 형식을 통하여 이루어졌다. 따라서 구언은 잘못된 정치의 근원을 찾아내 이를 바로잡아 천도와 인사를 조화시킴으로써 재이를 그치게 하고 민생을 안정시키려는 수단이었다고 할 수 있다. 그것은 민본정치의 한 표현이었던 것이다.

이와 같은 구언은 조선의 전 시기를 통하여 민본정치의 수단으로 행해졌다. 따라서 구언에 대한 연구는 민본정치의 실상을 이해하는 중요한 수단이 될 수 있다. 뿐만 아니라 구언교지에 따라 제출된 응지상소(應旨上疏)의 내용을 분석하면 당시 여론을 주도한 층은 누구였는지, 그들은 사회의 가장 커다란 문제를 무엇으로 보았는지, 그것을 어떤 방식으로 해결하려고 했는지, 해결 방식의 이념적 근거는 무엇이었는지 등의 보다 핵심적인 의문을 이해하는 데에도 커다란 도움을 줄 수 있으리라 생각된다.

---

2) 이석규, 「조선초기의 천인합일론과 재이론」 『진단학보』 81, 1996, 99쪽.

그렇지만 아직 구언에 대해서는 기초적인 연구조차 행해지지 않은 상태이다.[3] 따라서 응지상소에 대한 검토는 별고에서 다루기로 하고 본 연구에서는 구언교지만을 분석의 대상으로 삼고자 한다. 아울러 시기는 조선 초기 성종대까지로 한정하여 우선 이 기간에 행해진 구언의 실상을 고려시대의 그것과 비교하면서 살펴보는데, 구언의 기능을 민본정치의 담보와 언로의 확대라는 측면에 초점을 맞추고자 한다. 그 다음에 구언교지에서 알 수 있는 구언의 동기·대상·진언 범위를 알아본다. 이같은 기초작업을 토대로 앞으로 위에서 제기한 문제들을 해명하는 연구가 이어질 수 있기를 기대한다.

2. 구언제의 시행

구언은 통치의 궁극적 책임이 있는 왕이 정치의 잘못된 점을 다른 사람들에게 물어 시정하려는 정치적 행위이다.[4] 그것은 주로 교지를 통해 공

---

3) 다만 성종 12년과 13년에 행해진 구언을 대상으로 한 연구가 있지만(장학근, 「성종의 구황정책과 민의수렴」『용암차문섭교수화갑기념 사학논총』, 1989), 시기가 너무 한정적이고, 구황정책이라는 문제와 관련해서만 구언을 다루고 있기 때문에 조선 초기 구언의 실상을 이해하는 데에는 부족하다. 이밖에 언관의 언론활동이나 공론의 문제를 다루면서 구언에 대해 부분적으로 언급한 논문들로 다음과 같은 것이 참고된다.
최승희,『조선초기 언관·언론연구』, 서울대출판부, 1976.
남지대, 「조선 성종대의 대간 언론」『한국사론』 12, 1985.
최이돈, 「16세기 공론정치의 형성과정」『국사관논총』 34, 1992.
설석규, 「조선시대 유생의 공론형성과 상소경위」『조선사연구』 4, 1995.
김돈, 「조선초기 유생층의 동향과 그 성격」『역사교육』 61, 1997.
4) 구언의 개념을 이와 같이 규정한다면 그 외연이 지나치게 넓어지는 문제가 생긴다. 즉 왕의 일상적인 정치 행위 과정에서 다른 사람의 의견을 묻는 것까지도 모두 구언에 포함시킬 수 있는 것이다. 실제로 구언이 포괄적인 의미로 사용된 경우가 있다. 그러나 본 논문에서는 그것이 교지의 형태로 요구되고 또 다수를 대상으로 하

개적으로 행해진다는 점에서 어느 정도 정치적인 상징성을 지닌 것이었다. 왜냐하면 조선시대에는 왕이 구언을 하지 않더라도 정치의 득실에 대하여 왕에게 진언할 수 있는 길이 항상 열려 있었고, 또 이 언로의 개방을 대단히 중시하였기 때문이다. 대간을 둔 것도 이를 제도적으로 보장하기 위한 것이었음은 말할 필요도 없고, 게다가 현실적으로 진언할 기회가 많지 않은 관리들의 의견을 듣는 윤대제(輪對制)가 시행되기도 하였다. 이같은 제도를 통하여 관리들이 문제를 제기했을 때, 왕이 이를 받아들이는가의 여부가 훌륭한 군주를 가늠하는 기준으로 인식되고 있었다. 이처럼 제도적으로 항상 언로가 열려 있었음에도 불구하고 교지를 통하여 다시 구언하는 데에는 상징적인 의미가 없을 수 없었다. 그것은, 뒤에서 구체적으로 언급하겠지만, 한마디로 왕이 '외천우민(畏天憂民)'의 민본정치 = 덕치를 행하고 있다는 사실을 내외에 알리는 정치적 행위였다.

그러나 구언이 민본정치의 상징적 표현이었다고 해서 민을 위한 실질적 의미가 전혀 없었다는 것은 물론 아니다. 왕이 구언교지를 내리면 이에 따라 여러 계층의 사람들이 응지상소를 올리게 되는데, 이 응지상소에서 제기되는 문제들은 당시 사회에서 가장 중요하고 시급히 해결해야 한다고 생각하는 것들이었다. 대부분의 경우, 재이라고 하는 위기적 상황을 맞아 시행하는 구언인 만큼 이에 따른 응지상소는 국가의 전 부문에 걸쳐 가장 절실한 과제를 담을 수밖에 없었다. 예컨대 왕의 수성(修省)을 비롯한 지배층의 자기반성에서부터 군역 · 공역 · 선군 · 노비 · 공물 · 환곡 · 남형 · 수령탐학 · 용관태거(冗官汰去) 등 민생과 직결된 문제에 이르기까

는 경우로 제한하였다. 간혹 사료에는 이 기준을 적용하더라도 구언에 포함시킬 수 있는지의 여부를 판단하기가 쉽지 않은 경우가 있는데, 이 때는 필자가 전후의 사정과 응지상소가 올라오는 상황 등을 고려하여 주관적으로 판단할 수밖에 없었다. 이 과정에서 생길 수 있는 오류와 함께 필자의 부주의로 인한 사료의 누락도 있겠지만, 그것이 구언의 전체적인 실상을 파악하는 데에 큰 영향을 미칠 정도는 아니라고 생각한다.

지 거의 모든 현안이 거론되었던 것이다. 이렇게 제기된 문제들에 대해서는 왕이 어떤 형태로든 해결하지 않으면 안되었다. 비록 구언이 상징적인 의미를 지닌 정치적 행위에서 출발했다고 하더라도 그에 따른 응지상소는 현실의 사회 문제를 제기하고 이의 해결을 요구한다는 점에서 상징으로만 그칠 수는 없는 것이었다.[5]

여기서는 먼저 고려시대의 구언에 대해 일별하고, 이어 조선 초기에 구언이 시행되는 과정과 왕대별 구언의 횟수를 살펴보기로 한다.

(1) 고려시대의 구언

구언제도는 이미 고려시대 초기부터 시행되었다. 이 시기의 사료에 의하면 유명한 최승로(崔承老)의 시무책은 성종의 구언에 따른 응지상소였다. 성종은 즉위한 초기에 경관 5품 이상을 대상으로 시정의 득실에 대해 봉사(封事)를 올리도록 하였는데, 이것이 고려시대의 구언으로는 사료상에 나타나는 최초의 것이다.[6] 이후 구언에 관한 기록은 대부분 단편적이고, 또 간헐적으로만 나타나기 때문에 고려시대의 구언에 대해서는 구체적으로 파악하기가 곤란하다. 따라서 먼저 구언의 시행과 관련된 전체의 자료를 정리한 <표 1>을 토대로 이 시기 구언의 실상을 살펴보도록 하겠다.[7]

---

5) 실제로 조선 초기의 많은 정책들이 구언을 계기로 시행되거나 또는 폐지되었는데, 이에 대해서는 별고에서 다루고자 한다.
6) 『고려사』 권93, 「열전」 6, 최승로 및 『고려사절요』 권2, 성종 원년 6월조.
7) <표 1>은 『고려사절요』를 이용해서 작성하였기 때문에 따로 전거를 제시하지 않았다. 물론 구언에 대해서는 『고려사절요』뿐만 아니라 『고려사』에도 관련 기록이 나오지만 후자에 비해 전자의 내용이 훨씬 많고 자세하다. 더욱이 『고려사』의 기록은 대부분 『고려사절요』에도 나오기 때문에 후자만을 이용해서 표를 작성했다고 하더라도 문제가 없을 것이다.

<표 1> 고려시대의 구언

시 기	동 기	대 상	진언범위	비 고
성종 1년 6월	卽位	京官5品以上	時政得失	응지상소
목종 6년 2월	乾坤之變 邊境之憂	京官5品以上	藥石之辭 時政得失	
현종 즉위년 7월		文官常參以上	時政得失	
문종 6년 5월		文武常參以上	時政得失	
문종 10년 9월	天變	百卿士	予過	
선종 3년 6월	旱魃	文武常參官 致政舊德 散仕3品以上	朕之過失 刑政之得失 民庶之弊瘼	응지상소
헌종 즉위년 8월	蝗蟲	群臣		
예종 1년 6월	亢旱	兩府近臣 臺省諫官 諸司知制誥	時弊	응지상소
인종 9년 3월		文官常參以上 翰林史官 國學 普文閣 式目 都兵馬 迎送都監 行營錄事 軍候員武官4品以上	軍國利害	
인종 12년 5월	天變 旱災	3品以上	弊政民瘼	응지상소
의종 16년 4월	久旱	文武4品以上	時政得失 民間利害	
명종 5년 4월	變亂 災變	省臺 諸司	人心和合之術	
고종 15년 8월	東眞數寇	文武4品以上 臺省6品以上	東眞制馭之術	
충렬왕 5년 11월	星變	宰樞 臺省	時政得失	
공민왕 11년 10월	地震	百官 守令	時政得失 民間利害	응지상소
공양왕 3년 4월	星變	大小臣僚	寡躬過誤 時政得失 民間利病	응지상소

* 비고란은 사료에서 응지상소의 내용을 단편적이나마 알 수 있는 경우를 표시한 것이다.

표에서 보듯이 고려시대의 구언은 성종대부터 공양왕대에 이르기까지 모두 16회가 시행되었다. 물론 실제로는 이보다 많았겠지만, 그렇더라도 조선시대에 비하면 아직 구언제도가 정상적으로 운영되었다고 보여지지는 않는다. 이는 사료에 응지상소의 내용이 남아있는 경우가 구언한 횟수의 절반에도 미치지 못하고, 더욱이 상소에서 제기된 문제에 대해 왕이 어떻게 조치하였다는 기록이 거의 나타나지 않는 것에서도 알 수 있다. 즉 구언을 계기로 관인층이 자신들의 견해를 적극적으로 공론화시켜 국정을 주도해 나간다거나, 왕도 또한 구언을 통치상의 문제점을 파악해서 이를 해결하려는 수단으로 생각했다고 여겨지지는 않는 것이다.[8] 따라서 고려시대에는 구언이 민본정치의 실질적 효과를 기대해서라기보다는 정치적 상징성만을 위해 형식적으로 행해진 것으로 생각된다.

이와 관련하여 한가지 더 지적할 수 있는 점은 무신란 이전에 행해진 구언이 11회로 무신란 이후의 5회에 비해 훨씬 많았다는 사실이다. 정치가 파행적으로 운영될 때에는 그 상징성마저도 기대할 수 없게 되어 민본정치는 무시될 수밖에 없었던 것이다. 한마디로 고려시대에는 왕의 통치행위에서 구언이 차지하는 비중이 낮았다고 할 수 있는데, 이는 정치이념으로서 유교의 민본사상이 아직은 현실정치에서 제대로의 기능을 수행하지 못하고, 이에 따라 민을 위한 정책이 적극적으로 추진되지 않았던 데에서 그 원인을 찾을 수 있을 것이다.[9]

---

8) 다만 성종과 공양왕대의 구언은 이같은 고려시대 구언의 일반적 경향과는 다른 점이 있다. 성종의 구언으로 시무책을 올린 최승로가 왕이 정치에 뜻이 있어 구언을 하였다고 생각한 점이나, 공양왕이 구언했을 때 김자수(金子粹) · 김초(金貂) · 정도전(鄭道傳) · 남은(南誾) 등 여러 관리들이 상소를 올려 적극적으로 개혁을 요구했다는 점이 그것이다. 그러나 나머지 경우는 대부분 위의 경향을 벗어나지 않는다. 비록 구언에 포함시키지는 않았지만, 충렬왕이 재추들에게 시정의 득실을 말하라고 했을 때 재추들이 올린 상서를 비밀로 하였다는 기록에서도 이같은 경향을 짐작할 수 있다(『고려사절요』 권19, 충렬왕 2년 12월조).
9) 고려시대 유교의 정치적 · 사상적 한계와 민본사상의 성격에 대해서는 이석규,

구언의 정치적 비중은 낮았지만 구언교지의 형식은 이미 이 시기에 정형화되었던 것으로 보인다.『고려사』를 편찬하면서 구언교지는 전문을 싣기보다 대체로 요약해서 기록하고 있는데, 다음은 그 중에서 비교적 자세한 내용을 담고 있는 것이다.

조(詔)하기를, "짐이 유명(遺命)을 받들어 외람되이 대위(大位)에 앉았으나 근래 변괴가 여러번 일어나고 한발이 재앙이 되어 불신(佛神)의 음호(陰護)와 군신(群臣)의 광보(匡輔)함에 힘입어 음양이 순조롭고 상하가 함화(咸和)하도록 스스로 반성하고 자책하여 여러번 사유(赦宥)의 은혜를 베풀었지만 아직도 비를 얻지 못하였으니 이는 대개 박덕한 소치이다. 그러나 여러 신하의 소행도 혹 의에 합하지 않거나 세상을 구할 만한 현재(賢材)가 버림받아 쓰이지 못할까 두려우니 너희 문무 상참관과 치사한 구신 및 산임(散任) 3품 이상은 각기 봉사(封事)를 올려 짐의 과실과 형정의 득실, 민서(民庶)의 폐막(弊瘼)을 직언하여 숨기지 말고, 또 충직 청렴하고 재덕이 있는 자를 각각 1명씩 천거할 것이며, 남녀 중으로 독행(篤行)하거나 효순(孝順)하고 효제(孝悌)치 못한 자, 관직에 있으면서 공도를 지키지 않고 법도를 요란케 하여 소민(小民)을 침해한 자도 아울러 함께 기록하여 알리라" 하였다.[10]

위의 구언교지에서는 구언을 하게 된 동기, 왕의 자책, 구언의 대상, 진언할 내용의 범위 등을 언급하고 있다. 고려뿐만 아니라 조선시대에도 구언교지를 작성하면서는 이 네 가지 사항을 담는 것이 일반적이었다. 이에 덧붙여 응지상소의 내용을 문제삼아 죄를 주지는 않겠다고 적시함으로써 언로를 보장하겠다는 왕의 의지를 밝히기도 하고, 상소가 왕에게 직접 전달될 수 있도록 실봉(實封)해서 올릴 것을 명시하기도 하였다. 응지상소를 실봉으로 올리는 형식은 고려시대에도 일반적으로 행해졌다고 할 수

「고려시대 민본사상의 성격」『국사관논총』 87, 1999 참조.
10)『고려사절요』권6, 선종 3년 6월조.

있으나 상소의 내용을 문제삼지 않겠다는 언급은 유일하게 공양왕 때의 구언교지에서만 나타난다.

그러면 고려시대에는 어떤 동기에서 구언을 하였으며, 구언의 대상과 진언의 범위는 어떠했는가. 이를 <표 1>을 통해 살펴보기로 한다.

먼저 구언의 동기를 보면, 성종이 즉위를 계기로 구언한 것과 고종이 변경을 자주 침범하는 동진(東眞)을 제어하는 방책을 묻는 구언을 제외한 나머지는 모두 재이가 구언의 동기로 되어 있다. 재이의 구체적인 내용은 가뭄·황충(蝗蟲)·성변·지진 등으로 분류할 수 있다. 그렇지만 건곤지변(乾坤之變)·재변과 같이 애매하게 표현된 경우는 그 내용을 파악하기가 곤란하다. 그런데 여기서 주목되는 중요한 사실은 재이의 내용이 무신란을 기점으로 확연히 달라진다는 점이다. 무신란 이전 의종대까지는 가뭄이 구언의 주된 동기였으나, 무신란 이후에는 가뭄 대신 성변·변란·지진 등이 동기로 나타난다. 가뭄이나 황충은 민의 농업활동에 직접적인 영향을 미치는 극히 중요한 재이임에도 불구하고, 무신란 이후 이를 계기로 구언한 기록이 없다는 점에서 당시의 정치가 얼마나 파행적으로 운영되었는지를 짐작할 수 있다. 이 시기의 지배층은 정치적 이념도 없이 권력투쟁에만 몰두하였기 때문에 민생의 안정보다는 자신들의 권력유지가 더 시급한 문제였다. 이같은 상황에서 왕의 죽음, 권력의 변동, 반역, 변란 등의 징조로 해석되는 성변이 가뭄보다 더 중요한 재이로 인식되는 것은 당연하였다.[11] 따라서 이 시기에는 민이 '정치적 배려'의 대상으로 인식되지 못했고, 그 결과는 장기간에 걸쳐 광범위하게 전개된 농민반란일 수밖에 없었다.[12] 구언의 동기와 관련하여 한가지 더 언급한다면 고려 전시기를 통하여 수재, 즉 장마로 인한 구언이 보이지 않는다는 점이다. 가

---

11) 성변에 대한 고려시대인들의 해석에 대해서는 이희덕, 『고려유교정치사상의 연구』(일조각, 1984), 66~86쪽 참조.
12) 이석규, 앞의 논문(1999), 176~178쪽.

뭄과 더불어 농사에 직접적인 영향을 미치는 장마가 구언의 동기가 되지 못했다는 것은 조선시대와는 다른 특이한 현상으로 지적할 수 있다.

다음에 구언은 누구를 대상으로 하였는가 하는 점이다. 표를 보면 백경사(百卿士)·군신(群臣)·백관·대소신료 등과 같이 관인층 전체를 대상으로 한 적도 있지만 대부분은 일정한 품계 이상의 관인들이나 특정 관직에 있는 사람들을 대상으로 하고 있다. 고려 초기에는 대체로 특정 관직보다는 문무의 구분없이 5품 이상의 상참관들이 대상이었으나 점차 대간직에 있는 관리들도 포함되었다. 아울러 고려 중기 이후에는 3~4품 이상으로 대상이 축소되는 경향을 보이다가 고려 말에 이르러 모든 관리가 대상이 되는 추세로 변하였다. 이로 볼 때 고려시대에는 주로 5품 이상의 관리나 대간들이 상층의 지배집단으로서 공론을 주도했음을 짐작할 수 있다.

마지막으로 진언의 범위를 보면, 거의 모든 부분에 걸쳐 자유로운 의견 진술이 가능하였음을 알 수 있다. 고종 때의 구언에서 동진을 제어하는 방책을 물은 경우를 제외하고는 왕의 과실을 비롯하여 시정득실(時政得失)이라든가 민간이해(民間利害) 등 진언할 내용에 제한을 두지 않았다. 그렇지만 상소의 내용이 문제시된 적이 없었던 것은 물론 아니다. 공민왕은 대간이 응지상소를 올려 자신의 허물을 지적하자 대간을 불러 힐책하였고, 공양왕이 구언했을 때 성균박사 김초(金貂)가 불교를 맹신하는 왕을 비난하자 왕이 그를 죽이려 했던 일도 있었다.[13] 그러나 두 경우 모두 구언에 따라 올린 상소의 내용을 문제삼아 죄줄 수는 없다는 주장에 의해 용서되었다.

이상에서 고려시대 구언의 특징은 다음과 같이 정리할 수 있을 것이다. 이 시기에는 유교의 정치이념으로서의 역할이 제한적이었기 때문에 구언

---

13) 『고려사』 권117, 「열전」 30, 정몽주; 『고려사절요』 권35, 공양왕 3년 5월조.

도 천인합일의 민본정치를 담보해내는데 별다른 역할을 하지 못하였다. 특히 무신란을 겪으면서는 민본정치보다 지배층의 권력유지를 위한 수단으로만 이용된 측면이 강하였다. 가뭄과 같은 민의 생활에 직접적인 영향을 미치는 재이가 지배층에게 심각하게 받아들여지지 않았다는 점에서 그렇다. 따라서 민은 정치적 배려의 대상으로 인식되지 못한 채 파행적인 정치운영만이 계속될 수밖에 없었다. 이처럼 구언제도가 기능면에서는 제대로의 역할을 못하였지만 구언교지의 형식은 이미 갖추어져 있었고, 구언에 따른 응지상소의 내용에 대해서는 문제삼지 않는다는 관행도 성립되었다. 아울러 고려시대 공론을 주도한 층이 대개 5품 이상의 관리였다는 사실도 이 시기 구언에 대한 분석에서 얻은 성과라 할 수 있을 것이다.

(2) 조선 초기의 구언

조선왕조가 개창되고 이를 주도한 층이 신흥유신이라는 사실은 이제 유교가 점차 새 왕조의 정치이념으로 자리잡게 되었다는 것을 의미한다. 이에 따라 구언도 전시대의 제약에서 벗어나 유교 정치이념을 구현하는 중요한 수단으로 인식되었는바, 무엇보다도 구언은 유교 정치이념 가운데서도 민본정치를 담보하기 위한 것으로 이용되었다.

유교 정치사상에서는 항상 천도와 인사를 일치시키는 천인합일(天人合一)의 정치를 지향하였는데, 천인합일의 정치는 그같은 관념이 형성된 중국의 주(周)왕조에서부터 '안민(安民)'을 기준으로 삼고 있다는 점에서 민의 발견과 대응해서 나타나기 시작하였다.[14] 만물의 주재자인 천(天)은 자신을 대신해 인사를 주재하는 군주에게 안민을 명함으로써 천도 = 천명

---

14) 平石直昭, 『天』, 三省堂, 1996, 28~29쪽.

의 내용을 구체화하였던 것이다. 이후 주자학이 성립되고 주재자로서의 천이 자연의 이법(理法)으로서의 천리(天理)로 전환한[15] 뒤에도 천인합일의 정치를 판단하는 기준은 여전히 안민이었다. 따라서 '대천이물(代天理物)'의 존재인 군주는 항상 민을 위한 민본정치를 행하지 않으면 안되었다. 더욱이 조선 초기에는 주자학을 받아들이면서도 천의 주재자적 성격만은 의도적으로 포기하지 않음으로써 민본정치는 보다 강조될 수 있었다.[16] 천을 주재자로 인식하는 한 군주의 자의적 통치는 제약되었고, 그것은 자연의 일탈현상인 재이를 통해 가능하였다. 즉 재이는 천도와 인사가 어긋난 결과로서, 주재자로서의 천이 군주에게 보내는 경고였던 것이다. 따라서 재이가 나타나게 되면 군주는 자신이 '외천우민'하고 있다는 상징적 표현으로 구언을 하였고, 이로써 다시 천인합일의 정치 = 민본정치를 이루고자 하였다.

이같은 구언제도의 민본적 성격은 조선 초기 구언교지의 전형이라 할 수 있는 다음 세종의 구언교지에서 선언적으로 나타난다.

> "내가 들으니 '인주가 부덕하고 정치가 불균하면 천(天)이 재이를 보여 다스려지지 못함을 경계한다'고 한다. 내가 보잘 것 없는 몸으로 신민의 위(位)를 의탁받아 밝음이 능히 비추지 못하고 덕이 능히 편안하게 못하여 수재와 한재로 흉년이 해마다 그치지 않아 백성이 수심과 고통을 겪고 호구가 유리하는데도 창고는 고갈하여 진휼할 방도가

---

15) 溝口雄三, 「中國儒教の10のアスペクト」 『思想』 792, 岩波書店, 1990, 8~9쪽.
16) 이석규, 앞의 논문(1996), 91~98쪽 참조. 한편 溝口雄三은 중국에서 이기론 철학이 흥기한 데에는 '천견(天譴)에서 천리(天理)로'라는 천관(天觀)의 전환이 요인이되었다고 하면서 조선이나 일본에서는 천관의 전환이 없었다는 점에서 엄밀한 의미의 이기론 철학이 존재했는가에 의문을 제기하고 있다(溝口雄三, 앞의 논문 참조). 조선에서 천관이 '천견 = 주재자적 천'에서 '천리 = 자연의 이법'으로의 전환이있었는지에 대해서는 구체적인 연구가 필요할 것이나, 적어도 15세기까지는 전면적인 천관의 전환이 이루어지지 않았음이 분명하다. 그리고 이 시기에 이기론 중심의 주자학이 관심을 끌지 못했던 것도 인정할 수 있다.

없다. 지금 정양(正陽)의 달을 당하여 다시 가뭄의 재앙을 만나게 되었다. 가만히 허물을 살피니 죄는 실로 나에게 있어 마음이 아프고 낯이 부끄러워 할 바를 모르겠다. 급히 바른 말을 들어 행실을 닦아 화기(和氣)를 부르려 하니 대소신료들은 각기 힘써 천의 경계를 생각하여 위로는 나의 잘못과 정령의 허물과 아래로는 전리(田里)의 휴척(休戚)과 생민의 이병(利病)을 거리낌 없이 뜻을 다해 직언하여 나의 외천우민(畏天憂民)의 지극한 생각에 부응할 것이다."[17]

　여기서 세종은 '외천우민'의 상징으로써 구언하는 것임을 분명히 밝히고 있다. 그는 우선 재이가 군주의 부덕과 정치의 잘못으로 인한 천의 경고라는 점을 언급하고, 따라서 재이의 책임은 자신에게 있다는 점을 인정하고 있다. 이어 재이로 말미암아 민이 고통받는 현실을 서술하면서 자신의 잘못을 반성하고, 구언을 통해 잘못된 정치를 바로잡아 민생을 안정시키려는 의지를 표명하고 있다. 그리고 이것이 천의 경고에 대해 자신이 '외천우민'하고 있음을 나타내는 것이라는 점을 분명히 하였다. 한마디로 구언을 통해 민본정치를 회복하고 이로써 천도와 인사를 일치시켜 재이를 극복하려는 것이다.

　이 구언교지는 구언의 동기, 왕의 자책, 구언의 대상, 진언 범위 등을 담고 있어 형식상 앞서 인용한 고려 선종의 구언교지와 다를 바가 없다. 그러나 내용적으로 볼 때는 상당한 차이가 있어 보인다. 가장 눈에 띄는 것은 세종의 경우 재이를 초래한 원인을 전적으로 자신의 책임으로 돌리고 있는데 비해 선종은 신하에게도 책임의 일부를 돌리고 있다는 점이다. 이 때문에 왕이 자책하는 강도에서 양자가 사뭇 다르다. 또한 그 결과 구언을 계기로 민본정치를 회복하겠다는 의지도 다르게 느껴진다. 이같은 차이가 나타나는 원인을 조선시대에 들어와 유교적 정치이념이 강조되는 시대적 상황의 변화와 관련시킨다고 해도 큰 무리는 없을 것이다. 조선

---

17) 『세종실록』 권20, 세종 5년 4월 을해조.

초기에는 전 시대와 달리 구언이 민본정치를 담보하는 실질적인 수단으로 기능하였던 것이다.[18]

한편 구언은 왕과 신하라고 하는 상하관계에 현실적으로 존재할 수 있는 의사소통의 어려움을 해소하는 수단으로도 인식되었다. 무소불위의 권력을 행사하는 것이 가능한 전제군주적 존재인 왕에게 신하가 자유롭게 자신의 견해를 개진하기는 사실상 쉬운 일이 아니었다. 더욱이 그것이 왕의 잘못된 정사와 관련된 것이라면 말할 필요도 없다. 그러나 유교 정치사상에서 요구하는 왕정은 왕과 신하가 함께 행하는 것이었다. 주자(朱子)는, 군주가 정사를 행하면서 반드시 대신과 함께 의논하여 공의(公議)의 소재를 파악할 것과 신하가 의논하면서 꺼리는 부분이 있어서는 안된다는 점을 강조하면서 이것이 고금의 상리(常理)라고 하였다.[19] 조선시대 가장 전제적 왕권을 행사한 군주 가운데 하나라 할 수 있는 세조조차도 인군과 백관은 함께 '대천이물'하는 존재라는 사실을 인정하고 있다.[20] 이처럼 왕과 신하는 왕정을 함께 하는 존재이기 때문에 흔히 원수(元首)와 고굉(股肱)의 사이로 비유되었다. 그럼에도 불구하고 이는 이념적 지향일 뿐, 현실적으로는 엄격한 상하관계인 양자 사이에서 자유로운 의사소통을 기대하기는 쉽지 않았다. 구언은 바로 이같은 어려움을 해소하는 중요한 수단일 수 있었고, 또 그렇게 인식되었다. 이를 새 왕조 개창의 주역인 정도전은 그의 『조선경국전』에서 다음과 같이 표현하고 있다.

---

18) 이에 대한 구체적인 근거는 아무래도 응지상소에 대한 연구를 통해 제시될 수 있을 것이다.

19) 『주자대전』 권14, 經筵留身面陳四事箚子, "至於朝廷 紀綱尤所當嚴 上自人主 以下至於百執事 各有職業 不可相侵 蓋君雖以制命爲職 然必謀之大臣 參之給舍 使之熟議 以求公議之所在 然後揚于王庭 明出命令而公行之 是以 朝廷尊嚴 命令詳審 雖有不當 天下亦皆曉然知其謬之出於某人 而人主不至獨任其責 臣下欲議之者 亦得以極意盡言 而無所憚 此古今之常理 亦祖宗之家法也"

20) 『세조실록』 권14, 세조 4년 11월 기축조, "蓋天生蒸民 立以司牧 天不能自有所爲 必借之人君 人君不能親督庶務 必委之百官 然則人主與百官 均是代天理物"

윗사람이 아랫사람에게 말을 구하고 아랫사람은 윗사람에게 글을 올린즉, 막힌 것이 뚫리고 가려진 것이 걷혀서 상하의 정이 통할 것이니 무슨 선한 것이 버려지며 무슨 원통함이 풀리지 않겠는가. 전하가 즉위한 처음에 조정의 5품 이상 아문에 명하여 각기 편민조획(便民條畫)을 진술하게 하고 그 중 가장 좋은 것을 택하여 (즉위)교서에 적어 중외에 포고하였으니 이로부터 비록 초야에 있더라도 글을 올려 정사를 말하는 자가 더욱 많아졌다.[21]

정도전이 생각한 구언은 '상하지정(上下之情)'을 통하게 하는 것이었다. 왕과 신하 사이가 막히고 가려져 왕정이 행해지지 않을 때 구언은 막힌 것을 뚫고 가려진 것을 거두는 역할을 한다는 것이다. 이같은 구언에 대한 인식은 당연히 언로를 넓히는 구실을 하였다. 구언교지나 응지상소에서 흔히 볼 수 있는 '개언로(開言路)'의 표현은 왕이든 신하든 모두가 구언이 상하의 정을 통하게 하여 언로를 여는 역할을 하는 것임을 인정하는 것이다.

구언이 언로를 넓히는데 기여했다면 그것은 일차적으로 응지상소의 내용을 문제 삼아 죄를 줄 수는 없다는, 고려시대에 이미 성립된 관행 때문이라 할 수 있다. 고려와 마찬가지로 조선 초기에도 응지상소의 내용에 대해서는 문제 삼지를 않았다. 태종은 응지상소에서 강무(講武)의 폐를 극언한 신하를 죄주려 하다가, 고려 말 정몽주가 구언하고서 죄를 주면 안된다고 하여 상소의 내용을 문제 삼지 않았던 적이 있었음을 예로 들면서, 죄를 묻지 않기도 하였다.[22] 이같은 관행은 구언교지에 명시되기도 하였지만, 비록 명시되지 않은 경우라 하더라도 응지상소의 내용을 문제 삼을 수는 없었다.

또한 구언의 대상이 광범위했다는 점과 진언 범위 또한 무제한이었다

---

21) 『조선경국전』 상, 「예전」, 求言進書.
22) 『태종실록』 권33, 태종 17년 2월 기미조.

는 관행도 언로를 넓히는 요인으로 작용하였다. 다음 장에서 구체적으로
살펴보겠지만, 조선시대 구언의 대상은 고려에 비해서 그 폭이 확대되어
'중외대소신료', '중외대소신민'이라고 표현되듯이 사실상 제한이 없어졌
다. 진언 범위는 특별한 경우를 제외하면 고려시대와 마찬가지로 애초부
터 제한이 없었다.

이처럼 구언제도와 관련된 몇 가지 관행들은 물론 언로를 넓히기 위한
것이었고, 이 때문에 구언을 하게 되면 신하는 거리낌 없이 말하고 왕은
그것을 용납하는 것이 덕목으로 인식되었다.

> 과감하게 말하여 숨기지 않는 것은 인신(人臣)의 굳센 절개이고, 너
> 그렇게 용납하여 어기지 않는 것은 인주의 성덕(盛德)입니다. 고로 언
> 책(言責)에 있는 자는 그 말이 비록 과하다고 하더라도 반드시 너그럽
> 게 용납해야 할 이유가 두 가지 있습니다. 오늘 만일 지나친 말 때문에
> 죄를 주면 내일 직언하는 자가 역시 두렵고 꺼려서 감히 진언하지 못
> 하니 언로를 막는 것이 하나이고, 말은 비록 지나치더라도 그 마음은
> 공실(公室)을 위해 충성한 것이니 아부하고 아첨하여 공실을 저버리
> 고 자신의 편함을 도모하는 자와 같지 않기 때문에 너그럽게 용납하
> 여 미래를 보아야 하는 것이 둘입니다. ……그러므로 반드시 악한 것
> 을 드러내지 않은 연후에야 선한 말이 올 수 있는 것이니 이는 성인이
> 호선(好善) · 구언하는 요도(要道)이며 만세 인군의 대법입니다.[23]

권근(權近)은 과감하게 말하여 숨기지 않는 신하의 절개와 너그럽게 용
납하여 어기지 않는 왕의 덕을 구언의 요체라고 말하고 있다. 이는 왕을
포함한 조선시대 지배층이 공유했던 인식이었다.[24] 이같은 인식 때문에

---

23) 『태종실록』권16, 태종 8년 11월 계축조.
24) 그렇다고 조선 초기에 응지상소의 내용 때문에 죄를 받은 경우가 전혀 없었던 것
   은 물론 아니다. 대표적인 예로 태종대의 교서교감 방문중(房文仲)과 성종대의 정
   윤정(鄭允貞) · 서감원(徐坎元)의 경우를 들 수 있다. 방문중은 태종의 비빈과 후궁
   의 문제를 거론하였는데, 이것이 사실과 다르다하여 죄를 받은 것이고(『태종실록』

응지상소에서는 자유로운 언론활동이 가능하였고, 이로써 조선시대의 언로는 넓혀질 수 있었다.

구언교지가 내려지면 구언의 대상자들은 응지상소를 올리게 되는데, 이는 물론 의무사항은 아니었다. 원하는 자만이 진언 범위 내에서 상소를 하였다. 상소문은 대개 실봉해서 올리도록 교지에 명시되는바, 실봉하게 되면 겉면에 '상전개탁(上前開坼)'이라고 쓰는데 이는 승지와 같은 왕의 측근들이 중간에서 상소문을 검열하거나 또는 왕에게 전달하지 않는 것을 막기 위한 것이었다.25) 즉 응지상소는 왕이 직접 개봉하거나 왕 앞에서 개봉하는 것이 원칙이었던 것이다. 그러나 실봉의 형식은 폐단도 있어 상소자가 다른 사람의 잘못을 헐뜯기도 하였고,26) 왕이 상소를 궁중에 두고 해당 부서에 내리지 않아 그 내용이 공론화되지 못하는 경우도 있었다.27) 그럼에도 이 원칙은 대체로 지켜졌다고 할 수 있다. 다만 상소문을 처리하는 방식은 왕대별로 약간의 차이가 있었다.

태조는 조정에서 상소문을 직접 읽거나 또는 듣고는 진언한 말에 대해 조목별로 대답하고 이를 상소의 끝에 써서 도당(都堂)에 내려 시행토록 하는 방법을 취하였다.28) 그러나 정종은 봉장(封章)을 조례상정도감에 내려 의논하게 한 뒤 다시 계문하는 방식을 이용하였다.29) 태종의 경우는 시행할 만한 조항을 의정부에 내려 여기서 의논하여 진언사목을 만들어

권36, 태종 18년 7월 갑인조), 정윤정은 후궁을 많이 들인 일로써(『성종실록』 권106, 성종 10년 7월 경오조), 그리고 서감원은 언사로 죄를 받은 정윤정을 거론하였다가 문제가 된 경우이다(『성종실록』 권170, 성종 15년 9월 갑진조). 이밖에도 몇차례 문제가 된 적이 있지만 대부분 응지상소로 인해 죄를 줄 수는 없다는 주장 때문에 후에 용서되었다.

25) 『예종실록』 권3, 예종 1년 2월 무신조.
26) 『세종실록』 권72, 세종 18년 5월 경인조.
27) 『세조실록』 권2, 세조 1년 8월 임술조;『세조실록』 권16, 세조 5년 6월 정묘조.
28) 『태조실록』 권14, 태조 7년 윤5월 정해조.
29) 『정종실록』 권2, 정종 1년 10월 을묘조.

올리면 이를 가지고 가부를 결정하였다.30) 그러나 진언사목이 자신의 마음에 들지 않으면 육조까지 포함하여 다시 의논토록 하기도 하였고,31) 육조직계제가 시행된 이후에는 육조와 승정원에서 함께 진언사목을 만들기도 하였다.32) 한편 응지상소가 많지 않을 때에는 이같은 과정을 거치지 않고 직접 처리하는 경우도 있었다. 세종대에도 의정부·육조가 의논하여 계달하는 방식이 이용되었다. 그런데 이같은 방식이 행해지면서 왕이 먼저 보지 않고 곧바로 유사(有司)에서 상소를 정리하여 사목을 만들어 보고하는 일이 발생하였다. 이 때문에 극간하지 않고 말을 숨기는 폐단이 생기자 세종은 친람하겠다는 점을 구언교지에 적시하기도 하였다.33) 그러나 이후에도 승정원에서 미리 상소를 보고 시행할 만한 조목에 표시를 하거나,34) 또는 주묵으로 지워 의논하지 않도록 한 경우가 있었다.35) 문종 이후 성종대까지도 왕이 먼저 읽고 유사에 내려 의논토록 하는 방식이 일반적이었다. 다만 문종은 의정부에, 세조는 의정부나 측근 대신들에게, 그리고 예종은 승정원에 의논하게 하는 등 의논 대상에만 차이가 있었다. 어린 나이에 즉위한 성종의 초기에는 세조비와 원상(院相)들이 논의를 주도하다가 성종이 친정한 뒤부터는 주로 의정부와 영돈녕부사 이상의 대신들과 의논하였다. 아울러 성종은 경연에서 경연관들과 상소에서 제기된 문제를 의논하거나 상소자에게 자신이 직접 결정사항을 통보하는 경우도 많았다. 짐작하건대 이는 성종대에 언관들의 활동이 활발해지면서 종전처럼 여러 관직에 있는 개인이 상소하는 경향은 줄어들고 대신 언론기관이 주로 응지상소를 올리는 변화와 관련된 것으로 생각된다.36) 어쨌

---

30) 『태종실록』 권8, 태종 4년 9월 정사조; 『태종실록』 권17, 태종 9년 6월 무진조.
31) 『태종실록』 권9, 태종 5년 6월 무자조.
32) 『태종실록』 권29, 태종 15년 6월 임오 및 경인조.
33) 『세종실록』 권72, 세종 18년 5월 경인 및 6월 을묘조.
34) 『세종실록』 권89, 세종 22년 4월 무술조.
35) 『세종실록』 권124, 세종 31년 6월 계축조.

든 조선 초기에 응지상소는 대체로 왕이 먼저 읽고 이를 유사에 내려 의논하게 한 뒤 진언사목을 작성하여 왕에게 올리면 왕이 결정하는 방식으로 처리되었다고 할 수 있다. 결정된 사항은 물론 해당 관서에 이첩하여 집행토록 하였다.

이제 조선 초기에 구언이 얼마나 행해졌는지를 왕대별로 살펴보면 다음의 <표 2>와 같다.

<표 2> 왕대별 구언 횟수

왕	재위기간	횟수	개월/횟수	왕	재위기간	횟수	개월/횟수
태조	6년 2개월	6	12(개월)	단종	3년 2개월	0	0
정종	2년 2개월	3	9	세조	13년 3개월	9	18
태종	17년 9개월	12	18	예종	1년 2개월	4	4
세종	31년 6개월	9	42	성종	25년 1개월	31	10
문종	2년 3개월	1	27	계	102년 6개월	75	16

표에 의하면 태조부터 성종대까지 102년 6개월 동안 모두 75차례의 구언이 행해졌다. 이를 산술적으로 계산하면 약 1년 4개월에 한 번씩 구언이 행해진 셈이다. 아울러 구언이 없었던 단종을 제외하면 세종이 3년 6개월 만에 한 번씩 구언한 것으로 나타나 구언의 빈도가 가장 낮았고, 반면에 예종은 4개월마다 구언하여 빈도가 제일 높았다. 그러나 10년 이상 재위한 태종·세종·세조·성종만을 대상으로 한다면 10개월에 한 번씩 구언한 성종이 가장 자주 구언한 왕이 된다. 태종과 세조는 1년 6개월에 한 번꼴로 구언하여 평균치와 거의 비슷한 셈이다.

그러나 이같은 산술적 결과만을 가지고 각 왕대마다의 민본정치와 언

---

36) 성종대에 응지상소의 주체가 변화되는 구체적인 양상에 대해서는 별고에서 다루겠지만, 당시에는 구언의 대상이 점차 확대되는 한편으로 응지상소를 올리는 층이 언관으로 제한되는 경향도 아울러 나타난다. 이같은 현상은 공론정치의 성격이라는 측면에서 주목할 만하다.

로의 개방 정도를 유추하는 것은 위험한 일이다. 구언이 가장 적었던 세종대에는 오히려 대간의 언론활동이 전대에 비해 크게 자유로웠고, 집현전 관리들조차 언관화됨으로써 신하들이 왕에게 진언할 기회는 매우 많아졌다.[37] 뿐만 아니라 진언의 기회는 이 시기에 활발했던 경연이나 윤대(輪對)를 통해서도 제공되었다. 때문에 세종은 재이가 발생하더라도 구언을 하기보다는 이로 인한 민의 피해를 최소화하기 위한 실질적인 조치를 강구하는데 힘썼다. 반면에 재위기간이 1년 2개월에 불과한 예종은 네 차례나 구언을 하였지만, 이 시기에는 언론활동이 극도로 위축되었다. 특히 예종은 거의 매 경우 응지상소의 내용을 문제삼아 상소자를 국문함으로써 구언의 기능을 마비시켰는바, 이로써 예종대에는 언로가 막히게 되었다.[38]

사실 신하들의 언론활동이 위축된 것은 이미 세조대부터였다고 할 수 있다. 잘 알려진 바와 같이 사육신 사건으로 집현전을 혁파한 세조는 이후 언관들의 상소를 무시하거나 언관의 수를 축소하는 등 언관들의 언론활동을 의도적으로 위축시켰다. 이 때문에 '상하지정'은 막히게 되었고 이는 세조 스스로도 잘 알고 있었다.

> 사헌부와 사간원에 전지하기를, "내가 즉위한 이후 언관이 진언(盡言)할 상황을 얻지 못하였다. 하나는 내가 일찍이 간액(艱厄)을 대비하느라 비록 민의 질고를 말하더라도 개의치 않았고, 하나는 내가 불교를 좋아하여 이에 대해 말하면 반드시 노하였으며, 하나는 작은 일을

---

37) 최승희,『조선초기 언관 · 언론연구』, 서울대 출판부, 1976, 69~153쪽.
38) 예종은 네 차례의 구언에서 세 차례에 걸쳐 다섯 사람의 응지상소를 문제삼아 국문하였다(『예종실록』권2, 예종 즉위년 11월 기사조; 12월 임진조;『예종실록』권3, 예종 1년 2월 무신조; 2월 갑인조; 3월 정해조). 세 경우는 상소에서 부왕인 세조대의 법을 비난하였다는 허물을 씌웠고, 나머지는 개인적인 일을 말한 경우와 승가(僧家)의 일을 말한 것이 문제가 되었다. 비록 다섯 사람 모두에 대해서 예종은, 구언에 따라 응지상소한 자를 죄줄 수는 없다고 하여 국문하는데 그쳤지만, 이 때문에 당시의 언로는 막힐 수밖에 없었다.

말하면 반드시 거절하며 '쇄쇄하다'고 하였고, 하나는 내가 위엄이 있
어 말하다가 득죄할까 두려워하기 때문이다. 이로써 진퇴하면서 의논
의 합부(合否)를 헤아리기 때문에 능히 직책을 다하지 못하여 그 폐단
이 오래된 것을 내가 알고 있다. 다만 바야흐로 경륜하면서 소절(小節)
에는 겨를이 없었을 뿐, 감히 조종의 고사를 잊지 않고 있다. 언관이
스스로 대체를 알지 못한 까닭이니 마땅히 국가의 대의를 본받아 알
면서 말하지 않음이 없게 하고, 오로지 임금을 본받아 안민을 생각하
여 융평에 이르도록 하라." 하였다.39)

여기서 보건대 세조는 대간의 언론활동이 위축된 까닭과 이들의 심리
까지도 속속들이 파악하고 있었다. 이같은 상황을 개선하려고 세조가 이
용한 방법이 곧 구언이었다. 이 사료에서는 분명하지 않지만, 세조는 위
와 같이 언급한 후 바로 구언하였음이 확실하다.40) 즉 언로를 열기 위한
수단으로 대간을 대상으로 구언하였던 것이다. 세조는 이후에도 두 차례
이상 '개언로'를 위해 구언하였는바, 언로가 막혀 있었음에도 불구하고 세
조대의 구언 횟수가 전체 평균치와 비슷하게 나타난 것은 이 때문이었다.
사실 좀더 구체적으로 세조가 구언했던 시기를 살펴보면 모두 아홉 번의
구언 가운데 세 번의 구언이 세조 11년에, 그것도 7월부터 9월까지에 몰
려 있다. 이 중 두 번은 '개언로'가 동기였고, 나머지 한 번은 확실치 않지
만 이것도 언로를 열기 위해 구언했던 것으로 짐작된다. 구언의 동기가
'개언로'였고 그것이 시기적으로 집중되어 있었다면, 이는 당시의 언로가
그만큼 막혀 있었다는 사실을 반증하는 것이며 아울러 언로가 막힌 상태
에서 행해진 구언이란 형식적인 것일 수밖에 없었음을 의미하는 것이라
할 수 있다.41) 이같은 상황은 예종대까지 계속되었다.

---

39) 『세조실록』권8, 세조 3년 7월 임신조.
40) 『세조실록』권8, 세조 3년 7월 무인조.
41) 세조대의 구언이 형식적이었다고 해서 현실정치에서 실질적인 의미가 전혀 없었
　던 것은 물론 아니다. 예컨대 세조 14년 5월 병술일의 구언교지에 따라 응지상소

그러나 어린 나이로 성종이 즉위하면서 분위기는 점차 호전되기 시작하였다. 성종대의 초기에 수렴청정한 세조비 정희대비(貞熹大妃)는 성종이 즉위한 직후 구언하였는데, 비록 말하는 것이 불중(不中)하더라도 죄주지 않겠다고 하였지만 20여 일이 지나도록 진언하는 자가 아무도 없었다.[42] 예종대에 응지상소로 화를 당하는 경우를 여러 번 목도한 신하들이 교지의 내용을 액면대로 받아들일 리가 없었던 것이다. 이같은 상황을 반전시키기 위해 구언하는 방식을 바꾸어 동서반의 3품 당상관들을 한 곳에 모아놓고 거의 강제로 시폐를 진술토록 하기도 하였지만,[43] 오랫동안 경색되어 온 언로를 하루아침에 열기란 쉬운 일이 아니었다. 성종이 과거의 책문에서 "내가 누차 구언하는 교서를 내렸으나 사람들이 감히 말하지 못하였다."[44]고 한 것이나, 구언교지에서 "내가 비록 누차 구언하였으나 직언으로 극간하는 자가 없었다."[45]는 말은 이같은 어려움을 토로한 것이었다. 그러나 신하들의 입장에서는 응지상소의 내용을 문제삼지 않겠다는 보다 분명한 보증이 필요하였다.

　　　무릇 조정의 궐실과 민생의 질고는 중외의 대소신료들로 하여금 실봉하여 계문토록 하되 경중은 승정원에 올리고 외방은 수령에게 올려

한 성균진사 송희헌(宋希獻)은 부세·의창·군적 등 10개 조항에 걸쳐 시폐를 지적하였는데, 이를 본 세조는 그 내용을 초록하여 해결책을 8도에 유시한 일도 있었다(『세조실록』권46, 세조 14년 6월 병오조).
42) 『성종실록』권1, 성종 즉위년 12월 무진 및 『성종실록』권2, 성종 1년 1월 병술조. 정희대비는 구언한 후 20여 일이 지난 뒤 진언한 자가 얼마나 있는지를 물었는데 승정원은 전혀 없다고 하였다. 그러나 다시 13일 정도가 지난 뒤의 기록에 의하면, 수령의 직을 제수받고 떠나는 자를 인견한 자리에서 정희대비는 진언자가 폐사(弊事)를 논한 것이 많다고 언급하고 있는 것으로 보아 승정원과의 문답 이후 신하들이 서둘러 진언하였음을 짐작할 수 있다(같은 책, 성종 1년 1월 기해조). 이로 보건대 이 때의 진언이 매우 형식적으로 이루어졌음을 알 수 있다.
43) 『성종실록』권2, 성종 1년 1월 정미조.
44) 『성종실록』권8, 성종 1년 10월 을축조.
45) 『성종실록』권13, 성종 2년 11월 임인조.

감사에게 전보하여 계달하는데, 말하는 바가 선하면 녹용하고 비록
혹 맞지 않더라도 또한 죄를 가하지 않도록 할 것.46)

이것은 구언교지가 내려지자 의정부에서 6개 조항의 응지상소를 올리
면서 첫 번째로 요구한 것이다. 응지상소로 인해 죄를 줄 수 없다는 관행
은 이미 확립되어 있었고, 이 관행 때문에 비록 예종대에 상소자를 국문
하면서도 종국에는 치죄하지 않았던 것인데도, 의정부에서는 응지상소의
내용을 문제삼지 말아야 한다는 점을 역설적이게도 응지상소에서 요구하
고 있는 것이다. 물론 이 요구는 받아들여졌고, 마침내 성종 3년 이후부터
점차 언로가 열리면서 구언제도도 정상화되었다. 이로써 보건대 성종대
초기의 집권층이 당면했던 '개언로'의 과제는 구언제도를 통하여 극복되
었다고 할 수 있다.

이후 성종대에는 이전의 어느 시기보다 구언을 통한 민의 수렴이 활발
하였고, 이 과정에서 사림에 의한 공론정치의 단서가 마련되었다. 물론
공론을 중시하는 정치는 조선 건국 초부터 강조되어 이를 '천하국가지원
기(天下國家之元氣)'로 인식하였지만,47) 사실상 성종대 이전의 공론을 주
도한 층은 극히 제한되어 대체로 왕이나 대신, 또는 언관에 한해 공론을
표방할 수 있었다.48) 간혹 유생들이 '벽이단(闢異端)'의 명분을 내세워 공
론에 참여하기도 하였지만,49) 그것은 어디까지나 국가 이념과 관련해서
언관 등과의 이해관계가 일치된 경우에만 가능한 일이었다. 그러나 성종
대에 이르러 구언제도가 정상화되면서 점차 구언과 관련된 관행들, 특히
누구나 그리고 무슨 내용이든지 상소할 수 있다는 것이 단지 관념이나 표
방이 아닌 사실로서 받아들여졌고, 이로써 무직의 유생들의 상소는 '국가

---

46) 『성종실록』 권13, 성종 2년 11월 을사조.
47) 『태조실록』 권2, 태조 1년 11월 병술조.
48) 최이돈, 앞의 논문, 3쪽.
49) 김돈, 앞의 논문.

지정(國家之政)'에까지 내용의 폭을 넓혀가게 되었다. 이 과정에서 사림에 의한 공론정치는 그 단초를 마련할 수 있었다. 예컨대 성종 9년에 있었던 주계부정 이심원(李深源)과 유학 남효온(南孝溫)의 상소는 주지하는 바와 같이 사림의 공론정치가 형성되는 과정에서 중요한 계기가 된 것이었다. 세조대의 훈신을 중용하지 말 것과 단종모인 소릉(昭陵)을 추복(追復)할 것 등 당시의 정치상황에서는 언급하기 어려운 민감한 문제들을 요구한 이들 상소는 결국 사림과 훈척이 대립하는 빌미를 제공하였고, 이 과정에서 도승지 임사홍(任士洪)은 포의(布衣)로서 '국가지정'을 논의하는 것은 불가하다고 하였지만,[50] 마침내 그는 실각하였다. 그런데 이들 상소는 모두 구언에 따른 응지상소였다. 초기 사림이라 할 수 있는 이들은 구언을 계기로 '국가지정'에 적극 참여하고자 했던 것이다.

이상에서 볼 때 구언제도가 곧바로 민본정치나 언론활동의 척도가 되는 것은 아니었다고 하더라도 그것들을 담보해내는 수단으로는 유용하게 이용되었음을 알 수 있다. 특히 성종대에는 구언을 통해 언론이 활성화되었고, 아울러 누가 무슨 문제를 제기하든 달리 제한을 두지 않던 구언 관행으로 인해 정치참여층이 확대됨으로써 사림에 의한 공론정치의 단초가 마련될 수 있었다.

3. 구언교지의 분석

(1) 구언의 동기

구언은 재이를 계기로 시행하는 것이 일반적이었다. 그러나 재이의 종류도 여러 가지였고 또 예외적인 경우도 있어 이를 구체적으로 살펴보고,

---

50) 『성종실록』 권91, 성종 9년 4월 기해 및 병오조.

아울러 각 왕대마다 나타나는 특징을 알아보기로 한다. 우선 조선 초기에 행해진 구언의 동기를 표로 작성하면 다음과 같다.

<표 3> 왕대별 구언의 동기

동기 \ 왕		태조	정종	태종	세종	문종	단종	세조	예종	성종	계
재	旱災			6	8					11	25
	水災			1				1		1	3
	風雨雷電	2	1	3				2		9	17
	雨雹		1							2	3
	早霜									2	2
	土雨									1	1
이	星變	1		2						3	6
	地震									1	1
	失火				1						1
	海水變赤				1						1
	기타				1				1		2
소계		3	2	15	8	0	0	3	1	30	62
卽位		1	1					1	3	1	7
國防				1	1						2
薦舉						1					1
開言路								3			3
民風不古										1	1
無進言者										1	1
不明		2	1	1				2			7
소계		3	2	2	1	1	0	6	3	4	22
총계		6	4	17	9	1	0	9	4	34	84

* 구언의 동기가 복수일 경우가 있는데, 이는 별개로 계산하였다. 따라서 <표 2>의 전체 구언 횟수 75회는 모두 84가지의 동기로 인해 행해진 것이 된다.
* 기타는 '災異'로만 표시된 경우와 예종대 '白鳥飛集後苑'으로 인해 구언했다가 나중에 재이가 아닌 祥瑞라 한 경우이고, 不明은 구언의 동기를 알 수 없는 것이다.

이 표는 구언의 동기를 재이와 재이가 아닌 경우로 구분해서 작성하였는바, 모두 84건의 동기를 추출하였다. 우선 전체적으로 볼 때 동기가 불

명확한 7건을 제외한 77건 가운데, 재이가 동기인 비율이 약 80%에 해당하는 62건에 이른다. 이같은 수치는 구언이 재이를 계기로 행해진다는 일반적 인식을 확인시켜 주는 것이다. 그렇지만 재이가 아닌 이유로 구언한 비율도 무시할 정도는 아니다. 특히 즉위·국방·천거·개언로·민풍불고(民風不古) 등 그 동기가 다양한데, 이는 필요하다면 어떤 경우든 구언을 할 수 있었음을 말해주는 것이다.

다음에 재이가 동기인 경우를 구체적으로 살펴보자. 재이 가운데에는 역시 한재가 가장 높은 비율을 차지하고 있지만(40%), 수재는 3건에 불과하다. 오히려 풍우뇌전의 비율이 의외로 높다(27%). 그러나 풍우뇌전 가운데 상당수는 사실상 수재와도 관련된 것으로 볼 수 있는 것들이다.[51] 따라서 민생과 직결된 수·한재를 당시의 지배층은 가장 커다란 재이로 여겼다고 할 수 있다. 이는 어찌 보면 당연한 결과로 받아들여질 수도 있겠지만, 고려시대와 비교하면 그렇지도 않다. 즉 고려시대에는 민생과 관련된 재이 못지않게 지배층의 안위와 관련된 재이가 중시되었지만, 조선시대에 들어와서는 민생과 직접적인 관련이 없는 성변·지진·실화 등의 재이는 상대적으로 중시되지 않았던 것이다. 특히 성변으로 인한 구언이 고려에 비해 현격하게 줄어든 것은 주목할 만하다.[52] 이는 세종대에 천문

---

51) 표를 작성하면서 풍우뇌전(風雨雷電)의 항목으로 묶은 재이에는 뇌진·뇌전·대풍·폭우·뇌우·풍우·음려(陰沴) 등이 있다. 이 중에서 사료상 뇌진·뇌전으로만 기록된 것은 비를 동반한 것인지가 불투명한데, 이 경우는 모두 9건이다. 이를 제외하면 17건의 풍우뇌전 가운데 8건은 비를 동반한 셈이 된다. 아울러 풍우뇌전으로 구언한 시기를 보면 17건 가운데 8건이 여름·가을에 행해졌고, 나머지 9건은 봄·겨울에 행해진 것이다. 이로써 보건대 풍우뇌전이 문제된 경우, 절반 정도는 상당량의 비를 동반했던 것으로 추측할 수 있다.

52) 부족한 자료에 근거한 것이지만, <표 1>에 의하면 고려시대 구언의 동기를 알 수 있는 경우는 모두 15건이다. 이 중 재이가 동기인 경우는 12건이고, 다시 이 중에서 재이의 구체적 내용을 알 수 있는 경우는 10건이다. 10건 가운데 성변과 천변이 각각 2건씩이다. 천변은 조선 초기에는 한재·수재를 포함한 거의 모든 재이를 표현하는 말로 사용되었지만, 고려 전기에는 주로 성변을 천변으로 표현하였다. 문

학이 발달하면서 점차 성변을 재이로 여기지 않게 된 데에도 원인이 있었을 것이다.[53]

한편 10년 이상 재위한 태종 · 세종 · 세조 · 성종대의 왕대별 특징을 살펴볼 때, 가장 먼저 눈에 띄는 것은 세조대의 경우이다. 재이로 인한 구언과 재이 이외의 이유로 구언한 비율이 전체적으로 4:1 정도였는데, 유독 세조대에는 3:4로(不明 제외) 오히려 재이 이외의 이유로 구언한 경우가 더 많다. 태종이나 세종 · 성종의 경우는 각각 15:1, 8:1, 30:3으로서 전체 평균보다도 훨씬 재이로 인한 구언이 많다. 단순히 이 비율만을 놓고 본다면 세조대에는 재이가 유난히 발생하지 않았거나, 또는 세조가 재이에 대해서는 민감하지 않았다고 할 수도 있다. 그러나 전자 즉 세조대에 유독 재이가 많지 않았다는 것은 받아들이기 어렵다. 한국은 기후 조건상 거의 매년 수재와 한재를 겪었기 때문이다.[54] 그렇다면 세조가 재이를 민감하게 받아들이지 않았다고 할 수 있는데, 이는 가능한 이야기이다. 그런데 유교의 천인합일론에서 재이는 왕의 전제권을 견제하는 수단으로 인식되었고, 이를 통해서 천인합일의 정치 = 민본정치를 실현하고자 했다는 점을 상기한다면, 그리고 세조가 재이를 민감하게 받아들이지 않았다는 것이 사실이라면 이것이 의미하는 바는 자명하다. 세조의 전제정치를

종과 인종 때의 천변도 성변을 의미하는 것이다. 따라서 고려시대 성변은 모두 4건이라 할 수 있다. 그러나 조선 초기의 경우는 재이 62건 가운데 성변은 6건에 불과하다.

53) 이태진, 「고려~조선 중기 천재지변과 천관의 변천」『한국사상사방법론』, 소화, 1997, 121~123쪽.

54) 한 연구에 따르면 태조부터 연산군대까지 115년 동안 가뭄의 재해가 없었던 해는 불과 13년뿐이다. 거의 매년 가뭄이 들었다고 해도 지나치지 않다. 그런데 흥미로운 것은 13년 가운데 10년이 세조와 연산군대에 해당한다. 양대의 정치가 파행적으로 운영되었다는 점을 고려하면 실제로 이 시기에 가뭄이 없었다고 보기는 어려울 것이다(Seong—rae Park, "Portents in Korean History", JOURNAL OF SOCIAL SCIENCES AND HUMANITIES No.47, THE KOREAN RESEARCH CENTER, 1978, 65쪽의 Table 2 참조).

견제할 수단이 없었다는 것이다. 세조대에 언론활동이 마비되었고 '개언로'의 수단으로 행해진 구언만 3번이나 된다는 사실은 이같은 추측을 사실로 확인시켜 준다.

세종대의 경우도 특징적이다. 세종은 재위기간에 비해 구언한 비율이 가장 낮은데, 그런데도 구언의 동기는 한재에 집중되어 있다. 재이가 발생했을 때 취하는 조치로는 구언 이외에도 기우제나 사유 등이 일반적으로 행해졌는데 세종대에는 이런 조치도 다른 왕대에 비해 빈번히 행하지 않았다. 특히 사유는 오히려 민을 해칠 수 있다는 이유로 자제하였다.[55] 대신에 세종은 실질적으로 민에게 도움이 되는 조치를 행하였다. 세종대에 막대한 양의 진휼곡이 방출되었다는 사실이 이를 말해준다.[56] 따라서 세종대에 구언의 동기가 한재에 집중된 것은 세종이 민생과 직결된 한재를 얼마나 큰 재이로 인식했는가를 짐작하게 해준다. 정도의 차이는 있겠지만, 이는 태종이나 성종도 마찬가지였다고 할 수 있다.

(2) 구언의 대상

여기서는 구언의 대상을 살펴보도록 한다. 구언이 정치참여층의 확대에 중요한 계기를 제공했다면, 그것은 이 문제와 직접적인 관련이 있을 것이다. 이 역시 구언교지에 명시되어 있는 대상을 먼저 표로 작성한 다음 이를 토대로 논의를 진행하도록 한다. 다음의 <표 4>가 그것이다.

---

55) 세종은 1년에 한번 꼴로 사유하였는데, 이는 재위기간에 비해 사유한 횟수가 가장 낮은 것이다. 반면 세조는 1년에 3.5회를 사유하여 가장 높다. 특히 세조는 소재(消災)를 위한 사유보다 은전(恩典)을 위한 사유를 빈번히 행하였다. 이는 자신의 무단적인 통치를 상쇄하려는 의도 때문으로 보인다(이석규, 「조선초기 제천례와 사유제」『사학연구』 54, 1997, 100~103쪽 참조).
56) 김훈식, 『조선초기 의창제도연구』, 서울대 박사학위논문, 1993, 77~81쪽 참조.

<表 4> 왕대별 구언의 대상

왕	구 언 대 상	구언횟수
태조	5品以上衙門 都評議使司 宰相 兩府 不明(2)	6
정종	大小臣僚 兩府/百司 不明(1)	3
태종	中外大小臣僚/閑良/耆老 大小臣僚/閑良/耆老 時散六品以上 百官 六曹/臺諫 臺諫/刑曹 時散 時散二品以上/各司在位者 功臣/諸君/時散兩府/六曹/臺諫 各司/二品以上 議政府/六曹/三功臣/三軍都摠制/藝文館/臺諫 議政府/六曹/臺諫/各司	12
세종	大小臣僚/閑良/耆老 大小臣僚 大小臣僚 中外時散大小臣僚 時散各品 時散東西班四品以上 時散各品 東班各品/西班四品以上 東班時散各品/西班時散四品以上	9
문종	東班時散六品以上/西班時散四品以上	1
세조	中外文武百寮/下至民庶 議政府/六曹堂上 臺諫 三品以上 大小臣僚 大小官吏/閑散人 不明(3)	9
예종	中外大小臣僚 宗親/宰樞 大小臣僚 不明(1)	4
성종	中外大小臣僚 東西班三品堂上官 大小臣民 中外 庶僚 在位公卿士大夫 在位臣僚 中外臣僚 中外大小臣僚/間巷小民 中外大小臣民 中外大小臣民 中外 大小臣僚 大小臣僚 弘文館 承政院 京外人 中外大小臣僚 中外臣民 在位臣僚 中外 凡百有司 中外大小官吏/閑散人員 大小臣民 中外 凡百臣僚 中外大小官/閑散人員 中外大小官吏/閑散人員 中外大小臣民 不明(2)	31
계		75

* 구언한 순서에 따라 구언의 대상을 순서대로 모두 기록하였다. 다만 구언의 대상을 알 수 없는 경우는 '不明'이라 하여 맨 마지막에 기록하고 괄호안에 不明인 횟수를 적었다.
* 구언교지에 구언의 대상이 복수로 되어 있는 경우는 '/'으로 구분하였다.

이미 <표 1>에서 보았듯이, 고려시대에는 대체로 5품 이상의 관리나 대간들이 구언의 대상이었다. 이러한 경향은 조선이 건국된 뒤에도 일정 기간 계속되었다. 태조대에 5품이상 아문이나 도평의사사 · 재상 · 양부 (문하 · 중추부) 등이 구언의 대상이었음이 이를 말해 준다. 그러다가 정 종대부터 태종대 초기까지 잠깐 구언의 대상이 대소신료 · 백사(百司) · 한량 · 기로 등으로 확대되었지만, 태종대 중반 이후에는 다시 구언의 대상이 제한되었다. 특히 이 시기에 태종은 육조와 대간을 구언의 대상에 별도로 명시하는 경우가 많았는데, 이는 왕권강화를 위해 태종이 육조 중심의 정치운영을 추진했던 것과 관련이 있을 것이다.57) 아울러 공신을 대상으로 한 경우가 유독 태종대에만 나타나는 것도 특징이라 할 수 있다.

그러나 세종대에 이르면 구언의 대상이 지속적으로 확대되는 추세가 자리잡기 시작한다. 우선 특정 관직자를 대상으로 한 구언이 나타나지 않는 반면에 대소신료나 시산각품(時散各品)과 같이 보다 폭넓은 층이 주대상이 되고 있다. 또한 중앙뿐 아니라 지방의 신료들까지를 대상에 포함시키는 분명한 의미로서 '중외(中外)'라는 표현이 등장하는데, 이때에는 구언교지를 전달하기 위해 각지로 교서별감(教書別監)이 파견되었다.58) 그러나 아직 일반화된 것은 아니고, 특정 관직자를 대상으로 한 구언만 사라졌을 뿐 일정한 품계 이상을 대상으로 하거나 동·서반에 차등을 두는 경향도 남아 있다. 이후 문종부터 예종대까지는 비록 의정부·육조당상이나 대간·재추 등을 대상으로 한 구언이 있기는 하지만, 전체적으로는 전대의 경향이 계속되었다고 할 수 있다. 특히 세조대에 민서(民庶)까지를 구언의 대상에 포함시킨 경우가 처음으로 나타나는 점은 특기할 만하다.

그러다가 구언의 대상에 거의 제한을 두지 않는 관행이 확립된 것은 성종대에 이르러서였다. 이 시기에는 특정 관직이나 특정 품계 이상을 대상으로 한 구언이 거의 사라졌다. 대신에 중외대소신료·대소신민·중외·서료(庶僚)·경외인(京外人)·범백유사(凡百有司)·범백신료(凡百臣僚)

---

57) 태종이 육조의 권한을 강화시키는 시기는 태종 5년(1405)부터로 알려져 있는데 (한충희, 「조선초기 육조연구」 『대구사학』 20·21, 1982, 186~187쪽), 육조가 별도로 구언의 대상에 포함된 것은 그 이듬해인 태종 6년 7월의 구언부터이다(『태종실록』 권12, 태종 6년 7월 경술조).

58) 태종대에도 '중외'의 대소신료를 대상으로 한 경우가 한 번 있었지만, '중외'의 대소신료를 대상으로 한 구언교지가 지방에까지 반포되고 있음을 알려주는 분명한 사료는 세종대에 처음 나타난다(『세종실록』 권32, 세종 8년 5월 기해조).

등 보다 포괄적인 표현의 사용이 보편화되었다. 특히 주목되는 것은 중외·경외와 같이 중앙과 지방을 구분하지 않는 명백한 표현이 자주 사용되고 있다는 점이다. 이전의 재경 품관을 주 대상으로 한 듯한 표현과는 다른 것이다. 물론 성종대 이전에 '중외'라는 표현을 사용하지 않은 경우에도 지방관이 응지상소한 경우가 전혀 없었던 것은 아니다.[59] 그러나 이같은 분명한 표현이 일상화되면서, 이제 응지상소는 서울이든 지방이든 어느 곳에 거주하든지 할 수 있다는 인식도 함께 확대되었을 것으로 짐작된다.

한편 '대소신민' 등의 용어가 빈번히 나타나는 것도 주목된다. 여기서의 '신민'이 지칭하는 범위가 어디까지 해당되는지는 불확실하지만 '신료'보다는 넓었으리라 짐작된다. 이에 대해서는 중외대소신료와 여항의 소민(小民)까지를 대상으로 한 성종 9년의 구언교지가 이해에 도움을 줄 수 있다.[60] 즉 '신료'와 '소민'을 구분하여 양자 모두를 구언 대상으로 한 것인데, 그렇다면 '신민'은 '신료'와 '소민'을 포괄한 용어가 아니었을까. 이것이 맞다면 '신민'을 대상으로 한 구언에서는 품관이 아니더라도 상소할 수 있었다는 말이 된다. 이를 확인하기 위해 응지상소를 검토해보니 실제 품계가 없는 생원·진사·유학(幼學) 등이 상소한 경우는 대부분 구언의 대상이 '신민'으로 표현된 경우였다. 심지어 '신민'을 대상으로 한 구언에서 공노비가 상언한 경우도 있었다.[61]

결국 성종대에는 '중외'·'신민' 등 구언의 대상을 확대하는 분명한 표

---

59) 예컨대 문종대에 동반 시산육품이상과 서반 시산사품이상을 대상으로 구언했을 때 지방관이 대거 응지상소한 경우가 있다. 그러나 이는 문종이 즉위한 초기에 적극적으로 국정을 수행하면서 광범위하게 인재를 구하고자 한 결과라 생각된다. 이외에 지방에 거주하는 신료가 상소한 경우는 별로 드러나지 않는다.
60) 『성종실록』 권91, 성종 9년 4월 임진조.
61) 사재감 노 문검동(文檢同)이 간경도감을 혁파할 것을 청한 상언이 그것이다(『성종실록』 권6, 성종 1년 7월 계묘조).

현을 사용함으로써 지방에 거주하는 자로서 품관이 아니더라도 상소를 통해 정치에 참여할 수 있는 길이 열렸던 것이다. 지방에 거주하는 품관이 아닌 자라면 바로 초기 사림의 처지와 같은 것이 아닐까. 사림이 등장할 수 있는 토대는 성종대의 구언에 의해서도 일정 부분 마련되었다고 한다면 지나친 억측일까. 물론 상소한 사람들에 대한 보다 면밀한 검토가 선행되어야 하고, 또 구언교지에서의 표현만으로 속단하기는 어렵겠지만,62) 적어도 구언제도로 인해 응지상소는 누구든지 할 수 있다는 인식이 확산되어갔다고 할 수 있다.

(3) 진언의 범위

구언교지에서는 상소할 내용의 범위를 명시하는 것이 관행이었다. 그 범위는 구언의 동기가 무엇이냐에 따라 달랐다. 재이 때문에 구언하는 경우, 진언의 범위는 생민휴척(生民休戚) · 시정득실(時政得失) · 민간이해(民間利害) · 과궁궐실(寡躬闕失) · 시폐(時弊) · 군덕지실(君德之失) · 당거지폐(當去之弊) · 가언지사(可言之事) · 미재지책(弭災之策) 등등 여러 가지로 표현하지만 대체로 왕 자신의 궐실, 정사의 득실, 민생의 질고 등 세 가지로 구분할 수 있다. 그러나 이러한 구분은 그다지 의미가 없다. 이

---

62) 사실 구언교지에서 구언의 대상을 표현한 '대소신료' · '대소신민' 등의 용어가 엄밀하게 구분되는 것인지는 확실치 않다. 몇 가지 예외가 발견되기 때문이다. 예컨대 성종 15년 8월의 생원 서감원(徐坎元)의 상소는 '대소신료'를 대상으로 한 구언에 따른 것이었고(『성종실록』 권165, 성종 15년 4월 갑술 및 8월 병진조), 세종대에 '중외시산대소신료'를 대상으로 한 구언에서는 노비[僕隸]가 상언하기도 하였다(『세종실록』 권32, 세종 8년 5월 기해 및 갑진조). 특히 후자의 예는 노비도 '대소신료'에 포함될 수 있다는 점에서 주목된다. 그렇다면 '대소신료'는 '대소신민'과 구별되는 것이 아니라 국가의 통치와 관련해서 그 통치의 대상이 되는 모든 사람들을 지칭할 때 관용적으로 사용된 것일 수도 있다. 이처럼 예외가 있기는 하지만, 대부분의 경우는 앞서의 구분이 적용되고 있다.

세 가지에 대해 진언할 수 있었다면 그것은 실제로 거의 모든 국가의 현안을 문제삼는 것이 가능하기 때문이다. 즉 재이로 인해 구언하게 되면 진언할 내용에 대해서는 제한을 두지 않았던 것이다. 그러나 재이가 아닌 특정한 동기에 의해 구언했을 경우는 물론 그 동기와 관련된 내용으로 진언의 범위가 제한되었다. 예컨대 '군려지사(軍旅之事)'로 구언했을 경우는 '비양향광저축지도(備糧餉廣儲蓄之道)'로 제한한다든가, '민풍불고(民風不古)'가 동기라면 '역속지술(易俗之術)'을 진언토록 한다든가 하는 것이 그것이다.

그러나 응지상소에서 진언할 수 없도록 유일하게 제한을 둔 내용이 있다. 그것은 상소자의 사적인 문제를 거론하는 것이다. 구언이 왕의 잘못이나 국가 정책·민생의 문제를 해결함으로써 유교적 왕도정치를 회복하고자 시행하는 것이라면 개인의 사적인 문제를 제한하는 것은 당연하였다. 구언교지에 명시되어 있는 것은 아니지만 이는 불문율처럼 받아들여졌다.[63] 사적인 문제는 다른 절차를 거쳐 상언할 수 있는 길이 있었던 것이다.[64]

이처럼 진언 범위는 그것이 개인의 문제만 아니라면 원칙적으로 전혀 제한이 없었다. 부득이 특정 사안을 거론하지 못하게 제한한 적이 있었지만, 그것은 전체 구언에서 단 한 차례에 불과하였다.[65] 구언의 이같은 성격 때문에 국가의 중요한 정책을 강력히 추진할 필요가 있을 때에는 이에 대한 비판을 사전에 피하기 위해 구언을 해야 할 시기임에도 불구하고 이를 포기하는 경우도 있었다.

---

63) 『성종실록』 권95, 성종 9년 8월 임인조.
64) 개인적인 문제는 해당 관청에 소장을 올리고, 해당 관청에서 청리하지 않을 경우에 상언토록 되어 있었다(『예종실록』 권3, 예종 1년 2월 무신조).
65) 태종 18년에 가뭄으로 구언하면서 선군·보충군·노비의 일에 대한 상소를 제외시킨 것이 이에 해당한다(『태종실록』 권36, 태종 18년 7월 기유조).

왕(태종—인용자)이 말하기를, "구언이 비록 절실하더라도 즉시 거행하지 않고 고각(高閣)에 묶어 두면 한갓 문구(文具)에 불과할 뿐인데, 또한 저화(楮貨)의 폐단과 노비의 일을 말하게 되면 이를 어떻게 처리해야 하는가." 신개(申槪)가 대답하기를, "저화와 노비 등 두 가지 일에 대해서는 진술하지 못하게 하는 것이 가합니다." 왕이 이르기를, "명목은 구언한다면서 말하지 못하게 한다면 이는 또한 구언의 체모가 아니다. 아직은 구언하지 말고 우선 종묘 사직 토룡에 정결한 제물을 베풀고 기우제를 행함이 좋겠다."66)

태종은 당시 저화(楮貨)의 통용과 노비변정사업을 의욕적으로 추진하던 중이었는데, 마침 가뭄이 들어 구언하려 했지만 이로 인해 추진 중인 정책이 방해 받을까 우려하여 결국은 구언을 포기하였다. 이는 바꿔 말하면 구언에서는 진언의 범위에 제한이 없었고, 또한 그것이 형식에만 그치는 것이 아니었음을 말해 주는 것이라 할 수 있다. 이같은 구언의 성격이 조선 초기 민본정치의 확립과 언론 기능의 활성화에 기여했으리라는 점은 재론할 필요가 없을 것이다.

4. 맺음말

지금까지 조선 초기의 구언제도를 민본정치의 담보와 언로의 확대라는 측면에 초점을 맞추어 구언교지의 내용 분석을 통해 살펴보았다. 이제 이를 요약하면서 구언제도가 현실 정치에 미칠 수 있는 영향에 대한 간단한 전망을 덧붙이는 것으로 결론을 삼고자 한다.

구언은 통치의 궁극적 책임이 있는 왕이 정치의 잘못된 점이 무엇인지를 물어 시정하려는 정치적 행위이다. 그것은 주로 재이를 계기로 행해진

---

66) 『태종실록』 권21, 태종 11년 6월 계묘조.

다는 점에서, 그리고 유교적 재이관에서는 재이가 군주의 자의적 통치를 제약하는 천(天)의 경고로 인식되었다는 점에서 천도(天道)와 인사(人事)를 일치시키는 천인합일의 정치 = 민본정치를 회복하기 위한 수단이었다. 구언이 민본정치를 담보할 수 있었던 것은 이 때문이었다. 한편 구언은 왕이 자신의 잘못을 인정한 바탕에서 신하들의 의견을 묻는 행위였기에 왕과 신하라는 상하관계에 현실적으로 존재하는 의사소통의 어려움을 해소하는 수단이기도 하였다. 구언이 언로의 확대에 기여할 수 있었던 것은 이 때문이었다.

민본정치의 담보와 언로의 확대라는 구언의 목적이 달성되려면 구언의 대상과 진언 범위에 제한이 없어야 하고, 아울러 진언한 내용에 대해서는 문제삼지 말아야 한다는 전제가 필요하였다. 이같은 전제의 필요성은 고려시대부터 인식되고 있었지만, 유교적 정치이념이 확립되지 못한 상황에서 그것의 현실 정치에의 적용은 제한적일 수밖에 없었다. 민생과 직결된 재이보다는 권력의 변동으로 해석되는 재이가 구언의 동기로 더 중시되었고, 그 대상도 주로 5품 이상의 관리로 제한되었다는 것이 이를 말해 준다. 그러다가 조선이 건국되면서 구언제도는 점차 활성화되었고, 그것은 이같은 제한을 허무는 과정이었다.

제도 그 자체만으로 본다면 조선 초기의 구언은 유교적 정치이념에 따라 별다른 굴곡 없이 시행되었다고 할 수 있다. 민생과 직결된 재이가 구언의 동기로 중시되었고, 구언의 대상도 점차 확대되고 있었다. 그렇지만 세조와 예종대의 무단정치는 구언의 정치적 기능을 마비시킴으로써 특히 언로의 폐색을 초래하였다. 구언제도가 행해졌다는 것이 곧바로 민본정치나 언로의 확대를 보장해 주는 것은 아니었던 것이다. 전제왕조에서 그것은 왕의 개인적 조건에 크게 규정될 수밖에 없었다. 그러나 유교 정치이념을 포기하지 않는 한, 민본정치나 언로의 확대는 왕을 포함한 지배층 모두에게 행하지 않으면 안되는 당위였다. 구언이 이 당위의 정치를 판단하는 척도가 되지는 못하였더라도 그것들을 담보해내는 수단으로는 유용하게 이용될 수밖에 없었던 것도 이 때문이었다.

구언이 제도적으로나 이념적으로 제대로의 기능을 수행했던 것은 성종대였다. 전대의 언론활동이 경색되었기에 즉위 초의 과제가 '개언로(開言路)'일 수밖에 없었던 성종은 이를 위해 구언을 적극 활용하였고, 그것은 성공적이었다. 종래까지 남아 있던 특정 관직자나 고위 관품자를 대상으로 한 구언이 이때에 이르러 거의 사라졌다. '중외'의 '신민'을 대상으로 한 구언은 상소의 주체가 중앙에 거주하든 지방에 거주하든, 또한 그 주체가 관인층이든 관품이 없는 일반 민이든 문제 삼지 않았다. 진언의 내용이 개인의 사적인 것이 아니라면 무엇이라도 상관이 없었다. 진언의 내용을 문제 삼아 과죄할 수 없다는 관행도 회복되었다. 누구든지, 무슨 내용을 말하든지, 응지상소의 내용 때문에 과죄해서는 안된다는 구언의 세 가지 전제가 왕을 포함한 지배층에게 공유되어 현실 정치에 적용되었던 것이다.

구언이 제대로 기능한다면 그 속성상 정치 참여층은 확대되기 마련이었다. 초기의 지방 사림이 상소를 수단으로 성종대에 공론을 표방하면서 점차 중앙 정치에 참여했던 것도 우연한 일은 아니었다. 뿐만 아니라 구언의 전제가 당연한 것으로 받아들여지면서 이제는 비록 구언이 아니더라도 상소는 누구든지 할 수 있다는 분위기가 확산되었으리란 예측도 충분히 가능하다. 공론을 표방한 사림의 등장은 이제 막을 수 없는 추세가 되었다. "인신(人臣)의 도는 의(義) = 공론(公論)을 따르는 것이지 인군을 따르는 것이 아니"라는[67] 한 홍문관원의 말에서 왕권과 길항할 정도로 공론의 위세가 커가던 당시의 분위기를 짐작할 수 있다.

---

67) 『성종실록』 권283, 성종 24년 10월 무자조.

물론 의 = 공론을 따라야 한다는 주장에 대해 원칙적으로는 왕 자신도 이견이 없었다. 공론정치는 왕을 포함한 지배층의 공동 이익을 추구하는 것이었고, 구언은 지배층 내부의 갈등을 해소함으로써 자신들의 지배를 영속화하기 위한 수단이었던 것이다. 그러나 구언제도가 천인합일의 민본정치를 위한 것이었다는 점에서, 더욱이 의 = 공론이 현실 정치에 적용될 때는 항상 민본이념의 외피를 쓰고 주장된다는 점에서, 지배층 내부의 갈등은 민본이념을 매개로 해서만이 해소될 수 있는 것이었다. 지배층의 의도가 무엇이든 간에 관계없이 민본이념의 확산 또한 막을 수 없는 추세였고, 이를 바탕으로 고려시대에 무시되었던 민은 이제 '정치적 배려'를 하지 않으면 안되는 존재로의 성장이 가능했던 것이다.

　　구언교지만을 분석의 대상으로 삼은 까닭에 지나친 비약이 있겠지만 이는 앞으로 응지상소에 대한 연구를 통해 보완하고자 한다.

(『한국사상사학』 15, 2000. 12)

제2장 _

조선 초기의 응지상소자

성종대 언론활동의 변화와 관련하여

1. 머리말

필자는 얼마 전 조선 초기의 구언(求言)에 관한 논문을 발표한 바 있다.[1] 이 논문은 '구언교지'의 내용을 중심으로 구언제도가 정착되는 과정을 살핀 것이다. 우선 여기서 얻은 결론을 간단히 소개하면 다음과 같다.

첫째, 구언은 주로 재이(災異)를 계기로 천도(天道)와 인사(人事)를 일치시키려는 천인합일의 정치 = 민본정치를 회복하기 위한 수단이었으며, 아울러 왕과 신하라는 상하관계에 현실적으로 존재하는 의사소통의 어려움을 해소하는 수단으로 이용되었다. 둘째, 고려시대에도 구언이 행해졌지만 활발하지는 못했고, 더욱이 가뭄과 같이 민생과 직결된 재이보다는 성변(星變)처럼 권력의 변동으로 해석되는 재이가 구언의 동기로 더 중시되었다. 뿐만 아니라 구언의 대상도 주로 5품 이상의 관리로 제한되었다. 셋째, 조선시대에 들어와 유교 정치이념이 강조되면서 민생과 관련된 재이가 주된 구언의 동기로 자리잡았고 구언의 대상도 점차 확대되었다. 그러

---

1) 이석규, 「조선초기의 구언」 『한국사상사학』 15, 2000.

나 세조와 예종대의 무단정치는 구언의 기능을 마비시킴으로써 특히 언로의 폐색을 초래하였다. 그러다가 성종대에 이르러 '개언로(開言路)'의 수단으로 구언이 적극 활용되면서 언론활동이 활발해졌고, 이로써 구언은 제도적으로나 이념적으로 제대로의 기능을 수행하였다.

이상의 내용으로 보건대 조선 초기의 구언은 민본정치의 회복과 언로의 확대를 담보해내는 수단으로 유용하였음을 알 수 있다. 그러나 이같은 결론은 왕의 '구언교지'만을 분석대상으로 하였다는 점에서 불충분한 것이었다. 구언이라는 정치적 행위에는 왕이 '외천우민(畏天憂民)'하고 있다는 상징적 의미도 내포되어 있기 때문이다. 즉 구언이 상징적인 행위로만 그친다면 민본정치의 회복과 언로의 확대라는 구언의 실질적 효과는 기대하기 어렵게 된다. 사료에서 종종 '구언한다는 이름만 있고 구언의 실질은 없다(有求言之名 無求言之實)' 라는 표현이 등장하는 것은 실제로 그런 경우가 없지 않았음을 말해주고 있다. 따라서 이 시기의 '구언지실(求言之實)'이 어떠했는지에 대해서는 구언교지뿐만 아니라 이에 따라 제출된 '응지상소(應旨上疏)'에 대한 분석이 아울러 필요할 것이다.

응지상소를 연구 대상으로 할 때 우선적으로 관심이 가는 부분은 크게 세 가지이다. 누가 상소를 했는가, 상소의 내용은 무엇이며 상소에서 제기된 문제는 어떻게 처리했는가 등이 그것이다. 여기서 상소의 내용과 그 처리 문제는 당시인들의 정치 현실에 대한 인식을 엿볼 수 있다는 점에서 매우 중요하다고 생각된다. 시급한 정치적 현안으로 제기된 것은 무엇이며, 그것을 어떤 방식으로 해결하고자 했는지, 그 과정에서 생길 수 있는 왕을 포함한 지배층 내부의 갈등은 어떠했는지 등, 한마디로 당시인들이 추구한 천인합일의 민본정치의 내용과 성격에 대한 답을 줄 수 있기 때문이다. 한편 이와는 달리 어느 계층의 사람들이 주로 상소를 했는지에 대한 문제는 언론활동과 관련해서 주목된다. 특히 이는 당시 조정의 공론을 주도한 층이 누구였는지를 짐작하는 데 도움이 된다.

이처럼 응지상소를 연구 대상으로 한다면 민본정치와 언론활동이라는 상이한 두 가지 문제에 초점을 맞출 수 있다. 그러나 본고에서는 후자, 즉 응지상소자에 대한 분석을 통한 언론활동의 문제만을 다루기로 하고, 전자의 경우는 다음 기회로 미루고자 한다.

물론 조선 초기 성종대까지의 언론활동에 대해서는 이미 귀중한 연구성과들이 제출되어 있기 때문에 상당히 구체적인 문제까지도 밝혀진 상황이다.[2] 그런데 이들 연구는 대체로 대간이나 홍문관과 같은 국가의 공식적인 언론기구나 또는 유생이라는 특정 집단의 언론활동에 초점이 맞추어져 있다. 아직 개인의 상소를 다룬 연구는 전무하다고 해도 좋을 정도로 빈약하다.[3] 따라서, 비록 개인에 의한 전체 상소가 아닌 '응지상소'만을 다룬다는 제한은 있지만, 본 연구가 지금까지의 언론기구 중심의 연구를 보완할 수 있을 것으로 생각된다.

응지상소자에 대한 논의의 순서로는 먼저 상소의 주체와 관련된 사항을 알아보기로 한다. 상소의 주체는 개인일 수도 있고 또는 관서인 경우도 있는바, 왕대별로 상소의 주체에 어떤 특징이 나타나는가를 중점적으로 살펴 볼 것이다. 다음으로 개인 상소자의 지위를 알아봄으로써 응지상소를 하는 데에는 과연 신분적 제한이 있었는지, 어느 관직 또는 관품의 관리들이 주로 상소하였는지 등을 확인하고자 한다. 이같은 작업을 통해

---

2) 최승희, 『조선초기 언관 · 언론연구』, 서울대 출판부, 1976.
  남지대, 「조선 성종대의 대간 언론」 『한국사론』 12, 1985.
  최이돈, 「16세기 공론정치의 형성과정」 『국사관논총』 34, 1992.
  _____, 『조선중기 사림정치구조연구』, 일조각, 1994.
  정두희, 『조선시대의 대간연구』, 일조각, 1994.
  설석규, 「조선시대 유생의 공론형성과 상소경위」 『조선사연구』 4, 1995.
  김돈, 『조선전기 군신권력관계 연구』, 서울대 출판부, 1997.
  _____, 「조선초기 유생층의 동향과 그 성격」 『역사교육』 61, 1997.
3) 강성희, 「조선 세종대의 상소에 관한 고찰」, 대구대 사학과 석사학위논문, 1992.

조선 초기 성종대에 이르기까지 언론을 주도한 층이 구체적으로 드러나기를 기대하며, 아울러 각 왕대별 특징의 변화가 어떻게 16세기의 이른바 '사림'에 의한 공론정치로 이어지는지 전망할 수 있기를 기대한다.

2. 상소의 주체

주지하는 바와 같이 유교를 통치이념으로 하는 국가에서 상소라는 정치적 행위는 대단히 중요한 기능을 한다. 유교의 정치이념에서는 군주를 '대천이물(代天理物)'의 존재로 표현하여 그 절대적 권위를 인정하지만 한편으로는 아무리 뛰어난 성군이라 하더라도 군주만의 독단적 통치를 적극 경계하였다. 군주의 권위를 인정한다는 것과 군주를 견제한다는 것이 사실상 양립하기 어렵고 또 이 때문에 유교국가에서는 군주와 신료 간에 끊임없이 길항관계가 재생산되었지만, 그럼에도 불구하고 유교적 이상정치는 양자의 공존을 요구하는 것이었다. 그런데 흥미로운 것은 군주의 권위가 '천명'에 근거하듯이 군주에 대한 견제 또한 이에 근거하고 있다는 사실이다. 천명은 군주에게 절대적 권위만을 인정한 것이 아니라 동시에 '안민(安民)'의 책무도 부여하였는바,[4] 실상 대천이물이라는 표현에는 이미 이같은 군주의 책무도 내포된 것이었다. 이 때문에 군주가 자신의 의무를 소홀히 할 경우 신료는 천명을 근거로 군주를 견제하는 것이 얼마든지 가능하였고, 여기서 견제의 수단으로 가장 중요시된 것이 바로 상소였다.

조선의 건국을 주도한 새로운 신료층은 상소가 유교 정치이념에서 지니는 이같은 의미를 충분히 인식하고 있었다. 그들은 천명이 왕씨에서 이

---

4) 平石直昭, 『天』, 三省堂, 1996, 28~41쪽.

씨로 옮겨진 것에 대해 다음과 같이 말하고 있다.

> 생각하건대 지극히 공정하고 사사로움이 없는 것은 천(天)이고, 지극히 우매하면서도 신기한 것은 민(民)입니다. 천도는 왕씨에게 화를 주고 전하에게 복을 준 것이 아니라 곧 무도한 자에게 화를 주고 유도한 자에게 복을 준 것이며, 민심은 왕씨를 미워하고 전하를 사랑한 것이 아니라 곧 무도한 자를 미워하고 유도한 자를 사랑한 것입니다. 전하가 응천순인(應天順人)하여 천명을 바꾸어 개국하였으니[革命開國], 진실로 의당 천명을 듣고 인심에 순응해야 합니다. 그런데 대간과 법관이 두세 번이나 청하였음에도 전하는 소장(疏章)을 내버려두고 내리지 않는 것은 어찌된 일입니까[5]

여기서 새로운 신료들은 천(天)과 민(民), 천도와 민심을 등치시키면서 이를 왕조 교체의 주체로 설정하고 있다. 그리고 그 교체는 무도(無道)한 자에서 유도(有道)한 자로의 교체임을 분명히 하였다. 이같은 인식에서는 이미 왕이라고 하는 개인적 존재는 사라지고 천과 민을 추상화시킨 존재로서의 왕만이 있을 뿐이다. 지극히 유교적인 이같은 인식 때문에 유도한 자로서의 왕은 천명 = 인심을 따르지 않으면 안되었던 것이다. 그런데 이 응천(應天) = 순인(順人)의 구체적인 표현으로 위에서 언급하고 있는 것은 곧 자신들의 상소를 받아들이는 것이라고 한다. 새로운 신료들이 천명 = 인심의 대변자로 전제된 이 말은 한마디로 왕조까지도 교체할 수 있는 주체로서의 자신들의 상소는 왕이 받아들이지 않으면 안된다는 것이다. 조선시대의 상소가 유도한 국가를 유지해나가는 정치운영 방식으로 중요시된 것은 바로 이 때문이었다.

이처럼 새왕조의 신료들은 상소를 통하여 그들이 '혁명'의 이념적 근거로 표방한 유교의 정치이념을 실천하고자 하였다. 그들은 유교적 이상정

---

5) 『태조실록』 권5, 태조 3년 2월 병신조.

치에 관한 가장 권위있는 내용을 담고 있는 경전에서 '나무는 먹줄을 따를 때 바르게 되고 군주는 간언을 따를 때 성군이 된다.'[6]는 구절을 찾아내 이를 즐겨 인용하면서 자신들의 상소를 왕이 가납할 것을 요구하였다.[7] 물론 신료들은 자신의 사적 기득권을 위해서도 상소를 했지만, 그렇더라도 그것은 항상 안민이라는 공적 민본이념의 외피를 써야 했다. 이렇게 천명의 권위에 의지하는 한 왕은 상소의 내용을 따라야 했고, 또 그렇게 하는 것이 왕의 가장 중요한 덕목으로 인식되었다.

상소가 천명의 권위에 의지해야 한다는 것은 상소할 수 있는 주체의 폭을 확대시켰다. 천명과 민심을 동일시하는 유교 정치이념에서 왕에게 간언하는 주체를 신료만으로 제한할 수는 없었다. 때문에 원칙적으로 민이라면 누구든지 상소할 수 있었다. 신료들도 언론활동의 중요성을 강조할 때면 늘상 '꼴을 베고 나무하는 사람[蒭蕘]들에게까지 정사를 물어야 한다.'[8]는 말로 상소의 주체를 자신들만으로 고집하지는 않았다. 물론 이같은 관념은 현실정치와 많이 달랐던 것이 사실이지만 어쨌든 유교 정치이념이 점차 확산되면서 민의 상소를 막을 수는 없었다.

그러나 왕의 구언교지에 따라 올리는 응지상소의 경우는 달랐다. 구언교지에는 상소자의 범위를 명시하는 내용이 있기 때문이다.[9] 고려시대에는 이 범위가 대체로 5품 이상의 관리나 대간들로 한정되어 있었다. 조선시대에 들어와서도 고위 관리나 또는 의정부·육조와 같은 특정 관서를

---

6) 『서경』「상서」, 說命 上, "惟木從繩則正 后從諫則聖"
7) 사실 『고려사』에 의하면 『서경』의 이 구절은 이미 고려 초 현종대에 한번 나타난다. 그러나 고려 말에 이르러서야 자주 등장하는데, 특히 권근(權近)·이숭인(李崇仁)·남은(南誾)과 같은 신흥유신들이 상소에서 이 구절을 들어 왕을 압박하고 있다는 점이 흥미롭다. 아마도 상소가 지니는 정치적 기능이 본격화된 것도 이때부터가 아닌가 생각된다.
8) 이 말은 원래 『시경』「대아」, 生民, 板에 나오는 "我言維服 勿以爲笑 先民有言 詢于蒭蕘"에서 인용한 것이다.
9) 이하 구언교지와 관련된 내용은 이석규, 앞의 논문에 의거하였다.

구언의 대상으로 삼는 경향은 계속되었다. 그러다가 세종대에 이르면 구언의 대상이 확대되는 추세가 자리잡게 된다. 즉 특정 관직자나 관서를 대상으로 한 구언이 점차 줄어드는 대신에 '대소신료' 또는 '시산각품(時散各品)'과 같이 불특정 다수의 신료들을 대상으로 하는 경우가 증가하였던 것이다. 이같은 추세의 결과, 성종대에 이르러서는 구언의 대상에 거의 제한을 두지 않는 관행이 확립되었다. 성종대의 구언교지에서 '중외대소신료', '대소신민', '중외신민' 등의 표현이 일상화되었다는 것은 그동안의 중앙 유직(有職)·유품자(有品者) 중심에서 탈피해 지방의 무직자에게까지 구언의 대상이 확대되었음을 의미하였다. 이제 응지상소는 누구든지 할 수 있다는 인식이 확대되었고, 이는 곧 상소를 통한 유교적 이상사회의 달성이라는 조선의 정치운영 방식이 자리잡게 되었음을 나타내는 것이라 할 수 있다.

그러면 실제로 구언교지에 따라 응지상소를 한 사람들은 누구였을까.[10] 구언의 대상이 확대되는 추세와 마찬가지로 과연 응지상소를 올린

---

10) 본 논문에서 말하는 응지상소의 '상소'는 넓은 의미로 사용하였음을 미리 밝혀둔다. 엄격한 의미의 상소는 신하가 왕에게 올리는 관부문서의 하나로서 일정한 형식을 갖춘 것이지만(최승희, 『한국고문서연구』, 정신문화연구원, 1981, 103~105쪽), 조선 초기의 『실록』에서는 왕에게 올려진 글을 지칭할 때 그 형식에 따라 엄격히 구분해서 사용하지 않고 있다. 즉 상서 또는 상언의 형식을 취한 것을 상소라고 지칭하는 경우도 흔하게 볼 수 있다.

한편 말하고자 하는 내용이나 그 주체에 의해서도 상소·상서·상언 등이 구분된다. 예컨대 말하고자 하는 내용이 공적인 것인가 사적인 것인가 하는 기준에 따라 상소와 상언을 구분할 수 있고, 또는 공상(工商)·복례(僕隷)·향리·역리 등과 같은 비천지인(卑賤之人)은 상언만 할 수 있게 하자는 논의도 있었다. 그러나 이같은 구분이 조선 초기부터 분명했던 것은 아니고, 이를 엄격히 하자는 논의는 성종 말년에 이르러서야 처음으로 나타난다(설석규, 「조선시대 유생의 공론형성과 상소경위」『조선사연구』 4, 1995, 8~11쪽). 따라서 여기서는 구언교지에 따라 올려지는 글은 그것이 누구에 의해, 어떤 형식을 갖추고 있든, 그리고 드물기는 하지만 왕 앞에서 직접 '진언(陳言)'하는 경우라도 그것이 명백히 구언에 의한 것이라면 모두 '상소'로 취급하였다.

사람의 범위도 확대되고 있었을까. 이 문제를 확인하기 위해 성종대까지의 『실록』에서 응지상소자를 추출하여 왕대별로 나타나는 특징을 살펴보기로 한다.[11] 응지상소자의 범위와 관련해서는 그들의 신분이나 관직, 또는 여타의 지위가 어떠했는지가 가장 관심이 가는 부분이지만 이는 절을 달리하여 알아보고, 여기서는 먼저 상소의 주체가 개인인지 아니면 관서인지를 살펴보고자 한다. 이 문제가 주목되는 것은 상소자 개인의 신분과 관직을 파악하는 것만으로는 알 수 없는, 개인 또는 관서의 언론활동이 왕대별로 차지하는 비중의 변화를 파악할 수 있기 때문이다.

태조부터 성종대까지 응지상소의 주체를 알 수 있는 경우는 모두 260건이 찾아진다. 물론 이는 전체 응지상소자 가운데 극히 일부분에 지나지 않는 것이다. 왕이 구언했을 때 상소가 올라오는 숫자는 천차만별이다. 한 건도 올라오지 않아 다시 구언하는 경우가 있는가 하면,[12] 200여 통의 상소가 한꺼번에 올라오는 경우도 있었다.[13] 그러나 상소가 많더라도 『실록』에서는 이를 모두 싣는 것이 아니라 그중 행할 만하거나 또는 특기할 만한 내용이 있는 경우만을 기록하고 있다.

이처럼 부족한 자료이기는 하지만 이를 토대로 먼저 상소의 주체를 개인과 관서로 나누어 왕대별로 살펴보면 다음의 <표 1>과 같다.[14]

---

11) 『실록』에서 응지상소자를 추출할 때 가장 어려운 문제는 특정 상소가 응지상소인지 아니면 일반적인 상소인지를 판단하는 것이다. 대개 구언교지가 내려지면 중앙에 거주하는 신료들은 응지상소를 올리는데 그다지 많은 시간이 걸리지 않기 때문에 빠르면 교지가 반포된 그 다음 날에도 올리는 경우가 있다. 그러나 지방에 거주하는 자들의 경우는 한두 달 뒤에 상소가 올라오는 경우도 적지 않아 그것이 과연 응지상소인지 아닌지를 구별하기가 쉽지 않다. 그나마 상소의 첫머리에 구언하는 왕의 행위를 칭송하는 내용이 있다면 다행이지만, 그렇지 않은 경우는 필자가 상소의 내용과 시기, 그리고 전후 사정을 고려하여 판단할 수밖에 없었다. 이 과정에서 잘못된 판단이 있을 수 있겠는데, 그렇더라도 이것이 크게 문제될 정도는 아니라고 생각한다.
12) 『성종실록』 권249, 성종 22년 1월 임오 및 계미조.
13) 『태종실록』 권29, 태종 15년 6월 정해조.

<표 1> 왕대별 응지상소의 주체

왕	개인	관서	계	왕	개인	관서	계
태조	2	4	6	단종	0	0	0
정종	0	2	2	세조	5	4	9
태종	76	16	92	예종	17	0	17
세종	49	3	52	성종	25	35	60
문종	22	0	22	계	196	64	260

　　표에 의하면 우선 구언교지에 따라 상소를 올린 경우는 태종대가 92건
으로 가장 많고, 구언이 없었던 단종대를 제외하면 정종대의 2건이 가장
적은 것으로 나타난다. 그러나 이 숫자에 어떤 의미를 부여하기 위해서는
왕의 재위기간과 함께 그 기간에 구언한 횟수가 동시에 고려되어야 한다.
재위기간이 짧으면 해당 시기의 일반적 경향을 파악하기가 어렵고, 구언
한 횟수는 응지상소의 수에 직접적인 영향을 미치기 때문이다. 따라서 10
년 이상 재위한 태종·세종·세조·성종대만을 대상으로 각 왕대별 구언
횟수를 보면, 태종 12회, 세종 9회, 세조 9회, 성종 31회로 나타난다. 이를
가지고 재위기간을 나누면 태종은 18개월, 세종 42개월, 세조 18개월, 성
종은 10개월에 한번 꼴로 구언한 셈이 된다.[15] 즉 세종대에 구언이 가장
적었고, 성종이 가장 많이 구언했으며, 태종과 세조는 비슷하였다. 이제
이 숫자를 놓고 <표 1>을 보면, 태종대에는 한번 구언에 평균 7.67건 정

---

14) 관서가 상소를 하는 경우, 관서 명의로 하기도 하지만 관서의 대표자 또는 장무(掌
務) 명의로 상소하는 경우도 적지 않다. 후자의 경우 『실록』에서는 '○○○等'과
같이 상소자를 복수로 표시하는데, 이를 개인의 상소와 구분하는 것은 쉽지 않다.
왜냐하면 개인들의 상소라 하더라도 『실록』에서는 내용이 비슷한 것끼리 묶어
'○○○等'으로 기록하는 경우가 있기 때문이다. 특히 세종 2년 윤1월 무술일의
상소를 판단하기가 어려운데, <표 1>에서는 『세종실록』의 기록방식, 경창부(慶
昌府)와 같은 임시 관부가 나타나는 것 등을 고려하여 모두 개인의 상소로 취급하
였다.
15) 이석규, 앞의 논문, 180쪽의 <표 2> 왕대별 구언 횟수에 근거하였다.

도의 상소가 올라왔고, 세종대 5.78건, 세조대 1건, 성종대에는 1.94건 가량 상소가 올라온 것으로 된다. 태종대에 상소가 가장 많았고, 세조대에는 거의 없었다고 할 수 있다. 물론 이 표는 응지상소자를 알 수 있는 경우만을 대상으로 작성한 것이라는 문제가 있기는 하지만, 그렇더라도 세조대에 응지상소가 평균 1건에 불과하다는 것은 아무래도 당시 언론활동이 위축된 때문으로 볼 수밖에 없을 것이다. 실제로 세조대에는 언관들이 제대로의 역할을 하지 못했는데, 이는 세조 스스로도 인정하는 것이었다.[16] 반면에 태종과 세종대에는 6~8건 정도의 응지상소가 올라와 다른 왕대보다 월등히 많았던 것으로 나타나는데, 그러나 실제로는 이보다 훨씬 많았다. 양대의 『실록』에는 한번의 구언에 100건 이상의 상소가 올라왔다는 기록이 심심치 않게 나타난다.[17] 이로 보건대 <표 1>이 비록 확인된 상소자만으로 작성되었다는 한계가 있음에도 불구하고 전체 상소자 수의 왕대별 추세를 어느 정도 반영한 것으로 볼 수 있다. 그렇다면 여기서 흥미로운 것은 성종대의 응지상소가 평균 2건 정도에 불과하다는 사실이다. 주지하는 바와 같이 성종대에는 세조대 이래 위축되었던 언론활동이 활발해지는 시기로 알려져 있고,[18] 또 앞서 언급했듯이 구언교지에서 구언의 대상이 확대되어 상소자의 지위에 거의 제한을 두지 않았다. 그렇다

---

16) 『세조실록』 권8, 세조 3년 7월 임신조, "傳旨司憲府司諫院曰 予卽位以後 言官有不得盡言之勢 一則以予備嘗艱厄 民之疾苦 雖言之不介意 一則以予好佛 言之必怒 一則小事言之 必拒却 曰瑣瑣 一則以予有嚴威 言之恐得罪 以此進退商量 議論合否 不能展職 予知其弊久矣"

17) 예컨대 주 13)의 200여 건의 상소 외에도 태종 18년 7월의 구언에서는 백관이 모두 상언하였다는 기록이 있고(『태종실록』 권36, 태종 18년 7월 경술조), 세종 8년 5월의 구언에서는 수백 조의 상소가 올라왔으며(『세종실록』 권32, 세종 8년 5월 갑진조), 세종 31년 5월의 구언에서는 187건이 제출되었다(『세종실록』 권124, 세종 31년 6월 계축조). 이밖에도 양대에는 다수의 상소가 올라왔다는 기록이 더 나타나지만, 세조나 성종대에는 별로 찾아지지 않는다.

18) 남지대, 「조선 성종대의 대간언론」 『한국사론』 12, 1985.
정두희, 『조선 성종대의 대간연구』, 한국연구원, 1989.

면 상소의 수가 늘어날 것이라는 예측이 가능한데 오히려 이 시기에 응지
상소의 수가 태종과 세종대에 비해 급격히 줄어든 것은 어떻게 이해할 수
있을까. 이 문제는 다음에 살펴볼 상소의 주체와 관련해서 생각해야 할
듯싶다.

<표 1>에서 상소의 주체를 개인과 관서로 나누어 살펴보면, 응지상소
가운데 개인이 상소한 경우는 196건으로 그 비율은 대략 75% 정도에 이
른다. 어느 정도 예상은 했지만 역시 상소는 관서 명의로 하는 것보다 개
인이 상소하는 경우가 보다 일반적이었다고 할 수 있다. 그러나 10년 이
상 재위한 왕 가운데 상소가 별로 없었던 세조대를 제외하면, 개인이 상
소한 비율은 태종대 82.6%, 세종대 94.2%, 성종대에 41.7%로 계산된다.
즉 태종과 세종대에는 응지상소의 주체가 주로 개인이었다고 한다면, 성
종대에는 상황이 역전되어 관서 명의의 상소가 더 많아진 것이다. 이러한
추세의 변화는, 구언교지에서 특정 관서나 특정 관료집단을 구언의 대상
으로 명시하는 경향이 점차 줄어들고 대신 구언의 대상을 제한하지 않는
상황에서 나타난 현상이라 더욱 주목된다. 이같은 변화로 볼 때 성종대에
응지상소가 급격히 줄어든 것은 바로 개인의 상소가 줄어든 때문이었다
고 할 수 있다. 한 번 구언에 개인의 상소가 올라오는 비율이 성종대에는
태종과 세종대에 비해 85%이상이나 줄었을 정도이다. 반면에 관서 명의
의 상소 비율은 태종대와는 별 차이가 없고, 세종대에 비해서는 크게 늘
어났다. 이로써 보건대 성종대에는 상대적으로 관서 명의의 상소가 지니
는 비중이 종래보다 더욱 커졌다고 할 수 있다. 이는 하의가 왕에게 상달
되는 의사소통 과정에서 개인보다는 공적 언로의 기능이 강화되었음을
의미하는 것으로 생각된다. 성종대에 언론활동이 활발했다면, 적어도 응
지상소와 관련해서 볼 때, 그것을 주도한 것은 개인이 아닌 특정 관서였
다.[19] 개인에 의한 언론활동은 오히려 크게 위축되었는바, 이것은 결국

성종대에 이르러 통치의 공적 성격이 상대적으로 강화된 것으로 이해할 수 있을 것이다. 이 문제는 나중에 다시 언급하기로 하고 다음에는 특정 관서가 구체적으로 어디를 가리키는지 살펴보기로 한다.

<표 2> 왕대별 응지상소한 관서　( )안은 2번 이상 상소한 횟수임

왕	관서	계
태조	門下府(3) 司憲府	4
정종	諫官 司憲府	2
태종	司憲府(5) 司諫院(5) 議政府(2) 門下府 六曹 刑曹 兵曹	16
세종	工曹 刑曹 司諫院	3
세조	司諫院(2) 司憲府 司憲府·司諫院	4
성종	司諫院(13) 司憲府(10) 弘文館(7) 藝文館(3) 議政府 承政院	35
계		64

<표 2>는 응지상소를 올린 관서를 왕대별로 정리한 것이다. 이에 따르면 관서 명의의 응지상소는 주로 언론을 담당하는 관서들이 올리고 있음을 쉽게 알 수 있다. 문하부를 포함하여 언론관서 명의의 상소가 52건으로 그 비율이 80%에 이를 정도이다. 이는 어쩌면 당연한 것일 수도 있지만, 구언이 언론 관서만을 대상으로 한 것이 아님에도 불구하고 결과가 이렇다면 언론관서는 통상적인 언론활동은 물론이고 타 관서까지를 대상으로 한 왕의 구언 행위에서도 언론을 주도했다고 할 수 있다. 이같은 상황은 대체로 조선 초기에 일관된 것이었다.

그러나 개인의 언론활동이 크게 위축된 성종대를 다른 왕대와 같이 볼 수는 없다. 성종대에는 대간에 의한 언론활동이 이전의 다른 왕대에 비해

---

19) 그렇다면 대간이라는 공적인 언론기관을 분석 대상으로 한 기왕의 연구들이 성종대에 언론활동이 활발했다는 결론을 이끌어낸 것은 충분히 있을 수 있는 일이다. 그러나 여기서 주목하고 싶은 것은 그같은 결론이 공적인 언론기관에 대해서만 제한적으로 적용되어야 한다는 점이다.

급격히 증가하였고,[20] 이같은 활동이 개인의 언론활동을 위축시키면서 전개되었다고 보여지기 때문이다. 이 점은 특히 성종 16년 이후를 그 이전과 비교할 때 보다 분명해진다. 즉 이 시기를 고비로 개인의 응지상소는 급격히 줄어드는바, 성종대 25건의 개인 상소중 성종 16년 이후에 올려진 것은 겨우 4건에 불과하였다. 반면에 관서 명의의 상소는 35건 중 20건이 성종 16년 이후에 집중되었고, 이 가운데 19건이 언론 삼사에 의한 것이었다. 성종 16년이라고 하면『경국대전』의 교감 작업이 끝나 국가의 기본적인 통치구조가 제도적으로 완비된 해이며, 동시에 홍문관의 언관화가 진행되던 시기이기도 하다.[21] 결국 제도화된 통치구조에서 언론 삼사에 의한 활발한 언론활동은 응지상소에서도 언로를 독점하였고, 이로써 상대적으로 개인에 의한 언론활동은 크게 위축되는 결과를 초래하였던 것이다.

3. 개인 상소자의 지위

조선 초기 구언교지에 의하면, 구언의 대상이 점차 확대되다가 성종대에 이르러 그 범위에 거의 제한을 두지 않는 관행이 성립되었다는 점은 이미 언급한 바와 같다. 그러면 이같은 구언교지의 추세와 관련해서 개인 명의의 응지상소자는 구체적으로 어떤 존재들이었는지를 확인하기로 한다.

---

20) 남지대, 앞의 논문, 1985, 133~134쪽. 이에 의하면 성종대 대간의 언론활동은 그 빈도수에서 이전의 시기보다 5배 가량 늘어났다고 한다.
21) 최이돈,「성종대 홍문관의 언관화 과정」『진단학보』61, 1986. 홍문관의 언관화는 대체로 성종 13년부터 시작되어 성종 19년 무렵이 되면 홍문관이 대간과 동등한 언론기관으로 인식된다고 한다. 아울러 홍문관이 언관화되면서 이의 지원하에 양사의 언론활동이 양적인 면에서 증가한다고 한다.

상소자의 범위를 다루고자 할 때 가장 관심이 가는 부분은 신분이나 관직과 같은 그들의 지위가 어떠했는가 하는 점일 것이다. 상소자의 지위와 관련해서는 여러 측면에서의 분석이 가능한바, 우선 <표 3>에서는 개인 상소자의 지위를 원유계자(元有階者)와 미사자(未仕者)로 나누어 왕대별로 살펴보기로 한다.22)

<표 3> 왕대별 개인 응지상소자의 지위

지위\왕		태조	태종	세종	문종	세조	예종	성종	계
元有階者	現任官	2	54	43	17	4	15	14	149
	散任官		20	6	4		1	4	35
	소계	2	74	49	21	4	16	18	184
未仕者	生員							3	3
	進士				1			2	3
	教導				1				1
	幼學		1				1	1	3
	鄕吏		1						1
	奴婢							1	1
	소계	0	2	0	1	1	1	7	12
총계		2	76	49	22	5	17	25	196

* 한 명이 두 번 이상 상소한 경우라도 이를 고려하지 않고 상소한 건수에 따라 작성하였다. 따라서 실제로 상소한 사람은 위 숫자보다 적다.

우선 전체적으로 보면, 총 196건 가운데 원유계자가 올린 상소가 약 94%에 해당하는 184건을 차지하고 있다. 역시 상소는 당시 지배층이라

22) 원유계자는 전·현직 관리와 관직없이 품계만을 가지고 있는 산계자 등 문·무 관인 전체를 의미하는 용어로서, 『경국대전』 권1, 이전, 諸科條에 근거하여 사용하였다(김창현, 『조선초기 문과급제자연구』, 일조각, 1999, 34쪽의 주 15) 참조). 원유계자 가운데 현임관은 현직 관리를 가리키고, 산임관에는 전직 관리와 산계자를 포함시켰다. 미사자는 관직체계에 들어가 있지 않은 층을 모두 포괄하는 의미로 사용하였다.

할 수 있는 관직체계에 포함된 양반들이 주체가 되었음을 알 수 있다. 더욱이 원유계자 가운데서도 80% 이상이 현임관(149건)이었다는 사실은 개인의 상소를 통한 언론활동이 현직 관리를 중심으로 이루어졌음을 말해 준다. 비록 품계는 가지고 있더라도 현직이 아닌 산임관이라면 상소를 통한 언론활동이 쉽지 않았던 것이다. 왕대별로 산임관의 비율을 보면, 대상이 되는 건수가 적은 태조와 세조대에는 아예 한 명도 없다. 이를 제외하면 태종대 27%, 세종대 12.2%, 문종대 19%, 예종대 6.3%, 성종대 22.2%로 나타난다. 즉 왕대별로 증감이 반복되고 있는바, 따라서 이들의 언론활동이 조금씩이나마 활발해지는 추세였다고 할 수도 없다. 그렇다면 결국 구언교지에서 구언의 대상이 점차 확대되었다고 해서 실제로 확대된 대상이 산임관이었다고 보기는 어려울 것이다.

그런데 관직체계에 포함되지 않은 미사자의 경우를 보면, 현임관과 산임관의 비율만으로는 잘 나타나지 않던 성종대의 변화를 뚜렷이 읽을 수 있다. 전체 상소자 가운데 미사자의 상소는 12건으로 그 비율은 겨우 6% 정도에 불과하지만, 12건 가운데 절반 이상인 7건이 성종대에 집중적으로 올려진 것이다. 이 때문에 태조와 세조대를 제외한 성종대 이전의 왕대에는 0~6%에 머물던 미사자의 상소 비율도 성종대에 이르러 28%로 급격하게 증가한 것으로 나타난다. 뿐만 아니라 그 결과 현임관 중심의 상소활동이 성종대에는 크게 위축된 것으로 계산된다. 즉 전체 개인 상소자 가운데 현임관이 차지하는 비율이 태종대 71.1%, 세종대 87.8%, 문종대 77.3%, 예종대 88.2%이던 것이 성종대에는 56%로 크게 감소한 것이다. 이같은 의미있는 변화로 볼 때 성종대에는, 앞 장에서 본 바와 같이 비록 개인의 상소가 대폭 줄어들기는 했지만, 종전까지 현직 관리를 중심으로 이루어지던 상소 활동에 분명한 변화의 조짐이 나타나고 그것은 곧 상소자의 범위가 미사자에게까지 확대되었음을 의미하는 것이라 할 수 있다.

그러면 미사자에 포함된 층은 누구인가. 여기에는 생원·진사·교도(教導)·유학(幼學)·향리·노비 등이 포함되어 있다. 이 가운데 생원·진사·교도는 이미 소과(小科)에 합격하여 관직에 나아가기를 희망하는 층으로 볼 수 있으며,[23] 관직을 희망하기는 유학도 마찬가지였다. 이들은 대부분이 양반 신분이었던 것으로 생각된다.[24] 그런데 이들 유교적인 소양을 갖춘 미사자들의 상소가 전체 미사자의 상소 12건 가운데 10건을 차지하고, 더욱이 성종대에만 6건이 집중되어 있다. 성종대에 개인이 상소를 올리는 경우가 줄어들었음에도 불구하고 오히려 상소자의 범위가 확대되었던 것은 이들의 활발한 상소활동 때문이었던 것이다.

이처럼 생원·진사·유학 등 유생들의 상소가 성종대에 이르러 증가한 이유는 두 가지 측면에서 생각할 수 있다. 하나는 상소를 중앙 정계에 진출하는 수단으로 이용하려는 당시의 분위기이다. 응지상소로 왕의 지우를 받고 출세한 경우는 이미 태종대부터 있어왔지만,[25] 그러나 상소가 출세의 수단으로 이용되기 시작한 결정적인 계기는 세조대 성균진사 송희헌(宋希獻)의 상소였다고 할 수 있다.[26] 송희헌은 대뇌우(大雷雨)로 환관이 벼락을 맞는 사건이 발생하자 부세·진휼·신분·소송 등에 관한 10개 조에 달하는 장문의 응지상소를 올렸는데, 이 상소가 세조의 마음을 크게 움직임으로써 그는 이후 호조좌랑에 발탁되었다. 이를 계기로 비록 구언이 없더라도 출세를 위한 유생들의 상소가 이어지면서 상소의 내용

---

23) 조선 초기에 지방 향교의 교관인 교도는 생원·진사 출신으로 임명되었다(김창현, 위의 책, 35~36쪽).

24) 생원·진사·교도·유학에 해당되는 미사자는 배적(裵迪)·정유(鄭維)·송희헌(宋希獻)·이계로(李季老)·권자후(權子厚)·남효온(南孝溫)·이적(李績)·박영번(朴英蕃)·서감위(徐坎元)·조유형(趙有亨) 등 모두 10명이다. 이 가운데 배적·정유의 신분만 확인할 수 없을 뿐, 나머지 8명은 『실록』의 관련 기사로 미루어 볼 때 모두 양반 신분이었음이 분명하다.

25) 『태종실록』 권17, 태종 9년 6월 병인조.

26) 『세조실록』 권46, 세조 14년 6월 임인조.

이 문제가 되어 국문을 당하는 경우도 생겼는바,[27] 이같은 분위기는 성종대까지 이어졌던 것이다.[28]

성종대에 유생들의 상소가 증가한 또다른 이유로는 초기 사림의 등장을 들 수 있다. 잘 알려진 바와 같이 성종대에는 초기 사림이 중앙정계에 등장하면서 주로 언론활동을 통해 훈구파와 대립하게 되는데, 이 과정에서 종래의 재조언론(在朝言論)만이 아니라 재야사림의 언론까지도 점차 공론의 범주에 포함되기 시작하였다.[29] 여기서 재야사림의 언론을 주도했던 층은 관학의 유생들이었는바, 이들은 특히 그 내용을 구실로 죄를 줄 수 없었던 응지상소를 통해 '국가지정(國家之政)'에 문제를 제기하고 자신들의 주장을 공론화시켰던 것이다. 실제로 성종대 유생들에 의한 6건의 응지상소를 살펴보면 대부분 인사 · 상벌 · 왕실재정 등 국가의 중요하고도 민감한 정치적 문제들을 제기하고 있다.[30] 특히 유학 남효온(南孝溫)의 경우에는 왕실재정을 담당하는 내수사의 혁파뿐만 아니라, 이전 세

---

27) 『예종실록』 권3, 예종 원년 2월 신묘조. 성균진사 권추(權推)가 상소한 것이 광망하고 참람하다고 하여 문제가 되었는데, 이에 대해 사관은 송희헌이 상소로 현질(顯秩)한 것을 유생들이 다투어 본받으려 하였다고 서술하고 있다.

28) 성종대 성균진사 이적(李績)이 11개 조항의 응지상소를 올렸는데, 이를 계기로 이적이 관직을 구하니 당시인들이 "此疏爲媒進之階"라고 하였다는 기록이 있다(『성종실록』 권129, 성종 12년 5월 신축조). 뿐만 아니라 당시 이같은 분위기에 대한 일반적인 언급도 있다. "世祖朝有宋希獻者 因上書擢用 故其後儒生相繼上書 妄議國政者 皆爲自己媒進之計 豈爲國家事乎"(『성종실록』 권172, 성종 15년 11월 갑진조)

29) 최이돈, 「16세기 공론정치의 형성과정」 『국사관논총』 34, 1992.
   설석규, 「조선시대 유생의 공론형성과 상소경위」 『조선사연구』 4, 1995.

30) 성종대 응지상소를 올린 유생들의 명단과 그 내용에 대한 전거는 다음과 같다.
   權子厚:『성종실록』 권4, 성종 원년 4월 병인조.
   南孝溫:『성종실록』 권91, 성종 9년 4월 병오조.
   李績:『성종실록』 권129, 성종 12년 5월 신축조.
   朴英蕃:『성종실록』 권144, 성종 13년 8월 무신 및 기유조.
   徐坎元:『성종실록』 권169, 성종 15년 8월 병진조.
   趙有亨:『성종실록』 권248, 성종 21년 12월 계축; 권249, 성종 22년 1월 임오조.

조정권의 정통성에 시비를 거는 단종모 권씨의 소릉추복(昭陵追復)까지를 요구함으로써 훈구파와의 갈등을 야기시키기도 하였다. 이처럼 성종대 유생들의 응지상소는 그 내용에서 '국가지정'에 깊숙이 개입하여 집권 훈구세력을 비판하는 것이었다. 이는 성종대 이전 유생들의 응지상소와는 다른 것이며,[31] 응지상소가 아닌 일반 상소와 비교해도 새로운 변화라고 할 수 있다.[32] 상소의 내용이 그렇다면 성종대 응지상소를 올린 유생들 가운데 상당수가 사림세력과 직간접적으로 관련이 있을 것이라는 짐작이 충분히 가능하고, 또한 실제로도 그러하였다.[33]

한편 미사자에는 이밖에도 향리와 노비의 신분으로 상소한 경우가 태종과 성종대에 각각 1건씩 있다. 이로 미루어 하층 신분층이라도 응지상소를 올리는 것이 불가능했던 것은 아니지만, 그 비중은 무시해도 좋을 정도로 미미했음을 알 수 있다. 결국 구언교지에서 구언의 대상이 확대되

---

31) 성종대 이전 유생들의 응지상소 4건에서 지적한 13개 조목의 내용을 보면 대부분이 행정적인 폐단을 지적한 것에 불과하고, 심지어 예종대 유학 이계로처럼 자신의 개인적 문제를 호소하여 문제가 된 경우도 있다. 4건의 응지상소를 올린 유생의 명단과 그 내용에 대한 전거는 다음과 같다.
　　裵迪:『태종실록』권29, 태종 15년 6월 경인조.
　　鄭維:『문종실록』권4, 문종 즉위년 10월 경진조.
　　宋希獻:『세조실록』권46, 세조 14년 6월 임인조.
　　李季老:『예종실록』권3, 예종 원년 2월 무신조.
32) 성종대 이전 유생들의 일반 상소는 유교를 국가의 통치이념으로 확고히 하려는 '벽이단(闢異端)' 상소가 대부분이었다. 따라서 '벽이단' 상소는 원칙적으로 집권세력의 입장과 일치하는 것이었다. 김돈, 「조선초기 유생층의 동향과 그 성격」『역사교육』61, 1997.
33) 6명의 유생 가운데 남효온은 김종직(金宗直)의 문인이고, 조유형은 비록 사승관계는 분명치 않으나 유생들의 상소에서 항상 소두로 추천되었으며(『東儒師友錄』권5), 또한 그는 중종대에 조광조(趙光祖) 등과 함께 사유(師儒)에 뽑히기도 하였다(『중종실록』권25, 중종 11년 6월 기사조). 서감원은 김종직의 문인인 채수(蔡壽)와 사촌간이며, 박영번은 채수와 동일한 문제를 가지고 상소하였다는 점에서, 그리고 이적은 응지상소에서 유일(遺逸) 천거를 요청하였다는 점에서 사림과의 관련을 짐작할 수 있다.

었다고 해서 그것이 하층 신분층까지를 대상으로 한 것으로 보기는 어려울 듯하다.

다음에는 상소를 올린 현임관 149명의 품계를 알아보기로 한다. 이미 <표 3>에서 보았듯이 현임관이 상소를 올린 비율은 전체 개인 상소자의 76%에 이르고 있다. 이들 현임관을 품계에 따라 세분화해서 살펴보는 것도 언론주도층의 범위를 좀더 좁힐 수 있다는 점에서 의미있는 일이라 생각된다. 다음의 <표 4>가 그것이다.

<표 4> 왕대별 현임관의 품계

품계		태조	태종	세종	문종	세조	예종	성종	계
당상관	정1품		4	3		2	10		19
	종1품		3	3					6
	정2품		8	12	1		1		22
	종2품	2	8	6	5	1		2	24
	정3품		9	4				3	16
소 계		2	32	28	6	3	11	5	87
참상관	정3품		3	2	2	1		1	9
	종3품		4	3	4		1	1	13
	정4품		1					1	2
	종4품		1	1		1	1	1	5
	정5품		1	3				1	5
	종5품		4	2	1				7
	정6품		2		1			2	5
	종6품		5	2	1		1	1	10
소 계		0	21	13	10	1	3	8	56
참하관	정7품								0
	종7품			2					2
	정8품								0
	종8품						1		1
	정9품		1		1				2

종9품							1	1
소 계	0	1	2	1	0	1	1	6
총 계	2	54	43	17	4	15	14	149

* 상소자가 상소할 당시에 지닌 관직의 품계를 따르는 것을 원칙으로 하였으나, 품계를 알 수 없는 경우는 『경국대전』상의 품계에 따라 작성하였다.

* 상소자의 관직이 행수직(行守職)인 경우는 실제의 품계를 알 수 없어 행수직을 무시한 관직에 해당하는 품계를 따랐다.

* 상소자가 공신의 봉호만으로 표기된 경우에는 상소한 시기와 가장 가까운 시기에 지녔던 관직의 품계를 따랐다.

　　<표 4>에서 가장 두드러지게 나타나는 사실은 참하관의 상소가 예상 외로 적다는 것이다. 6건에 불과하다면 이는 유생들의 상소보다도 적은 셈이다. 물론 구언교지에서 구언의 대상을 참상관 이상으로 제한한 경우 가 성종대 이전에 상당수 있었지만,[34] 그렇더라도 이같은 제한이 없어진 성종대에도 참하관의 상소가 전혀 증가하지 않은 것을 보면 7품 이하 하 위 관리들이 상소를 통해 언론활동에 참여하기란 쉽지 않았음을 알 수 있 다. 반면에 참상관 이상이 상소한 경우는 전체의 96%에 달한다. 특히 당 상관의 상소가 87건으로 참상관의 상소 56건보다 20% 가량 많은바, 이는 개인 상소자 가운데 절반 이상을 차지하는 것이다. 이로써 보건대 비록 고위 관리가 언론활동을 주도했으리라는 점은 충분히 예상했으면서도 그 정도가 의외로 심했음을 알 수 있다.

　　그런데 이 표에서도 성종대의 변화를 살필 수 있다. 전체적으로 보아 당상관의 상소가 참상관보다 평균 20% 정도 많은데, 성종대에는 오히려 당상관의 상소가 20% 이상 적어진 것이다. 물론 문종대에도 같은 결과가 나타나고 있지만 이는 단 한 차례의 구언에 따른 수치라는 점에서 성종대 와는 그 의미가 다르다고 생각된다. 앞서 성종대에 개인의 상소가 급격히 줄어든 점을 지적하였는데, 그렇다면 그 이유는 당상관의 상소가 줄어든

---

34) 이석규, 앞의 논문, 189쪽의 <표 4> 왕대별 구언의 대상 참조.

때문이라고 할 수 있을 것이다. 아울러 당상관의 상소가 줄어든 것도 이 시기에 언론 삼사와 유생들의 상소활동이 활발했다는 위의 언급과 관련 지어 볼 때, 이들의 상소가 주로 훈구의 당상관들을 비판하는데 초점이 맞추어지면서 나타난 결과가 아닌가 생각된다. 아무튼 이 때문에 성종대 참상관의 상소 비율은 다른 왕대보다 높아졌는바, 따라서 이 시기에 개인 상소자의 범위가 당상관에서 참상관으로 확대되었다고 할 수 있다.

다음으로는 이들 현임관을 근무지에 따라 경관직과 외관직으로 나누 어 살펴보기로 한다. 이를 통해 지방에 근무하는 관리가 어느 정도 응지 상소에 참여하였는지를 알 수 있을 것이다.

<표 5> 왕대별 현임관의 근무지

왕 근무처	태조	태종	세종	문종	세조	예종	성종	계
경관직	2	53	43	7	4	15	9	133
외관직	0	1	0	10	0	0	5	16
계	2	54	43	17	4	15	14	149

<표 5>에 의하면 상소를 올린 절대 다수의 현임관이 경관직에 있는 관리들이었다. 그 비율은 현임관의 90% 가량이고, 산임관과 미사자를 포 함한 전체 개인 상소자 196명을 대상으로 하더라도 68%에 해당할 정도 이다. 역시 지방에 근무하는 관리들이 응지상소를 올리기가 쉽지 않았음 을 알 수 있다. 그런데 여기서 문종과 성종대에만 지방 관리의 상소가 몰 려있는 것이 특이하다. 문종대에는 한 번의 구언에서 오히려 외관직의 상 소가 더 많았는데, 이는 즉위 초에 구언하면서 중외의 관리들에게 인재의 천거도 적극 요구했기 때문이 아닌가 생각된다.[35] 그러나 장기간 재위했 던 성종대의 경우는 이와 조금 다르다. 성종대에는 이전과 달리 구언교지

---

[35] 『문종실록』 권3, 문종 즉위년 9월 기사 및 권4, 문종 즉위년 10월 무인 · 경진조

에서 구언의 대상을 명시하면서 '중외대소신료'나 '경외인'과 같이 중앙과 지방의 모든 관리를 대상으로 한다는 점을 분명히 밝히는 관행이 확립되었다.[36] 이 때문에 건수가 많지는 않지만 간헐적이나마 지방 관리의 상소가 올라왔던 것으로 생각된다.

마지막으로 개인 상소자의 지위와 관련해서 공신들의 상소활동이 어느 정도였는지를 알아보기로 한다. 다음의 <표 6>은 왕대별로 응지상소를 올린 공신의 명단이다.

<표 6> 왕대별 응지상소한 공신 　( )안은 2회 이상 상소한 횟수

왕	공　　　　신	계
태조	－	0
태종	權近(2) 洪吉旼 柳亮 成石璘(2) 尹穆 河崙 劉敞 李叔蕃 李原 朴訔	12
세종	劉敞 李稷 李原	3
문종	成奉祖 李澄石 李克培 朴居謙	4
세조	鄭麟趾 李思哲	2
예종	柳子光 鄭麟趾 鄭昌孫 申叔舟 沈澮 洪允成 崔恒 曺錫文 韓明澮 具致寬 金礩	11
성종	柳子光	1
계		33

* 태조부터 성종대까지 8차례에 걸쳐 책봉된 공신의 전체 명단은 정두희, 『조선초기 정치지배세력연구』, 일조각, 1983을 참고하였다.
* 상소 당시에는 공신이 아니었지만 후에 공신에 책봉된 경우도 이들의 정치적 영향력이 책봉 이전부터 있었다고 보아 위에 포함시켰다.

이에 의하면 조선 초기에 공신으로 응지상소를 올린 경우는 모두 33건이다. 이 숫자는 개인과 관서 명의를 합한 전체 응지상소 260건의 12.7%에 해당된다. 개인 상소 196건만을 놓고 보더라도 16.8% 정도로서, 이들의 정치적 비중을 생각한다면 그다지 큰 비율을 점하는 것이라 보기는 어

36) 이석규, 앞의 논문, 188~192쪽.

렵다. 그러나 왕대별로는 큰 편차가 나타난다. 개인 상소만을 기준으로 공신의 상소 비율을 계산하면 예종대의 64.7%가 가장 높고 태조대에는 공신의 상소가 전혀 없다. 그러나 예종은 재위기간이 너무 짧고 태조대에는 개인의 상소가 2건에 불과하기 때문에 이 두 왕대를 제외하면 세조대의 40%가 가장 높고 성종대의 4%가 가장 낮은 셈이 된다. 아울러 태종과 세종대는 각각 15.8%와 6.1%로 나타난다. 즉 태종대는 평균 정도의 비율이고 세종대는 성종대와 비슷하게 공신의 상소 비율이 매우 낮다. 물론 이 수치를 가지고 각 왕대별 공신들의 정치적 역할을 가늠할 수는 없지만, 그렇더라도 세종과 성종대의 경우는 지나치게 낮은 것으로 여겨진다. 특히 성종의 집권 초기는 세조대의 공신들이 원상으로서 정치권력을 장악했던 터라 더욱 그러하다. 이는 아마도 앞서 언급한 언론 삼사와 유생들의 상소 활동이 훈신들을 겨냥하면서 나타난 결과가 아닌가 생각된다.[37]

4. 맺음말

지금까지 조선 초기 구언에 따른 응지상소자에 대해 이를 관서와 개인으로 나누어 살펴보았다. 이 과정에서 밝혀진 내용을 정리, 종합하면 다음과 같다.

먼저 태조부터 성종대까지 응지상소의 주체를 알 수 있는 경우는 모두 260건이었다. 이를 토대로 10년 이상 재위한 태종·세종·세조·성종대를 비교하면, 한 번 구언에 태종대에는 평균 7.67건, 세종대 5.78건, 세조대 1건, 성종대 1.94건의 상소가 올라온 것으로 나타난다. 여기서 세조대

---

37) 실제로 초기 사림이라 할 수 있는 주계부정 이심원(李深源)의 응지상소에서는 세조대의 공신을 중용하지 말 것을 요구하기도 하였다(『성종실록』 권91, 성종 9년 4월 기해조).

의 상소가 1건에 불과하다는 것은 언론활동이 위축된 당시의 상황으로 미루어 있을 수 있는 일이라 생각되지만, 언론활동이 활발했다고 알려진 성종대의 상소가 2건 정도에 그친 것은 이해하기가 쉽지 않다. 왜냐하면 성종대에는 언론활동이 활발했을 뿐만 아니라 구언교지에서 구언의 대상, 다시 말하면 응지상소를 올릴 수 있는 대상을 '대소신민', '중외신민' 등으로 명시함으로써 종래 중앙의 유직·유품자 중심에서 탈피해 지방의 무직·무품자라도 누구든지 상소할 수 있었기 때문이다.

그런데 상소의 주체를 개인과 관서로 나누어 살펴보면 성종대의 개인 상소 비율이 41.7%로, 태종대의 82.6%와 세종대의 94.2%에 비해 큰 폭으로 줄었음이 확인된다. 반면에 관서 명의의 상소는 태종대와 별 차이가 없고 세종대에 비해서는 오히려 크게 늘어났다. 이같은 현상은 특히 성종 16년 이후부터 두드러지게 나타나는데, 성종대 25건의 개인 상소 중 성종 16년 이후에 올려진 것은 겨우 4건에 불과하고 관서 명의의 상소는 35건 중 20건이 이 시기에 집중되어 있다. 그리고 이 20건 가운데서도 19건이 언론 삼사에 의한 것으로 파악된다. 성종 16년이라고 하면 『경국대전』의 교감 작업이 끝나 국가의 기본적인 통치구조가 제도적으로 완비된 해이며, 동시에 홍문관의 언관화가 진행되던 시기이다. 그렇다면 성종대의 이같은 변화는, 결국 제도화된 통치구조에서 언론 삼사에 의한 언론활동이 응지상소에서도 언로를 독점하면서 상대적으로 개인에 의한 언론활동을 크게 위축시키는 결과를 초래했음을 의미한다고 할 수 있을 것이다.

다음으로 개인 상소자의 지위를 살펴보면, 대상이 되는 개인 상소는 전체 260건 가운데 75%에 해당하는 196건이다. 역시 상소는 관서보다 개인이 하는 경우가 많았음을 알 수 있다. 이 가운데 12건을 제외한 184건이 당시 지배층이라 할 수 있는 관직체계에 포함된 양반들에 의한 것이다. 원유계자(元有階者)인 이들 중에서도 산임관을 제외한 현임관이 80%

이상(149건)을 차지하고, 현임관의 58%(87건)가 당상관이다. 여기에 참상관까지 포함한다면 전체 현임관의 무려 96%(143건)가 참상관 이상의 고위 관리인 셈이다. 그리고 이들의 대부분은 경관직에 있는 자들이었다. 결국 응지상소를 통해 개인의 언론활동을 주도한 것은 바로 경관 6품 이상의 현직 관리들이었다고 할 수 있다. 물론 이같은 결과가 어느 정도 예상된 것이기는 하지만, 그렇더라도 구언의 성격이 원칙적으로 다양한 계층으로부터 폭넓은 의견을 듣고자 하는 것이었다는 점을 고려한다면 언로의 독점 정도가 의외로 심했음을 알 수 있다.

한편 관직체계에서 제외된 12건의 미사자(未仕者)를 보면, 여기에는 생원·진사·교도·유학·향리·노비 등의 계층이 포함되어 있다. 그러나 향리나 노비의 상소는 각각 1건에 불과하여 이들의 상소가 불가능했던 것은 아니지만 그 비중은 무시해도 좋을 정도였다고 할 수 있다. 나머지 10건은 모두 유교적 소양을 지닌 자들에 의한 것으로서, 아마도 대부분 양반 신분이었다고 추측된다. 그런데 이들 10건 가운데 6건이 성종대에 집중되어 있다. 이 6건은 비록 얼마 안되는 수치이기는 하지만, 성종대에 전체 개인의 상소가 25건으로 크게 줄어드는 상황이었음에도 불구하고 이들 유생들의 상소는 전대에 비해 오히려 크게 증가하였다는 점에서 의미있는 수치라고 생각된다. 성종대의 구언교지에서 구언의 대상이 확대되었다면 이를 가장 잘 이용한 것은 바로 유생들이었던 것이다.

성종대의 유생들은 응지상소뿐만 아니라 일반 상소를 통해서도 활발한 언론활동을 한 것으로 보이는데, 여기에는 두 가지 이유가 있다고 생각된다. 하나는 이들이 중앙 정계에 진출하는 수단으로 상소를 이용했다는 점이고, 다른 하나는 초기 사림의 등장을 들 수 있다. 특히 후자와 관련해서는, 이 시기에 사림이 중앙 정계에 등장하면서 관학의 유생들도 재야 사림의 언론을 주도하기 시작했음은 이미 잘 알려진 사실이다. 물론 성종대 이전에도 유생들의 상소는 있어왔지만, 그것은 대부분 '벽이단(闢異端)' 상소에 그치는 것이었다. 그러나 이제 이들은 그 내용을 구실로 죄를 줄 수 없었던 응지상소를 통해 '국가지정(國家之政)'에 문제를 제기하고 집권 훈구세력을 비판하면서 자신들의 주장을 공론화시켰던 것이다. 성종대 응지상소를 올린 유생들의 대부분이 사림과 직간접적으로 관련된 인물이라는 사실은 어쩌면 당연한 것이었다. 아울러 이 시기 개인의 상소가 줄어든 현상이 당상관의 상소가 감소한 때문이라는 사실도 우연은 아닐 것이다. 뿐만 아니라 공신들의 응지상소 또한 전대에 비해 크게 줄어든 것도 이들 유생들의 언론활동과 관련된 것으로 생각된다.

이상의 내용으로 볼 때, 조선 초기 응지상소를 통한 언론활동은 경관 6품 이상의 현직 고위 관리들이 주도하다가 성종대에 이르러 변화가 있었음을 알 수 있다. 관서 명의의 상소가 증가하면서 개인에 의한 상소활동이 위축된 것으로 요약되는 이 변화는, 내용상 언론 삼사와 유생들의 상소활동으로 인하여 당상관이나 공신과 같은 훈구세력들의 개인 상소가 줄어든 것을 의미하는 것이다. 이는 훈구대신 개개인에 의해 사적으로 주도되던 정치가 성종대에 이르면서 변화되어 통치의 공적 성격이 강화된 결과라고 생각된다. 성종대의 제도화된 통치구조 속에서 언론기구의 언론활동은 활발해질 수밖에 없었고, 한편으로 구언의 대상이 확대됨으로써 형성된 상소는 누구나 할 수 있다는 인식은 유생들로 하여금 상소를 통한 국정에의 참여를 가능케 하였던 것이다. 이같은 성종대의 변화는 16세기에 본격화된 사림에 의한 공론정치의 서막을 알리는 것이라 할 수 있다.

(『조선시대사학보』 20, 2002. 3)

제3장 _
조선 초기 응지상소를 통해 본 성종대의 변화

1. 머리말

필자는 지금까지 조선 초기의 구언(求言) 제도와 관련된 일련의 논문을 발표하였다. 먼저 구언교지의 내용 분석을 통해 구언제도가 정착되는 과정을 살폈고, 이어 구언에 따라 응지상소를 올린 사람들에 대한 분석을 통해서는 성종대 언론활동의 변화 양상을 밝혔다. 그리고 최근에 이르러 본격적으로 응지상소의 내용을 다루기 시작하여, 우선 여기에 나타난 당시인들의 법과 제도에 대한 인식을 살펴보았다.[1] 이에 의하면 조선 초기의 지배층은 법과 제도를 덕치와 모순되는 것으로 생각하지 않고, 오히려 덕치를 완성하는 수단으로 인식하였다. 덕치의 수단으로서의 법과 제도였기에 그것은 '안민(安民)'이라는 유교의 민본이념에 근거한 것이어야 했다. 비록 '성헌준수론(成憲遵守論)'과 '변통론(變通論)'이 대립하기도 했지만, '입법정제(立法定制)는 마땅히 민심을 따라야 한다'는 명제는 누구도 부정할 수 없는 것이었다.

---

1) 이석규, 「조선초기 응지상소에 나타난 제도론」 『조선시대사학보』 39, 2006.

그러면 이같은 인식을 근거로 응지상소자들이 제기한 구체적인 법과 제도상의 문제는 무엇인가. 이것은 구언을 연구 대상으로 할 때 가장 핵심적인 과제일 수밖에 없다. 대체로 재이를 만난 절박한 상황에서 행해지는 것이 구언이었고 또한 당시에는 재이의 원인을 유교의 천인감응설(天人感應說)에 따라 '인사(人事)'의 잘못으로 생각하였기에, 구언에 따른 응지상소에는 당시 가장 시급히 해결해야 할 정치적 과제들이 폭넓게 담겨 있기 때문이다. 결국 응지상소의 내용을 통해 당시인들이 가졌던 그 시대의 문제의식을 살피는 것이 가능한 것이다.

이같은 시각을 바탕으로 본 논문에서는 조선 초기 성종대까지의 응지상소에서 제기된 당대 제도상의 문제가 무엇이었는지를 살펴보고자 한다.2) 이를 위해 우선 각 왕대별로 응지상소의 내용을 크게 개인의 수성(修省) 특히 왕의 수성을 요구하는 것과, 제도의 정비·개혁을 요구하는 것으로 대분류하여 왕대별 변화의 추세를 알아보려고 한다. 이어 제도의 정비·개혁을 요구하는 내용만을 대상으로 정치·경제·사회·군사·척불의 다섯 가지 기준에 따라 중분류하여 이 역시 왕대별 추세를 살펴볼 것이다. 마지막으로는 중분류한 내용을 가지고 다시 여러 기준에 따라 소분류하여 분석하고자 한다.

이같은 작업을 통해 당시인들은 무엇을 가장 중요한 정치적 과제로 인

---

2) 지금까지 응지상소에서 제기된 제도상의 문제가 어떤 것이었는지를 다룬 논문은 찾아지지 않는다. 그렇지만 언관의 전체 언론활동을 분석하면서 부분적으로 비슷한 내용을 다룬 연구는 있다. 즉 언관의 언론활동의 내용을 '간쟁'·'탄핵'·'시정'·'인사'·'척불'의 다섯 가지 기준으로 나누어 분석한 연구들이 있는데, 여기서 다룬 '시정'과 '척불' 관련 내용이 본 논문에서 다루려는 내용과 유사하다(최승희, 『조선 초기 언관·언론연구』, 서울대출판부, 1976; 남지대, 「조선 성종대의 대간언론」『한국사론』12, 1985). 이 때문에 본 논문을 작성하면서 이들 연구를 많이 참고하였다. 그러나 분석 대상이 되는 자료가 서로 틀리고 분류의 기준도 다르며 무엇보다 문제의식 자체가 틀리다는 점에서 상호 차별적이다.

식하고 있었는지, 어느 시대에 어떤 성격의 문제가 많이 제기되는지, 시대의 진전에 따라 제기되는 문제에 어떤 변화가 있는지, 나아가 그것이 의미하는 바가 무엇인지 등을 파악할 수 있을 것이다.

그러나 본 연구는 다음과 같은 두 가지의 한계를 갖고 있다. 우선 응지상소만을 대상으로 당대의 과제를 파악하는 것이기에, 상소가 많지 않았던 시기에는 이 과제가 드러나지 않을 수 있다는 점이다. 특히 세종대가 그러한데, 세종은 재위기간에 비해 구언한 횟수가 가장 적었기 때문에 상소도 그만큼 많지 않았다.[3] 따라서 세종대의 과제가 응지상소를 통해서는 제대로 드러나지 않을 수 있다.

다음으로는, 응지상소에서 제기된 문제가 현실 정치에 어떻게 반영되고 있는가를 확인하는 작업이 응당 필요하지만 이를 전면적으로 추적할 수는 없었다. 물론 제기된 문제에 대해 그 처리 결과가 '종지(從之)'·'윤(允)'·'불윤(不允)' 등으로 기록된 경우도 많이 있지만, 그렇더라도 이를 전적으로 믿을 수는 없었다. 비록 상소 당시에는 왕이 '종지' 했다고 하더라도 얼마 지나지 않아 실제로는 받아들인 것으로 볼 수 없는 기록들이 흔하게 나타나기 때문이다. 따라서 처리 결과에 대해서는 중요하다고 생각되는 몇 가지 문제에 대해서만 살펴보는 것으로 그칠 수밖에 없었다.

2. 내용 분류 및 추세

조선 초기 태조대에서 성종대까지의 약 100여 년 간에 걸쳐 행해진 구

---

3) 조선 초기에는 전체적으로 구언이 평균 16개월에 한 번 꼴로 행해졌지만, 세종대에는 42개월에 한 번 정도만 행해져 재위기간에 비해 구언한 횟수가 가장 적었다(이석규, 「조선초기의 구언」『한국사상사학』15, 2000, 180쪽의 <표 2> 왕대별 구언 횟수 참조).

언은 모두 75회 정도로서 단종을 제외한 모든 왕대에서 구언이 시행되었다.[4] 이 구언에 따라 올려진 응지상소의 건수가 얼마인지를 정확히 파악하는 것은 불가능하다. 『조선왕조실록』에서는 상소자별로 그 상소의 내용을 충실히 기록한 경우가 많기는 하지만, 그렇지 않은 경우도 상당수 있기 때문이다. 어떤 경우는 상소가 '매우 많았다'는 식으로만 기록되어 있기도 하고[5], 또는 진언한 것 가운데 시행할 만한 것만 선별해서 기록한 경우도 많으며,[6] 상소자와 함께 상소의 내용을 기록한 경우라 하더라도 이를 상소자별로 분류하지 않고 상소의 내용을 기준으로 하여 비슷한 내용끼리 묶어 기록한 경우도 종종 나타난다.[7] 이같은 기록 방식의 불일치로 인해 응지상소의 건수를 파악하는 것이 불가능하지만 본 연구에서는 일단 상소의 내용이 기록된 것만을 대상으로 하면서, 비슷한 내용끼리 묶은 것이라 하더라도 하나의 상소 건수로 취급하려고 한다. 누가 상소를 했는가에 대한 관심보다는 상소의 내용이 무엇인지에 초점을 맞춘 이상, 이것이 큰 문제가 되지는 않을 것으로 생각된다.

이렇게 할 경우, 그 내용이 기록된 응지상소의 건수는 대체로 260건 정도이다. 그런데 한 건의 상소라고 해도 거기에는 서로 내용을 달리하는 여러 조항의 요구사항들을 기술한 경우가 많다. 260건의 상소에서 요구하고 있는 내용을 조항별로 계산하면 모두 702개 조항에 달하는바, 바로 이 702개 조항의 요구사항이 본 연구의 분석 대상이 된다.[8]

---

4) 이석규, 「조선초기의 구언」『한국사상사학』15, 2000, 180쪽의 <표 2>
5) 『성종실록』권2, 성종 원년 1월 기해조, "近日陳言者 論弊事甚多 今但擧其尤者言之"
6) 예컨대, 『세종실록』권20, 세종 5년 4월 무인조, "政府六曹會議 又擇陳言可行三十七條以聞 命下禮曹 條錄可行事件以聞"
7) 『태종실록』권29, 태종 15년 6월 경인조.
8) 엄밀하게는 702개 조항의 요구사항이 모두 260건의 상소에 포함된 것은 아니다. 260건의 상소는 상소자를 알 수 있는 것만을 헤아린 것인데, 상소자는 기록하지 않은 채 상소의 내용만 기록된 것도 있기 때문이다. 이 경우 상소 건수에는 포함시키지 않았지만 702개 조항에는 포함시켰다(『성종실록』권3, 성종 원년 2월 계유조;

그러면 상소자들이 제기한 702개 조항의 내용을 어떤 기준에 따라 분류할 것인가. 이와 관련해서는 연구의 목적에 따라 다양한 기준을 적용할 수 있을 것이다. 그렇지만 응지상소가 잘못된 정치를 지적하고 이를 바로잡으려는 의도에서 올려진 것이므로 일단은 당시인들이 잘못된 정치의 근본적인 원인을 무엇으로 생각하고 있는지를 알아보려고 한다. 이 경우 참고가 되는 것이 구언교지에 나타나 있는 진언(陳言)의 범위이다.

일반적으로 조선 초기의 구언교지에서는 진언할 수 있는 범위를 정형화시켜 밝히고 있는데, 그것은 '과궁지궐실(寡窮之闕失)', '좌우지충사(左右之忠邪)', '정령지장부(政令之臧否)', '생민지이병(生民之利病)'의 네 가지이다. 앞의 두 가지가 왕을 비롯한 관인층의 개인적 또는 도덕적 문제라고 한다면, 뒤의 두 가지는 법이나 제도상의 문제라고 할 수 있을 것이다. 여기서 진언할 수 있는 내용을 개인의 문제와 제도의 문제라는 두 가지로 범주화시키는 것이 가능하다. 즉 구언교지에서는 정치가 잘못된 원인이 지배층 개인의 허물이나 제도상의 문제에 있다고 보았던 것이다.9) 따라서 응지상소에서 지적하는 내용도 결국 이 범주를 벗어나지 않는데, 그것을 크게 나누면 유교적 도덕규범에 어긋나는 지배층의 잘못을 바로잡기 위해 '수성'을 요구하는 것과, 생민의 안정을 위한 '제도'의 문제를 지적하는 것으로 구분할 수 있다.

응지상소의 내용을 '수성'과 '제도'의 두 가지 기준에 따라 분류한다고 해서 양사를 대립적으로 보는 것은 결코 아니다. 즉 수성을 강조한다는 것이 곧 제도의 문제를 소홀히 한다는 것으로 받아들일 수는 없는 것이다. 이 때문에 하나의 상소에서도 두 가지를 모두 거론하는 경우가 흔하게 찾아진다. 이 점을 미리 전제하면서, 이제 702개 조항의 응지상소의 내

같은 책, 권4, 성종 원년 3월 임오 · 계미 · 을미조).

9) 이석규, 앞의 논문(2006), 10~12쪽.

용을 수성과 제도를 기준으로 대분류하여 왕대별로 나누어 보면 다음의
<표 1>과 같다.10)

<표 1> 응지상소의 내용 대분류표(태조~성종)

내용＼왕	태조	정종	태종	세종	문종	세조	예종	성종	계
수성 (%)	21 (77.8)	0	34 (20.1)	6 (6.8)	1 (3.1)	6 (19.4)	8 (17.8)	139 (46.0)	215 (30.6)
제도 (%)	6 (22.2)	8 (100)	135 (79.9)	82 (93.2)	31 (96.9)	25 (80.6)	37 (82.2)	163 (54.0)	487 (69.4)
계	27	8	169	88	32	31	45	302	702

전체적으로 보면 702건의 상소 조항 가운데 왕을 비롯한 관인층의 수
성을 강조한 것이 215건으로 30.6%에 불과하고 나머지 487건(69.4%)이
제도의 문제를 거론한 것이다. 즉 당시인들은 잘못된 정치의 원인을 개인
의 도덕적 문제에서 구하기보다는 제도상의 문제로 보는 경향이 훨씬 강
하였다고 할 수 있다. 유교의 정치이념이 덕치를 이상으로 하였다는 점을
생각하면 이같은 결과가 의외로 받아들여질 수도 있다. 그러나 유교에서
덕치를 중시했다고 해서 법과 제도를 배제한 것은 아니라는 점과,11) 당시

10) 상소의 내용을 수성과 제도의 두 가지 기준으로 대분류하는 과정에서 판단이 쉽
지 않은 내용도 여럿 있었다. 예컨대 역사(役事)를 파하여 민력을 덜어야 한다거
나, 또는 인사와 관작을 공정하게 해야 한다는 등의 요구가 그러하다. 이처럼 구체
적인 제도의 문제를 거론하기보다는 왕의 개인적이고 일회적인 판단만으로 해결
할 수 있는 문제라든가, 아니면 일반론적인 원칙만을 거론한 경우는 모두 수성으
로 분류하였다. 개인적인 판단을 어떻게 할 것인가, 또는 일반론적인 원칙을 수용
할 것인가의 문제는 왕의 수성과 밀접한 관련이 있다고 할 수 있다. 왕의 수성은
단지 왕 개인의 도덕적 실천에만 그치는 것이 아니라 그 공효가 현실 정치에 드러
나야 한다는 것이 당시인들의 생각이었기 때문이다(이석규, 앞의 논문(2006),
16~17쪽). 이처럼 필자의 주관적인 판단에 의존할 수밖에 없는 경우는 이하 중분
류, 소분류에서도 있음을 미리 밝혀둔다.
11) 이승환, 「유가(儒家)는 법치를 반대했는가?」 『철학과 현실』 13, 1992.

의 시대적 과제가 새로운 국가의 지배체제를 안착시키기 위한 여러 제도적 틀을 마련하는 것이었다는 점을 고려하면 충분히 수긍할 수 있는 결과라 생각된다.

한편 수성과 제도의 비율을 왕대별로 살펴보면 몇 가지 특징이 드러난다. 가장 먼저 눈에 띄는 것은 태조대의 경우, 제도상의 문제보다 왕 개인의 도덕적 실천을 강조하는 수성에 대한 요구가 훨씬 많았다는 점이다. 이는 유일한 경우인데, 전체적인 추세와 반대되는 이같은 결과를 어떻게 이해할 것인지 사실상 판단하기가 어렵다. 다만 상소의 내용들로 보아 건국 직후의 상황에서 왕의 정치에 임하는 자세를 강조한 결과라는 일반론적인 추측만 가능할 뿐이다.

다음으로는 태조대에 22.2%(6건)에 불과하던 제도 관련 조항이 이후 급격히 증가하면서 대체로 예종대까지 80% 이상의 높은 비율을 유지한다는 점이다. 재위 기간이 짧아 장기적인 경향을 파악하기 곤란한 정종·문종·예종대를 제외하더라도 태종·세종·세조대 역시 비슷한 비율이 유지되고 있는 것으로 보아 재위 기간과 관계없이 상소에서 제도상의 문제를 거론하는 것이 일반적인 추세였다고 할 수 있다. 새삼스럽기는 하지만 이 시기에 집중적으로 새 왕조의 제도적 틀이 마련되어갔다는 사실을 여기서도 확인이 가능한 셈이다.

그런데 이같은 추세는 성종대에 이르러 바뀌게 된다. 80% 이상의 비율을 차지하던 제도 관련 조항이 성종대에 이르러 54.0%(163건)로 크게 낮아지면서 수성과 제도의 비율이 어느 정도 균형을 이룬 것이다. 성종대의 변화가 이후 연산군과 중종대에도 계속 유지되었는지가 궁금하기는 하지만 일단 성종이 25년이라는 장기간 재위했다는 점에서 이것은 의미있는 변화라고 생각된다.

范忠信·鄭定·詹學農, 『중국법률문화탐구』, 이인철 역, 일조각, 1996, 11~126쪽.

성종대에 이같은 변화가 나타난 직접적인 이유는 무엇보다 언론 삼사 (三司)의 언론활동에서 찾을 수 있다. 이전 시기에 비해 성종대에는 대간 의 언론활동이 대단히 활발해졌고,[12] 홍문관도 언관화되어갔다.[13] 언론 삼사는 응지상소를 올리는 데에도 적극적이었는바, 성종대 60건의 응지 상소 가운데 절반인 30건이 이들 삼사가 올린 것이었다.[14] 물론 삼사의 응지상소에서도 제도의 문제를 거론한 경우가 상당히 많이 있기는 하지 만 그것은 주로 성종대 전반기에 몰려 있다.[15] 그러다가『경국대전』의 교 감작업이 끝난 이듬해인 성종 16년 이후부터 제도보다는 수성과 관련된 요구사항이 급격히 늘어난다. 성종 16년 이후에 삼사가 올린 19건의 상소 는 모두 94개 조항을 담고 있는데, 이 중 73.4%에 해당하는 69개 조항이 수성과 관련된 것이었다. 이는 성종대 전체의 수성 비율 46.0%에 비하면 크게 증가한 것으로, 결국 성종대에 수성과 제도의 비율이 엇비슷해진 것 은 바로 성종 16년 이후 수성을 강조하는 삼사의 응지상소에 기인한 바가 큰 것이었다고 할 수 있다.

성종대 후반기에 수성 관련 조항이 급증한 것이 의미하는 바에 대해서 는 크게 두 가지를 생각할 수 있을 것이다. 우선『경국대전』의 편찬 작업 이 마무리 됨으로써 새 왕조의 지배체제가 일단 제도적 측면에서는 골격

---

12) 남지대,「조선 성종대의 대간언론」『한국사론』12, 1985.

13) 최이돈,「성종대 홍문관의 언관화 과정」『진단학보』61, 1986.

14) 이석규,「조선초기의 응지상소자」『조선시대사학보』20, 2002, 62쪽의 <표 1> 왕대별 응지상소의 주체와, 65쪽의 <표 2> 왕대별 응지상소한 관서 참조. 이에 따르면 성종대에는 이전에 비해 개인에 의한 응지상소가 급격히 감소하였는데, 이 는 언론 삼사의 활발한 언론활동이 응지상소에서도 언로를 독점함으로써 상대적 으로 개인의 상소활동을 위축시킨 결과라고 생각된다.

15) 성종 15년까지 언론 삼사에서 올린 응지상소는 11건으로 여기에는 모두 56개 조 항의 요구사항이 담겨 있다. 이 가운데 제도 관련 조항이 38건으로 67.9%의 비율 을 차지한다. 이는 성종대의 전체 응지상소에서 제도 관련 조항이 차지하는 비율 54.0%보다 높은 수치이다.

을 갖추게 되었다. 따라서 이제는 그 제도를 운용하는 과정에서의 공정성 또는 근면성과 같은 제도 운용의 주체들이 지녀야 할 덕목이 보다 중시되었다고 할 수 있다.

그러나 이같은 일반론적인 이해보다는 삼사의 언론활동과 관련하여 그동안 정치를 주도해 온 훈구세력에 대한 비판이 점차 본격화되기 시작하였다는 점이 주목된다. 사실 언론기관이 상소에서 왕의 수성을 강조할 때, 그 구체적인 내용은 인사상의 문제가 대부분이었고,[16] 인사 문제의 대상은 주로 고위관료일 수밖에 없었다. 이들 고위관료가 제도 운용의 주체였고 성종대에는 그 중심이 훈구세력이었던 것이다.[17]

이제 제도의 문제를 거론한 487개 조항의 내용을 '정치'·'경제'·'사회'·'군사'·'척불'의 다섯 가지 기준으로 중분류하여 살펴보기로 한다. '군사'와 '척불'은 그 비중이 큰 것은 아니지만 내용상 독립적으로 다루는 것이 합리적이라 생각되었다. 이 기준에 따라 상소의 내용을 왕대별로 작성한 것이 다음의 <표 2>이다.

---

16) 태조대부터 성종 9년 3월까지 언관들의 응지상소를 포함한 전체 언론 내용을 분석한 연구에 의하면 탄핵이 53.0%, 인사 관련 내용이 12.5%를 차지하고 있다. 탄핵도 인사 문제로 볼 수 있기 때문에 결국 조선 초기 언관들의 언론 내용 가운데 65.5%가 인사와 관련된 것이었다고 할 수 있다(최승희, 『조선초기 언관·언론연구』, 서울대출판부, 1976, 243쪽의 <표 1-2> 언론내용별 언론활동상황표 참조). 성종대 전체를 대상으로 대간의 언론 내용을 분석한 연구에서는 이 비율이 71.2%(탄핵 42.8%, 인사 이의 28.4%)로 높아진다(남지대, 앞의 논문, 160쪽).

17) 성종대 대간의 탄핵 관련 자료 3,280건 가운데 고위인사가 탄핵 대상이 된 경우가 1,991건에 모두 2,702명이다. 그리고 2,702명 가운데 36.6%에 해당하는 989명이 공신이었다(정두희, 『조선 성종대의 대간연구』 한국연구원, 1989, 10쪽의 <표 1> 성종실록에 나타난 대간의 활동자료수 및 16쪽의 <표 5> 고위의 피탄핵자수 참조).

내용＼왕	태조	정종	태종	세종	문종	세조	예종	성종	계
정치	1	7	35	24	5	4	9	54	139
(%)	(16.7)	(87.5)	(25.9)	(29.3)	(16.1)	(16.0)	(24.3)	(33.1)	(28.5)
경제	0	0	40	28	12	6	5	31	122
(%)			(29.6)	(34.1)	(38.7)	(24.0)	(13.5)	(19.0)	(25.1)
사회	1	0	37	18	4	14	12	45	131
(%)	(16.7)		(27.4)	(22.0)	(12.9)	(56.0)	(32.4)	(27.6)	(26.9)
군사	2	0	22	8	10	1	7	18	68
(%)	(33.3)		(16.3)	(9.8)	(32.3)	(4.0)	(18.9)	(11.0)	(14.0)
척불	2	1	1	4	0	0	4	15	27
(%)	(33.3)	(12.5)	(0.7)	(4.9)			(10.8)	(9.2)	(5.5)
계	6	8	135	82	31	25	37	163	487

이에 의하면 정치 · 경제 · 사회와 관련된 내용은 각각 28.5% · 25.1% · 26.9%로 대체로 비슷한 비중을 차지하고, 군사와 척불 관련 내용은 14.0%와 5.5%로 낮은 편이다. 왕대별로는, 재위기간이 짧고 건수도 적은 태조와 정종대를 제외하면, 태종 · 세종대에는 정치 · 경제 · 사회 문제가 어느 정도 균형을 이루면서도 경제 관련 내용이 가장 많았고, 문종대에는 경제와 군사가 다른 분야에 비해 월등히 많다. 세조대에는 사회 문제가 가장 많았다가 예종대에 이르면 정치가 조금 많아지면서, 이 추세가 성종 대까지 이어진다. 이를 좀더 단순화시킨다면 태종~문종대까지의 꽤 오랜 동안에는 경제 문제가 가장 많았으나 세조대에는 사회 문제가 많아지고 성종대에 이르게 되면 경제 문제가 비교적 큰 폭으로 줄어드는 대신에 정치 문제가 증가한다고 할 수 있다. 따라서 전체적인 추세를 놓고 볼 때 변화의 시기는 세조와 성종대라고 할 수 있다. 그러나 세조대에는 응지상 소 자체가 적었기 때문에 이를 제외하면, 결국 성종대가 변화의 시기였고 그 변화의 내용은 경제 문제가 줄어들고 정치 문제가 늘어난 것이 핵심이

었다고 보아도 무리가 없을 것이다.

지금까지 <표 1>과 <표 2>의 분석을 통해서 알 수 있었던 공통된 사항은 성종대가 변화의 시기였다는 점이다. <표 1>을 통해서는 성종대에 왕을 비롯한 관인층의 수성을 강조하는 내용이 증가하는 변화가, <표 2>를 통해서는 경제보다 정치 문제가 훨씬 중요한 해결 과제로 떠오르는 변화가 드러났다. 이 두 가지 변화가 같은 시기에 나타났다는 점에서 상호 연관성이 있을 것으로 생각되는데, 이는 제도개혁의 구체적인 내용을 살펴본 뒤에야 확인이 가능할 것이다.

3. 내용 분석

본 장에서는 응지상소에서 제기된 제도와 관련한 487개 조항을 정치·경제·사회·군사·척불의 다섯 분야로 나눈 <표 2>를 기초로 해서 각 분야별로 좀더 세분화시킨 분류 기준을 가지고 구체적인 제도 관련 내용을 살펴보기로 한다.

(1) 정치제도

487개 조항 가운데 '정치'로 분류한 내용은 모두 139건이다. 이들을 내용별로 나누면 대체로 '관제'·'인사'·'규례'·'상벌'·'법률'·'대외' 등 여섯 가지로 소분류할 수 있다. 여기서 '규례'는 규칙이나 상례로 정하는 것과 관련된 내용을 의미하는데, 특히 인사와 관련된 규례는 따로 '인사'로 분류하였다. '법률'은 구체적인 법을 말하는 것이 아니라 법전의 편찬이나 법의 정비 등과 관련된 것을 의미한다. 이 기준에 따라 139건을 왕대별로 분류한 것이 다음의 <표 3>이다.

<표 3> 정치 관련 상소 소분류표 (태조~성종)

왕 내용	태조	정종	태종	세종	문종	세조	예종	성종	계
관제 (%)	1 (100)	1 (14.3)	3 (8.6)	3 (12.5)	1 (20.0)	0	2 (22.2)	4 (7.4)	15 (10.8)
인사 (%)	0	5 (71.4)	13 (37.1)	6 (25.0)	1 (20.0)	2 (50.0)	4 (44.4)	25 (46.3)	56 (40.3)
규례 (%)	0	1 (14.3)	13 (37.1)	10 (41.7)	2 (40.0)	2 (50.0)	3 (33.3)	22 (40.7)	53 (38.1)
상벌 (%)	0	0	5 (14.3)	1 (4.2)	0	0	0	1 (1.9)	7 (5.0)
법률 (%)	0	0	1 (2.9)	3 (12.5)	0	0	0	1 (1.9)	5 (3.6)
대외 (%)	0	0	0	1 (4.2)	1 (20.0)	0	0	1 (1.9)	3 (2.2)
계	1	7	35	24	5	4	9	54	139

이에 의하면 정치와 관련해서는 '인사'와 '규례'에 관한 내용이 각각 40.3%와 38.1%를 차지하여 다른 것에 비해 압도적으로 많았다. 인사도 크게 보아 규례에 포함시킬 수 있다는 점에서 둘을 합치면 78.4%에 달해, 이 시기가 정치 규례를 마련해나가던 시기였음을 분명하게 보여준다. 특히 성종대에는 이 비율이 87%까지 확대되었는데, 성종대의 상소에서 경제 관련 내용이 줄고 정치 관련 내용이 늘어난다는 앞서 지적한 변화는 바로 이 정치 규례의 증가로 인한 것이었음을 알 수 있다.

한편 규례 가운데서도 인사 관련 규례가 태반이었다는 사실은 당시인들이 인사 규정의 정비를 가장 시급한 과제로 인식하고 있었음을 의미하는 것이라 생각된다. 인사와 관련해서는 역시 관리의 선발을 엄격히 해야 한다는 내용이 가장 많았다. 이를 위해 대간의 서경권(署經權) 강화라든 가 분경(奔競)의 금지, 서얼의 한품(限品), 연소불학자(年少不學者)의 제수 금지 등이 요구되었다. 그런데 특이한 현상은 관리의 자격에서 유교적 소 양과 덕목을 직접적으로 강조하는 9건의 내용이 태종과 성종대에만 나타 난다는 점이다. 더욱이 9건 가운데 6건이 성종대에 집중되어 있다. 그 내 용의 성격도 태종과 성종대가 조금 다르다. 태종대의 3건이 공신자제라 도 군신·부자의 예의를 배운 후에 수직(受職)할 것, 재능이 있더라도 불 효·불목의 행위가 있으면 척거(斥去)할 것, 불충·난신 자손은 서용치 말 것[18] 등과 같이 기왕의 관료군에 포함되어 있는 자들에게 구체적인 유 교적 덕목을 강조하는 것이었다면, 성종대에는 '불학동치(不學童稚)'·'연 소불학자'의 제수를 금하는 2건과 함께,[19] '석덕지사(碩德之士)'·'산림유 일(山林遺逸)' 등을 위한 천거제의 시행과 '현능'한 자는 순자법(循資法)을 따르지 말고 불차탁용(不次擢用)하라는 요구가 4건이다.[20] 즉 성종대에 는 나이 어리고 배우지 못한 자의 배제와 더불어 기왕의 관료군에서 벗어 나 있는 유교적 덕목의 실천자들을 적극적으로 관료군에 포함시키려는 시도가 나타났던 것이다.

이같은 성종대의 인사 관련 조항에서 나타나는 특징은 그 이전 세조대 의 인사 관행을 개혁하려는 의지에서 비롯된 것으로 생각된다. 성종이 즉 위 초에 행한 구언에 따라 올라온 상소에는 세조대의 인사가 파행적으로 행해졌음을 나타내는 내용들이 포함되어 있다. 조사(朝士)의 고신(告身) 에 대해 예전대로 서경(署經)할 것, 장리(贓吏)와 그 자손을 서용하지 않는 법을 예전대로 시행할 것 등을 요구한다거나, 문음자제가 20세가 되면 경

---

18) 『태종실록』 권18, 태종 9년 7월 기축조; 같은 책, 권29, 태종 15년 6월 경인조.
19) 『성종실록』 권4, 성종 원년 3월 계미조; 같은 책, 권70, 성종 7년 8월 갑오조.
20) 『성종실록』 권91, 성종 9년 4월 기해조; 같은 책, 권91, 성종 9년 4월 병오조; 같은 책, 권129, 성종 12년 5월 신축조의 其八 및 其九.

서를 시험하여 종사(從仕)하게 한다는『속육전』의 규정이 폐이(廢弛)되었다는 지적이 그것이다.21) 인사가 법과 제도에 따라 행해지지 않음으로써 '사류(士類)는 청의(淸議)를 두려워하지 않고 사풍(士風)에 면려(勉勵)할 수 없'었던 것이다. 이 때문에 성종대에는 나이 어리고 배우지 못한 자의 제수를 금하는 한편으로 유교적 덕목의 실천자를 선발할 수 있는 새로운 관리임용제도의 필요성이 대두된 것이라 생각된다.

인사와 관련해서 단일 관직으로 가장 많이 언급된 것은 수령이었다(12건). 주로 수령의 자격과 임명을 신중히 해야 한다는 차원에서 그 구체적인 방안을 제기하는 경우가 많았고, 세종대에 시행된 수령육기제와 관련된 임기 문제가 거론되기도 하였다. 12건 가운데 6건이 성종대에 해당하는데, 이 중 2건이 수령의 인사 과정에서 병조를 제외시킬 것을 요구하는 것이었다.22)

인사를 제외한 나머지 규례에 대한 내용은 모두 53건이다. 그런데 그 내용의 폭이 너무 넓어 전체적인 특징을 밝히기가 곤란하다. 예컨대 왕의 행행시 복장에 대한 문제라든가, 관리들의 '귀근배소(歸覲拜掃)'하는 제도라든가, 부경사신(赴京使臣)의 수를 제한하는 것이라든가 등등, 서로 관련이 없는 여러 내용들이 파편처럼 분포되어 있다. 그나마 성종대의 22건에서는 어느 정도 집중도가 나타난다. 우선 행대(行臺) 또는 시신(侍臣)을 지방에 파견하는 것과 관련한 규례 6건 가운데 4건이 성종대에 등장하는데,23) 물론 수령의 탐학 행위를 적발하기 위한 것이었다. 다음으로는 부경사신들의 사무역으로 인한 폐단을 막기 위한 규례 3건이 있고,24) 특이

---

21)『성종실록』권4, 성종 원년 3월 계미조.
22)『성종실록』권44, 성종 5년 윤6월 신축조; 같은 책, 권91, 성종 9년 4월 병오조.
23)『성종실록』권4, 성종 원년 3월 계미조; 같은 책, 권44, 성종 5년 윤6월 갑진조; 같은 책, 권55, 성종 6년 5월 경신조; 같은 책, 권271, 성종 23년 11월 신사조.
24)『성종실록』권14, 성종 3년 1월 임자조; 같은 책, 권44, 성종 5년 윤6월 갑진조; 같은 책, 권70, 성종 7년 8월 갑오조.

하게도 반당(伴倘)의 관리를 철저히 할 것을 요구하는 것이 성종대에만 3 건이나 된다.[25] 내용은 공신과 재상에게 지급한 반당을 함부로 다른 사람 에게 주는 것을 금해야 한다는 것과 그들이 모점하고 있는 반당을 쇄출하 여 군액을 채워야 한다는 것이다. 성종대에는 공신과 재상들이 양민을 반 당으로 삼아 자신들의 전장(田莊)을 경영하는 현상이 나타나는데,[26] 결국 이들이 반당을 구실로 양민을 모점하는 문제를 계속 제기함으로써 훈구 세력을 견제하려는 것이었다고 생각된다.

응지상소에서 요구한 규례 가운데 조선 후기까지 정치적으로 매우 중 요한 기능을 한 것으로 윤대제(輪對制)가 있다. 각사에서 일정 품계 이상 의 관리들이 돌아가면서 왕을 면대하는 윤대제는 세종대에 예문관 대제 학 변계량(卞季良) 등의 응지상소에서 비롯되었다.[27] 이미 대간의 언론활 동이 활발했고 경연도 꾸준히 행하였던 세종이 상소가 올라온 다음 달부 터 즉시 윤대를 행하였던 것은, 아마도 대간과 경연관에 한정하지 않고 관리들을 보다 폭넓게 만남으로써 언로를 확대하고 각사의 현안에 대해 자신의 이목을 넓힘과 동시에 관리들의 현부(賢否)를 직접 파악할 수 있 는 장점이 있었기 때문이라 생각된다.[28] 이후 윤대와 관련된 규정은『경 국대전』에 명시되었고,[29] 이에 따라 조선 후기까지 윤대는 언로 확대의 중요한 수단으로 기능하였다.

'관제'와 관련된 상소는 모두 15건으로 정치 관련 상소의 10.8%에 불과 하다. 관제가 차지하는 비율이 이렇게 낮은 것은 좀 의외인데, 아마도 큰 틀에서의 관제를 논의하기에는 응지상소라는 수단이 부적절한 것이었는

---

25)『성종실록』권5, 성종 원년 5월 을유조; 같은 책, 권44, 성종 5년 윤6월 갑진조; 같 은 책, 권55, 성종 6년 5월 경신조.
26) 한희숙, 「조선초기의 반당」『역사학보』112, 1986, 39~47쪽.
27)『세종실록』권28, 세종 7년 6월 신유조.
28) 장희흥, 「조선초기 윤대제의 시행과 운영」『동국사학』32, 1998.
29)『경국대전』, 「예전」, 朝儀條.

지도 모르겠다. 15건 가운데 4건이 용관(冗官)의 태거(汰去)와 관련된 것이었다. 특히 4건 가운데 3건이 훈관(勳官)인 검교관직(檢校官職)을 파할 것을 요구하는 것으로 태조와 태종대에 모여 있다.30) 이는 고려 말에 남수(濫授)된 검교관 직제를 정리하는 것이 건국 초의 급선무였음을 말해주고 있는데, 검교관 문제는 다른 방식으로도 계속 제기되어 태종 16년에 이르면 동서반 유록(有祿) 검교관직제가 혁파되었다.31) 그 밖의 내용으로는 재추·공경의 수를 줄여야 한다는 것, 역승을 복치하여 이서(吏胥)의 거관자로 충당할 것, 조례상정도감·추쇄도감의 설치를 요구하는 것32) 등이 있다.

'상벌'과 관련된 상소는 7건으로, 이 중 포상과 공죄(公罪)에 관한 것이 각각 2건씩이다. 모두 태종대의 상소인데 특히 고려에 대해 절의를 지킨 정몽주(鄭夢周)·김약항(金若恒)·길재(吉再)를 포상할 것을 요구하는 권근의 상소가 눈에 띈다.33) 이미 세자로 있을 때에 길재를 부른 적이 있었던 태종은 이 요구를 받아들여 정몽주와 김약항에게 추증하였는바,34) 이는 새 왕조가 창업의 단계를 지나 수성의 단계로 진입하고 있음을 상징적으로 보여주는 것이라 할 수 있다. 공죄에 관한 두 건은, 사죄(私罪)가 아닌 공죄를 범한 경우에는 과전과 직첩을 회수하지 말 것을 요구한 것이다.35) 태종대 말에 있었던 이 상소는 세종이 즉위하면서 요구대로 시행되었다.

---

30)『태조실록』권14, 태조 7년 윤5월 병술조;『태종실록』권8, 태종 4년 9월 정사조; 같은 책, 권12, 태종 6년 7월 계축조.
31) 한우근,「훈관 '검교'고」『진단학보』29·30, 1966, 99~104쪽.
32)『세종실록』권20, 세종 5년 5월 정미조; 같은 책, 권28, 세종 7년 6월 신유조;『예종실록』권2, 예종 즉위년 12월 병신조;『정종실록』권2, 정종 원년 10월 기유조;『예종실록』권2, 예종 즉위년 12월 병신조.
33)『태종실록』권1, 태종 원년 1월 갑술조.
34)『태종실록』권2, 태종 원년 11월 신묘조.
35)『태종실록』권36, 태종 18년 7월 경술조.

한편 '법률'과 관련해서는 『속육전』의 편찬을 요구하는 상소가 주목된다.36) 태조대에 편찬된 최초의 관찬 법전인 『경제육전』이후의 조령(條令)과 판지(判旨) 가운데 성헌(成憲)이 될 만한 것을 골라 『속육전』을 편찬해야 한다는 것인데, 태종 4년의 이 상소를 계기로 태종 13년에 이르러 『속육전』의 편찬이 이루어졌다. 그 밖에 세종대에는 문자를 해독하지 못하는 자에게 율문을 가르치지 말 것과, 관리가 된 자에게 법전을 강습하게 할 것37) 등의 상소가 있다.

마지막으로 '대외' 문제와 관련된 3건 가운데 2건은 삼포에 거주하는 왜인들의 쇄환을 요구하는 것이다.38)

(2) 경제제도

'경제'로 분류한 상소는 모두 122건이다. 이를 내용에 따라 '전세'·'역역'·'공물'·'재정'·'토지'·'화폐'·'농공상'·'교통'의 여덟 가지로 소분류하였는데, 다음의 <표 4>가 그것이다.39)

---

36) 『태종실록』 권8, 태종 4년 9월 정사조.
37) 『세종실록』 권7, 세종 2년 윤1월 무술조; 같은 책, 권20, 세종 5년 5월 정미조.
38) 『세종실록』 권68, 세종 17년 6월 무신조; 『성종실록』 권129, 성종 12년 5월 신축조.
39) 소분류하는 과정에서 분류가 쉽지 않은 경우가 여럿 있었다. 특히 전세와 공물의 분류가 애매한데, '전세조공물(田稅條貢物)' 혹은 '전세공물(田稅貢物)'이라는 전세에 기반한 공물의 존재가 확인되기 때문이다(강제훈, 「조선초기의 전세공물」 『역사학보』 158, 1998). 전세는 미·두·맥으로 거두지만 전세공물은 농작물이 아닌 각종 포류(布類)나 유류(油類) 등을 거두면서도 이것이 전결을 대상으로 부과되기 때문에 전세로 인식되기도 하였다. 응지상소에서는 전세공물과 일반 공물을 명백히 구분하지 않는 경우가 대부분이기 때문에 여기서는 이 전세와 공물의 경계에 있는 전세공물로 볼 수 있는 것이라 하더라도 모두 '공물'로 분류하였다.

<표 4> 경제 관련 상소 소분류표 (태조~성종)

왕 내용	태조	정종	태종	세종	문종	세조	예종	성종	계
전세 (%)	0	0	7 (17.5)	2 (7.1)	2 (16.7)	2 (33.3)	0	0	13 (10.7)
역역 (%)	0	0	5 (12.5)	4 (14.3)	1 (8.3)	1 (16.7)	0	1 (3.2)	12 (9.8)
공물 (%)	0	0	15 (37.5)	13 (46.4)	6 (50.0)	3 (50.0)	4 (80.0)	20 (64.5)	61 (50.0)
재정 (%)	0	0	3 (7.5)	2 (7.1)	2 (16.7)	0	0	3 (9.7)	10 (8.2)
토지 (%)	0	0	3 (7.5)	1 (3.6)	0	0	1 (20.0)	3 (9.7)	8 (6.6)
화폐 (%)	0	0	4 (10.0)	0	0	0	0	0	4 (3.3)
농공상 (%)	0	0	1 (2.5)	3 (10.7)	1 (8.3)	0	0	1 (3.2)	6 (4.9)
교통 (%)	0	0	2 (5.0)	3 (10.7)	0	0	0	3 (9.7)	8 (6.6)
계	0	0	40	28	12	6	5	31	122

여기서 나타나는 특징은, 조선 초기 국가재정의 기본이 되었던 전세·역역·공물의 삼세와 관련된 내용이 각각 10.7%·9.8%·50.0%로 전체의 70.5%에 이른다는 점이다. 역시 조세 문제를 해결하는 것이 가장 큰 과제였음을 알 수 있다. 그런데 삼세 가운데서도 공물(진상 포함)과 관련한 내용이 압도적으로 많다는 사실이 주목된다. 이는 당시인들에게 공물이 전세나 역역에 비해 훨씬 중요한 문제로 여겨졌다는 객관적이고 구체적인 지표가 될 수 있다는 점에서 중요하다. 아래에서 살펴보겠지만, 공물이 중요하게 여겨졌던 것은 다른 세목에 비해 실질적으로 공물로 인한 민의 부담이 컸기 때문이며, 또 공물의 상납 과정에서 비리가 발생할 수 있는 여지가 전세나 역역보다 상대적으로 많았기 때문으로 보여진다.

'공물'이 차지하는 비중을 왕대별로 보면 태종대에 37.5%이던 것이 점점 높아지다가 성종대에 이르면 64.5%까지 증가한다. 성종대에는 정치 관련 내용이 증가하면서 경제 관련 내용이 급격히 감소했음에도 불구하고 오히려 공물로 인한 문제는 증가한 것이다. 공물을 제외한 나머지 문제는 워낙 대상 건수가 적어 특이한 추세를 발견하기가 어렵다. 이제 공물을 중심으로 상소의 내용을 살펴보기로 한다.

공물 관련 상소는 결과적으로 보아 거의 대부분이 민의 부담을 줄여야 한다는 것으로 귀결된다. 그런데 민의 부담을 줄이는 방안에 대해서는 그 부담이 발생하게 된 배경과 관련해서 몇 가지로 나뉘어진다. 우선 가장 많은 것은 공물의 액수를 감제(減除)해야 한다고 직접적으로 요구하는 것이다. 이는 물론 공물이 애초부터 과다하게 책정되었기 때문이라는 인식에 근거하고 있다. 경비의 지출에 대한 일정한 식례(式例)가 마련되지 않은 상황에서 재정은 방만하게 운영될 수밖에 없었고 이는 필연적으로 민에게 과도한 부담으로 작용하였다.[40] 감제를 요구한 품목은 시탄(柴炭)·마초·진사(眞絲)·어공(魚貢)·인삼·공궁(貢弓)·금·토목(吐木)·피물(皮物)·책지(冊紙) 등 매우 다양하다. 특히 경기도의 잡공이 외방보다 심하기 때문에 이를 감제해야 한다는 요구가 태종대에 많이 나타난다. 중앙 각사에 공급하는 시탄이나 사복시·사축서 등에서 필요로 하는 교초(郊草)와 곡초(穀草), 선공감에 상납하는 초완(草薍), 사신 접대를 위한 우마 등의 부담이 경기민에게 집중되어 있다는 것이다.[41]

다음으로는 경외의 각관에서 직접 마련하는 관비공물의 생산을 위해 민력을 강제로 동원하거나 민가의 소유를 함부로 수탈하는 것을 금지해야 한다는 것이다. 이와 관련해서 가장 많이 언급되는 것이 양잠이다.[42]

---

40) 박도식, 「조선초기 국가재정의 정비와 공납제 운영」 『관동사학』 7, 1996, 14~19쪽.
41) 『태종실록』 권1, 태종 원년 1월 갑술조; 같은 책, 권8, 태종 4년 9월 정사조; 같은 책, 권29, 태종 15년 6월 경인조.

조선은 건국 초부터 적극적인 권잠정책을 실시하여 전국 각지에 잠실도회(蠶室都會)를 설치하고 양잠을 권장하였다. 그러나 이 과정에서 뽕잎을 따는 적상군(摘桑軍)을 초정(抄定)하기도 하고 또는 민가로부터 징납하거나 아예 민호로부터 취렴하여 명주실을 사서 상납하기도 하였다.[43] 이같은 폐단으로 인해 성종대에는 양잠의 폐단을 지적하는 상소가 빈번해지는데, 양잠 관련 상소 7건 가운데 5건이 성종대의 상소이고 이 중 4건이 잠실도회의 폐지를 요구하는 것이었다.[44] 이같은 요구로 인해 성종대에는 관이 주도하는 잠실이 크게 축소되었다.

마지막으로 특정 품목을 언급하기보다는 공물 징수의 근거가 되는 공안(貢案)의 문제점을 지적하는 것이다. 잘 알려진 바와 같이 각관에서 거두어야 할 공물의 품목과 액수는 공안에 기재되어 있었고, 그것은 한번 정해지면 바꾸기가 쉽지 않았다. 따라서 현물납의 성격상 각관에서는 공안에 근거하여 공물을 마련하면서도 해당 지역에서 생산되지 않는 불산공물(不産貢物)의 경우는 다른 지역에서라도 구입하지 않으면 안되었다. 이 과정에서 대납을 비롯한 많은 비리가 행해지고 그것은 민의 부담을 증가시키는 요인이었다. 지역 사정을 고려해서 공물의 분정을 다시 해야 한다는 요구는 이 때문에 나오는 것이었다.

42) 조선 초기의 양잠에 대해서는 그것을 경작지가 없는 소농민이라 하더라도 소득을 올릴 수 있는 부업이었기에 국가가 권장했다는 견해(남미혜, 「조선초기 농상정책의 수립과 양잠의례의 정비」『이화사학연구』29, 2002)와, 양잠이 부업화된 것은 16세기 이후의 일이고 그 전 15세기까지는 공물의 생산을 위한 것이었다는 견해로 나뉘어 있다(이의명, 「15ㆍ16세기 양잠정책과 그 성과」『한국사론』24, 1991). 두 측면이 모두 있었을 것으로 생각되는데, 응지상소에는 잠실에서 상납하는 과정에서 생긴 폐단이 많이 지적되고 있기 때문에 본 논문에서는 양잠이 공물을 위한 것으로 보았다.
43) 『성종실록』권2, 성종 원년 1월 기해조.
44) 『성종실록』권45, 성종 5년 7월 정축 및 임오조; 같은 책, 권122, 성종 11년 10월 임신조; 같은 책, 권203, 성종 18년 5월 무오조.

공물 분정의 문제가 응지상소에서 처음 제기된 것은 문종대였고,[45] 이어 세조대 말에는 대납의 폐단 2건이 잇달아 지적되었으며,[46] 예종대에는 다시 공물의 재분정을 요구하는 상소가 2건 올라왔다.[47] 성종대에는 공물 분정의 문제가 아닌 단지 공안의 내용을 백성으로 하여금 알게 하여 간리(奸吏)의 남수(濫收)를 금해야 한다는 즉위 초의 상소 1건이 유일하다.[48] 결국 불산공물의 문제는 문종대부터 예종대까지의 비교적 짧은 기간에 집중된 셈이다. 이는 세종대 말 승려의 대납이 제한적으로 허용된 이후 세조대에 대납의 전면 허용이 이루어졌다가 다시 예종대에 전면 금지되고, 이어 성종 5년부터 횡간(橫看)에 의한 국가의 경비 지출이 본격적으로 시행되면서 공물의 규모도 축소되는 일련의 과정과 관련이 있는 것으로 생각된다.[49]

'전세'와 관련한 상소는 모두 13건에 불과하여 예상외로 적다. 그나마도 7건이 태종대에 집중되어 있고 나머지는 세종·문종·세조대에 각각 2건씩 분산되어 있으며 성종대에는 아예 한 건도 없다. 전세가 그 부담액에서나 징수 과정에서 볼 때 공물에 비해 큰 문제가 없었음을 알 수 있다. 그럼에도 불구하고 태종대에 집중된 상소들은 매우 중요한 의미를 지니는 것이었다. 7건 가운데 4건이 과전의 하삼도 이급과 관련된 것이기 때문이다. 주지하는 바와 같이 이는 '사전경기(私田京畿)'의 원칙을 규정한 과전법의 근간을 흔드는 것이며, 논의 과정에서 채택된 과전에서의 관답험(官踏驗)은 수조권을 매개로 한 전주(田主)의 토지지배를 제약하는 첫 조치였다.

---

45) 『문종실록』 권4, 문종 즉위년 10월 경진조.
46) 『세조실록』 권46, 세조 14년 6월 임인 및 병오조.
47) 『예종실록』 권2, 예종 즉위년 11월 기사조; 같은 책, 권4, 예종 원년 3월 정해조.
48) 『성종실록』 권4, 성종 원년 3월 을미조.
49) 이 시기 공납제의 운영과 대납에 대해서는 박도식, 앞의 논문 및 강제훈, 「조선 세조대의 공물대납정책」 『조선시대사학보』 36, 2006 참조.

과전의 하삼도 이급에 대한 논의는 태종 3년부터 간헐적으로 나타났지만,[50] 응지상소에서 이급을 요구한 것은 태종 9년의 일이었다.[51] 그러나 국초에 정한 전법(田法)을 고칠 수 없다는 의정부의 견해로 논의가 진전되지는 못하였다. 그러다가 태종 15년의 극심한 가뭄을 계기로 소재 관사에서 손실을 답험한 후에 수조하라는 요구가 처음으로 등장하였다.[52] 관답험을 주장하는 이 상소는 처음에 받아들여지는 듯했지만, 곧이어 번복되어 시행되지 못하였다. 그러나 이듬해 여름에도 가뭄이 들자 태종은 과전의 절반을 하삼도로 이급할 것을 명하였는데, 이에 대해 당시 이조판서 박은(朴訔)과 전 경기도관찰사 구종지(具宗之)가 상소하여 적극 반대하였다.[53] 대신에 이들은 수령에 의한 관답험을 대안으로 제시하였다. 이로써 손실답험 과정에서 전주의 자의적인 수탈을 막는 관답험은 거부할 수 없는 것이 되어, 결국 이듬해인 태종 17년에 과전의 1/3을 하삼도로 이급하는 조치와 더불어 관답험도 시행되었던 것이다.[54] 전세와 관련해서 태종대의 화두였던 과전의 하삼도 이급과 관답험은 이후 응지상소에서는 재론되지 않았지만 여전히 논란이 되었다. 세종·문종·세조대의 전세 관련 상소 6건 가운데 3건은 이러한 논란을 종식시키기 위해 세종대에 마련된 공법과 관련된 것인데,[55] 그 내용은 대체로 공법의 보완을 요구하는 정도에 그치고 있다.

'역역'과 관련한 상소는 모두 12건이다. 대부분이 차역(差役)의 불균을 지적하면서 이를 고르게 하기 위한 방안을 제시하는 것으로 특별히 주목

---

50) 한영우, 「태종·세종조의 대사전시책」『한국사연구』 3, 1969, 53~71쪽.
51) 『태종실록』 권18, 태종 9년 7월 기축조.
52) 『태종실록』 권29, 태종 15년 6월 경인조.
53) 『태종실록』 권31, 태종 16년 5월 신해조.
54) 『태종실록』 권34, 태종 17년 7월 을해조.
55) 『세종실록』 권124, 세종 31년 5월 정미조;『문종실록』 권4, 문종 즉위년 10월 경진조;『세조실록』 권36, 세조 11년 7월 신미조.

할 만한 내용은 보이지 않는다. 다만 세종대의 4건 가운데 3건이 경기민의 요역 부담을 줄이는 방안을 제시하고 있는 것이 눈에 띌 뿐이다.56)

'재정' 관련 상소 10건은 모두가 상호 연관성이 없는 것들이다. 예컨대 가기세(家基稅)·관둔전·녹과·아록전·창고·어염·횡간·상평창 등 중앙 또는 지방의 재정과 관련된 내용들이다.

'토지' 관련 8건의 내용은 별사전·병작·절급·직전·매매 등에 대한 것들이다. 이 가운데 직전과 관련된 것이 3건인데, 모두가 직전을 설치하면서 없앤 수신전과 휼양전을 회복하라는 것이다.57) 세조대 말에 시행된 직전제는, 현직자가 아니라도 수신전과 휼양전의 명목으로 과전을 소유·세습하는 것이 가능했던 과전법을 부정하는 것이었다. 이 문제는 기득권을 지닌 양반 사대부들에게는 매우 민감한 문제일 수밖에 없었고, 따라서 예종대 이후 성종대까지 응지상소 이외의 수단을 통해서도 치열한 논쟁이 전개되었다.58) 한편 병작 관련 상소는 2건으로,59) 부강자와 빈민이 병경하는 것을 금하고 그 토지를 궁민에게 지급하라는 것과, 외방으로 이사한 자의 토지를 관병작(官幷作)하는 것을 금하라는 내용이다. 그밖에 전지(田地)와 가사(家舍)를 팔았더라도 5년 이내에 환퇴(還退)할 수 있도록 하라는 요구도 있다.60)

'화폐'와 관련한 4건은 모두 태종대의 상소로서, 태종이 강력하게 추진했던 저화의 통용과 관련한 것들이다. 태종은 재이로 인해 구언을 하려다가도 많은 사람들이 저화의 폐단을 지적할까 우려하여 구언을 포기한 경우도 있었다.61)

---

56) 『세종실록』 권28, 세종 7년 6월 신유조; 같은 책, 권68, 세종 17년 6월 무신조.
57) 『예종실록』 권3, 예종 원년 2월 갑인조; 『성종실록』 권130, 성종 12년 6월 임자조; 같은 책, 권249, 성종 22년 1월 임오조.
58) 이경식, 「조선전기 직전제의 운영과 그 변동」 『한국사연구』 28, 1980, 68~79쪽.
59) 『태종실록』 권29, 태종 15년 6월 경인조; 『세종실록』 권28, 세종 7년 6월 신유조.
60) 『성종실록』 권130, 성종 12년 6월 임자조.

‘농공상’ 관련 내용들은 장인 · 경시서 · 농작물 · 행상의 월세 등과 관련된 것들이다. 이 가운데 전라도 무안의 여러 고을에서 ‘홍리지도(興利之徒)’가 ‘장문(場門)’을 칭하면서 모여 민에게 폐단을 끼치니 이를 금하게 할 것을 요구하는 상소가 주목된다.[62]

‘교통’ 관련 내용은 조운과 역참의 문제를 제기한 것이 각각 4건씩이다. 조운은 공선(公船)이나 군선(軍船)을 이용하지 말고 수로를 잘 아는 사선(私船)을 이용하여 패선(敗船)을 방지하라는 것,[63] 조운선을 압령하는 만호 등의 작폐를 막기 위해 발선일(發船日)을 빙고하라는 내용이다.[64] 역참은 대체로 일수(日守)나 공천(公賤)을 보충하여 역의 조잔을 막아야 한다는 것들이다.

(3) 사회제도

‘사회’로 분류한 상소는 모두 131건이다. 이를 내용별로 ‘신분’ · ‘소송’ · ‘풍속’ · ‘휼정’ · ‘학교’ · ‘형벌’ · ‘기타’로 소분류한 것이 다음의 <표 5>이다.

<표 5> 사회 관련 상소 소분류표 (태조~성종)

왕 내용	태조	정종	태종	세종	문종	세조	예종	성종	계
신분 (%)	0	0	9 (24.3)	1 (5.6)	0	3 (21.4)	1 (8.3)	5 (11.1)	19 (14.5)
소송 (%)	1 (100)	0	13 (35.1)	0	0	2 (14.3)	0	3 (6.7)	19 (14.5)

---

61) 『태종실록』 권21, 태종 11년 6월 계묘조.
62) 『성종실록』 권20, 성종 3년 7월 임술조.
63) 『태종실록』 권29, 태종 15년 6월 임오조;『성종실록』 권45, 성종 5년 7월 임오조.
64) 『태종실록』 권29, 태종 15년 6월 경인조.

풍속 (%)	0	0	4 (10.8)	6 (33.3)	0	3 (21.4)	2 (16.7)	8 (17.8)	23 (17.6)
휼정 (%)	0	0	11 (29.7)	11 (61.1)	2 (50.0)	2 (14.3)	4 (33.3)	17 (37.8)	47 (35.9)
학교 (%)	0	0	0	0	2 (50.0)	2 (14.3)	1 (8.3)	7 (15.6)	12 (9.2)
형벌 (%)	0	0	0	0	0	2 (14.3)	3 (25.0)	3 (6.7)	8 (6.1)
기타 (%)	0	0	0	0	0	0	1 (8.3)	2 (4.4)	3 (2.3)
계	1	0	37	18	4	14	12	45	131

이에 의하면 휼정으로 분류한 것이 35.9%에 해당하는 47건으로 월등하게 많다. 역시 재이를 만났을 때에는 휼정을 베풀어 직접 위무하는 것이 무엇보다 중요하였음을 알 수 있다. 다음은 23건의 풍속(17.6%)이고, 신분과 소송은 각각 19건(14.5%)으로 같으며, 학교와 형벌은 10% 이하의 비율에 불과하다.

'휼정'과 관련한 47건의 내용은 다시 궁민을 직접 구휼하는 '진휼'과, 민의 원억을 해소시키는 '신원'으로 나눌 수 있다. 진휼과 관련해서는 의창·사창·장리(長利)의 문제가 대부분인데, 여기에는 왕대별로 특징적인 경향이 나타난다. 우선 태종대에는 연호미법(煙戶米法)의 폐지를 요구하는 상소 3건이 집중되어 있다.[65] 고려 말에 복설된 의창은 고리대가 발달할 수 있는 조건을 제거하기 위한 것이었기에 군자미를 비롯한 관곡을 진대(賑貸)하면서 무이식(無利息)을 원칙으로 하였다.[66] 그 결과 의창의 기본곡은 축소될 수밖에 없었고, 이에 태종 6년에는 민호로부터 의창곡을 거두는 연호미법의 시행이 추진되었던 것이다. 그러나 이 법은 위의 응지상

---

65) 『태종실록』 권13, 태종 7년 5월 을해조 및 동년 6월 경술조.
66) 김훈식, 「조선초기 의창제도연구」, 서울대 박사학위논문, 1993, 10~18쪽 및 112~113쪽.

소를 통해 제기된 강력한 폐지 요구로 시행 1년만에 중단되고, 이후 의창의 기본곡은 여전히 관곡을 통해 보첨되었다.

한편 세종대에는 진휼과 관련된 상소가 모두 5건인데, 이 가운데 자신의 개인적인 재물을 가지고 구휼한 자에게는 관직으로 보상하라는 요구를[67] 제외한 4건이 모두 의창의 운영상의 문제를 제기한 것이다.[68] 의창을 통한 진휼에는 가을에 갚을 것을 전제로 지급하는 환자[還上]와 무상으로 분급하는 진제(賑濟)의 두 가지가 있었는데 주로 문제가 된 것은 환자였다. 상소자들은 환자를 갚지 못하고 포망(逋亡)·물고(物故)한 자의 것을 그 족류에게 거두거나, 또는 징납이 어렵다고 빈핍자를 우선하지 않고 부거자(富居者)에게 먼저 환자를 분급하는 등의 행위를 금지할 것을 요구하였다. 이처럼 의창의 운영 과정에서의 문제가 세종대에 집중된 것은 진휼정책이 이 시기에 가장 적극적으로 추진되었을 뿐만 아니라 진휼곡의 규모도 그 전·후의 시기와는 비교가 되지 않을 정도로 대규모였기 때문이라 생각된다.[69]

그러나 관곡을 이용한 대규모의 진휼이 한계에 부닥치면서 세조대 이후에는 의창곡의 규모가 급격히 축소되었다. 대신에 세종대부터 논의가 있었던 민간 운영의 사창제가 의창과 병행하여 실시되었다. 그러나 의창과는 달리 일정한 이식의 징수를 허용한 사창도 운영 과정에서 책임자인 사장(社長)의 '임정염산(任情斂散)' 등이 문제가 되었는바, 세조와 예종대의 휼정 관련 상소 6건 가운데 3건이 사창의 폐지를 요구하고 있는 것은 바로 이 때문이었다.[70] 결국 사창은 성종이 즉위한 직후에 행해진 구언에

---

67) 『세종실록』 권68, 세종 17년 5월 병신조.
68) 『세종실록』 권7, 세종 2년 윤1월 무술조; 같은 책, 권68, 세종 17년 5월 병신조 및 동년 6월 무신조; 같은 책, 권89, 세종 22년 5월 경술조.
69) 김훈식, 앞의 논문, 77~89쪽; 菅野修一, 「朝鮮世宗代の賑恤政策に關する一考察」 『朝鮮學報』 178, 2001, 63~78쪽.
70) 『세조실록』 권46, 세조 14년 6월 임인 및 병오조; 『예종실록』 권2, 예종 즉위년

따른 응지상소에서 또다시 그 폐단이 지적됨으로써 폐지되고 말았다.[71]

사창이 폐지되고 의창의 규모가 축소되었음에도 불구하고 성종대에는 별다른 조치가 이루어지지 않았다. 이제 의창을 통한 국가의 진휼정책은 유명무실한 것이 되었고, 이는 민의 국가에 대한 의존도를 크게 떨어뜨리는 대신에 사가(私家)에 대한 의존도를 높이는 것이었다. 성종대 장리의 발달은 이와 무관한 것이 아니었다.[72] 때문에 이 시기에 이르러 처음으로 장리의 폐단을 지적하는 응지상소가 5건이나 집중적으로 나타나고 있는 바,[73] 그 중심에 내수사와 재상들의 장리가 있었다. 그러나 국가가 민에 대한 진휼을 책임질 수 없는 상황에서 장리는 확대될 수밖에 없었다.

휼정의 또다른 중요한 부분이 '신원'이다. 민의 원통하고 억울함을 풀어주는 것은 민의 재생산을 보장하는 것 못지않게 필요한 것이었다. 민의 원억이 생겨나는 원인은 여러 가지가 있겠지만 당시인들이 가장 많이 지적하는 것은 형옥으로 인한 것이었다. 신원 관련 상소 15건 가운데 절반이 넘는 8건이 이와 관련된 문제를 지적하면서 휼형을 요구하고 있다. 그 내용은 대체로 체옥(滯獄)·의옥(疑獄)·형관(刑官)·형장(刑杖)·착가(着枷) 등의 문제 제기이다.[74] 또 나이가 들었는데도 혼인하지 못한 '연장미가자(年壯未嫁者)'들의 원망을 국가가 해결해 주어야 한다는 상소는 3

11월 기사조.

71) 『성종실록』 권3, 성종 원년 2월 계유조.

72) 김훈식, 앞의 논문, 201~212쪽. 한편 장리의 발달은 세종대 말의 國用田制 시행과 수조권의 축소에 따른 왕실 재정의 악화와도 관련이 있다(송수환, 「조선전기의 왕실수조지」 『진단학보』 68, 1989).

73) 『성종실록』 권44, 성종 5년 윤6월 신축 및 갑진조; 같은 책, 권55, 성종 6년 5월 경신조; 같은 책, 권91, 성종 9년 4월 기해조; 같은 책, 권210, 성종 18년 12월 임진조.

74) 『태종실록』 권14, 태종 7년 7월 계축조; 『세종실록』 권7, 세종 2년 윤1월 무술조; 같은 책, 권20, 세종 5년 5월 정미조; 같은 책, 권68, 세종 17년 6월 무신조; 『성종실록』 권45, 성종 5년 7월 정축조; 같은 책, 권55, 성종 6년 5월 신유조; 같은 책, 권70, 성종 7년 8월 병신조.

건에 이르고,75) 부민고소금지법(部民告訴禁止法)을 혁파하여 수령의 탐학으로 인한 원억을 해소시켜야 한다는 주장도 있다.76)

다음으로 '풍속'과 관련한 상소는 모두 23건이다. 이를 내용별로 보면 대체로 효제 · 상례(喪禮) · 사치 · 부민고소금지법이 각각 4건씩이고, 무고와 음행이 각각 2건씩이다. 효제는 정성(定省)할 수 있는 휴가를 주어야 한다는 것과, 불효자 또는 빈부의 차이로 부모형제가 의절한 경우에 이를 추고하여 논죄할 것을 요구하는 내용이다.77) 상례는 장례 · 복제와 관련한 것이 주된 내용이고,78) 사치는 혼인과 복식에서의 사치를 금해야 한다는 것이다.79) 부민고소금지법과 관련한 상소 4건은 세조와 예종대에만 나타나는데 모두가 이 법을 시행해야 한다는 것이다.80) 부민고소금지법은 조선 초기 내내 그 시행 여부를 둘러싸고 논란이 되었는바,81) 이를 찬성하는 쪽은 부민이 수령을 고소하는 '능상지풍(陵上之風)'을 조장해서는 안된다는 것이고, 반대하는 쪽에서는 민의 원억을 풀어주어야 한다는 것이다. 세조와 예종대에 이 법의 시행을 요구하는 상소가 집중된 것은 이 시기에만 일시적으로 부민 고소를 허용했기 때문이다.

---

75) 『태종실록』 권8, 태종 4년 9월 정사조; 같은 책, 권31, 태종 16년 5월 신해조; 『성종실록』 권91, 성종 9년 4월 병오조.

76) 『세종실록』 권28, 세종 7년 6월 신유조; 『성종실록』 권122, 성종 11년 10월 임신조. 부민고소금지법과 관련한 상소는 그 내용에 따라 '휼정'과 '풍속'의 두가지로 분류하였다. 이 법을 파하라는 것은 원억의 해소를 위한 것인데 반해, 이의 시행을 요구하는 것은 풍속을 바루기 위한 것이기 때문이다.

77) 『태종실록』 권31, 태종 16년 5월 신해조; 『세종실록』 권20, 세종 5년 5월 정미조; 같은 책, 권68, 세종 17년 6월 무신조.

78) 『세종실록』 권20, 세종 5년 5월 정미조; 같은 책, 권89, 세종 22년 5월 경술조; 『성종실록』 권91, 성종 9년 4월 기해조; 같은 책, 권169, 성종 15년 8월 병진조.

79) 『태종실록』 권36, 태종 18년 7월 경술조; 『성종실록』 권4, 성종 원년 4월 임술조; 같은 책, 권91, 성종 9년 4월 기해조; 같은 책, 권204, 성종 18년 6월 경오조.

80) 『세조실록』 권46, 세조 14년 6월 임인 및 무신조; 『예종실록』 권2, 예종 즉위년 12월 임진 및 병신조.

81) 이석규, 「조선초기 관인층의 민에 대한 인식」 『역사학보』 151, 1996, 59~64쪽.

'신분'과 관련한 19건의 상소는 거의 대부분이 노비의 문제를 거론한 것이다. 세조대에 호패법 시행 과정에서의 문제를 지적한 것이 2건 있기는 하지만,[82] 이것도 노비 문제와 무관한 것은 아니었다. 노비와 관련해서 가장 많이 제기된 불만은 사노비가 속공되는 현실이었는데, 이를 가능하게 하는 경로는 여럿이 있었다. 속공노비가 도망하게 되면 본주로 하여금 대립(代立)하도록 한다거나, 쇄권색(刷券色)을 설치하여 도망노비를 추쇄하는 과정에서 사노비를 대립시킨다거나, 도망노비에 대한 진고(陳告)를 허락하는 법을 이용하여 사노비를 속공시키는 경우도 있었다.[83] 성종대에 유명했던 홍수(興守)라고 하는 내수사노는 이 법을 통해 피역하려는 수많은 공·사노비를 내수사 소속으로 만들었다.[84] 이 외에 공노비와 관련해서는 속공노비에게도 봉족을 지급하라는 것, 신공 액수를 줄이라는 것과 함께 각사 또는 각관의 노비 액수와 관련된 것들이 있다.[85] 사노비에 대해서는 자기비첩의 소생에 대한 사역의 문제, 양천교혼의 문제가 1건씩 지적되고 있을 뿐이다.[86] 한편 왕대별로는 19건 가운데 9건이 태종대에 몰려 있는 것이 특징적인데, 여기에는 태종대에 추진된 노비변정사업과 함께 혁거한 사사노비를 속공시키는 조치가 배경으로 작용하였을 것이라 생각된다.

'소송' 관련 19건의 상소도 대부분이 노비소송에 대한 문제이다. 따라서 이것도 태종대에 집중되어 있고, 이후 급격히 감소하는 추세를 보이는 것은 위의 신분 관련 상소와 마찬가지이다. 그런데 여기서 양인임을 주장하는 소량(訴良)과 관련된 것은 한 건에 불과하고,[87] 나머지는 모두 노비

---

82) 『세조실록』권36, 세조 11년 7월 신미 및 같은 해, 8월 경인조.
83) 『태종실록』권31, 태종 16년 5월 신해 및 갑인조.
84) 『성종실록』권210, 성종 18년 12월 무진조; 같은 책, 권262, 성종 23년 2월 무신조.
85) 『태종실록』권31, 태종 16년 5월 신해조;『세조실록』권20, 세조 5년 5월 정미조;
　　『성종실록』권4, 성종 원년 3월 임오조; 같은 책, 권44, 성종 5년 윤6월 무신조.
86) 『태종실록』권29, 태종 15년 6월 경인조.

의 소유권과 관련된 것들이라는 점이 특이하다. 소유권 관련 상소의 내용은 크게 두 가지이다. 하나는 끊이지 않고 계속되는 노비소송을 어떻게 하면 빨리 종식시킬 것인가의 문제이고, 다른 하나는 소송에서 생기는 불만을 어떤 방식으로 해소할 것인가의 문제이다. 전자와 관련해서는 소송의 실마리가 되는 노비 원권(元券: 原券)을 모두 소각하라는 극단적인 요구부터 노비변정도감을 혁파하라든가, 노비의 계권(契券)도 토지의 경우와 마찬가지로 관의 서경을 받도록 하고 백문(白文)은 불허하라는 요구, 춘분부터 추분까지의 농시에는 소송을 금지시키고 귀농을 허락하는 법을 시행하라는 요구 등이 있다.[88] 후자와 관련해서는 반대로 변정도감을 설치하라는 요구도 있고, 태종대에 일시적으로 시행되었던 노비중분법(奴婢中分法)의 폐단을 지적하거나 또는 구체적인 결송 절목을 제시하는 경우도 있다.[89] 이밖에 노비소송만이 아닌 소송 일반과 관련된 사항으로, 결송관의 오결이나 소송을 지체시키는 행위에 대한 처리를 요구하는 상소가 있다.[90]

'학교'와 관련한 상소 12건은 대체로 향교와 성균관 등의 관학을 진흥시키는 방안들이다. 특히 세조와 예종대의 3건은 모두 향교교육의 강화를 위해 유생의 액수를 늘려야 한다는 내용을 담고 있는데 반해,[91] 성종대에는 교수ㆍ훈도의 인사 문제가 주로 거론되고 있다.[92]

---

87) 『태종실록』권31, 태종 16년 5월 신해조.
88) 『태조실록』권6, 태조 3년 8월 기사조;『태종실록』권1, 태종 원년 1월 갑술조; 『세조실록』권46, 세조 14년 6월 임인 및 병오조;『성종실록』권5, 성종 원년 5월 을유조.
89) 『태종실록』권13, 태종 7년 5월 을해조; 같은 책, 권31, 태종 16년 5월 신해 및 갑인조;『성종실록』권129, 성종 12년 5월 신축조.
90) 『태종실록』권18, 태종 9년 7월 기축조; 같은 책, 권31, 태종 16년 5월 신해조.
91) 『세조실록』권36, 세조 11년 7월 신미조; 같은 책, 권46, 세조 14년 6월 무신조; 『예종실록』권2, 예종 즉위년 11월 기사조.
92) 『성종실록』권4, 성종 원년 4월 임술조; 같은 책, 권91, 성종 9년 4월 기해조; 같은 책, 권130, 성종 12년 6월 임자조.

'형벌' 관련 상소는 그 건수가 8건에 불과하지만 내용은 매우 특징적이다. 세조와 예종대의 5건은 예외없이 모두가 관리의 남형으로 인한 폐해를 줄이기 위해 만든 '관리남형지법(官吏濫刑之法)'을 중지하고 도적에 대한 형벌을 엄격히 집행하라는 내용이다.[93] 이 법을 오히려 도적들이 역이용한다는 것인데, 응지상소에서 이같은 주장을 하는 것은 의외이다. 이는 세조·예종대에 도적이 사회문제화될 정도로 증가하였음을 의미하는 것이지만, 여기서 주목되는 것은 휼형을 중시하는 유교의 정치이념과는 달리 남형의 허용을 통해 도적의 문제를 해결하려는 당시의 정치적 분위기이다. 세종과 성종대에도 도적의 활동은 문제가 되었지만,[94] 남형을 허용하라는 요구는 전혀 없다. 성종대의 3건 가운데 도살(盜殺)에 대한 형벌규정을 강화하라는 요구가 있기는 하지만 이는 남형과는 무관한 것이고,[95] 나머지 2건은 강도·살인자의 처자에 대한 연좌를 금하라는 것과, 가을을 기다려 형을 집행하는 '대추지법(待秋之法)'을 회복하라는 것이다.[96] 그리고 보면 세조·예종대의 휼정에서 민의 원억을 풀어주기 위한 휼형을 요구하는 상소가 없는 것도 이 시기의 분위기와 무관하지 않은 것으로 보인다.

(4) 군사제도와 척불

'군사'로 분류한 68건은 '군역'·'군제'·'군정'·'선군'·'강무'의 다섯 가지 기준에 따라 소분류하였다. 군역에는 번상과 군액에 관련된 내용을

---

93) 『세조실록』 권46, 세조 14년 6월 임인 및 병오조; 『예종실록』 권2, 예종 즉위년 12월 임진 및 병신조.
94) 한희숙, 「15세기 도적활동의 사회적 조명」 『역사와 현실』 5, 1991, 143~149쪽.
95) 『성종실록』 권4, 성종 원년 3월 임오조.
96) 『성종실록』 권5, 성종 원년 5월 경진조.

포함시켰으며, 군제에는 편제·군령을, 군정에는 둔전·군전·군마·군량 등의 내용을 포함시켰는데, 그 결과가 <표 6>이다.

<표 6> 군사 관련 상소 소분류표 (태조~성종)

내용 \ 왕	태조	정종	태종	세종	문종	세조	예종	성종	계
군역 (%)	1 (50.0)	0	5 (22.7)	3 (37.5)	1 (10.0)	1 (100)	1 (14.3)	5 (27.8)	17 (25.0)
군제 (%)	0	0	6 (27.3)	0	1 (10.0)	0	3 (42.9)	6 (33.3)	16 (23.5)
군정 (%)	0	0	5 (22.7)	2 (25.0)	3 (30.0)	0	2 (28.6)	6 (33.3)	18 (26.5)
선군 (%)	1 (50.0)	0	5 (22.7)	2 (25.0)	4 (40.0)	0	1 (14.3)	1 (5.6)	14 (20.6)
강무 (%)	0	0	1 (4.5)	1 (12.5)	1 (10.0)	0	0	0	3 (4.4)
계	2	0	22	8	10	1	7	18	68

이에 의하면 군정·군역·군제·선군의 비율이 엇비슷해서 큰 차이가 없고, 태종대에 군사 관련 내용이 가장 많았음을 알 수 있다. 중앙과 지방의 군제를 오위체제와 진관체제로 바꾸고 군역에서도 호보제(戶保制)를 시행하는 등 군사제도의 개혁이 활발하게 이루어졌던 세조대에 오히려 군사 관련 내용이 1건에 불과한 것은 의외이다.

'군정'은 그 내용이 대단히 다양하게 나타나 어떤 특징적인 모습이 드러나지 않는다. 다만 둔전의 운영에 문제가 있음을 들어 이를 파하라는 3건의 요구와,97) 마정(馬政)과 관련한 3건,98) 그리고 중국에서의 청병에

97) 『태종실록』 권1, 태종 원년 1월 갑술조; 『성종실록』 권3, 성종 원년 2월 계유조; 같은 책, 권5, 성종 원년 5월 을유조.
98) 『태종실록』 권29, 태종 15년 6월 경인조; 『세종실록』 권20, 세종 5년 5월 정미조; 『성종실록』 권3, 성종 원년 2월 계유조.

대비한 태종대의 갑작스러운 군량 확보책 2건이 눈에 띌 뿐이다.[99] 이를 제외하면 군전 · 염초 · 전죽(箭竹) · 취각(吹角) · 교열(敎閱) · 정병운영(正兵運營) 등의 산발적인 내용들이 주를 이루고 있다.

'군역'과 관련된 상소의 내용은 크게 보아 두 가지로 나눌 수 있다. 하나는 군액과 정역(定役)을 조절하여 군역의 부담을 합리적이고 균등하게 하는 문제이고, 다른 하나는 번상하는 방식에 대한 것들이다. 대체로 태종과 세종대에는 군역 부담자를 정속시키는 원칙이라든가 번상하는 방식, 또는 군액을 확정짓는 문제가 주로 제기되었다. 그러나 성종대에는 5건 가운데 4건이 군액을 줄이거나 입번하는 횟수를 줄이라는 요구이다.[100] 이는 세조대에 호패법을 시행하면서 군액이 확대된 영향 때문이라 보여지기도 하지만, 한편으로는 성종대에 이르면서 군사 문제의 중요성이 약화되는 경향을 나타내는 것이라 생각된다.

'군제'와 관련된 16건의 상소는 모두 편제와 군령에 관한 내용이지만, 후자는 4건에 불과하고 나머지 12건은 군사편제에 관한 것이다. 그런데 편제상의 문제를 지적하면서도 중앙군보다는 지방군의 편제에 대한 내용이 9건으로 훨씬 많다. 특히 이 가운데 4건은 세조대에 성립된 진관체제하의 절도사와 관련된 것으로, 절도사 또는 부절도사의 수를 줄이거나 혁파할 것과 경기 · 강원 · 황해도의 절도사는 관찰사로 하여금 겸하도록 할 것을 제기한 것이 3건이고, 1건만이 경상 · 전라 · 황해도에 절도사의 설치를 요구한 것이다.[101]

'선군'을 별도의 항목으로 분류한 것은 그 역이 육군에 비해 고역이었다는 점에서 휼정을 베풀 때에는 항상 거론되기 때문이다. 14건의 선군

---

99) 『태종실록』 권18, 태종 9년 11월 정해조.
100) 『성종실록』 권44, 성종 5년 윤6월 무신조; 같은 책, 권45, 성종 5년 7월 신사조.
101) 『예종실록』 권2, 예종 즉위년 12월 병신조; 『성종실록』 권3 성종 원년 2월 계유조; 같은 책, 권249, 성종 22년 1월 임오조.

관련 상소 가운데 10건이 선군의 과중한 역 부담을 줄여야 한다거나 특별히 우대해야 한다는 요구들이다. 구체적으로는 원래의 군액을 감할 것, 부자형제를 함께 선군에 충역시키지 말 것, 선군이 부담하는 번염(燔鹽)의 역을 감할 것과 함께 익사자의 집에 대한 복호 조치라든가 전망인(戰亡人)의 자식은 추고하여 녹용하라는 것 등이다.[102]

'척불' 관련 상소는 얼마 되지 않아 27건 모두의 내용을 간단히 정리하여 <표 7>을 작성하였다.

<표 7> 척불 관련 상소 내용 (태조~성종)

태조	정종	태종	세종	문종	세조	예종	성종	계
諷經營繕	僧師	寺社田	還俗(2) 水陸齋 安居			還俗 寺社田 僧騎馬 殖貨	還俗(7) 寺社田(4) 刊經都監(2) 長利 住持	還俗(10) 寺社田(6) 殖利(2) 刊經都監(2) 기타(8)
2	1	1	4	0	0	4	15	27

이에 의하면 승려의 환속을 요구하는 것과 사사전의 혁파와 관련한 것이 압도적이었음을 알 수 있다. 왕대별로 보면 태조와 정종대에는 갑사가 궐정(闕廷)에서 풍경(諷經)하는 것을 금할 것, 불교의 영선(營繕)을 진언하는 자를 징척할 것, 승려로 스승을 삼지 말 것과 같은 비교적 소극적인 척불 상소가 올라오다가,[103] 태종대에 사사전을 혁파하라는 첫 상소 이후에는 불교를 직접 탄압하는 상소가 시작되었다.[104] 그러나 세조대에는

---

102) 『태조실록』권6, 태조 3년 8월 기사조; 『태종실록』권8, 태종 4년 9월 정사조; 같은 책, 권29, 태종 15년 6월 경인조; 같은 책, 권31, 태종 16년 5월 신해조; 『문종실록』권4, 문종 즉위년 10월 경진조; 『성종실록』권272, 성종 23년 12월 신유조.
103) 『태조실록』권7, 태조 4년 5월 경신조; 같은 책, 권14, 태조 7년 윤5월 병술조; 같은 책, 권15, 태조 7년 9월 경인조.
104) 『태종실록』권1, 태종 원년 1월 갑술조.

일시적으로 척불 상소가 전혀 나타나지 않는데, 이는 세조가 호불의 군주였음에도 언론활동을 극히 억압하였기 때문일 것으로 생각된다. 그러다가 예종대 이후가 되면서 이제 척불 상소가 본격화되었다. 도첩이 없는 자, 도첩이 있더라도 40세 또는 60세 이하의 승려와, 여승을 강제로 환속시키라는 등의 불교에 대한 직접적인 탄압이 요구된 것이다. 아울러 승려들의 식화·장리를 금하라는 내용이 등장하는 것은,[105] 이 시기에 국가에 의한 진휼정책이 유명무실해지면서 활발해진 내수사와 사가(私家)에 의한 장리에 승려들도 편승하고 있음을 보여주고 있다.

4. 맺음말

지금까지 조선 초기 성종대까지의 응지상소에서 제기된 702건의 내용을 몇 가지 분류 기준을 가지고 살펴보았다. 응지상소에는 상소자들이 생각하는 당대의 시급한 정치적 과제들이 폭넓게 담겨져 있어 그 내용에 대한 연구는 중요한 의미가 있다고 생각하였다. 이제 그 결과를 정리하면서 맺음말에 대신하고자 한다.

먼저 상소의 내용별 특징을 살펴보면 다음과 같다. 상소의 내용을 개인의 도덕적 실천을 강조하는 '수성'과 제도상의 문제를 제기한 '제도'로 분류한 결과, 제도와 관련한 상소가 487건으로 전체의 70%에 육박하였다. 조선 초기가 새로운 국가의 지배체제를 안착시키기 위한 제도적 틀을 마련해가던 시기였음을 이를 통해 알 수 있다.

487건의 제도 관련 상소를 다시 '정치'·'경제'·'사회'·'군사'·'척불'의 다섯 가지로 분류하였다. 그 결과 전삼자(前三者)가 대체로 25~28%

---

105)『예종실록』권4, 예종 원년 3월 정해조;『성종실록』권14, 성종 3년 1월 임자조.

의 비슷한 비중을 차지하고, 후이자(後二者)는 그다지 많지 않았다.

'정치'와 관련한 139건의 상소 가운데 109건은 규례를 마련하려는 것이고, 이중 절반이 넘는 56건이 '인사'에 대한 것이었다. 정치제도와 관련해서는 인사 규례의 정비가 가장 시급한 문제였음을 단적으로 보여준다. 반면 '관제'에 대한 상소가 15건에 불과한 것이 의외인데, 아마도 관제를 논하기에 응지상소라는 수단은 부적절한 것이었다고 보여진다.

'경제'와 관련한 상소는 122건이었다. 이 가운데 절반인 61건이 '공물'에 대한 것이고, '전세'와 '역역'은 각각 13건과 12건에 불과하였다. 이는 공물이 다른 조세에 비해 훨씬 중요한 문제로 여겨졌다는 구체적인 근거가 된다는 점에서 주목된다. 이같은 결과가 나타난 것은 공물로 인한 민의 실질적 부담이 컸을 뿐만 아니라 그 상납 과정에서 비리가 발생할 수있는 여지가 다른 세목에 비해 많았기 때문이었다.

'사회'와 관련한 상소 131건 가운데 가장 큰 비중을 차지하는 것은 47건의 '휼정'이다. 역시 재이를 만났을 때에는 휼정으로 민을 직접 위무하는 것이 중요하였다. 휼정의 내용은 크게 민을 직접 구휼하는 진휼과 민의 원억을 해소시키는 신원으로 나눌 수 있는데, 신원을 위해 무엇보다 중시된 것은 휼형이며 아울러 '연장미가자(年壯未嫁者)'들에게도 관심을 보였다. 그밖에 '풍속'·'신분'·'소송'에 대한 상소가 비슷한 비율로 나타나는데, 신분과 소송은 대부분이 노비의 소유권과 관련한 것이었다는 점에서 특징적이다.

'군사'와 관련한 68건의 상소에서는 특별히 주목할 만한 내용이 드러나지 않는다. 다만 '선군'의 역이 육군에 비해 고역이었다는 점이 자주 언급되고 있는 정도이다.

'척불' 관련 상소는 승려의 환속과 사사전의 혁파를 요구하는 내용이 전체 27건 가운데 16건을 차지하고 있다.

다음으로 상소의 내용에 나타나는 왕대별 특징을 정리하면 다음과 같다. 먼저 태종대에는 응지상소를 통해 다양하고 중요한 문제들이 제기되었다. '정치'와 관련해서는 검교직의 혁파와 『속육전』의 편찬, 그리고 고려에 절의를 지킨 인물들에 대한 포상을 요구하는 상소가 모두 받아들여졌다. 이들은 태종대에 이르러 새왕조가 창업기를 지나 이제 수성기로 접어들기 시작했다는 징표로 해석된다. '경제'에서는 과전의 하삼도 이급과 저화의 유통이 중요한 이슈였는데, 전자를 논의하는 과정에서 관답험이 시행된 사실이 주목된다. '사회' 문제에서 태종대의 가장 특징적인 모습이 나타나는바, 그것은 노비와 관련한 사항이 이 시기에 집중되어 있다는 점이다. 이는 물론 노비변정사업의 추진과 사사노비의 속공으로 인한 것이다. 아울러 민호로부터 진휼곡을 마련하려는 연호미법이 응지상소로 좌절되었다.

세종대에는 특별히 주목할 만한 내용이 드러나지 않는다. 윤대제의 시행 요구가 받아들여져 이후 정치적으로 중요한 기능을 했다는 것과, 의창의 운영과 관련한 문제 제기가 많았다는 정도에 불과하다. 이는 의외이기는 한데, 세종대에 구언의 빈도가 가장 낮았던 것으로 미루어 세종은 구언을 통해 문제를 해결하려는 방식을 선호하지 않았던 것으로 생각된다.

세조와 예종대에는 특이하게도 관리의 남형을 금지하는 법으로 인해 도적이 끊이지 않으니 이 법을 중단하라는, 다른 시기에는 볼 수 없는 상소가 집중되어 있다. 휼형을 중시하는 유교의 정치이념과는 다른 이같은 요구는 당시의 정치적 분위기를 전해 준다. 부민고소금지법의 시행을 요구하는 상소도 이와 무관하지 않은 것으로 생각된다. 아울러 의창을 대신하는 진휼책으로 추진된 사창제가 응지상소로 인해 이 시기에 폐지되었다. 한편 '경제' 문제에서는 공물 재분정을 요구하는 상소가 집중되어 있다.

성종대는 여러 측면에서 변화의 시기였다고 할 수 있다. 무엇보다 '제도'와 관련한 상소가 크게 줄어들면서 상대적으로 '수성'을 중시하는 분위기가 완연하였다. 제도와 관련한 상소도 이전까지는 '경제' 문제가 많이 제기되었으나 이 시기에는 '정치' 문제가 가장 많았다. 이는 삼사의 언론 활동이 응지상소를 매개로 해서도 활발해진 때문으로 보여진다. 좀더 구체적으로는 '인사' 규례가 많았는데, 특히 '불학동치(不學童穉)'·'연소불학자(年少不學者)'의 제수를 금하는 한편으로 '석덕지사(碩德之士)' 또는 '산림유일(山林遺逸)' 처럼 기왕의 관료군에서 벗어나 있는 인물들에 대한 천거제 요구가 나타나는 것이 주목된다. 이는 그 이전 세조대의 파행적인 인사에 대한 비판을 근거로 한다는 점에서 세조대의 정치를 주도했던 훈구대신을 견제하기 위한 새로운 인사제도의 필요성을 제기한 것이라 할 수 있다. 인사를 제외한 나머지 규례의 내용들이 전반적으로 분산되어 있음에도 유독 공신과 재상들에게 지급된 반당의 문제가 집중된 것도 같은 맥락에서 이해된다.

한편 성종대에는 '경제' 관련 상소가 급감하는 상황에서도 공물에 대한 상소는 오히려 증가하였다. 여기에는 당시 잠실도회의 폐단을 잇따라 지적한 상소도 한몫을 하였다. '사회' 문제와 관련해서도 변화가 보인다. 의창의 규모가 급격히 축소되고 사창제가 폐지되면서 성종대에는 사실상 국가의 진휼정책이 마비되었다. 이는 민의 국가에 대한 의존도를 크게 떨어뜨리는 대신 사가(私家)에 대한 의존도를 높이는 것이었다. 장리의 발달은 이제 불가피해 보였고, 따라서 이 시기에는 장리의 폐단이 집중적으로 제기되었다. '군사'와 관련해서도 이전과는 달리 군액과 입번 횟수를 줄이라는 요구가 많았고, '척불' 상소에서는 승려의 환속과 사사전의 혁파와 같은 불교에 대한 직접적인 탄압을 요구하는 내용이 집중되었다.

이상을 통해서 볼 때, 조선 초기는 각 분야에서 제도적 틀을 마련해가던 시기였다고 할 수 있다. 그러다가 성종대에 이르러 전환기를 맞이하게 되는데, 여기에는 세조대의 파행적인 정치운영이 계기가 된 것으로 생각된다. 즉 성종대는 유교적 도덕의 실천을 통해 과거 훈구대신들이 주도했던 정치를 극복하는 것이 시대적 과제로 떠오르기 시작한 시기였다고 할 수 있다. 이와 함께 민의 국가에 대한 의존도가 현저히 떨어지는 것도 이 시기 사회 변화의 핵심 요인이었다고 보여진다.

(『조선시대사학보』 41, 2007. 6)

제IV부

민본사상의 변질과 민의 성장

제1장 _
연산군·중종대 구언의 성격 변화와 그 의미

1. 머리말

구언(求言)은 왕이 정치의 잘못된 점이 어디에 있는지를 여러 사람에게 물어 이를 시정하려는 것을 말한다. 그것은 주로 심각한 재이나 또는 특정한 상황에 직면하여 교지를 통해 공개적으로 행해진다.[1] 왕의 구언 교지가 내려지면 교지에서 규정한 구언 대상자 가운데 현실 정치의 문제에 대해 자신의 생각을 밝히려는 사람은 상소를 올리는데, 이를 응지상소라고 한다. 응지상소가 올라오면 왕이 이를 직접 검토하거나, 또는 내용에 따라 의정부나 육조에 내려 의논토록 함으로써 제기된 문제를 처리하였다. 즉 구언은 통치의 궁극적 책임이 있는 왕이 정치의 잘못을 스스로 인정하고 자신만의 힘으로는 통치가 불가능하다는 사실을 받아들이는 상징적인 행위이면서, 동시에 응지상소를 통해 잘못된 정치를 시정하려고 한

---

[1] 구언의 개념을 확대한다면 왕의 일상적인 정치 행위 과정에서 다른 사람의 의견을 묻는 것도 구언이라 할 수 있다. 그러나 본 논문에서는 교지의 형식을 갖추어 다수를 대상으로 행해지는 것만을 구언으로 규정하고자 한다.

다는 점에서 현실 정치에서 실질적인 의미를 지니는 것이었다.

이같은 구언제도가 조선 초기 성종대까지 어떻게 운영되었는지에 대해서는 이미 대체적인 윤곽이 밝혀졌다.[2] 유교 정치이념을 표방하면서 성립한 조선은 건국 초부터 구언을 천인합일론에 근거한 민본정치를 이루는 수단으로 인식하였고, 동시에 그것을 왕과 신료 사이에 현실적으로 존재하는 의사소통의 어려움을 해소하는 수단으로 이용하였다. 그리하여 가뭄을 비롯하여 주로 민생과 직결된 재이가 발생했을 때 구언이 행해졌으며, 또 구언의 대상에 제한을 두지 않거나 응지상소의 내용을 구실로 상소자를 죄줄 수 없다는 관행이 성립되었다. 이같은 방식으로 구언이 행해졌기 때문에 조선 초기의 응지상소는 민생과 직결된 실질적인 문제들을 상당히 폭넓게 다루고 있다. 뿐만 아니라 이렇게 제기된 문제들의 상당수가 실제로 정책에 반영됨으로써 구언은 조선 초기의 사회를 제도적으로 안정시키는데 크게 기여하였다.

그런데 성종대에 이르면서 이전과는 다른 변화가 감지되었다. 상소의 주체와 관련해서는 개인 상소자가 급격하게 감소하는 한편으로 관서 명의의 상소가 증가하였고, 상소의 내용 또한 제도의 정비 · 개혁을 언급하기보다는 왕의 도덕적 실천 = 수성(修省)을 강조하는 상소가 증가한 것이다. 이 성종대의 변화는 무엇보다 삼사(三司)의 활발해진 언론활동에서 비롯되었다. 삼사의 언론활동이 활발해지면서 상대적으로 개인의 상소활동은 위축되었는데, 특히 공신과 당상관 같은 고위관료의 상소가 크게 줄

---

2) 이석규, 「조선초기의 구언」 『한국사상사학』 15, 2000.
　　　, 「조선초기의 응지상소자」 『조선시대사학보』 20, 2002.
　　　, 「조선초기 응지상소에 나타난 제도론」 『조선시대사학보』 39, 2006.
　　　, 「조선 초기 응지상소를 통해 본 성종대의 변화」 『조선시대사학보』 41, 2007.
　　이하, 조선 초기 성종대까지의 구언에 대해서는 위의 논문들에 근거하였다. 따라서 특별한 경우를 제외하고는 일일이 주를 달지 않았다.

어들었다. 반면에 그동안 정치참여가 배제되었던 유생들이 응지상소를 통해 '국가지정(國家之政)'에 참여하는 현상도 나타났다. 결국 성종대는 훈구대신들이 주도했던 그동안의 정치체제를 극복하는 것이 시대적 과제로 떠오르던 시기였다고 할 수 있다. 그것은 주로 삼사에 의해 주도되었고, 그들은 왕의 도덕적 실천을 통해 이 과제를 해결하려고 했던 것으로 생각된다.

그러면 이같은 변화는 성종대 이후 어떻게 전개되었을까. 구언과 관련해서 나타나기 시작한 성종대의 변화가 초기 사림의 등장과 관련된 것이라면, 이후 연산군과 중종대의 구언제도가 어떻게 운영되었는지는 매우 흥미로운 주제가 아닐 수 없다. 주지하는 바와 같이 연산군대에는 두 차례의 사화를 거치면서 삼사를 중심으로 한 사림이 몰락하였고 이어 중종대에는 한 때 조광조를 비롯한 기묘사림이 정국의 주도권을 장악했지만 이 역시 사화로 몰락하는 등 성종대 이후 사림의 정치적 부침이 계속되었는바, 이는 구언제도의 운영에도 직접적인 영향을 미쳤을 것이기 때문이다. 따라서, 이 시기 구언제도를 통해서도 사림 혹은 그들의 주된 진출로였던 삼사를 중심으로 전개된 이 시기 정치사의 성격을 이해하는 것이 가능할 것이다.

이같은 시각을 바탕으로 본 논문에서는 연산군과 중종대의 구언이 어떻게 운영되었는지를 살펴보고자 한다. 특히 그 이전의 구언제도와 비교하여 어떤 변화와 특징이 나타났고, 그것이 의미하는 바가 무엇인지를 생각하려고 한다. 이를 통해 연산군과 중종대가 지니는 성격의 한 측면을 이해하는 것이 가능할 것으로 기대한다.

2. 구언에 대한 인식의 변화와 그 배경

(1) 구언의 허례화

연산군과 중종대의 구언을 알아보기 위한 기초 작업으로 우선 이 시기의 구언과 관련된 전체적인 자료를 정리할 필요가 있었다. 그리하여 양대에서 구언한 날짜, 동기, 구언 대상, 진언 범위, 그리고 전거 등을 정리하여 <부표> '연산군·중종대의 구언'을 작성하였다.3) 이를 토대로 먼저 연산군과 중종의 재위기간을 각각 3시기와 5시기로 나누어4) 시기별로 구언이 얼마나 행해졌는지를 정리한 것이 다음의 <표 1>이다.

---

3) 『연산군일기』와 『중종실록』은 이전 시기에 비해 구언과 관련한 기록이 대단히 부실하다. 특히 응지상소에 대한 기록이 부실한데, 이는 연산군의 폭정과 중종의 구언에 대한 인식 때문이라 생각된다. 연산군은 자신의 재위기간에 올려진 소(疏)와 차(箚)를 모두 삭제토록 하였고, 또 자신의 과실을 기록하지 못하게 하였다. 또한 중종대에도 응지상소를 충실하게 기록하지 않았음을 말해주는 사료가 보인다(『중종실록』 권57, 중종 21년 5월 계미조). 이는, 후술하겠지만 중종대에 구언이 허례로 인식되었던 것과 관련이 있을 것이다. 응지상소에 비하면 그나마 구언교지를 내린 사실은 상대적으로 충실히 기록되어 있다고 할 수 있다. 그래도 중종대에 행해진 36차례의 구언 가운데 두 차례는 언제 구언했는지 실록에는 기록이 보이지 않는다. 그러나 응지상소의 존재가 확인되기 때문에 이 상소 이전 언젠가에 구언이 있었던 것으로 간주하였다.

4) 연산군과 중종의 재위기간을 각각 3시기와 5시기로 구분하는 것은 이 시기 연구자들의 공통된 입장인 듯하다(김범, 「조선전기의 왕권과 정국운영」, 고려대 박사학위논문, 2005, 65쪽 및 104~106쪽). 각 시기는 다음과 같다.
　　연산군 1기(즉위년~4년)는 즉위부터 무오사화까지, 2기(5년~10년)는 무오사화 이후 갑자사화까지, 3기(11년~12년)는 갑자사화 이후 폐위까지이다.
　　중종 1기(1년~9년)는 즉위부터 기묘사림 등장 이전까지, 2기(10년~14년)는 조광조를 비롯한 기묘사림이 활동하던 시기, 3기(15년~25년)는 기묘사화 이후 남곤 등의 대신들이 정치를 주도하던 시기, 4기(26년~32년)는 김안로의 집권 시기, 5기(33년~39년)는 기묘인이 재등장하는 시기이다.

<표 1> 연산군 · 중종대 구언 횟수

왕	재위기간	횟 수						개월/횟수
연산군	11년 8개월	즉위-4년		5-10년		11-12년	계	17.5
		4		4		0	8	
중 종	38년 3개월	1-9년	10-14년	15-25년	26-32년	33-39년	계	12.8
		19	6	6	2	3	36	

이에 의하면 연산군은 11년 8개월 간 재위하면서 8번 구언하여 평균 17.5개월에 한 번꼴로 구언하였고, 중종은 38년 3개월의 재위기간 중 36번 구언하여 평균 12.8개월에 한 번 구언하였다. 태조부터 성종대까지의 구언이 평균 16.4개월에 한 번꼴로 행해진 것과 비교한다면,[5] 연산군과 중종대의 구언 횟수는 별로 주목할 만한 수치가 아니다. 비록 중종이 평균보다 자주 구언한 셈이지만, 이것도 성종이 9.7개월에 한 번꼴로 구언한 것에 비하면 특별한 것이라 할 수는 없다.

그러나 연산군과 중종대의 구언은 지나치게 재위 전반기에 집중되어 있다는 공통된 특징이 있다. 이것은 이 시기 구언에 대한 인식과 관련이 있는데, 먼저 연산군대의 경우를 살펴보기로 하자.

연산군의 재위기간은 대체로 무오사화와 갑자사화를 전후로 해서 세 시기로 구분할 수 있다. <표 1>에 의하면 연산군대의 구언은 무오사화 이전에 4회, 갑자사화 이전에 4회가 행해진 것이 전부이고 갑자사화 이후 2년 간은 구언이 없었다. 그러나 연산군대의 마지막 구언이 7년 1월에 있었기 때문에 결국 재위 후반기에는 구언이 전혀 없었던 셈이다.

연산군대 구언의 분포가 이렇게 된 것은 무소불위의 전제 왕권을 확립하려는 연산군의 정치적 목표가 진행되는 과정과 관련된 것이다. 즉위 초

---

5) 이석규, 앞의 논문(2000), 180쪽의 <표 2> 왕대별 구언 횟수 참조. 단, 이 표에서는 소수점 이하를 반올림하였기 때문에 16.4개월이 16개월로 되어 있다. 이하 성종대까지의 구언 횟수에 대해서는 이 표에 의거하였다.

부터 성종을 위한 불사(佛事) 때문에 대간과 충돌한 연산군은 우선 이 문제를 거론하는 유생들을 언관이 아니라는 이유로 국문하였을 뿐만 아니라, 이들의 언사를 '능상지풍(凌上之風)'으로 규정하였다. 이어 대간의 언론활동이 활발해지면서 왕에 대한 간쟁과 대신에 대한 탄핵이 빈번해지자 왕과 대신은 대간의 행위 역시 '능상지풍'으로 규정함으로써 언론기관을 무력화시키려 하였다. 사초가 계기가 되어 발생한 무오사화에서 사초와는 무관한 언관이 다수 피화된 것은 이 때문이었다.[6] 이후 언론 삼사의 활동이 예전과 같을 수는 없었고 그럴수록 전제 권력은 유교 정치이념의 틀을 벗어나 제약 없이 자의적으로 행사되었다. 견제 수단이 없는 자의적인 왕권의 행사가 종국에는 대신들에게도 부담으로 작용하였다. 왕권이 대신의 권위를 인정하지 않고 그들의 이익까지 침해할 때, 연산군은 대신에게서도 '능상지풍'을 발견할 수 있었고 결국 갑자사화의 소용돌이를 대신이라고 피할 수는 없었다. 이로써 연산군은 무소불위의 전제 왕권을 확립하였지만 동시에 그는 철저하게 고립될 수밖에 없었다.

왕권을 견제할 수 있는 세력이 단계적으로 무력화되면서 연산군은 자신의 잘못을 공개적으로 인정하고 그 잘못의 내용이 무엇인지를 묻는 구언에 대해서도 점차 달갑게 여기지 않게 되었다. 무오사화가 일어나기 몇 개월 전, '인군은 만세의 의논을 두려워해야 한다.'는 대간의 말에 대해 연산군은 '내가 어찌 후세의 의논을 두려워 할 것인가.'라고 하여[7] 이미 대간의 언론과 후세의 평가를 무시하는 태도를 보였다. 그러다가 무오사화 이후에는 한 발 더 나아가 자신의 과실을 지적하는 것 자체를 용납하지 않으려 하였다.

---

6) 김범, 「조선 연산군대의 왕권과 정국운영」『대동문화연구』53, 2006, 267~276쪽.
7)『연산군일기』권29, 연산군 4년 2월 경인조, "持平辛服義 正言郭宗蕃啓 人君之所可畏者 萬世之議 今者創寺之擧 恐有後世之議 傳曰 予何畏後世之議哉"

"무릇 인주의 과실은 백세 후에 의논하는 것도 오히려 옳지 않은데, 하물며 내가 바야흐로 위에 있는데도 감히 이와 같이 크게 거론하는 것이 옳은가. 이는 나로 하여금 수족을 놀릴 수 없게 하는 것이다."[8]

홍문관의 상소에 대한 답변에서 나온 연산군의 이 말은 자신의 과실을 지적하는 언론에 대한 분명한 경고의 성격을 가지고 있었다. 이같은 상황에서 왕의 허물을 공개적으로 듣고자 하는 구언이 행해지기를 바라는 것은 어려운 일이었다. 구언을 통해 언로를 넓혀야 한다는 요구가 몇 차례 있었지만 받아들여지지 않았다.[9] 그러면서 연산군은 구언을 할 수 없는 이유를 다음과 같이 말하고 있다.

전교하기를, "지진은 음이 성하고 양이 미약한 징후이다. 재이를 그치는 방도는 형옥에 원억과 지체가 없도록 하는 것이니 그것을 의정부에 유시하라." 승정원에서 아뢰기를, "전지에 휼형과 함께 구언하는 뜻을 아울러 쓰는 것이 어떠합니까." 전교하기를, "구언을 하면 시폐를 진술하지 않고 모두가 자신들의 일만을 말하니 불가하다." 하였다.[10]

서울 · 충청 · 경상 · 경기 · 전라도 등지에서 지진이 일어나자 승정원이 구언할 것을 요구하였는데, 이에 대해 연산군은 구언을 하면 당시의 폐단은 말하지 않고 모두 자신들의 일[自己之事]만을 말하기 때문에 안된다고 대답하고 있다. 여기서 '자기지사'라는 것은 상소자 개인의 사적인 일을 의미하는 것이 아니다. 구언을 계기로 상소자가 자신의 사적인 문제를 언급하는 것은 이미 관행적으로 금지되어 있었기에,[11] 당시 응지상소

---

8) 『연산군일기』 권37, 연산군 6년 5월 무오조.
9) 『연산군일기』 권42, 연산군 8년 2월 기유조 및 동년 3월 임오조.
10) 『연산군일기』 권50, 연산군 9년 8월 무오조.
11) 이석규, 앞의 논문(2000), 192~193쪽.

에서 사적인 문제를 거론하는 경우는 거의 없었다. 따라서 여기서 말하는 '자기지사'는 상소를 주로 담당했던 언론기관의 '자기지사' 즉 왕에 대한 간쟁을 의미하는 것임에 틀림없다. 그렇다면 연산군이 구언을 하지 않은 이유는 분명해진다. 그는 구언을 자신의 허물을 드러냄으로써 왕권을 견제하는 수단으로 인식했던 것이다.

갑자사화를 전후한 시기에 이르면 연산군은 자신의 잘못을 지적하는 행위를 노골적으로 금지시켰다. 인군을 섬기는 도리는 악을 감추고 선을 드러내는 것[隱惡揚善]이라 규정하면서,[12] 이를 잣대로 과거 자신의 허물을 드러낸 자들까지 모두 잡아다 국문한 연산군은 자신이 즉위한 이후에 논계한 소차(疏箚)는 모두 삭제하도록 명령하였다.[13] 이어 홍문관을 혁파하고 대간의 직제를 축소하였다가 결국에는 사간원도 혁파하였다. 자신의 잘못을 지적할 수 있는 기관을 아예 없애버린 것이다. 그리고 그가 폐위 직전에 마지막으로 한 조치는, 사관으로 하여금 자신의 허물을 기록하지 못하게 하는 것이었다.

> 전교하기를, "군주가 거행하는 일은 비록 다 기록해야 하지만, 그러나 천(天)이 하는 바를 사람이 어찌 의논할 수 있으며 군주가 행하는 일을 신하가 어찌 시비할 수 있으랴. 옛말에 이르기를, '글을 다 믿는다면 글이 없는 것만 같지 않다'고 하였다. 『춘추』에 실린 글도 역시 다 믿을 수 없다. 그러므로 전자에 이미 사관으로 하여금 군주의 잘못 행한 일을 기록하지 못하게 했다."[14]

과거 자신의 잘못을 언급한 기록을 없애고 간쟁할 수 있는 기관도 혁파한 연산군이, 마침내는 앞으로 있을 군주의 잘못을 기록하는 것까지 금지

---

12) 『연산군일기』 권53, 연산군 10년 5월 임진조.
13) 『연산군일기』 권54, 연산군 10년 6월 갑술조.
14) 『연산군일기』 권63, 연산군 12년 7월 병술조.

시킨 것이다. 이로써 적어도 공적 영역에서는 연산군의 잘못을 지적하거나 기록할 수 없게 되었다.[15]

이처럼 연산군은 재위기간 내내 자신의 잘못을 지적하는 행위를 '능상지풍'으로 규정함으로써 왕권을 확립하고자 하였다. 왕권을 견제할 수 있는 세력이 점차 무력화되는 것과 아울러 인군의 절대적 지위에 대한 그의 병적인 집착도 점차 깊어졌다. 유교 정치이념에서 인군은 천(天)을 대신해 만물을 다스리는 '대천이물(代天理物)'의 존재이지만, 그 지위가 절대적인 것은 아니었음에도 불구하고 연산군은 절대 권력을 추구하였다. 이 과정에서 구언도 자신을 견제하는 수단으로 인식하여 재위 후반기에는 일체 행하지 않았던 것이다.

다음에 중종대의 구언도 그의 재위 전반기에 집중되어 있음을 쉽게 간파할 수 있다. 위의 <표 1>에 의하면 중종대 39년간 행해진 36회의 구언 가운데 절반 이상인 19회가 즉위 직후부터 반정공신이 정권을 주도하던 9년 사이에 집중되어 있다. 이후 기묘사림이 활동하던 중종 14년까지를 포함하면 모두 25회에 달한다. 이는 평균 6.4개월에 한 번꼴로 구언한 셈이다. 그러나 이후 중종 15년부터 39년까지의 약 25년 동안에는 구언한 것이 11회에 불과하여, 27.2개월마다 한 번 구언한 것이 된다. 이처럼 중종의 구언 행위도 재위 전기에 편중되어 있다.

중종대의 구언이 이렇게 된 데에는, 연산군대의 구언이 주로 군주의 개인적 성격에 좌우되었던 것과는 달리, 좀더 복잡한 문제가 내포되어 있었다. 그럴 수밖에 없는 것이 일찍이 경험해보지 못한 폭정을 견디다 못해 군주를 폐위시킨 신하들, 그리고 정상적인 즉위 과정이 아닌 신하들에 의

---

15) 사적 영역에서도 신료들이 서로 함부로 말하는 것을 금지시키기 위하여 환관뿐만 아니라 조관들에게도 말을 조심하라는 글을 새긴 패를 차고다니게 하였는데(『연산군일기』 권57, 연산군 11년 1월 을묘조), 이 패의 이름을 '신언패(愼言牌)'라고 부른 듯하다(동년 3월 정유조).

해 추대된 왕이라는 정체성을 가진 중종이 만들어내는 정치가 단순할 수는 없었다. 끊임없이 계속된 모반사건, 조광조와 김안로 등 특정인에 대한 비정상적인 신뢰, 왕의 지위에 있으면서도 신뢰했던 신하들을 제거하는 방식으로 밀지(密旨)라는 수단을 이용하는 상황 등 쉽게 이해하기 어려운 것이 중종대의 정치였다.

즉위한 직후에 중종은 잇따라 구언을 하였다. 즉위 이후 8개월 동안에만 4차례의 구언이 있었다. 이후 중종 14년까지 일 년에 두세 차례 정도 구언하는 경우는 여러 번 있었다. 이처럼 유독 재위 전기에 구언이 잦았던 이유로 몇 가지를 생각할 수 있다. 무엇보다 우선 연산군대의 폐정을 청산하고 유교 정치이념을 회복하여 신속하게 정치적 안정을 이룰 필요성을 들 수 있다. 이를 위해서는 재이를 통해 전달되는 천의 경고를 겸허히 수용하고 이에 응답함으로써 천인합일의 유교정치를 이루겠다는 다짐을 공개적으로 표명하는 구언의 상징 행위가 효과적이었을 것이다. 다음으로는 비정상적인 방식으로 즉위한 중종이 실제로 권력의 변동을 의미하는 재이를 만나게 되면 왕위에 불안을 느껴 구언했을 가능성도 충분하다. 뒤에 언급하겠지만, 이 시기에 성변이나 일변, 뇌전 등의 재이로 인한 구언이 증가하는 것은 이같은 가능성을 뒷받침하는 것이라 생각된다. 마지막으로 언로가 막혀 있는 상황을 타개하기 위한 수단으로 구언이 행해졌음도 지적할 수 있다.

이상과 같은 몇 가지 이유에서 구언을 자주 할 수밖에 없었던 중종 즉위 초의 상황을 다음의 구언교지에서 짐작할 수 있다.

의정부에 전지하기를, "위에서 정성으로 구하면 아래에서 실정(實情)으로 응답하여 상하가 막힘이 없어야 폐정을 고쳐서 다스림에 이를 수 있고 막힌 것[否]이 변하여 소통하게[泰] 될 것이다. 내가 즉위한 이래로 폐정을 개혁하고자 생각하였으나 그 도리를 얻지 못하였다.

지난번 뇌변으로 인하여 구언하는 교지를 내렸는데도 조진실봉(條陳實封)하여 들려주는 자가 없으니 언로가 오래 막혀서 그런 것인가, 구언이 절실하지 못해서 그런 것인가, 항상 민망하도다. 지금 또 섣달이 이미 다하였는데 기운이 따뜻한 것이 마치 봄과 같다. 따뜻함이 계속되는 재앙[恒燠之咎]은 성경에 드러나 있으니 어찌 불러들인 이유 없이 그러하겠는가. 중외의 대소인민으로 하여금 전에 내린 전지를 구찰하여 만약 조정의 궐실이나 경외의 폐막이 있으면 조목별로 아뢰라. 그러면 거의 서정을 도와 천견(天譴)에 우러러 응답하여 내가 다스려지기를 구하는 뜻에 부응할 것이다."16)

그러나 구언을 자주 행했음에도 불구하고 이에 답하는 상소가 기묘사림의 등장 이전에는 거의 올라오지 않았다. 중종 9년까지 구언한 횟수가 모두 19회인데, 실록에서 확인할 수 있는 응지상소의 건수는 13건에 불과할 정도였다. 실제로, 왕이 구언을 하더라도 상소를 올리는 사람이 없었다는 기록들이 쉽게 찾아지는 것으로 보아17) 이를 기록의 부실로만 볼 수도 없다. 이는 결국 연산군대의 정치로 인한 후유증이었다. 연산군의 폭정을 경험했던 신료들에게는 상소로 인한 피화의 가능성을 우려하지 않을 수 없었다. 뿐만 아니라 이제는 구언이라는 행위 자체가 형식적이고 무의미하며 심지어는 천을 속이는 것으로 인식되었다.

"비록 구언하는 교지를 여러 차례 내리더라도 모두가 문구(文具)에서 나온 것이고 성심으로 구도하는 간절함이 아닙니다.……묘당의 대신들은 전하가 재이를 만나 수성해야 하는 때를 당하여 또한 하찮고 조그마한 폐단을 주워 모아 천의 재이를 그치고자 하니 역시 (천을 —인용자) 속이는 것이 아닙니까. 바야흐로 지금의 계책은 마땅히 스

---

16)『중종실록』권1, 중종 1년 12월 병인조.
17)『중종실록』권2, 중종 2년 4월 을유조; 같은 책, 권7, 중종 3년 10월 정축조; 같은 책, 권7, 중종 4년 2월 임신조; 같은 책, 권8, 중종 4년 4월 병술조; 같은 책, 권16, 중종 7년 9월 기해조.

스로 힘써 쉬지 않고 부지런히 연마하며 가혹하게 자책하는 것뿐입니다."[18]

홍문관에서 올린 위의 상소에서는 구언과 응지상소가 중요한 것이 아니라 왕의 수성과 자책이 중요하다는 점을 지적하고 있다. 이같이 구언은 '문구(文具)' 또는 '허문(虛文)'에 불과하다는 신료들의 지적이 끊임없이 제기되었다. 신료뿐만 아니라 중종 스스로도 구언이 형식에 불과하다는 인식을 가지고 있었다. 누차 구언하였지만 실봉하여 상소를 올리는 사람도 없고 쓸 만한 말도 없으니 구언은 문구에 불과하다는 것이다.[19] 비록 앞서 언급한 몇 가지 이유 때문에 구언이 계속되기는 하였지만, 이제 왕과 신료 모두에게 구언은 점차 형식적인 허례로 인식되었다.

(2) 군주 수성의 강조

구언을 허례로 인식한 신료들은 그 대신에 천의 경고에 응답하는 실질적인 내용[應天之實]이 있어야 함을 강조하였다. 그런데 중종대에는 '응천지실'의 내용으로 강조되는 것이 거의 대부분 추상적인 덕목이었다.[20] 앞절의 마지막 인용문에서도 보듯이 그것은 왕의 도덕적 실천, 곧 왕의 수성으로 수렴될 수 있는 것들이었다. 절제되지 못한 전제 왕권의 행사가 빚어낸 참화를 경험한 신료들에게는 왕 자신의 도덕적 실천을 담보해내는 것이 무엇보다 중요했던 것이다. 어떤 제도를 만들거나 고치는 것은

18) 『중종실록』 권6, 중종 3년 9월 임자조.
19) 『중종실록』 권16, 중종 7년 7월 임신조.
20) 이에 대한 사료는 매우 많지만 다음의 한 가지만 들기로 한다. 『중종실록』 권29, 중종 12년 8월 을묘조, "應天之實 莫大於敬 敬莫大於謹獨 謹獨而無一毫邪念 無一毫間斷 則其終也 可至於至誠無息之域矣"

이에 비하면 부차적인 문제에 불과하였다. 중종이 즉위한 직후부터 신료들이 군주의 수성을 끊임없이 강조한 것은 당연한 일이었다.[21]

군주 수성에 대한 강조는 구언에 따른 응지상소의 내용을 살펴보아도 알 수 있다. 응지상소에서 제기된 내용을 크게 군주에게 도덕적 실천을 요구하는 '수성'과, 구체적인 법이나 제도 또는 정책의 문제를 거론한 '제도'로 나눌 때, 태조부터 성종대까지는 '수성'의 비율이 평균 31% 정도에 불과하였다. 비록 성종대에는 46%까지 그 비율이 증가하였지만, 여전히 '제도'를 능가하지는 못했다.[22] 그러던 것이 연산군대에는 57%로 '수성'이 절반을 넘어섰고, 중종대에 이르면 77%에 달할 정도로 급증했다.[23] 이제 신료들에게는 구체적인 제도의 정비나 개혁보다 군주의 수성이 훨씬 중요한 문제로 인식되었던 것이다.

군주 수성의 여러 내용 가운데 특별히 모든 신료들이 공통적으로 중요시했던 것은 군주의 '정심(正心)'이었다. 군주의 일심은 '출치지원(出治之源)'이기 때문이었다. 반정에 성공한 다음 달에 대간이 합사하여 '8조소'를 올리고, 같은 날 홍문관도 '13조소'를 올렸는데, 모두가 군주의 정심을 제1조로 삼았다.[24] 정심에 대한 강조는 당시 '정심지요(正心之要)'로 인식

---

21) 중종 즉위년부터 20년 간 천재지변에 대한 대응 방식을 조사한 결과에 의하면, 넓게 보아 민생과 관련되었다고 할 수 있는 특정 업무의 정지가 6건, 훈련의 정지가 4건, 공역의 정지가 9건, 관형(寬刑)이 74건, 소방(疏放)이 14건인데 비해, 단순한 공구수성의 요구는 무려 219건에 달하였다(이태진, 「고려~조선 중기 천재지변과 천관의 변천」『한국사상사방법론』, 소화, 1997, 124쪽의 <표 3-9> 참조).

22) 이석규, 앞의 논문(2007), 11쪽의 <표 1> 응지상소의 내용 대분류표(태종~성종) 참조. 이하 연산군과 중종대의 응지상소의 내용 분류도 이 <표 1>의 분류 기준에 따랐다.

23) 연산군대에는 8회의 구언에 22건의 응지상소가 올라왔다. 이 응지상소에는 모두 130개 항목의 요구사항이 담겨 있는데, 이 가운데 '수성'이 74개 항목이고 '제도'는 56개 항목이었다. 중종대에는 36회의 구언에 54건의 상소가 올라왔고, 그것은 190개 항목으로 되어 있다. 이 가운데 '수성'이 146개 항목, '제도'가 44개 항목이었다.

된『대학』에 대한 관심으로 이어졌고,[25] 유숭조 · 박영 · 조광조 · 이언적 등에 의해『대학』에 대한 이해가 본격화되면서 이제 군주의 심학 공부도 이에 근거하여 강조되었다.[26] 성인이 되는 것을 목표로 한『대학』이 현실 정치에서는 군주를 위한 학문으로 받아들여지는 것은 당연하였다. 중종 스스로도 심학의 중요성을 인식하고 있었다.

> (설경 기준이 아뢰기를) "자고로 삼대 이하의 군주로서 누가 잘 다 스려지기를 바라지 않았겠습니까. 그러나 능히 잘 다스리지 못한 것 은 도학이 밝지 못해서 마음을 말단에만 힘썼기 때문입니다. 제왕은 마땅히 심학(心學)을 다하여 조금도 간단이 없어야 합니다." 상이 말 하기를, "이학(理學)은 마땅히 힘써야 할 바이다." 시독관 한효원이 아 뢰기를, "상께서 이학에 대해 향한 뜻이 이와 같으니 시종인으로 누 군들 뜻을 다하지 않겠습니까. 상께서 먼저 시종여일하게 지성으로 개도(開導)한다면 자연히 흥기하는 자가 있을 것입니다." 상이 말하기 를, "근래 이학을 공부하는 사람이 없으나 나의 뜻은 이학을 숭상하고 싶다."[27]

심학(心學)과 이학(理學)이 동의어로 사용된 위의 대화에서 중종과 신 하들의 의견은 완전히 일치하고 있다. 이처럼 심학에 대한 관심과 이해가 전제되었기에 16세기 후반에 이르러 성학(聖學)에 대한 체계적인 이론의 제출이 가능하였고, 동시에『심경』에 대한 관심과 탐구도 이루어졌다.[28]

---

24)『중종실록』권1, 중종 1년 10월 경오조.
25)『중종실록』권7, 중종 3년 11월 신축조, "御夕講……權弘曰 人君當先正心 心正則 措諸萬事 無所不可 大學實正心之要 不可不常體念"
26) 물론 이 시기의『대학』에 대한 관심은 이전 15세기부터 중요시되던『대학연의』 에 대한 관심의 연장선상에서 벗어나는 것은 아니었다. 다만 여기서는『대학연의』 에서『대학』으로의 전환을 가능케 한 정치적 요인으로 연산군대의 파행적인 정치 상황을 강조하려는 것이다.
27)『중종실록』권26, 중종 11년 10월 병진조.
28) 김윤제, 「조선전기『심경』의 이해와 보급」『한국문화』18, 1996.

결국 16세기의 조선에서 심성론 중심의 성리학이 발달하게 된 것은 군주의 수성이 강조될 수밖에 없었던 중종대의 정치사와 무관한 것이 아니었다.[29] 아울러 군주의 수성이 강조될수록 구언의 허례화도 불가피하였다.

구언이 허례로 인식되면서 중종대 후반기에 이르면 이미 <표 1>에서 본 바와 같이 구언의 횟수가 급격히 줄어들었다. 반면 응지상소의 건수는 전기에 비해 조금 늘어났다.[30] 이와 함께 주목되는 것은 구언에 대한 새로운 인식이 나타나기 시작하였다는 점이다. 즉 구언이 재야의 유생이나 사림과 같은 '초택지사(草澤之士)'들의 의논을 듣는 수단으로 인식되기 시작하였던 것이다. 이렇게 된 데에는 두 가지 이유가 있었다.

첫째는, 구언이 아니더라도 중앙의 신료들에게는 '연방(延訪)'이라는 형식을 통해 의견을 진술할 수 있는 기회가 주어졌기 때문이다. 연방은 '영방(迎訪)' 또는 '연문(延問)'이라고도 하는데, 고려시대에는 별로 사용되지 않다가 조선시대에 들어오면서 조금씩 쓰이기 시작한 용어이다. 이때의 의미는 왕이 신료들을 불러 정사에 대해 묻는 행위 일반을 가리켰다. 그것이 조계(朝啓)하는 자리든 경연의 자리든 어디서든지 신료들의 의견을 듣는 것이라면 모두 연방이라 하였다. 그런데 중종대에 이르면 연방이 피전이나 감선처럼 재이에 대한 하나의 대책이라는 의미로도 사용되었다. 그만큼 연방이 자주 행해졌고,[31] 따라서 중앙의 신료들은 구언이

정재훈, 「조선전기 『대학』의 이해와 성학론」 『진단학보』 86, 1998.

29) 이 시기 성리학의 발달을 소빙기에 재이의 급격한 증가에 대한 사상적 대응이라는 시각에서 바라보기도 한다. 즉 중종대에 재이의 대응방식으로 공구수성이 강조되었고, 이는 곧 이 시기의 유학이 성리학 중심으로 전환하고 있었음을 말해준다는 것이다(이태진, 앞의 논문, 123~142쪽). 중종대에 공구수성이 강조된 것은 분명하다고 할 수 있는데, 필자가 보기에 그것은 연산군대의 정치적 경험에 기인하는 바가 크다고 생각된다.

30) 중종 14년까지 25회의 구언에 모두 28건의 응지상소가 올라왔는데, 중종 15년 이후에는 11회의 구언에 26건의 응지상소가 올라왔다.

31) 중종대의 정치운영과 관련해서 연방이 중요한 위치를 차지한다고 생각되는데, 아

없더라도 연방을 통해 자신들의 의견을 진술할 기회가 있었다.

둘째는, 유생들의 정치적 지위가 성장하고 있음에도 불구하고 그들의 의견을 전달하는 수단은 여전히 마땅치 않았기 때문이다. 유생들이 종래의 '벽이단(闢異端)'에 한정되었던 상소활동에서 벗어나 점차 '국가지정'에 대해서도 정치적 견해를 밝히기 시작한 것은 성종대에 이르러서였다.[32] 이를 통해 유생은 자신들의 정치적 영향력을 확대시키고자 하였고, 중종대에는 조정에서도 이들의 견해를 때로는 공론으로 인정하기도 하였다.[33] 심지어는 지방에서 '무뢰지도(無賴之徒)'가 유생을 자칭하면서 공론을 가탁하여 수령을 훼예(毀譽)하는 경우도 있었다.[34] 그러나 아직 왕과 대신들은 이들이 정치에 관여하는 것에 대해 부정적이었고, 더욱이 계속되는 사화로 사림정치에 대한 불확실성이 해소되지 않은 상태였다. 따라서 재야의 유생은 그나마 구언이 아니면 상소를 통해 진언하기가 쉽지 않았다. 상황이 이러함에도 구언이 급격히 줄어들자 이들의 의견을 듣기 위해서라도 구언을 해야 한다는 요구가 나오기 시작하였다.

직 이에 대해 관심을 기울인 연구는 찾아지지 않는다. 연방이 재이에 대한 대책으로 행해지기 시작한 이유는 불확실하다. 아마도, 구언에도 불구하고 상소가 올라오지 않는 상황이 계속되자 조정의 신료들을 불러 각각의 소견을 직접 진언토록 하자는 김안국의 제안과 관련이 있을 것으로 짐작된다(『중종실록』권8, 중종 4년 5월 임인조). 연방에 참여하는 신료들의 범위는 일정하지 않았지만 주로 의정부 · 육조의 당상관과 언관 · 시종 등 고위 관료들이었다. 한편 연방이 행해진 예는 많이 있지만 대표적으로는 중종 8년 3월과 10월에 있었던 연방을 참고할 수 있다(『중종실록』권18, 중종 8년 3월 경오 및 임오조; 『중종실록』권19, 중종 8년 10월 갑인 및 을묘조).

32) 설석규, 「조선시대 유생의 공론형성과 상소경위」『조선사연구』4, 1995.
   이석규, 앞의 논문(2002).
33) 설석규, 「16세기 전반 정국과 유소의 성격」『대구사학』44, 1992, 53~75쪽.
   최이돈, 「16세기 공론정치의 형성과정」『국사관논총』34, 1992, 9~16쪽.
34) 『중종실록』권26, 중종 11년 10월 병인조.

(시강관 권응창이 말하기를), "재이를 만나 구언하는 것은 아름다운 일입니다. 그런데 중외의 사서(士庶)들은 심상(尋常)한 일로 여깁니다. 대간과 시종은 전례에 따라 봉장을 올렸는데 초택지사(草澤之士)들은 한마디도 없습니다. 상께서 듣기를 즐겨하는 정성이 없어서 그런 것이라 생각합니다. 대간과 시종은 품은 바가 있으면 반드시 진달하니 어찌 구언을 기다리겠습니까. 구언하는 까닭은 초택지론(草澤之論)을 듣고자 함인데, 초택지론을 듣기를 즐겨하지 않으면 들을 수가 없습니다.[35]

대간이나 시종들은 언제든지 진언할 수 있지만 재야의 유생들은 그렇지 못하기 때문에 이들의 의논을 듣기 위해 구언하는 것이라는 인식이다. 이같은 인식은 김안로가 실각한 이후에 나타나기 시작하는데, 실제로 이무렵부터 대부분의 구언교지에서는 이들 '초택지사'를 구언의 대상에 별도로 규정하고 있다.[36]

이처럼 중종대에는 이전 연산군대의 폭정으로 인해 군주의 수성 = 정심이 무엇보다 중요한 것으로 인식되면서 심학에 대한 관심이 확대되었다. 군주의 수성 = 정심이 '응천지실'의 가장 핵심적인 내용이 됨에 따라 구언은 허례로 인식되어 그 재위 후반기에는 구언이 자주 행해지지 않았다. 그러나 재야의 유생 또는 사림이 정치적으로 성장하면서 구언은 특히 이들의 의견을 수렴하는 수단으로 인식되는 변화가 나타나기도 하였다.

---

35) 『중종실록』 권91, 중종 34년 6월 경자조.
36) 이전까지 구언의 대상을 표현하는 용어로는 '중외(中外)', '중서(衆庶)', '신서(臣庶)' 등과 같이 모든 계층을 포괄하는 의미의 용어가 주로 사용되었다. 그러다가 이같은 용어와 더불어 '초택지사'가 추가로 언급되기 시작한 것은 중종 30년 10월의 구언부터였다. 이 때의 구언 대상으로 규정된 것은 '중외대소신료와 초택사서(草澤士庶)'였다(『중종실록』 권80, 중종 30년 10월 갑진조). 이후 네 차례의 구언이 있었는데, 이 가운데 구언의 대상을 알 수 없는 한 차례를 제외한 나머지 세 차례의 구언에서는 모두 이들을 별도로 언급하고 있다.

3. 구언 동기의 변화와 민본이념의 쇠퇴

(1) 한재로 인한 구언의 감소

구언은 고려시대부터 대체로 재이를 계기로 행해졌다. 그렇지만 조선 성종대까지는 재이 이외의 다른 이유로 구언하는 경우도 심심치 않게 있었다. 그러나 연산군과 중종대에는 거의 모두가 재이로 인한 구언이었다. 이 시기 구언의 구체적인 동기를 다음의 <표 2>로 작성하였다.

<표 2> 연산군 · 중종대 구언의 동기

동 기 　　　 왕 대	연산군	중종	계
旱災		7	7
水災		1	1
風雨雷電	4	13	17
雨雹	1	6	7
日變		3	3
星變		7	7
地震		3	3
冬暖如春	1	3	4
災異	1		1
陰霧晝晦	1		1
桃李無華		1	1
生五足牛		1	1
亡失神位		1	1
矢射司憲府門扉		1	1
卽位	1		1
계	9	47	56

* 구언의 동기가 복수인 경우에는 별개로 계산하였다. 따라서 연산군과 중종대에 총 44회의 구언이 있었지만, 구언의 동기는 이보다 많아지게 되었다. 주 3)에서 언급한 구언의 동기를 알 수 없는 2번의 경우는 제외했다.

위 표에 의하면 모두 56건을 계기로 구언을 한 셈이 된다. 그런데 이 가운데 연산군의 즉위를 제외한 나머지는 모두 재이가 구언의 동기였다. 문소전의 장순왕후 신위를 잃어버린 것[亡失神位]과, 누군가가 사헌부의 출입문에 화살을 쏜 일[矢射司憲府門扉]은 비록 사람에 의해 의도된 사건이지만 당시인들은 이것도 모두 재이로 인식하였다.37) 재이가 아닌 이유로 구언한 비율이 20%에 달했던 조선 초기 성종대까지에 비하면,38) 이제 구언은 거의 재이를 계기로 해서만 행해졌다고 할 수 있다.

재이의 내용과 관련해서 이전 시기와 비교할 때 가장 주목되는 것은 한재(旱災)가 차지하는 비율이 격감했다는 점이다. 성종대까지는 재이에서 한재가 차지하는 비율이 40%에 달할 정도로 다른 재이에 비해 압도적인 비중을 차지했는데, 연산군과 중종의 양대에는 이것이 12.5%로 떨어졌다. 연산군대에는 아예 한재로 인한 구언이 없었기 때문에, 중종대만을 대상으로 계산하더라도 14.9%에 불과하였다. 대신에 우박, 기후변동을 의미하는 동난여춘(冬暖如春)과 함께 성변·일변·지진 등이 증가하였다.

이같은 변화가 혹 이 시기에 시작된 이른바 '소빙기'의 영향과 일정하게 관련이 있을지도 모르겠다. 소빙기에는 자연의 이상 현상으로 인한 재이의 발생 빈도가 급증했기 때문이다.39) 그러나 특정한 재이가 자주 발생했다는 것과, 그것 때문에 구언의 동기가 된 재이의 내용에 변화가 있다는 것은 일단 구분해야 할 필요가 있다. 왜냐하면 재이가 자주 발생하더

---

37)『중종실록』권25, 중종 11년 7월 경진조.
38) 이석규, 앞의 논문(2000), 185쪽의 <표 3> 왕대별 구언의 동기 참조. 이하 성종대까지 구언의 동기와 관련한 수치는 이 표에 근거하였음.
39) 이태진,「고려~조선 중기 천재지변과 천관의 변천」『한국사상사방법론』, 소화, 1997, 116쪽의 <표 3-4> 참조. 이에 의하면 연산군과 중종대에 해당하는 '3기'의 재해 발생 빈도는 그 이전 '2기'에 비해 4배 이상 급증하였는바, 특히 일변이라 할 수 있는 햇무리[日暈], 금성이 낮에 나타나는 성변[太白晝見], 지진, 뇌전, 우박, 서리 등이 증가하였다. 그러나 한재의 발생 빈도에는 큰 차이가 없다.

라도 그것을 '심각한' 재이로 생각하지 않으면 구언을 행하지 않았기 때문이다.

극단적인 예이기는 하지만, 앞서 보았듯이 연산군은 재위 후반기에 전혀 구언을 하지 않았다. 그렇다고 당시에 재이가 없었던 것은 결코 아니었다. 연산군은 재이를 보고하는 것을 달갑게 여기지 않았고, 또한 재이를 '천수(天數)의 우연'한 것으로 인식하여 관상감을 혁파하기까지 하였다.40) 경우가 다르기는 하지만 중종도 기묘사화 직후부터 웬만해서는 구언을 하지 않았다. 그러나 기묘사화 이후 재이가 감소되었다는 근거는 없다. 오히려 심각한 재이는 후반기에 더 빈번했던 것으로 보인다. 예컨대 중종 15년 이후부터 계속된 가뭄, 중종 21·24년의 극심한 병충해, 중종 19년 평안도에서 시작되어 22년까지 전국적으로 수만 명의 사망자를 낸 역병 등이 모두 후반기에 몰려 있다.41) 특히 계속되는 역병은 북방 사민정책에도 영향을 미쳤다.42) 그렇지만 중종은 병충해나 역병을 이유로 구언한 바가 없었다.

이처럼 특정한 재이의 발생 빈도가 급증했다고 해서 반드시 그 재이를 계기로 한 구언이 증가하는 것은 아니다. 따라서 구언의 동기가 된 재이의 내용에 변화가 있었다면, 그 의미는 정치적인 측면에서 해석할 필요가 있을 것이다. 이럴 경우, 연산군과 중종대에 한재로 인한 구언이 격감한 이유는 어떻게 설명할 수 있을까.

한재가 재이로 인식된 가장 커다란 이유는 무엇보다 그것이 민생과 직결된 재이이기 때문이었다. 실록에서 한재와 관련된 기사는 거의 예외없

---

40) 『연산군일기』 권63, 연산군 12년 7월 정유조. 관상감을 혁파하고 대신에 사역서(司曆署)를 설치하여 관상감의 일부 기능만 담당토록 하였다. 연산군이 재이를 단순한 자연현상으로 인식한 것에 대해서는 장학근, 「연산군의 재이론에 대한 인식 변화」 『경남사학』 7, 1995, 30~39쪽 참조.
41) 권복규, 「조선전기의 역병 유행에 관하여」 『한국사론』 43, 2000, 77~88쪽.
42) 박홍갑, 「조선 중종조의 사민정책 변화와 그 문제점」 『조선시대사학보』 8, 1999.

이 민생을 우려하는 내용을 함께 담고 있다. 따라서 민본사상을 이념적 근거로 내세우면서 성립한 조선에서 그 초기에 한재로 인한 구언이 가장 많았다는 것은 당연하였다. 그런데 연산군과 중종대에 이르러 한재가 구언의 동기로 중요시되지 못했다면, 그것은 민본이념의 쇠퇴 또는 변질의 조짐으로 보아도 크게 잘못된 판단은 아닐 것이다. 이 시기의 민본사상에 대해서는 본격적인 연구가 있어야 하겠지만, 적어도 건국 초기와는 다른 분위기가 곳곳에서 감지된다.

연산군은 노골적으로 민생을 무시하였다. 사냥을 좋아했던 그는 수확할 시기에 사냥을 하게 되면 인마로 인해 곡식이 손상될 우려가 있다는 지적에 대해, "민전에서 수확하지 않은 것은 민의 잘못"이라고 일축하였다.[43] 궐내에 장인들을 모아 사역시키는 것을 합리화시키기 위해, "천하에 왕의 신하가 아닌 자가 없는데[率土之濱 莫非王臣] 사공(私工)을 역사시키는 것에 무슨 불가함이 있는가"라고 하여 『시경』의 구절을 인용하고 있지만,[44] '역의 불균'을 지적한 시의 본의를 왜곡하고 있다. 아예 외방의 민막은 계달하지 말 것을 지시하기도 하였다.[45] 이같은 민생에 대한 외면은 결국 유교 정치사상의 핵심이라 할 천인합일론의 부정으로까지 나아가게 되었다.

"천은 음양과 한서(寒暑)로써 사시를 운행하여 만물을 이루는 것인데, 소민(小民)은 무지하여 혹독한 추위와 더위와 비를 만나면 원망과 탄식이 없을 수는 없다. 그러나 천을 원망하는 것은 민 뿐이며 천은 항상 태연자약하다. 왕은 천과 같아 호령을 발시(發施)하는 것이 사시와

---

43) 『연산군일기』 권39, 연산군 6년 10월 임오조, "領議政韓致亨啓 靑溪山打圍時 其處禾稼多未收穫 恐人馬踏損 傳曰 春蒐夏苗秋獮冬狩 則十月乃畋獵之時 民田不收 乃民之過 不可以是 廢其畋獵也"
44) 『연산군일기』 권45, 연산군 8년 8월 계묘조, "傳曰 役鑰工事 不可停 率土之濱 莫非王臣 其役私工 有何不可"
45) 『연산군일기』 권58, 연산군 11년 7월 갑오조.

한서가 갈마드는 것과 같은데, 어리석은 소민이 비록 간간이 어리석은 원망의 말을 하더라도 국가에 무슨 손상이 있으며 또한 어찌 족히 개의하겠는가.”[46]

승지 강혼이 지은 이 글에서 군주는 민(民)의 천으로서, 일방적으로 민을 지배하는 존재로 묘사되고 있다. 그리고 천도와 인사는 철저히 분리되고 있다. ‘군위민천(君爲民天)’의 인식에서 ‘민위군천(民爲君天)’의 인식으로의 전환을 이룩함으로써 성립한 조선의 민본이념은 어디서도 찾을 수 없다.[47]

반정의 성공으로 중종대에는 천인합일의 유교 정치사상이 회복되었다. 연산군대의 혼란이 사회 구조적인 문제라기보다는 주로 왕 개인의 문제에서 비롯된 것이기 때문에 반정 이후 적어도 정치적 측면에서는 빠르게 안정을 되찾았다. 그러나 앞서 언급했듯이 연산군대의 폭정을 경험한 신료들은 중종에게 극단적으로 군주의 수성 = 정심을 요구하였고, 신하에 의한 군주의 폐위를 목도한 중종도 이를 받아들일 수밖에 없었다. 그런데 여기서 주목하고 싶은 것은 이같은 군주에 대한 수성의 요구가 구체적인 내용을 갖는 민본정치로 이어지지 못한 채, 그 자체가 ‘응천지실’로 인식되었다는 점이다.

원래 주자성리학은 군주의 정심을 대단히 중시하였는바, 그것은 군주의 정심을 통해 이루고자 하는 정치적 목적이 있었기 때문이다. 다음은 주자의 말이다.

천하에서 힘써야 할 것으로 휼민(恤民)보다 큰 것이 없다. 휼민의 근본은 인군이 마음을 바르게 하여 기강을 확립하는 데 있다. 대개 천

---

46) 『연산군일기』 권57, 연산군 11년 1월 경인조.
47) 이석규, 「여말선초 신흥유신의 민에 대한 인식」 『조선시대사학보』 31, 2004, 23~24쪽.

하의 기강은 능히 저절로 확립될 수 없으니, 반드시 인주의 심술이 공평정대하고 편당(偏黨)과 반측(反側)하는 사사로움이 없은 후에야 이로 말미암아 기강이 확립되는 것이다.[48]

여기서 주자는 '휼민(恤民)'을 가장 커다란 목표로 전제하고, 이를 이루는 단계를 설정하고 있다. 즉 군주의 심술이 바른 후에야 기강이 확립되고, 기강이 확립된 후에야 휼민이 이루어진다는 것이다. 주자는 정심술(正心術)→입기강(立紀綱)→휼민의 단계를 통해서만 유교적 이상정치를 이룰 수 있다고 확신한 것으로 생각된다. 이처럼 군주의 '정심'은 그 자체로서 중시된 것이 아니라 '입기강'과 '휼민'의 전제이기 때문에 중시된 것이었다.

조선 건국 초에는 이같은 군주 정심의 의미를 정확히 이해하고 있었다. 다음은 태종대에 가뭄으로 인해 시폐를 논의하는 자리에서 있었던 왕과 신하들의 대화 내용이다.

왕이 이르기를, "지금 이같이 가뭄이 심하니 반드시 말하는 자가 있을 것이라 여기고 기다린 것이 며칠이 되었으나 한 사람도 가뭄에 대해 말하는 자가 없다.……" 판승추부사 조영무가 대답하기를, "이는 중국의 여열(餘烈)이니 우리가 우려할 바가 아닙니다." 하니 왕이 이르기를, "그렇지 않다. 고인이 재이를 만나면 자기를 책망하였지 다른 사람에게 돌리지 않았다." 하니 조영무가 묵묵부답이었다. 왕이 하륜에게 말하기를, "지금 민에게 불편한 것이 무슨 일인가. 저화를 통용시켜서 그런 것이 아닌가." 하니 대언 이응이 말하기를, "저화는 이미 백성이 편하게 여깁니다." 하였다. 하륜이 말하기를, "전하는 공구수성하소서" 하니 왕이 이르기를, "다시 수성을 더한다면 무슨 방법이 있겠는가" 하였다. 하륜이 말하기를 "아국인(我國人)이 노비 아끼기를 수족과 같이 여깁니다. 지금 말하기를 '신사년 8월 이전에 이미 관의

48) 『송사』 「열전」 권188, 주희전

판결이 내려진 것은 비록 잘못된 판결이 있더라도 다시 정소하지 말라'
고 하였으니 이것이 원억의 큰 것입니다. 청컨대 다시 주장관에게 명하
여 앞서의 법에 따라 판결하게 하면 인심이 조금 안정될 것입니다."[49]

가뭄의 재이를 만나 왕과 신하들의 대화가 흥미롭게 진행되고 있다. 여
기서 주목해야 할 것은 태종과 하륜의 대화이다. 하륜이 왕에게 수성할
것을 요구하자, 태종은 이미 수성을 하고 있는데 더 한다면 무슨 방법이
있는지를 물었다. 이에 하륜은 노비 소송과 관련된 구체적인 법을 거론하
면서 법의 정비를 통해 인심의 안정을 이루어야 한다고 대답하고 있다.
군주의 수성 = 정심은 현실정치에서 법과 제도를 통해 인심을 안정시키는
구체적인 공효가 있어야 한다는 것이다.

그러나 중종대에는 군주의 수성이 강조되면서도 추상적 덕목 그 자체
를 '응천지실'로 인식하였기 때문에 인심을 안정시키는 구체적인 공효를
'응천지실'로 볼 여지가 없었다. 따라서 '정심술'이 '휼민'으로까지 나아가
지를 못했다. 이는 기묘사림이 활동하던 시기에도 마찬가지였다. "군신이
서로 접견할 때 한갓 법도가 되는 말만을 진언하지 말고 민간의 질고와
같은 것을 아뢰어야 한다"[50]는 중종의 말은 당시 신료들이 왕에게 우선
적으로 요구한 것이 무엇이었는지를 그대로 전해주고 있다. 『대학』에 대
한 재해석의 결과로서 저술했다는 『중용구경연의』에서 이언적도 국가의
헌장법도는 유사(有司)의 일이라고 하여, 제도보다는 천을 중심으로 한
군주의 심학적 내용에 관심을 기울였다.[51] 조광조의 다음과 같은 말도 마
찬가지의 맥락에서 이해된다.

---

49) 『태종실록』 권4, 태종 2년 7월 계미조.
50) 『중종실록』 권35, 중종 13년 12월 임오조, "上曰 君臣之間 義則君臣 情猶父子 相
與接見 非徒進其法言 如民間疾苦 下人啓之 然後上亦知之矣"
51) 정재훈, 앞의 논문, 117~118쪽. 『중용구경연의』는 명종대 전반기에 해당하는 이
언적 말년의 저술이지만, 그의 관직생활 대부분은 중종대의 일이다.

(조강에서) 조광조가 아뢰기를, "듣건대 8도에 어사를 파견하여 전곡을 살핀다고 합니다. 신의 생각에 이같은 일은 마땅히 감사로 하여금 주관하게 해야 합니다. (이같은 일은—인용자) 군주의 덕이 닦였는지의 여부와는 관계가 없는 듯합니다." 하였다. 왕이 이르기를, "과연 다른 일 때문에 겸하여 살핀다면 가하겠지만, 별도로 어사를 파견하는 것은 불가한 듯하다. 호조에서 군자가 부족함을 아뢰었기 때문에 그렇게 한 것뿐이다."[52]

군주의 수덕(修德)이 전곡(錢穀)을 심량(審量)하는 것과 무관하다는 말에서 군주의 수성이 그 자체로만 강조될 뿐, 그것이 현실정치에서의 구체적인 제도나 정책으로 이어지지 않던 당시의 상황을 쉽게 이해할 수 있다. 그렇다고 조광조 등이 제도의 문제를 도외시했다고 이야기하려는 것은 물론 아니다. 소격서의 폐지와 현량과 실시에서 보는 바와 같이 그는 제도 개혁에도 적극적이었다. 그러나 조광조는 군주의 일과 유사의 일을 구분하여 군주에게는 수성이 무엇보다 중요하다는 것을 일관되게 강조하고 있음을 지적하려는 것이다. 이에 대해 중종도 동의하였고, 따라서 재이로 인해 언론 삼사가 상소를 올리면 중종은 천편일률적으로 군신이 함께 공구수성해야 한다는 구체성이 결여된 말로 하교하는 것에 그치는 경우가 대부분이었다.

이같은 상황이 계속되면서 매우 흥미로운 사건이 발생하였다. 중종 17년에 있었던 사노(寺奴) 막동의 고알 사건이었다.[53] 이는 직산에 사는 사노 김말손이 왕에게 저촉되는 말[觸上之言]을 이웃에 사는 사노 막동에게 했는데, 이를 들은 막동이 승정원에 와서 고한 사건이다. 그런데 그 '촉상지언(觸上之言)'이라는 것이 놀랍게도 '사문(赦文)'이 두 번이나 내렸는데

---

52) 『중종실록』 권37, 중종 14년 10월 병인조, "(御朝講) 光祖曰 聞遣八道御史 審量錢穀事 不知以何故而然也 臣意如此事 宜令監司主之 於君德修否 似不關焉 上曰 果因他事而兼按之則可也 別遣御史 似不可也 戶曹啓軍資不足而然耳"
53) 『중종실록』 권46, 중종 17년 11월 신해조.

도 민을 구휼하는 교서[恤民之敎]는 한 번도 없으니 이같은 복없는 인주는 어찌 속히 죽지 않는가' 라는 것이었다. 실제로 김말손이 이런 말을 했는지 아니면 막동이가 무고를 한 것인지는 확인되지 않는다. 그러나 중요한 것은 '휼민지교(恤民之敎)'가 없다는 것이 민에게 의식되고 있다는 점이다. 국가가 민본정치를 행하는지의 여부가 가장 천한 신분의 민에게까지 의식된다는 것은, 이 한 가지 사료만으로 속단할 수는 없지만, 이제는 민에 대한 일방적인 지배가 쉽지 않을 정도로 민이 성장했다는 단초일 수 있다. 이는 좀더 천착해야 할 문제이기는 하지만, 어쨌든 군주의 수성이 민본정치를 이끌어내지 못하는 상황은 이 사건을 통해서도 확인된다.

(2) 성변 · 일변으로 인한 구언의 증가

한편 이전 시기에 비해 구언의 동기로 한재가 격감한 대신에 우박 · 동난(冬暖) · 성변 · 일변 · 지진 등이 증가하였고, 풍우뇌전은 비슷한 수준이었다. 그런데 여기서 주목하고 싶은 것은 중종대 성변과 일변의 증가이다.[54] 왜냐하면 이것이 고려시대부터 왕의 죽음, 권력의 변동, 반역, 변란 등 왕의 안위와 직결된 재이로 인식되었기 때문이다.[55] 이 성변이 성종대

---

[54] 구언의 동기와 관련해서 본 논문에서 언급되는 성변의 범위에는 태백주현(太白晝見), 성신실도(星辰失度), 유성견이(流星見異) 등 별과 관련된 이상 현상이 다 포함된 것이다.
성변에 대해서는 이태진의 앞 논문에서도 다루고 있다. 그러나 이를 통해서는 중종대 성변의 증감 현상을 파악하기가 어렵다. 이는 성변의 범위가 애매하게 설정되어 있기 때문인 것으로 생각된다. 예컨대 유성을 성변에 포함시킬 수 있다고 하면서도(이태진, 앞의 논문, 117쪽), <표 3-8>의 조선 태조~중종 연간 성변 기록 빈도 조사표에 의하면 유성이 성변에 포함되지 않은 듯하다(122쪽). <표 3-8>에서는 중종대의 성변 기록이 38건에 불과하지만, <표 3-4>에 의하면 중종대에 해당하는 3기의 유성 기록만도 422건이나 되기 때문이다.

[55] 성변과 일변에 대한 고려시대인들의 해석에 대해서는 이희덕, 『고려유교정치사

까지는 6건으로 재이 가운데 9.7%의 비율이었고 일변은 없었다. 재이를 애써 인정하지 않으려 했던 연산군대에는 성변과 일변 모두가 없었다. 그러나 중종대에는 47건의 구언의 동기 가운데 10건이 성변과 일변으로, 비율로는 21.3%에 달했다. 한재로 인한 구언 7건보다 오히려 많았던 셈이다.

풍우뇌전도 드러난 수치만으로는 성종대까지와 이후 연산군·중종의 양대가 비슷하지만 그 내용을 살펴보면 차이가 나타난다. 풍우뇌전의 항목으로 묶은 재이에는 뇌전·뇌진·대풍·폭우·뇌우·풍우 등이 있다. 그런데 성종대까지 구언의 동기가 된 풍우뇌전 17건 가운데 절반 정도는 상당량의 비를 동반한 것이라 농사에 큰 피해를 주었을 가능성이 많다.[56] 그러나 연산군과 중종대의 풍우뇌전 17건 가운데 분명하게 큰 비를 동반한 것은 '대풍우뇌전'과 '대우뇌전'으로 표현된 2건에 불과하고 나머지는 모두 '뇌전'과만 관련된 것이다. 특히 이 가운데 겨울과 봄철의 뇌전이 11건이었고, 궐내 또는 종묘에 벼락이 떨어진 경우가 3건이었다. 결국 연산군과 중종대의 풍우뇌전은 대부분 봄과 겨울의 뇌전 또는 뇌진으로, 민생과 관련된 것이라기보다는 왕에게 직접적인 두려움이 되는 것이었다고 할 수 있다.

왕의 안위와 관련된 재이나 또는 왕에게 직접적인 두려움을 주는 재이가 민생과 직결된 재이보다 심각한 재이로 인식되었던 것이 연산군과 중종대의 특징이었다. 이것은 건국 초의 민본이념이 건국 이후 100년이 지나면서 변질된 결과라 생각된다. 종래 국가로 표상된 왕이 민의 생활을 책임지고, 그렇게 함으로써 왕의 지위가 유지된다는 생각은 관념으로만 남게 되었다. 왕은 이제 유생·삼공(三公)과 함께 '사기(士氣)'로 묶인 사기의 '종주(宗主)'에 불과하였기 때문에 '사기'의 핵심 내용을 이루는 '정

상의 연구』, 일조각, 1984, 66~86쪽 참조.
56) 이석규, 앞의 논문(2000), 186쪽의 주 51) 참조.

심'을 통해 '사기'를 함께 하는 사족의 이익을 보장해야 했고, 그렇지 않으면 왕의 안위는 위태로울 수밖에 없었다.[57]

국가의 민본이념이 쇠퇴 또는 변질되면서 당연히 민생은 어려워졌다. 한 가지만 지적하자면, 중종대 후반기에는 민이 사족이나 토호에게 예속되는 상황이 특히 심각하였다. 양역에 견디지 못한 민이 스스로 사족지가(士族之家)나 호우지가(豪右之家)에 투탁하기 때문에 과거처럼 압량위천의 법을 적용할 수도 없는 상황이었다.[58] 또 조정의 재상부터 생원과 유사(儒士)에 이르기까지 모두가 반인(伴人)이나 고공의 형태로 민을 다점하는 것이 일반화되었다.[59] 심지어 의령과 원주에서는 토호들이 수령을 무시하고 향리에서 관노비에 이르기까지 모든 관속들을 예속시킬 정도로 횡포가 심했고, 조정에서는 이 고을들이 반읍(叛邑)에 이를 것을 걱정하기까지 하였다.[60] 이 모두가 국가가 공민으로서의 민을 보호하지 못하는 상황에서, 다시 말하면 민의 국가에 대한 의존도가 현저히 떨어지면서 나타난 현상이었다. 국가의 보호를 받지 못한 민은 이제 토호와 품관, 그리고 보다 현실적으로는 사족의 예속민으로 존재할 수밖에 없었다. 16세기의 사림은 아마도 이를 바탕으로 해서 성장이 가능했을지도 모르겠다.[61]

4. 맺음말

조선 초기 성종대까지 주로 재이에 대한 대책으로 행해졌던 구언은 민본정치를 이루는 수단이면서 동시에 언로를 확대하는 수단으로 인식되었

---

57) 『중종실록』 권25, 중종 11년 6월 임자조.
58) 『중종실록』 권75, 중종 28년 7월 을묘조.
59) 『중종실록』 권96, 중종 36년 11월 신해조.
60) 『중종실록』 권80, 중종 30년 11월 계해조.
61) 김범, 「조선 중종대 역사상의 특징과 그 의미」 『한국사학보』 17, 2004, 48~53쪽.

다. 비록 성종대에 이르러 개인상소자가 감소하는 대신에 삼사(三司)를 중심으로 한 관서 명의의 상소가 증가하는 현상이 나타나고 또 그 내용도 제도의 개혁보다는 왕의 수성을 요구하는 상소가 늘어나는 추세였지만, 이같은 구언에 대한 인식에는 변함이 없었다. 그러나 연산군과 중종대에 이르면 구언이 각각의 재위 전반기에 집중되어 있고 후반기에는 구언이 별로 행해지지 않았는데, 이는 구언에 대한 인식의 변화와 관련이 있었다.

연산군은 자신의 잘못을 지적하는 행위를 '능상지풍(凌上之風)'으로 규정하면서 점차 언론행위를 무력화시켰다. 이 과정에서 연산군은 구언도 신료들이 군주의 허물을 드러냄으로써 왕권을 견제하는 수단으로 인식하였기 때문에 재위 후반기에는 일체 구언을 하지 않았다. 반정의 성공으로 즉위한 중종은 막힌 언로를 회복하기 위해 재위 전반기에 자주 구언하였지만, 연산군의 폭정을 경험했던 신료들에게 구언은 허례에 불과하였다. 그들에게는 군주의 도덕적 실천 = 수성만이 천의 경고에 응답하는 실질[應天之實]이었다. 구언을 계기로 올라오는 상소의 내용도 이전처럼 제도의 개혁이나 정비를 통해 민생을 안정시키기 위한 것보다는 군주의 수성을 강조하는 내용이 급격히 증가하였다. 이같은 신료들의 요구가 중종에 의해서도 받아들여지면서 구언은 허례로 인식되어 별로 행해지지 않았다. 단지 '초택지사(草澤之士)'로 표현된 재야의 유생 또는 사림의 의견을 듣기 위한 수단으로만 간헐적으로 행해질 뿐이었다.

구언에 대한 인식이 바뀌면서 요구된 군주 수성의 구체적인 내용으로 무엇보다 강조된 것은 '정심(正心)'이었다. 군주의 일심은 '출치지원(出治之源)'이었고, 또 주자성리학에서도 그것은 '휼민(恤民)'과 '입기강(立紀綱)'의 전제이기 때문이었다. 정심에 대한 강조는 '정심지요(正心之要)'로 인식된 『대학』에 대한 관심으로 이어졌고, 이후 16세기 후반기에는 군주

성학론이 제기되는 한편으로『심경』에 대한 탐구도 이루어졌다. 결국 16세기 조선 성리학에서 나타나는 심성론의 심화는 군주의 수성이 강조될 수밖에 없었던 중종대의 정치사와 무관한 것이 아니었다.

그러나 중종대에는 정심 그 자체를 '응천지실(應天之實)'로 인식하였기 때문에 정심을 통해 이루어야 할 현실 정치에서의 공효인 '휼민'에 대해서는 무관심하였다. 민생과 직결되었다는 점에서 구언의 동기로 중시되던 한재가 더이상 심각한 재이로 인식되지 않고 오히려 왕의 안위와 관련된 재이가 중시되었다. 국가가 민본정치를 행하는지의 여부가 가장 천한 신분의 민에게까지 의식되고 있음에도 불구하고 건국 초의 민본이념은 이미 변질되고 있었다. 국가의 보호를 기대할 수 없었던 민은 이제 스스로 토호나 품관의 예속민으로 존재할 수밖에 없었다.

(『사학연구』88, 2007. 12)

<表> 연산군 · 중종대의 구언

번호	왕대	연/월	구언 동기	구언 대상	진언 범위	전거(권/연/월/일)
1	연산군	1/1	卽位	大小臣民	時宜	2/1/1/庚戌
2		1/11	雷電	中外大小臣民/閑散人員	時弊	10/1/11/庚辰
3		1/11	仲冬日暖/陰霧晝晦	?	?	10/1/11/辛丑·壬寅
4		3/6	宣政殿 震	中外	?	24/3/6/己亥
5		5/4	雨雹	大小臣民	朝廷闕失	33/5/4/辛亥
6		5/8	災變	?	?	34/5/8/庚子
7		6/10	大風雨雷電	中外臣民	?	39/6/10/乙酉
8		7/1	西方有聲如雷	?	?	40/7/1/乙亥
9	중종	1/10	十月雷電	中外大小人民	有所言者	1/1/10/甲寅
10		1/12	氣暖如春	中外大小人民	朝廷闕失/京外弊瘼	1/1/12/丙寅
11		2/1	太白晝見/日暈有珥	中外臣僚	務存欽恤	2/2/1/辛卯
12		2/4	夏月雨雹	大小臣僚	所蘊	2/2/4/乙酉
13		3/2	大雷/雨雹	上而公卿下而士庶	有所未便/有所不臧	5/3/2/癸巳
14		3/7	太白晝見	大小臣僚	思側修而昧所當爲	6/3/7/甲寅
15		3/10	大雨雷電	公卿大夫下至士庶	時弊	7/3/10/丁丑
16		4/4	旱魃	中外大小臣僚	寡躬闕失/政令臧否/民生利病	8/4/4/丙戌
17		4/윤9	雷電/雨雹	中外臣僚	?	9/4/윤9/己巳
18		5/3	桃李無華/星文示變	上自公卿 下至士庶	時政得失/民間利害	10/5/3/壬午
19		5/5	旱魃	大小臣僚	有所不便/有所不臧	11/5/5/乙丑
20		5/11	日氣如春	中外	直論	12/5/11/辛未
21		6/4	旱魃	中外	?	13/6/4/辛丑
22		6/10	地震南郡/雷發冬月	?	時病	14/6/10/戊子
23		6/12	冬煖如春/星辰失度	議政大臣	賢愚混處/賞罰失中百司懶慢/民有愁歎	14/6/12/戊子
24		7/6	旱災	中外臣僚	事有背理病政	16/7/6/庚午
25		7/9	冬雷	?	?	16/7/9/癸巳
26		8/3	震太廟之木	卿士 百姓里居	過失	18/8/3/壬申
27		9/9	雷變	臣僚	事有背理病政	20/9/9/丁卯

28	10/6	夏月雨雹/生五足牛	?	?	22/10/6/丁卯
29	11/4	亢陽不雨	臣庶	闕失	24/11/4/乙丑
30	11/7	亡失神位/流星見異/地震/矢射憲府門扉	臣庶	闕失	25/11/7/庚辰
31	12/4	地震/降霜雨雹	中外	闕失	27/12/4/壬戌
32	13/?	?	?	?	32/13/4/戊戌
33	14/7	雨澇/星變	中外憂國念時者	寡躬朝廷疵病	36/14/7/己亥
34	15/4	全州日變	中外	予過失民間弊瘼	39/15/4/庚申
35	17/7	震人於延恩殿廚內	大小臣僚/閑散人員	闕失	45/17/7/乙卯
36	19/10	雷電	衆庶	凡予所失/朝外所闕	52/19/10/癸巳
37	20/윤12	白氣貫日	念及國家憂切宗社者	寡躬之失/朝政之闕	56/20/윤12/己巳
38	21/10	大雷電	中外	寡躬之失/朝政之闕	57/21/10/壬戌
39	24/6	旱暵之災	衆庶	凡予所失/朝野所闕	65/24/6/癸未
40	30/10	雷電	中外大小臣僚/草澤士庶	闕失	80/30/10/甲辰
41	32/?	?	?	?	86/32/12/丙辰
42	34/4	星變/降霜雨雹	大小臣僚/草莽庶士	各以見聞	90/34/4/壬戌
43	39/5	旱魃	大小之臣工/草莽之士庶	舊弊時艱	103/39/5/戊申
44	39/10	雷電	大小臣工/草莽臣庶	舊弊時艱	105/39/10/癸巳

* 연산군대의 전거는 『연산군일기』, 중종대의 전거는 『중종실록』의 해당 권/연/월/일을 가리킴.

제2장 _
조선 명종대의 구언과 민본이념의 변질

1. 머리말

　필자는 지금까지 조선 초기의 구언(求言) 제도가 현실 정치에서 어떻게 기능하고 있었는지를 다루어 왔다. 이를 통해 조선의 건국이념이라 할 수 있는 유교의 민본사상이 적어도 15세기까지는 정치이념으로서 제 역할을 수행했음을 밝혔다.[1] 그러나 16세기 연산군과 중종대에 이르면 구언에 대한 인식에 뚜렷한 변화가 나타난다. 지금껏 민본정치를 실현하고 언로를 확대하는 중요한 수단으로 여겨지던 구언이 이제는 왕과 관료 모두에 의해 허례로만 인식되었던 것이다. 그 결과 구언의 현실 정치에서의 기능도 크게 축소될 수밖에 없었다.[2]

　구언에 대한 인식과 기능의 변화는 건국 초의 민본이념이 1세기를 지나면서 이제 점차 변질되고 있다는 신호로 받아들여진다. 그 신호는 일단

---

1) 이석규, 「조선초기의 구언」 『한국사상사학』 15, 2000.
　　　, 「조선 초기의 응지상소자」 『조선시대사학보』 20, 2002.
　　　, 「조선 초기 응지상소에 나타난 제도론」 『조선시대사학보』 39, 2006.
　　　, 「조선 초기 응지상소를 통해 본 성종대의 변화」 『조선시대사학보』 41, 2007.
2) 이석규, 「연산군·중종대 구언의 성격 변화와 그 의미」 『사학연구』 88, 2007.

구언과 이에 따른 응지상소의 내용을 통해서 감지된다. 민생과 직결되었다는 점에서 구언의 동기로 중시되던 한재(旱災)가 더 이상 심각한 재이로 인식되지 않고 오히려 왕의 안위를 상징하는 재이가 중시되면서 민생은 외면당하였다. 응지상소에서도 제도의 개혁을 통해 민생을 안정시키려는 내용이 주를 이루던 종래와는 달리 왕의 도덕적 실천만을 강조하는 내용이 급격히 증가하였다. 왕에게 도덕적 실천을 요구하는 것 자체가 문제될 수는 없지만, 정작 그것을 통해 이루어야 할 현실 정치에서의 공효인 '휼민(恤民)'에 대해서는 무관심하였던 것이다. 그 결과 국가의 보호를 기대할 수 없었던 민은 이제 스스로 토호나 품관의 예속민으로 몰락할 수밖에 없는 상황에 몰리게 되었다.

연산군과 중종대 구언제도의 운영 과정에서 감지된 이같은 민본이념의 쇠퇴 조짐은 이어지는 명종대에 어떤 모습을 보일 것인가. 잘 알려진 바와 같이 명종대에는 외척 세력의 전횡으로 사림 세력이 크게 위축되고 재이가 빈번하게 발생하였으며 이에 따라 민이 몰락하면서 임꺽정의 난을 비롯한 민란이 계속된 시기였다. 한마디로 정치가 파행적으로 운영되던 시기였는데, 그렇지만 명종 말년에 이르면 사림이 다시 중앙정계에 등장하여 이후 전개되는 사림정치를 준비한 시기이기도 하였다.

본 연구에서는 이같은 명종대의 정치 왜곡이 건국 초부터 1세기간 유지되던 민본이념을 어떻게 변질시키고 있는가를 다루려고 한다. 이를 위해 먼저 명종대 빈번했던 한재와 여역의 발생 상황과 이로 인한 민의 처지를 살펴보고, 이어 재이에 대한 대책으로 행해졌던 구언을 그간 연구의 연장선상에서 다루고자 한다. 마지막으로는 재이가 일상화되고 민생이 피폐해짐에도 불구하고 이를 위한 정책이 제대로 시행되지 않는 현실을 민본이념의 변질이라는 측면에서 생각해보고자 한다. 이 과정을 통해 명종대의 정치적 성격이 드러나고, 가능하다면 민이 정치적으로 한 단계 성장하는 단초도 찾아질 수 있기를 기대한다.

2. 한재와 여역

　16세기에 천재지변이 빈번하게 발생하였다는 사실은 이미 널리 알려져 있다. 한반도에 '소빙기'를 설정한 연구에 따르면, 대체로 1500년부터 1750년 무렵까지 약 250여 년 동안 천재지변이 다른 시기에 비해 월등히 많이 관측되었다. 그리고 이같은 현상은 운석들이 대기권에 돌입할 때 마찰 또는 폭발하면서 발생한 먼지가 태양을 가림으로써 나타난 것이며, 그 결과 기상 이변과 함께 기온이 강하하여 여러 재이가 발생하였다고 한다.[3] 그런데 이 연구에 의하면 소빙기 가운데서도 그 전반에 해당하는 16세기의 천재지변이 발생 빈도에서 이후 시기보다 훨씬 더 높게 나타난다. 16세기 100년 간의 천재지변 관련 기록이 모두 10,894건인데 비해 이후 150년 간의 기록은 이보다 적은 9,579건이었다.[4] 100년 간의 기록이 150년 간의 기록보다 많았던 것이다. 과연 16세기는 천재지변이 일상적으로 나타났던 시기였다고 할 수 있다.

　그런데 위의 통계에는 지상의 재이 가운데 한재 · 수재 · 황충 · 여역 등은 제외되어 있다. 이들 재이는 일훈(日暈) · 월훈(月暈) · 유성(流星)과 같은 천상의 재이와는 달리, 객관적인 판단 기준에 따라 정확하게 그 발생 빈도를 수치화하기가 어렵기 때문이다.[5] 그렇지만 현실적으로 국가의

---

3) 이태진, 「소빙기(1500~1750년)의 천체 현상적 원인」『국사관논총』72, 1996.
　　　　, 「고려~조선 중기 천재지변과 천관의 변천」『한국사상사방법론』, 소화, 1997.
　　　　, 「장기적인 자연재해와 전란의 피해」『한국사』30, 국사편찬위원회, 1998.
4) 이태진, 위의 논문(1998), 314쪽의 <표 3> ≪조선왕조실록≫ 천변재이 관련 기록들의 시기별 분포상황 참조.
5) 이태진은 앞의 1997년도 논문에서는 지상의 재이도 포함하여 천재지변의 발생 빈도를 조사하였다(116쪽의 <표 3-4> 조선 태조~철종 연간 자연이상현상 및 재해 발생 빈도 조사표 참조). 그러나 위의 1998년도 논문에서는 한재 · 수재 · 충재 · 기근 · 전염병 등의 지상의 재이를 통계에서 제외시켰다. 이에 대해 이태진은 통계 처리의 어려움을 이유로 들고 있지만(324~325쪽), 이밖에도 또다른 어려움이 있

운영이나 민의 생활에 직접적인 영향을 미치는 것은 오히려 이같은 지상의 재이일 수밖에 없다. 특히 명종대에는 민생과 직결된 한재와 여역이 극심했다는 기록이 자주 나타난다. 따라서 여기서는 수치화할 수는 없더라도 한재와 여역이 명종대에 어느 정도였는지 그 대강의 실상을 『실록』의 기록을 통해 먼저 살펴보기로 한다.

명종대 한재와 관련된 기록들을 찾는 것은 그다지 어렵지 않다. 그러나 이들 기록만을 가지고 한재가 어느 정도였는지를 판단하기는 어렵다. 관료들이 상소를 통해 그 정도를 과장하거나 또는 한재의 징조가 있다가도 얼마 지나지 않아 비가 오는 경우도 흔하기 때문이다. 뿐만 아니라 한반도의 기후 특성상 봄 가뭄은 어느 정도 일상화되어 있었다는 점도 고려해야 한다. 이같은 불확실한 기록들을 제외하고 실제 심각한 한재가 있었다고 판단되는 기록들을 근거로 명종대의 한재 발생 상황을 표로 정리하면 다음과 같다.

<표 1> 명종대의 한재 발생 상황

연	월	내 용
2	3	가뭄으로 愼刑과 冤獄 伸理를 팔도 관찰사에게 下書. 가뭄으로 전혀 파종치 못했다는 경연관의 언급
	4	가뭄 대책을 마련하라고 三公에 전교. 가뭄으로 疑獄을 抄啓하라고 팔도에 下書. 가뭄 대책으로 內侍와 史官으로 하여금 형옥을 척간하도록 함. 가뭄 등 재이에 대해 正心하라는 사간원의 차자.
	5	가뭄으로 秋麰는 부실하고 春麰는 未發穗 상태라는 경기감사의 장계. 가뭄이 극심하다는 史論. 가뭄이 심하여 치세의 조짐이 없다는 사헌부 상소.

다. 즉 이같은 지상의 재이와 소빙기의 자연현상과의 관계를 인과적으로 밝히기가 쉽지 않다는 점이다. 다시 말하면 소빙기가 아닌 시기에도 일상적으로 있어왔던 가뭄이나 전염병의 발생 원인을 소빙기의 기온 강하에서 찾는 것이 무리일 수 있다는 것이다. 실제로 1997년도 논문의 <표 3−4>에 의하면 한재의 발생 빈도가 소빙기라고 해서 특별히 높았다고 보기 어렵다.

	6	가뭄 끝에 수재가 겹쳐 피해가 더 심하니 대책을 강구하라는 전교. 수재로 公私의 家舍가 침수되는 등 피해가 극심하다는 충청감사의 치계.
	7	가뭄과 수재에 대한 대책을 논의. 수해로 인한 사망자 수를 보고하라는 전교. 경상·전라·황해도 등지의 수재 피해 보고가 잇따름. 기청제를 지냄. 수해를 당한 국둔전에서의 수세를 논의.
	8	대동강이 범람하여 피해가 극심하다는 평안감사의 서장. 災結을 實結로 보고한 수령을 조사하여 치죄토록 함. 수재로 피해가 크다는 함경감사의 치계. 재변으로 내년 추수까지 別試를 행하지 말 것을 삼공이 건의.
3	5	가뭄으로 기우제를 지내고 있지만 궁녀도 줄일 것을 요청한 경연관. 亢旱으로 팔도가 모두 災傷을 입었으니 反躬自責하라는 경연관. 기근이 극심하니 힘써 구휼하라는 여러 차례의 전교. 兒童·巫女로 하여금 기우제를 지내고 있다는 경연관. 지난해 12월부터 지금까지 피전.
6	4	진휼 대책에 대한 논의가 계속됨. 가뭄이 심하니 기우제를 행하라는 전교.
	5	가뭄이 극심하여 파종도 못하였으니 체직시켜달라는 議政과 피전·감선하겠다는 왕.
	7	한달 내내 災傷法(손실답험법)을 논의.
	10	淸洪道의 水田은 봄가뭄으로 거의 결실하지 못했다는 災傷敬差官.
7	6	가뭄으로 기우제를 지내는 것이 가하다는 왕. 해마다 흉년이 들었는데 또 가뭄이 드니 어찌할 줄 모르겠다는 왕. 가뭄이 절박하니 피전·감선·철악·勿擊鼓鼙·閉崇禮門·遷市하는 것이 가하다는 왕. 가뭄이 심하여 추수할 희망이 없으니 체직시켜달라는 삼공.
8	3	경상도는 지난 초가을부터 비가 오지 않아 官府에서는 뭇狀百姓들로 하여금 水一器를 바치게 하여 用水. 가뭄이 심하니 낭비를 줄일 것을 전교. 가뭄 대책을 팔도에 하유하라는 전교. 가뭄으로 退親盞·피전·감선의 일을 의논하라는 전교. 가뭄으로 구언교지를 내리고 冤獄을 심리하라는 전교.
	윤3	가뭄 등의 재이가 심하니 浮費를 줄여 天變에 대응하라는 사헌부. 가뭄 등의 재이로 祈雨諸事를 차례로 행했으나 疏放도 해야 하는지를 의논토록 전교. 가뭄이 절박하여 추수할 희망이 끊어졌으니 內人의 料俸을 감하고 冬至方物과 物膳을 봉진하지 말도록 전교.
10	7	가뭄이 심하니 기우제를 지낼 香幣를 보내달라는 경상감사. 기우제를 지냈어도 가뭄이 더욱 치열하니 靈驗之處에 大臣·重臣·內臣을 보내 기도할 것을 청한 예조. 가뭄이 심하니 기우제에 쓸 香祝幣를 급히 보낼 것을 청한 전라감사. 경회루에서 蜥蜴祈雨祭를 지내라는 전교. 가뭄으로 靈驗之處에 기우제를 지냈다는 강원감사. 기우제에 쓸 香祝을 보내달라는 평안감사. 가뭄이 심하니 감사에게 하서하여 구황 대책을 미리 준비케 하라는 전교.

12	6	특히 경성과 기전의 가뭄이 심하니 사직한다는 삼공. 가뭄으로 피전·감선. 가뭄이 심하니 冤獄을 심리하라고 경외에 하서. 가뭄이 심하니 기우제를 행하고 閉崇禮門·開肅靖門·勿擊皮鼓·遷市 등도 거행하고 巫女·盲人·小童의 기우도 행할 것을 전교.
14	7	가뭄으로 형옥을 적간하고 각 도에 冤獄을 심리하고 적체시키지 말 것을 하서. 가뭄이 심하여 추수할 가망이 없으니 노비 추쇄 중지를 논의. 금년 가뭄은 兩南이 가장 심하니 明春을 기다리지 않고 荒政을 거행하라는 호조.
	8	兩南뿐 아니라 타도도 흉년이 들어 납속책 시행이 어렵다는 경연관.
15	5	京師에 비가 20여일 오지 않으니 왕이 피전·감선·철악하고 冤獄 심리를 경외에 효유. 罷散人과 고신을 거둔 자들을 서계토록 함.
	7	가뭄과 장마로 失稔하였는데 (진휼을 위해) 경차관을 보내지 말고 어사를 보낼 것을 사간원에서 啓.
19	3	가뭄의 징조가 심하여 緩刑·舍禁·弛力 등의 일을 거행토록 함.
	4	세차례 기우제를 지내도 비가 오지 않으니 풍운뇌우의 신에게 雩祀를 지내고, 北郊와 한강·삼각·목멱에 각각 重臣과 內臣을 보내 별도로 기도.
	6	가뭄으로 이미 피전하고 있는 지가 오래됨.
22	4	초여름 가뭄이 심하다는 왕의 자책. 가뭄으로 이미 추수할 가망이 없으니 속히 기우제를 지내야 한다는 예조의 啓에 대해 蜥蜴祈雨, 盲巫童子祈雨를 행하고 종묘사직 등에 제사를 지내도록 함. 봄부터 여름까지 가뭄이니 피전·감선하라는 사간원의 계. 영의정 등이 가뭄을 이유로 사직을 청함.

위의 표는 한재로 인해 왕이 피전(避殿)·감선(減膳)한다든가 또는 기우제·휼형(恤刑)·팔도하서(八道下書) 등 구체적인 대책을 시행한 기록들을 중심으로 정리한 것이다. 이에 의하면 명종의 재위 22년 동안 절반에 해당하는 11년 간은 실질적으로 한재의 피해가 있었다고 할 수 있다. 대체로 보아 명종대 전반기에 한재가 자주 발생하였는데, 특히 명종 2년·6년·8년의 한재는 상당히 심각한 상황이었다.

명종 2년에는 오랜 한재 끝에 수재까지 겹쳐 최악의 상황이었다. 이로 인해 인종을 연은전에 부묘한 뒤에 관례적으로 행하는 별시를 중지하기도 하였다.6) 명종 6년에는 한재로 인해 재결(災結)이 많이 발생했음에도 불구하고 수령들이 재결을 실결(實結)로 처리하는 경우가 빈번하자 답험

법을 개정해야 한다는 논의가 한 달 가까이 이어졌다.7) 뿐만 아니라 명종 8년에 경상도에서는 물이 부족하여 백성들에게 물 한 그릇을 바쳐야 정장(呈狀)을 받아주는 비상한 조치를 행하기도 하였다.8)

끊임없이 반복되는 한재는 민생을 처참한 상태로 몰아갔다. 굶주린 민들은 전국을 떠돌면서 걸식하였는바, 그 가운데 그래도 힘있는 자들은 도적의 무리에 가담하였고 그렇지 못하면 굶어 죽을 수밖에 없는 상황이었다. 그것은 도성이라도 예외가 아니었다. 다음은 명종 2년의 상황을 묘사한 것이다.

> 이 때에 굶주린 민으로 구걸하는 자가 길에 가득 찼고, 도로에는 굶어 죽은 시체가 서로 바라볼 정도였지만 도성 바깥으로는 죽은 시체가 서로 깔려 있을 정도로 널려 있었다. 묻어주라는 명이 있어 때로 조사하기도 하였는데 해당 관리는 견책을 면하려고 거두어 묻기만을 독려하였다. 시체를 거두는 자[仵作人]들이 이루 다 묻지를 못해 시체를 쌓아놓고 불사르니 악취가 성중까지 풍겨 사람들이 차마 냄새를 맡지 못했다.9)

그러나 보다 심각한 상황은 한재가 든 이듬해에 전개되기 마련이었다. 명종 3년에 들어서면서 사족들도 굶주린다는 보고가 잇따랐다. 굶어 죽은 시체가 널려 있고 심지어는 자식을 도랑에 버리거나 나무에 묶어 두고 떠나는 민도 있다는 서계(書啓)를 기록하면서, 사관은 경중의 사족으로 모녀가 함께 굶어 죽은 경우도 있다는 사실을 덧붙이고 있다.10) '세가자손(世家子孫)'들도 염치를 따질 겨를이 없을 정도로 경성의 사족들 태반이

---

6) 『명종실록』 권6, 명종 2년 8월 임인조.
7) 『명종실록』 권11, 명종 6년 7월 기축 · 경인 · 정유 · 무술조.
8) 『명종실록』 권14, 명종 8년 3월 기축조.
9) 『명종실록』 권5, 명종 2년 5월 경신조.
10) 『명종실록』 권7, 명종 3년 1월 기축조.

굶주리는 상황에서 몸소 걸식할 수 없는 사족의 과부들이 가장 먼저 아사에 이르렀던 것이다. 경중의 사족이 이러하니 외방 민들의 처지는 말할 필요도 없었다. 이 시기의 『실록』은 각 지방민들이 굶주리는 참혹한 상황, 기민을 진휼하라는 왕의 부질없는 명령, 국고가 비어 진휼할 수 없다는 대신의 무덤덤한 언급, 진휼의 임무를 띠고 빈손으로 파견된 어사의 무기력한 한탄, 왕명을 봉행하는 자가 하나도 없다는 사관의 대상 없는 탄식 등으로 채워져 있다. 한마디로 국가가 할 수 있는 일이 아무 것도 없는 그런 상황이었다. 다만 한 가지, 버려진 아이를 거두어 기르는 자에게 그 아이에 대한 소유권을 영구히 인정하는 법만을 시행할 수 있을 뿐이었다.11) 이는 국가가 자신의 역할을 스스로 포기하는 것이었다.

이같은 상황은 비단 명종 3년에만 한정된 것이 아니었다. 큰 한재가 든 이듬해에는 예외없이 비참한 상황이 전개되었다. 명종 8년의 한재는 특히 삼남지방이 심했는데, 이듬해 봄에 이르러 전라도 흥양의 경우에는 거주하는 인민 가운데 2/3가 춘궁기를 넘기지 못하고 죽었다.12) 경상도 의령에서는 드러난 시체가 들에 쌓였고 이를 개들이 먹는다는 어사의 서계로 현감이 파직되기도 하였다.13)

한편 한재와 이로 인한 기근은 필연적으로 여역(癘疫: 전염병)의 발생을 초래하였다. 특히 명종대의 여역은 중종대와 함께 그 발생 빈도나 피해 규모에서 조선 전기의 다른 시기와는 비교가 되지 않을 정도로 심각한 상황이었다. 재이와 관련해서 명종대를 특징짓는다면 단연 여역의 빈발을 들 수 있을 정도이다. 일단 『실록』을 통하여 이 시기의 여역 발생 상황을 표로 정리하면 다음과 같다.14)

11) 『명종실록』 권7, 명종 3년 3월 병신조.
12) 『명종실록』 권16, 명종 9년 2월 경인조.
13) 『명종실록』 권16, 명종 9년 3월 기미조.
14) 명종대의 여역 발생 상황에 대해서는 기왕의 연구에서도 표로 정리한 바가 있다. 먼저 김호는 「조선전기 대민 의료와 의서 편찬」에서 태조부터 명종대까지의 병역

<표 2> 명종대의 여역 발생 상황

연	월	지 역	피해 규모(명)	
			사망자	환 자
1	4	함경도(갑산 삼수 홍원 길주 명천 경성 부령 회령 종성 온성 경원 경흥)	1,332	
	4	경기도(가평 김포 영평)	382	
	4	경상도(비안)	死者甚多	
	5	충청도	261	253
	5	경기도(부평)	44	169
	6	전라도(임실)	死者甚多	
	7	경상도(청송 비안)	60	
	11	경기도	民多死	
2	1	충청도(청산 영춘)	人民多死	
	1	강원도(춘천)	死者甚多	
	3	평안도(용강 등), 충청도(한산 등)		
	3	도성	多有棄屍	
	5	성중		60
	5	전라도(금산 등 3官)		
	6	충청도(청주)	75	
	7	전라도	人多死亡	
	11	강원도(통천)	人民多死	
3	1	한성부		
	3	충청도(황간 공주 서산)	184	

(病疫) 발생 상황을 표로 제시하였다(『국사관논총』 68, 1996, 28~29쪽의 <표 1> 15·16세기 病疫 발생). 그러나 필자의 조사와는 조금 차이가 있고 또 발생 시기와 지역만을 조사하고 피해 규모에 대해서는 다루지 않았다. 한편 권복규도 「조선전기의 역병 유행에 관하여」에서 건국부터 1589년까지의 역병 발생빈도를 조사하였다(『한국사론』 43, 2000, 64쪽의 <표 3> 조선전기 역병의 지역별, 시기별 (20년 간격) 발생빈도). 이는 왕대별 조사가 아니고 20년 간격으로 통계 처리한 것이며, 역시 피해 규모는 다루지 않았다.

	3	충청도(청주 온양 진천 회인)	671	1,101
	3	황해도	物故者多	
	4	충청도	104	
	4	전라도	359	
	4	황해도	158	
	4	경상도	1,683	
	5	충청도	187	
	5	평안도(평양 중화 자산 삼등 순안)	438	
	5	황해도(황주 해주 서흥 신천 봉산 수안 배천 재령 강음 송화 은율 장연)	多致死亡	多方痛
	5	경기도	421	
	6	경상도	630	
	6	충청도	530	760
	6	충청도	448	
	6	강원도	229	
	6	평안도	129	
4	3	경기도(여주)	600	
	4	경기도	死者甚多	
	4	강원도	死者甚多	
	6	청홍도	150	
	10	전라도(진안)	染癘疫死亡	
	12	함경도	死者什一	
5	3	5部(도성)		
	5	청홍도(청주 청양 음성)		
	6	평안도(정주 귀성)	90	400
6	2	경기도(안산 고양)		
8	12	전라도 京師及他道	死者甚多	
9	2	경상도		
	3	전라도		

	5	청홍도(홍주)		444	621
	5	강원도		100	
	5	전라도		1,350	
12	2	경기도(이천 교동)			
	3	경기도(부평)			
	3	함경도(경흥 경원 온성 종성) 牛疫			
	6	경기도(인천 부평)			
17	4	청홍도(진천)		90	138
	6	강원도(원주)		民多夭札	
18	6	청홍도(해미)			
21	4	청홍도(홍주)			

위의 <표 2>는 여역 발생 기록을 지역별·사례별로 정리한 것이다. 이에 의하면 명종대에는 모두 58건의 여역이 발생했던 것으로 파악되는데 실제로는 이보다 훨씬 발생 빈도가 높았을 것으로 생각된다. 지방관들이 여역의 발생을 숨기고 제대로 보고하지 않는 경우가 적지 않았기 때문이다.15) 그러나 58건의 발생만으로도 명종대는 중종대와 더불어 가장 여역이 치성했던 시기였다고 할 수 있다. 조선 전기(태조~명종) 전체를 대상으로 여역의 발생 빈도를 조사한 연구에 따르면, 총 134건 가운데 72.4%에 해당하는 97건이 중종과 명종대에 발생하였기 때문이다.16)

---

15)『명종실록』권5, 명종 2년 4월 기해조 및 권9, 명종 4년 4월 계묘조.

16) 김호, 앞의 논문의 <표 1>에 의하면 중종대에는 53건, 명종대에는 44건의 여역이 발생한 것으로 되어 있다. 명종대의 발생 건수를 44건으로 한 것은 필자가 조사한 58건과는 차이가 있다. 한편 마찬가지로 조선 전기의 여역 발생 빈도를 20년 간격으로 조사한 권복규에 의하면 중종대에 해당하는 1522년(중종 17)부터 1541년(중종 36)까지의 여역 발생은 22건에 불과하다(권복규, 앞의 논문, <표 3>). 이는 같은 기간 김호가 조사한 48건의 절반에도 미치지 못하는 것인데 김호의 조사 결과가 실제에 더 가깝다고 생각된다. 따라서 본 논문에서 다루지 않은 중종대의 여역 발생 상황을 참고할 때에는 김호의 조사 결과를 따르기로 한다.

명종대 여역의 발생 상황에서 나타나는 특징을 살펴볼 때 우선 눈에 띄는 것은 여역이 명종대 전반기에 집중되어 있다는 점이다. 58건 가운데 54건이 명종 1년부터 12년 사이에 발생하였는바, 이는 중종 19년부터 22년 사이에 치열하던 여역이 잠시 소강 상태를 보이다가 중종 37년에 다시 빈번해지는 경향이 명종대 전반까지 이어지는 상황을 말해준다.[17] 또한 여역 발생의 지역적 분포를 보면 제주도를 제외한 전국에서 광범위하게 발생했음을 알 수 있다. 특히 경기도와 하삼도 지역의 피해가 타지방에 비해 훨씬 심했는데, 이는 중종대의 여역이 주로 함경도와 평안도에서 발생했던 것과는 차별적이다.[18]

한편 여역의 발생이 계절적으로 봄과 여름에 집중되어 있는 점도 주목된다. 58건 가운데 45건이 3월에서 6월 사이에 발생한 것으로 나타나는데, 이는 당시 발생한 여역이 기근과 밀접한 관련이 있음을 의미하는 것이라 생각된다. 여역을 그 자체 독립된 질병으로 이해하지 않고 가뭄이나 흉년, 기근, 유리 등과 관련해서 인식하는 것은 이미 고려시대부터 있어 왔다.[19] 조선시대에도 여역은 흉년에 따른 굶주림으로 인해 발생하는 것으로 인식되었다.

> 봄의 절후가 이미 마지막에 이르렀으니 계절이 응당 따뜻해야 하는데 일기가 오히려 차고 심지어 서리와 눈이 내리기도 한다. 더욱이 때맞춰 와야 할 비도 시기를 어기니 보리 싹이 장차 말라죽을 터인데 가없은 우리 농민은 무엇으로 목숨을 구할 것인가. 민간의 질려(疾癘)가 비록 절기의 기운[時氣] 때문이라고 하지만, 굶주림[飢餓]이 심하면 전염병[薰染之病]이 쉽게 발생하여 잇달아 사망하기에 이른다. 말과 생

---

17) 중종대 발생했던 53건의 여역 가운데 대부분에 해당하는 43건이 중종 19년부터 22년 사이에 집중되어 있다. 이후는 간헐적으로만 발생하다가 다시 중종 37년에 이르러 4건이 발생하였다(김호, 앞의 논문, <표 1>).
18) 권복규, 앞의 논문, 80~82쪽.
19) 이경록, 「고려 전기의 대민의료체제」 『한국사연구』 139, 2007, 132~134쪽.

각이 이에 미치니 애통함이 가슴에 저민다.[20]

재이로 인해 팔도에 내린 교서의 내용인데, 여기서 여역의 발생 원인으로 '시기(時氣)'와 '기아'의 두 가지를 들고 있다. 즉 계절적 환경이나 굶주림으로 인해 여역이 발생한다는 것이다. 이같은 인식이 사실과 부합되는 것임은 물론이다. 그러나 명종대의 여역은 계절적 원인보다는 한재에 이은 기근이 더 큰 요인이었다. 춘궁기에 해당하는 봄부터 보리가 익을 때까지에 여역이 집중된 것도 그렇지만, 앞서 살핀 바와 같이 심각한 한재가 거듭된 명종대 전반기에 마찬가지로 여역이 치성한 점으로 보아도 그렇다.[21]

실로 한재가 들게 되면 이듬해에는 기근과 여역으로 민생이 참혹한 지경에 빠질 수밖에 없었다. 당시의 『실록』에서는 굶주림에 전염병까지 덮쳐 길거리에 시체가 널려 있고 도적까지 횡행하는 상황을 묘사한 기록들을 어렵지 않게 찾을 수 있다. 굶주려 죽은 것인지 아니면 전염병으로 죽은 것인지 판단하기도 어려운 상황이었다. 민을 구휼해야 할 지방관들은 책임을 회피하기 위해 굶어죽은 자를 여역 때문에 죽은 자로 보고하였고, 그렇게 한번 여역이 발생한 마을로 알려지면 사람들이 접근하기를 꺼려하여 다시 구휼하지 않는 악순환이 반복되었다. '십실지향(十室之鄕)'에 아홉 집은 비어 촌락이 쓸쓸하다는 중앙관료의 말은 과장되고 상투적인

---

20) 『명종실록』 권5, 명종 2년 3월 신미조.
21) 중종과 명종대의 여역은, 그 이전 조선 초기의 여역에 비해 계절적 요인보다는 상대적으로 기근이 보다 더 직접적인 관련이 있을 것이라는 점은 다른 연구에서도 지적하고 있다(김호, 앞의 논문, 30~31쪽; 권복규, 앞의 논문, 61~65쪽). 특히 권복규는 환자들의 증상으로 보아 당시의 여역이 기근과 밀접하게 연관이 있는 티푸스성 질환일 가능성을 제기하였다. 그러나 17세기 초에 이르면 겨울철에 발생하는 여역의 빈도가 높아진다고 한다(김호, 「16세기 말 17세기 초 '역병' 발생의 추이와 대책」 『한국학보』 71, 1993, 126~135쪽).

것이라 하더라도,[22] 경기도의 어느 고을은 500여 호 가운데 5호를 제외한 모두를 진구(賑救)하지 않으면 안된다는 관찰사의 구체적인 보고에 대해 믿기지 않아 다시 이보(移報)토록 했다는 기록은,[23] 이같은 보고가 과장으로만 볼 수 없음을 역설적으로 말해준다.

여역으로 인한 피해 규모가 어느 정도였는지를 파악하기는 어렵다. <표 2>에서 보듯이 '사자심다(死者甚多)', '인민다사(人民多死)'처럼 사망자의 수를 정확히 기록하지 않은 경우가 많았기 때문이다. 숫자로 보고된 피해 규모만을 보면 사망자는 모두 11,149명이었고 환자는 3,502명으로 집계되지만, 실제로는 이보다 몇 배나 많았을 것으로 짐작된다. 명종 3년에는 6,171명의 사망자가 보고되었는데, 이는 그 전 해에 있었던 심각한 한재의 결과임이 분명하다. 1,894명의 사망자가 보고된 명종 9년의 경우도 마찬가지라 생각된다.

이처럼 명종대에는 민생에 직접 영향을 미치는 한재가 극심하였고, 이로 인해 여역이 치성하였다. 하층의 민은 말할 것도 없고 경중의 사족이라 하더라도 이들 재이로부터 벗어나기는 쉽지 않았다. 한재와 여역같은 지상의 재이와 더불어 이 시기에는 유성·일훈·뇌전 등 천상의 재이도 빈발하면서 실로 명종대는 재이가 일상화된 시기였다고 할 수 있다. 그리고 이는 당시의 정치를 규정하는 기본 요인으로 작용하였다.

3. 구언의 실상

심각한 재이가 일상화되면서 이에 대한 여러 대책이 행해졌다. 피전·

---

22) 『명종실록』 권13, 명종 7년 1월 경자조.
23) 『명종실록』 권10, 명종 5년 3월 무인조.

감선 · 철악 · 금주 · 제사 · 소방(疏放) · 사유(赦宥) · 연방(延訪) · 구언 등은 이미 오래 전부터 행해지던 것으로 명종대의 소재책(消災策)도 이 범주를 벗어나지 않았다. 이 가운데 구언은 당시 정치의 잘못이 무엇인지를 광범위하게 물어 이를 해결함으로써 천도(天道)와 인도(人道)를 일치시키려는 소재책이었다. 따라서 이 구언제도가 제대로 운영된다면 이를 통해 당시 사회가 직면했던 여러 문제들을 파악할 수 있고 이들을 어떻게 해결하려고 했는지를 알 수 있다.

이미 언급한 바와 같이, 조선 초기에는 구언이 민본정치를 구현하고 언로를 확대하는 수단으로 제 역할을 충분히 수행하였다. 그러나 연산군과 중종대를 거치면서 구언은 허례로 인식되었고 민생보다는 왕의 안위와 관련된 재이가 발생했을 때 행해지는 경우가 많았다. 구언에 따라 올라오는 응지상소의 수도 격감하였고, 상소의 내용이라고 해보아야 주로 왕의 '정심(正心)'이나 '수성(修省)'을 강조하는 것들뿐이었다. 다만 중종대 후반에 이르러 구언의 대상에 '초택지사(草澤之士)'가 별도로 지정됨으로써 형식적이나마 구언은 재야의 유생이나 사림의 의견을 듣는 주요 수단으로 인식되었다.

그러면 이후 명종대의 구언은 어떠했을까. 이를 알아보기 위해 먼저 명종대에 행해진 구언을 <표 3>으로 작성하였다.[24]

---

24) 이 표를 작성하면서 구언을 했는지의 여부를 판단하는 기준으로 두 가지를 정했다. 우선 구언이 '교지'의 형태로 이루어졌다고 볼 수 있는가, 그리고 다수를 대상으로 하고 있는가가 그것이다. 그렇더라도 이 기준만으로 구언 여부를 판단하기가 쉽지 않은 경우가 있는데, 그럴 경우에는 전후의 상황을 고려하여 주관적으로 판단할 수밖에 없었다. 그러나 이것이 전체적인 흐름을 파악하는데 장애가 될 정도는 아니라고 생각된다. 또한 교지의 형태로 구언이 이루어졌다고 볼 수 있지만 『실록』에는 그 교지의 내용이 없어서 구언의 동기와 대상 등을 알 수 없는 경우도 있다. 이럴 경우에는 앞뒤의 기사를 참조하여 가능한 한 동기와 대상을 밝히고자 하였다.

<표 3> 명종대 구언 현황

연/월/일	동기	대상	진언범위	응지상소자
0/12/丁未	日變/地震/星變/冬雷	朝野臣工/草澤韋布	讜鯁之論	
1/2/壬寅	白虹貫日	大小臣工/草野韋布	瀝血之辭	
1/5/乙丑	戾雹	朝野臣工/韋布	讜言	
3/4/甲子	災異	中外		
4/10/庚申	冬雷	侍從/臺諫/草萊		
5/5/辛未	飛雉又集殿上		切時之言	
6/9/戊戌	雷電/雨雹			
8/윤3/丁未	旱災	大小臣工/草澤	群策	弘文館, 前參奉, 進士, 縣令
8/9/丁巳	景福宮火災	大小臣工/草野軶布	弭災之善策	成均生員等, 老職堂上, 幼學, 延安府使
9/6/庚午	妖星示變	大小臣工/草澤韋布	弭災之方	
11/1/癸未	彗星	中外	格王之言	成均生員等 500人, 幼學
16/4/己亥	雷震殿門折蠹竿	大小臣民/草野韋布	厥愆	大司憲, 弘文館, 成均儒生等
18/10/辛亥	雷電以雨	大小臣僚/草野韋布	匡救之良藥	大司憲
21/10/丁亥	雷電	公卿大夫/閭巷草野	矯救之策	領議政, 弘文館, 生員, 宗室, 古阜郡守

이 표를 통해서 알 수 있는 명종대 구언의 특징으로 대략 세 가지를 지적할 수 있다. 구언이 자주 행해지지 않았고 그나마도 명종의 재위 전반기에 집중되어 있다는 점, 대부분의 구언이 뇌전이나 성변 등의 천변을 계기로 행해졌다는 점, 그리고 응지상소의 수가 얼마 되지 않고 그것도 재위 후반기에 편중되어 있다는 점 등이 그것이다. 아래에서는 이같은 특징을 구체적으로 살펴보기로 한다.

먼저 구언의 빈도와 관련된 것이다. 위의 표에 의하면 명종은 재위 22년(264개월) 동안 모두 14번 구언하여 대략 1년 7개월에 한 번 꼴로 구언한 셈이 된다. 이는 중종대의 1년 1개월에 비하면 상당히 드물게 구언한 것이며, 태조부터 성종대까지의 평균인 1년 4개월에 비하더라도 역시 그 빈도가 낮은 편이다.25) 그렇기는 하지만 명종대 전반기만 본다면 구언은 꽤 활발히 행해지고 있었다. 14번의 구언 가운데 10번이 명종 10년 이전에 집중되어 있다.

이처럼 재위 전반기에만 구언이 집중되고 후반기에는 별로 행해지지 않은 것은 연산군과 중종대의 경우와 비슷하다.26) 연산군은 무소불위의 전제 왕권을 행사하기 위해 즉위 초부터 언론기관을 무력화시키고자 하였다. 그는 이 과정에서 자신의 허물을 드러내는 행위를 '능상지풍(凌上之風)'으로 규정하여 대간의 간쟁까지도 처벌하였는데, 이같은 상황에서 자신의 잘못을 묻는 구언을 기대할 수는 없었다. 따라서 정치의 왜곡이 극심해지는 재위 후반기에 이르러 연산군은 아예 구언을 행하지 않았다. 중종은 즉위 초에 왜곡된 정치를 바로잡고자 빈번하게 구언을 행하였지만, 연산군대의 폭정을 경험한 신료들에게 응지상소를 기대하기는 쉽지 않았다. 그들에게 구언은 허례에 불과하였고 보다 중요한 것은 왕의 '정심'이었다. 중종 또한 응지상소도 없는 구언을 점차 형식에 불과한 것으로 여기면서 구언은 제대로 행해질 수 없었다.

명종의 재위 전반기에도 구언이 자주 행해졌는바, 이 시기는 모후인 문정왕후의 수렴청정기(명종 즉위년~명종 8년)와 대체로 일치한다. 그런데 이 때에 행해진 구언의 성격은 연산군이나 중종대와는 조금 달랐다. 즉 명종대의 구언은 당시 정국의 불안정과 깊은 관련이 있었다. 주지하는 바와 같이 명종의 즉위는 이른바 대윤과 소윤이 대립하는 가운데 이루어졌다. 명종이 즉위한 직후 소윤은 을사사화를 통해 대윤 세력뿐만 아니라

---

25) 이석규, 앞의 논문(2000), 180쪽의 <표 2> 왕대별 구언 횟수 및 이석규, 「연산군 · 중종대 구언의 성격 변화와 그 의미」『사학연구』 88, 2007, 622쪽의 <표 1> 연산군 · 중종대 구언 횟수 참조.
26) 이석규, 위의 논문(2007), 622~630쪽.

이와 관련된 사림의 척결에 나섰는데 이 과정에서 '택현설(擇賢說)'을 제기하였다. 택현설은 인종이 위독할 때 대윤과 사림세력이 계림군 이유(李瑠)나 또는 봉성군 이완(李岏)을 인종의 후사로 삼으려 했다는 것으로,[27] 이를 핑계로 소윤은 윤임 등을 추참하고 계림군도 능지처사하였다. 택현설은 그 진위 여부와 관계없이 명종의 왕위가 불안정한 상황을 배경으로 해서 나올 수 있는 것이었다.

이처럼 명종 즉위 초의 정국이 매우 불안정하고 어수선한 상황에서 즉위년 12월, 해의 좌우에 또다른 해 모양[日形]의 기운이 있는 것을 발견한 승정원에서 이를 급히 보고하는 일이 벌어졌다.[28] 해는 양(陽)의 우두머리이며 군주를 상징한다는 점에서 일훈이나 일이(日珥)와 같이 흔히 나타나는 일변도 모두 천변이라 하여 세밀하게 관찰하던 당시로서는 하늘에 해가 세 개나 나타났으니 놀랄 만한 일이었다. 이에 문정왕후는 보고하지 않은 일관(日官)을 추고하고 영의정 윤인경에게 대책을 물으면서 천변의 형상을 그려 궐내에 들이라고 명하였다. 윤인경은 상하가 공구수성하는 일이 재이를 그치는 방법이라 대답하였고, 홍문관·사간원·사헌부에서도 잇따라 왕의 수성을 요구하였다. 여기서 홍문관은 천견(天譴)에 응답하는 방법으로 구언할 것을 요청하였는바, 이를 받아들여 문정왕후는 원상들과 의논하여 구언 절목을 만들고 마침내 처음으로 구언하는 교지를 내렸다.

왕권이 안정되지 못한 상황에서 이를 해소하기 위한 수단으로 시작된 구언은 이후 문정왕후의 섭정이 계속된 명종 8년까지는 비교적 자주 행해졌다. 이 기간의 구언들도 첫 구언과 마찬가지로 정국의 불안정과 관련

---

27) 김돈, 「조선 명종조 초기 택현설의 대두와 정국동향」『이원순교수정년기념사학논총』, 1991.

　　김우기, 「조선 명종대 군신관계의 추이와 성격」『국사관논총』80, 1998.

28) 『명종실록』권2, 명종 즉위년 12월 신축조.

이 있는 것으로 생각된다. 다음은 흰 무지개가 해를 관통하는 재이가 발생하자 문정왕후가 한 말이다.

대왕대비가 원상 홍언필에게 전교하기를, "근래 천변이 극심하여 햇무리 달무리가 없는 날이 없는데 어제 또 흰 무지개가 해를 관통하였다[白虹貫日]. 내가 덕이 없는데도 국정을 참청(參聽)하므로 이는 필시 천(天)이 그것을 싫어하기 때문일 것이다. 간흉을 제거한 후에 재변이 더욱 심하니 상하가 공구수성하는 것이 실로 재이를 그치게 하는 방법이다. 그러나 고사를 보건대 재변은 그냥 생기는 것이 아니고 필시 부르는 바가 있는 것이다. 간흉을 제거한 후에 인심이 불안정하여 혹 불궤한 뜻[不軌之情]을 품은 자가 있어서 이같은 재변이 있는 것이 아닌지 두렵다. 무릇 지금의 국사는 모두 대신만 믿을 뿐인데 대신들은 어찌 모책을 생각하여 마음을 다해 나라를 위하지 않는가." 하였다.[29]

두 번째 구언의 계기가 된 '백홍관일(白虹貫日)'의 재이가 나타나자 문정왕후는 역모를 꾀하려는 '불궤지정(不軌之情)'을 품은 자가 있기 때문이 아닌가 하는 두려운 마음을 숨기지 않고 있다. 그러면서 대신들에게 나라를 위한 모책을 독려하고 있다. 여기서 말하는 '모책'이 구체적으로 무엇을 말하는 것인지는 분명치 않다. 만약 정국이 정상적으로 돌아가는 상황이라면 당연히 정치의 잘못된 부분을 찾아내 이를 바로잡아 민본정치를 회복시키는 정책이 되겠지만, 문정왕후가 사화 직후에 있을 수 있는 '불궤지정'을 두려워 한 나머지 한 말이라는 점에서 보면 그렇게 단순히 보기도 어렵다. 더욱이 이듬해 집권 훈척세력은 양재역 벽서 사건을 일으켜, '불궤지정'을 품은 자들이 왕으로 추대할 수 있는 인물로서 택현설의 대상이었던 명종의 서제(庶弟) 봉성군을 사사한 점으로 보아도 그렇다.

어쨌든 명종대 전반기의 구언은 정국이 불안정한 상황에서 왕의 안위

---

29) 『명종실록』 권3, 명종 1년 2월 신축조.

와 관련된 재이가 발생하자 이에 대한 불안감에서 행해진 것이었다고 할 수 있다. 양재역 벽서 사건 이후에도 훈척세력은 안명세의 옥, 이홍남 고변 사건 등을 통해 계속 사화를 확대해나갔다.[30] 이 과정에서 훈척세력은 권력을 확실하게 장악했지만, 다른 한편 훈신과 척신간의 분열이 드러나기도 하였다. 그러다가 섭정이 끝날 무렵에 이르러 윤원형을 중심으로 한 척신세력이 정권을 오로지하였고, 명종의 친정이 시작된 이후에는 구언이 제대로 행해지지 않았다.

다음으로 구언의 동기와 관련된 특징이다. 조선 초기 성종대까지의 구언도 대부분은 재이가 계기가 되었다. 그런데 이 시기 구언의 주된 계기가 된 것은 한재였다. 재이로 인한 구언 가운데 40%를 차지할 정도로 한재는 가장 대표적인 재이로 인식되었다.[31] 그도 그럴 것이 유교의 민본이념을 표방하면서 성립한 조선에서 민생과 직결된 한재는 심각한 재이일 수밖에 없었다. 그리하여 조선 초기에는 한재가 발생하면 이를 천의 경고로 받아들여 적극적으로 진휼하면서 아울러 구언을 통해 민본정치를 회복하려고 했던 것이다.

그러나 이후 연산군과 중종대가 되면 한재는 그다지 심각한 재이로 인식되지 않았다. 연산군의 경우는 아예 한재로 인해 구언한 적이 없었고, 중종대에도 구언의 동기가 된 47건의 재이 가운데 한재는 15%에 해당하는 7건에 불과하였다.[32] 그렇다고 이 시기에 한재의 발생이 줄어들었다는 근거는 어디에도 없다. 오히려 16세기는 봄 가뭄이 지난 천년 동안 가장 가혹한 시기였다는 통계가 있다.[33] 그럼에도 불구하고 한재로 인한 구

30) 이수건, 「사림의 득세」『한국사』 30, 국사편찬위원회, 1998.
    박홍갑, 「조선 명종조 충주옥의 전개와 충주사림」『조선시대사학보』 17, 2001.
    한춘순, 「을사사화의 발생과 확대」『명종대 훈척정치 연구』, 혜안, 2006.
31) 이석규, 앞의 논문(2000), 185쪽의 <표 3> 왕대별 구언의 동기 참조.
32) 이석규, 앞의 논문(2007), 636쪽의 <표 2> 연산군·중종대 구언의 동기 참조
33) Kim GumSuk, "A Preliminary Study on Long Term Variation of Unusual Climate

언은 큰 폭으로 줄어들었고, 대신에 성변·일변·뇌전과 같이 왕의 안위와 관련되거나 왕에게 직접적인 공포감을 주는 재이로 인한 구언이 증가하였다. 실제로 조선 초기 성종대까지는 구언의 동기가 된 재이 가운데 성변과 뇌전이 차지하는 비율이 37%였고 일변으로 인한 구언은 없었다. 그러던 것이 중종대에는 일변을 포함하여 이 비율이 55%로 증가한 것이다.[34] 이처럼 민생과 직결된 한재가 심각한 재이로 인식되지 못하고 왕의 안위와 관련된 재이가 중요시되는 경향이 나타났기에, 서두에서 이미 언급한 바와 같이, 이를 민본이념이 쇠퇴하는 조짐으로 파악했던 것이다.

그런데 명종대에는 이같은 추세가 보다 뚜렷해진다. 위의 <표 3>에 의하면 명종대에 행해진 14번의 구언은 모두 18건의 재이로 인한 것이다. 몇 가지 재이가 한꺼번에 발생하여 구언한 경우가 있기 때문이다. 이 18건 가운데 재이의 구체적인 내용이 무엇인지 잘 모르는 1건을 제외하면 나머지 17건은 모두 재이의 내용이 밝혀져 있다. 여기서 한재는 단 한 건뿐이 없어 비율로는 6%에 불과하다. 반면에 성변·일변·뇌전은 11건에 이르러 65%를 차지한다. 중종대에 비해 한재의 비율은 더 떨어지고 성변 등의 비율은 더 높아진 것이다. 이같은 결과가 명종대 전반기에 왕위가 안정되지 못하여 구언이 자주 행해졌다는 앞서의 지적과 일맥상통하는 것임은 물론이다. 결국 구언의 빈도와 동기에서 나타난 결과만을 가지고 본다면, 연산군대 이후 포착된 민본이념의 쇠퇴는 단순히 조짐에만 머무는 것이 아니라 보다 분명한 16세기 정치사상의 특징적 성격이라 해도 무방할 것이다.

Phenomena during the Past 1000 Years in Korea", *The Climate of China and Global Climate*, 1987, pp. 30~37. (권복규, 앞의 논문, 77쪽에서 재인용)

34) 성종대까지 구언의 동기가 된 재이는 62건이고 이 가운데 성변과 뇌전이 23건으로 37%에 해당한다. 그러나 중종대에는 47건의 재이 가운데 성변·일변·뇌전이 26건으로 55%에 이른다(이석규, 앞의 논문(2000), 185쪽의 <표 3>과 이석규, 앞의 논문(2007), 636쪽의 <표 2> 참조).

마지막으로 응지상소와 관련된 특징을 살펴보기로 한다. 구언은 대체로 그 대상과 응지상소의 내용에 제한을 두지 않는 것이 이미 조선 초기부터 관행으로 자리 잡았고, 상소의 내용을 문제 삼지 않겠다는 점도 구언교지에 적시하는 것이 일반적이다. 이 때문에 응지상소를 통해 여러 계층의 사람들이 다양한 문제를 제기하는 것이 가능하였다. 따라서 구언제도가 정상적으로 운영된다면 왕의 구언에 의해 올려지는 응지상소는 우리에게 여러 가지 사항을 알려준다. 무엇보다 그 내용을 통해 상소자가 생각하는 당시 사회의 가장 중요한 문제가 무엇인지를 알 수 있고, 상소의 건수와 그 처리 결과를 보면 언로가 개방되어 있는 정도를 가늠할 수도 있다. 뿐만 아니라 상소자에 대해 분석해 보면 당시의 여론 주도층을 짐작하는 것이 가능하다.

그러나 명종대에는 이같은 사항들을 파악하기가 어려울 정도로 상소의 건수가 적다.[35] 14번의 구언에서 올라온 상소가 고작 19건에 불과하여 평균 1.36건 정도이다. 이는 다른 왕대에 비해 가장 낮은 수준이다. 조선 초기 성종대까지는 한 번의 구언에 평균 3.47건의 상소가 올라왔다.[36] 그러다가 연산군대에는 2.75건으로 줄어들고 중종대에는 다시 1.5건으로 줄었는데,[37] 명종대에는 이보다도 적었던 것이다. 특히 문정왕후가 수렴청정하던 기간에는 거의 상소가 없었다.

명종대에 응지상소가 줄어든 이유로 먼저 생각할 수 있는 것은 을사사화의 영향이다. 사화가 장기간 계속되고 이로 인해 수많은 사람들이 옥사

---

35) 응지상소인지 아니면 일반 상소인지를 판단하는 것도 쉽지 않다. 구언한 지 한두 달 뒤에 응지상소가 올라오는 경우도 있기 때문이다. 따라서 이는 상소의 내용과 시기, 그리고 전후 사정을 고려하여 필자가 주관적으로 판단할 수밖에 없었다. 그러나 전체적인 경향을 파악하는 데에는 큰 무리가 없으리라 생각된다.

36) 이 수치는 상소의 주체를 『실록』에서 밝히고 있는 경우만을 대상으로 한 것이다. 실제로는 이보다 훨씬 많았다. 태종과 세종대에는 한 번의 구언에 200여 건의 상소가 올라왔다는 기록이 몇 차례 나온다(이석규, 앞의 논문(2002), 61~63쪽).

37) 이석규, 앞의 논문(2007), 631쪽의 주 23) 참조.

에 연루되어 처벌받는 상황에서 상소를 하기란 쉽지 않았을 것이다. 실제로 당시『실록』에서는 이 때문에 상소가 없었다는 기록을 어렵지 않게 찾을 수 있다.[38] 사화를 주도했던 훈신계열의 이기가 명종 7년에 사망하고 이듬해 7월 문정왕후의 섭정이 끝난 이후부터 그나마 상소가 올라온 것도 이와 무관하지 않을 것이다.

또한 구언을 허례로 인식하는 중종대 이래의 경향이 계속되었다는 점도 지적할 수 있다. 연산군대의 폭정을 경험한 유교 관인층에게 구언은 '허문(虛文)'에 불과하였고 중요한 것은 왕의 '정심'이었다. 이같은 구언에 대한 인식은 명종대에도 이어졌다.

> 지금 전하가 성왕(成王)과 탕왕(湯王)의 뉘우치는 마음[悔悟之心]은 없으면서 천견(天譴)에 응하는 것은 교지를 내려 구언하고 원옥(冤獄)을 신리(伸理)하라는 것뿐입니다. 구언과 신원(伸冤)은 실로 아름다운 뜻입니다. 그러나 그 실상은 의례적이고 하나의 허문에 불과할 따름입니다. 이 때문에 뉘우치는 마음이 없이 구언하면 말하는 자가 하나도 없고, 뉘우치는 마음이 없이 휼형을 베풀면 단지 죄인 집안의 하인만 풀려납니다. 이같은 자세로 천견에 응하고자 한다면 대단히 잘못된 것이 아니겠습니까.[39]

사헌부의 상소에 나오는 위의 인용문은 왕의 '회오지심(悔悟之心)'이 없기 때문에 구언이 허문에 불과하고, 구언이 허문에 불과하기 때문에 상소가 없다고 말하면서 왕의 회오지심 = 정심을 강조하고 있다.[40]

---

38)『명종실록』권3, 명종 1년 2월 정사조, "近來殺戮之餘 士氣摧折 求言雖切 無一人 抗疏封章者 豈不寒心";『명종실록』권14, 명종 8년 5월 정미조, "自李芑等當國 人 懼刑禍 以言爲戒 時有求言之發 而無一人抗疏 以陳時弊者"
39)『명종실록』권5, 명종 2년 5월 신유조.
40) 이 회오지심 = 수성이 곧 정심이었다. "其爲探本之論者 不過曰正心曰修省而已" (『명종실록』권27, 명종 16년 4월 무신조)

이밖에도 응지상소가 적었던 데에는 당시 명종을 둘러싼 정치적 상황이라든가 명종의 구언에 대한 인식도 한몫을 했다. 비록 상소가 적었다고 하더라도 왕이 이를 가납하려는 의지를 보인다면 점차 상소가 늘고 언로의 확대도 가능했겠지만, 사화를 기반으로 정권을 장악한 훈척세력이 왕권을 능가하는 권력을 행사하는 상황에서 명종의 역할은 제한적일 수밖에 없었다.[41] 예컨대 상소의 내용이 을사사화의 피화인과 관련된 것이라면 받아들일 수 없었고, 상소의 내용을 문제삼아 처벌하지 않는다는 원칙도 지킬 수 없었다.[42] 뿐만 아니라 명종 자신도 구언에 따른 응지상소에 대해 '추잡부절(麤雜不切)'하여 취할 수 없다는 생각을 가지고 있었다.[43] 유교 관인층뿐만 아니라 왕도 구언에 대해 부정적이었던 것이다.

이처럼 명종대에는 사화의 영향, 구언을 허례로 인식하는 경향, 정치적 상황 등으로 인해 응지상소가 가장 적었다. 이는 결국 당시의 구언이 언로를 확대하는 기능을 전혀 하지 못했음을 말해주는 것이다. 이 때문에 신료들은 '수성지실(修省之實)'을 얻기 위해서는 간언을 받아들여야 한다는 점을 끊임없이 강조하였다. 심지어 척불 이외의 정치적 발언이 아직 자유롭지 못했던 성균관의 유생 500여 명도 집단적으로 상소하여 '언로두색(言路杜塞)'의 상황을 개탄하였다.[44] 언로가 막혔으면 구언을 통해 이를 타개해야 하지만 구언조차 하지 않는 상황을 홍문관은 다음과 같은 극단적인 언사로 개탄하고 있다.

> 대저 인군이 곧은 말을 즐겨 들은 연후에야 언로가 열리고 치도가
> 이루어지는 것입니다. 그러나 근래 귀에 거슬리는 논의가 조정에 들

---

41) 김우기, 앞의 논문(1998).
42) 『명종실록』권14, 명종 8년 윤3월 기사조 및 5월 정미조;『명종실록』권20, 명종 11년 5월 무진조.
43) 『명종실록』권24, 명종 13년 9월 임진조.
44) 『명종실록』권20, 명종 11년 3월 병인조.

리지 않고 오히려 말을 가려 해야 한다는 경계를 집에서는 하고 있으
니 전하의 남의 말을 듣지 않는 기색이 곧은 말을 가로막은 때문인
가 두렵습니다. 그렇지 않다면 이렇게 뭇 재이가 잇달아 일어나는
데에도 어찌 허물을 말하는 상소가 조정에 이르지 않겠습니까. 재이
를 만나 구언을 하는 것이 비록 허문이라고 하지만 그렇더라도 구언
해서 그 말을 들어준다면 천에 응하는 실질[應天之實]이 아니겠습니
까. 옛날에는 재이를 만나면 그래도 구언을 했는데 지금은 구언조차
하지 않으니 이는 재이를 즐기고 곧은 말 듣기를 싫어하는 것이 아니
겠습니까.[45]

  언로가 막혀 상소가 없으면 재이를 계기로 허례에 불과한 구언이라도
해서 상소를 들어야 하지만 구언조차 하지 않으니 이는 재이를 그치게 해
야 할 왕이 오히려 재이를 즐기는 것이라는 논리이다. 여기서 언로의 확
대라는 구언의 기능은 정지되고 있음을 알 수 있다.
  이상에서 명종대의 구언제도가 운영되는 실상들을 살펴보았다. 그 결
과 연산군과 중종대의 구언에서 나타났던 특징적인 추세들이 이 시기에
도 계속되면서 보다 뚜렷해졌다는 사실을 알 수 있었다. 일단 이전보다
구언을 자주 행하지 않았고 그나마도 주로는 정국의 불안정을 해소하기
위한 수단으로 행해졌다는 점에서 그렇다. 그 당연한 결과이겠지만, 구언
의 동기에서도 민생과 직결된 재이는 거의 사라지고 왕의 안위와 관련된
뇌전이나 성변 등의 천변이 차지하는 비율이 더 높아졌다. 구언에 따라
올라오는 응지상소의 건수가 줄어드는 추세도 계속되었다. 이 모두가 상
소하기가 쉽지 않은 관인층, 상소를 받아들이기 어려운 정치적 처지의 군
주, 그리고 이 과정에서 양자 모두에게 고착된 허례에 불과하다는 구언에
대한 인식 등이 만들어낸 결과였다. 연산군과 중종대에 나타난 특징들이
일시적 현상이 아니고 명종대에도 이어짐으로써 이제 조선 초기 민본정

45) 『명종실록』 권21, 명종 11년 11월 병진조.

치와 언로의 확대를 위한 수단으로 이용되던 구언은 16세기에 이르러 더이상 제 역할을 하지 못했다고 보아도 좋을 것이다. 적어도 구언의 실상만을 놓고 보건대 이 시기의 민본이념은 분명 변질되고 있었다.

그렇다면 민본이념의 변질은 구언 제도의 운영 과정에서만 나타나는 제한된 특징인가? 아니면 다른 현실 정치에서도 나타나는 일반적인 현상인가? 이 문제에 대해서는 절을 바꾸어 살펴보기로 한다.

4. 민본이념의 변질

한재와 여역이 극심하여 민생이 참혹한 지경에 이르렀음에도 불구하고 당시 정권을 장악한 훈척세력은 이를 심각한 재이로 인식하지 않았다. 이들은 재이를 잘못된 정치를 바로잡는 계기로 삼지 않고 오히려 자신들의 권력을 강화하는 수단으로 삼았다. 다음은 명종 2년에 수재가 발생한 원인에 대해 경연에서 이기(李芑)가 한 말이다.

> 근래 수재가 심한데 무슨 일이 부른 것인지 알지 못하겠습니다. 혹
> 천도가 조화되지 못하여 음이 성하고 양이 미약해서 생긴 것이 아닌
> 가 합니다. 무릇 양은 군도(君道)이고 군자의 도이며, 음은 신도(臣道)
> 이고 소인의 도입니다. 음양이 도를 잃은 고로 재변이 극심해진 것입
> 니다. 상께서 양이 미약하여 군도가 약해지고 음이 성하여 신도가 없
> 어지는 것을 스스로 두려워하여 군자와 소인의 소장(消長)이 그 도를
> 얻지 못하였기에 이와 같은가 하고 항상 깊이 염려하시면 자연히 재
> 변은 없어질 것입니다. 대왕대비께서 매번 여후(女后)가 참정하기 때
> 문에 재변이 이와 같다고 하십니다. 그 말씀은 지극히 당연하지만 이
> 것 때문에 염려하시는 것은 부당합니다. 지금 기강이 해이해져 군도
> 가 유약하기 때문에 재변이 이와 같은 것입니다.[46]

수재는 천도가 조화되지 못하여 '음성양미(陰盛陽微)'한 결과라고 하면서 이를 기강의 해이로 인한 '군도유약(君道柔弱)', 다시 말하면 '군약신강(君弱臣强)'의 인사와 관련시키고 있다. 이같은 논리에서는 재이를 그치는 방도가 '입기강(立紀綱)'이 될 수밖에 없었다. 이들은 '입기강'이라는 명분을 내세워 자신들이 장악한 권력을 공고히 하려고 했다. 이기의 위와 같은 언급이 있은 석 달 뒤에 해가 빛을 잃고 그 위아래로 또다른 해의 형상이 나타나는 재이가 있자 문정왕후는 이틀에 걸쳐 대책을 논의하였는데, 특히 둘째 날에는 영의정 윤인경, 좌의정 이기, 우의정 정순붕을 비롯한 의정부의 대신들과 판서, 그리고 삼사의 장관 등 고위 신료 15명을 모아놓고 의논하였다.[47] 이 자리에서 대부분의 신료들은 한목소리로 '입기강'과 '정명분(正名分)'을 강조하였고, 구체적으로는 삼공-육경-대부-사에 이르는 '상하지분(上下之分)'을 엄격히 할 것을 제시하였다. 이는 권력을 삼공에게 집중시키는 것으로, 정사가 '재하지인(在下之人)'에게 있었기에 세 번의 변(사화)이 일어났다는 주장에 근거한 것이었다.

재이를 계기로 기강과 명분을 강조함으로써 자신의 권력을 강화하려는 집권세력의 논의에서 주목되는 것은 이들이 '입기강'과 '정명분' 자체를 왕의 '수덕지사(修德之事)'로 이해함으로써 민본이념을 변질시키고 있다는 점이다.

> 대저 천심은 인군을 인애하여 재변을 보여 견고(譴告)하는 고로 왕자는 덕을 닦아 견고에 응하는 것입니다. 상이 실덕이 있을까 염려하여 두려워하는 마음이 이에 이르렀으니 이는 국가의 복입니다. 그러나 더욱 덕을 삼가는 것이 가합니다. 지금 인심이 착하지 않고 기강이 해이하니 바야흐로 힘써야 할 것은 정령을 닦고 조정의 기강을 세우고 상하의 명분을 바로 하여 문란하지 않게 하는 것입니다. 이것 역시

---

46) 『명종실록』 권6, 명종 2년 9월 계축조.
47) 『명종실록』 권6, 명종 2년 12월 경술조.

덕을 닦는 일입니다[修德之事]. 감선이나 철악 등의 일은 말단일 뿐입
니다.48)

    영의정 윤인경의 이 말은 동중서(董仲舒)가 한무제에게 올린 「현량대
책(賢良對策)」에 근거하고 있다. 동중서는 국가가 '실도(失道)'하여 패망
에 이르기 전에 천이 먼저 '재해'로써 '견고(譴告)'하고 그래도 자성할 줄
을 모르면 다음에 '괴이'로써 '경구(驚懼)'케 하는데, 이는 천심이 인군을
인애하여 패란을 막고자 하기 때문이라고 한다.49) 이는 재이를 매개로 천
이 군주 권력의 자의적인 행사를 억제하는 것이기도 하지만, 다른 한편으
로는 오히려 '혁명'을 미연에 방지하기 위한 것이기도 하였다.50) 어떤 것
이 되었든 동중서는 군주의 '자성'을 통해 '형(刑)'과 반대되는 의미의 '덕
(德)'을 군주에게 요구하였는데 이같은 재이론은 조선 초기에도 일반적으
로 받아들여졌다. 그리하여 이 시기의 재이는 왕의 '덕치'를 담보해내는
중요한 수단이었는바, 여기서의 덕치가 의미하는 것은 곧 민본정치였
다.51) 이로써 민은 천을 매개로 하는 한 자신의 요구를 표현하는 것이 가
능하였고, 이것이 유교 정치사상에서 재이가 가지는 의미였다. 그러나 윤
인경은 동중서의 재이론에 따라 왕에게 덕치를 요구하고 있지만 그에게

---

48) 『명종실록』 권6, 명종 2년 12월 기유조.
49) 『한서』 권56, 董仲舒傳, "國家將有失道之敗 而天乃先出災害以譴告之 不知自省
    又出怪異以警懼之 尙不知變 而傷敗乃至 以此見天心之仁愛人君 而欲止其亂也"
50) 재해와 괴이, 즉 재이를 매개로 한 이같은 동중서의 '천인상관론(天人相關論)'에
    대해서는 그것이 천자의 권력을 억제하는 것이라는 주장, 천자의 권력이 천으로부
    터 부여된 것이라는 주장, 오히려 천자가 천에 대해 작용하는 주체성·능동성을
    인정하는 것이라는 주장이 있다(池田知久, 「中國古代の天人相關論」 『世界像の
    形成』, 東京大學出版會, 1994, 39~54쪽).
51) 이석규, 「조선초기의 천인합일론과 재이론」 『진단학보』 81, 1996, 99~105쪽. 재
    이가 발생한 상황이 아니더라도 조선 초기에 군주에게 요구된 '인주지덕(人主之
    德)'의 다양한 내용들은 크게 보아 간언을 받아들이는 '포용지덕(包容之德)'과 살
    리기를 좋아하는 '호생지덕(好生之德)'으로 대별된다. 이 양자에 수렴되는 대부분
    의 내용들은 민본정치를 요구하는 것이었다.

덕치가 의미하는 바는 '입기강 = 정명분'이었다. 그는 자신들에게 권력을 집중시키기 위해 그동안 민본정치와 같은 의미로 사용되던 덕치를 왜곡하여 '수덕지사'의 중요한 실천 내용으로 '입기강 = 정명분'을 강조하였던 것이다.52)

뿐만 아니라 이들은 빈번하게 발생하는 재이를 아예 무시하거나 감추려 하기도 하였다. 재이가 계속되어도 왕은 내용 없는 공구수성만을 다짐하거나 기껏해야 피전·감선만을 행할 뿐이었다. 이것 외에는 달리 해야 할 일이 무엇인지조차 알지 못하였다.53) 훈척들이 조정을 장악하고 기강만을 강조하여 언로가 막힌 상황에서 어쩌면 이는 당연한 것이었다. 때문에 훈척들에게 재이는 부담스러운 것이 아닐 수 없었다. 토성과 목성이 두 달 동안이나 퇴행하는 성변이 계속되자 영의정 윤원형이 외관상감(外觀象監)에 잡인의 출입을 엄금하고 천변을 외간에 전파하지 못하게 한 것은 충분히 이해되는 조치였다.54) 재이를 재이로 인식하지 않고 무시하거나 감추고, 인식하더라도 권력의 명분을 강화하는 수단으로 삼는 것 이외에는 조치할 바를 알지 못하는 분위기가 훈척들의 집권 기간 내내 계속됨으로써 그들에게 민본정치는 외면당할 수밖에 없었다.

민본정치에 대한 외면은 이 시기 민생과 관련해서 가장 중요한 문제였던 진휼정책에서 단적으로 드러난다. 16세기의 진휼정책에 대해서는 이미 개략적인 이해가 가능한데,55) 이에 따르면 의창에 의해 이루어지던 조

---

52) 물론 15세기에도 소재책(消災策)을 논의하면서 기강을 바로잡아야 한다는 주장이 전혀 없었던 것은 아니다. 그러나 이 때의 '입기강'은 부자나 장유 관계에 요구되는 덕목이라든가 사치와 같은 풍속과 관련해서 제기된 것이었다. 즉 민의 교화를 위해 '입기강'을 강조한 것이었고, 이는 동중서의 재이론과도 다를 바 없었다. 이와 관련된 사료를 두 가지만 들기로 한다. 『성종실록』권24, 성종 3년 11월 병신조; 『성종실록』권130, 성종 12년 6월 갑자조.

53) 『명종실록』권8, 명종 3년 5월 을미조, "復正殿事 啓于慈殿 則日 近來年運凶荒 災變連仍 當此之時 無以答譴 故避殿減膳 以應古事 雖似文具 不得不爾"

54) 『명종실록』권30, 명종 19년 1월 계묘조.

선 초기의 진휼 방식이 의창곡의 감소로 더 이상 역할을 하지 못하자 중종대에 이르면 별창곡과 군자곡을 이용한 방식으로 전환되었다. 이후 국가에서 분급할 수 있는 진휼곡이 점차 감소하고 그조차도 급격히 부실화되는 현상이 나타났다. 이로 인해 진휼곡의 운용 과정과 진휼 재원을 마련하는 방식에서 많은 변화와 함께 부작용이 발생하였다. 진휼곡의 분급과 회수에는 영세한 소농보다 오히려 사족이나 부민의 이해가 반영되었고, 부족한 진휼 재원을 마련하기 위해 민간의 보유곡을 적극 활용하고자 하였다. 뿐만 아니라 기민을 무상으로 진휼하는 '진제(賑濟)'에서도 사족을 우선시했으며, 사족과 부민들에게 기민에 대한 '보수구휼(保授救恤)'을 권장하는 한편으로 버려진 아이를 거두어 기르는 '유기아수양(遺棄兒收養)'에 대해서는 보수인(保授人)에게 유기아에 대한 신분적 권리를 인정하기도 하였다. 한마디로 16세기의 진휼정책에서 나타나는 변화는 진휼에 대한 국가의 역할이 축소되고 사족과 부민의 역할은 상대적으로 확대되면서 이들의 민에 대한 지배가 점차 강화된 것이라고 할 수 있다.

이같은 진휼정책에서의 변화는 특히 명종대에 두드러지게 나타나는 바, 기왕의 연구에서 언급하지 않은 것으로 본고에서 주목하려는 것은 명종대의 집권세력은 진휼 자체에 그다지 관심을 기울이지 않았다는 점이다. 다음은 한재로 인해 민이 굶주리는 처참한 상황을 보고한 어사의 단자를 둘러싸고 벌어진 조정의 상황에 대한 사관의 긴 한탄이다.

　　이보다 앞서 민전이 충청도 어사가 되어 금강 일대 여러 읍의 거민
　　이 굶주리는 것을 보고 단자에 기록하여 승정원에 보냈는데 승정원에
　　서 감히 계달하지 않았다. 이 때에 이르러 경연관 주세붕이 이를 아뢰

55) 김훈식, 「조선초기 의창제도연구」, 서울대 박사학위논문, 1993.
　　조규환, 「16세기 환곡 운영과 진자조달방식의 변화」『한국사론』 37, 1997.
　　_____, 「16세기 진제정책의 변화」『한성사학』 10, 1998.

자 상이 들이라 하여 보고는 대신들을 불러 의논하였다. 대신들이 처음에는 보내지 않으려 했으나 상의 간측(懇惻)한 교명(敎命)을 듣고는 보내는 것이 가하다 하여 이같은 명이 있었다. 민전은 어사로서 복명을 한다면 응당 눈으로 본 일을 직계할 일이지 어찌 단자를 승정원에 보냈는가. 승정원은 이미 어사의 단자를 받았으면 응당 즉시 계달할 것이지 어찌 경연관이 아뢸 때까지 머물러 두었는가. 민생의 굶주림이 절박하여 시체가 널려 있으면 대신된 자는 즉시 아뢰어 어사를 파견하고 진구(賑救)하기에 겨를이 없어야 하는데 어찌 교명이 있기를 기다리는가. 이는 민전과 승정원과 대신이 모두 잘못한 것이다. 민의 시체가 도랑을 메우는데도 전혀 마음을 쓰지 않고 오로지 권력과 뇌물만 초납(招納)하여 국맥을 손상시키기만 일삼으니 대신의 도리가 과연 이와 같은 것인가. 말하자니 참으로 탄식할 일이다.56)

민생이 하루가 급박한 상황인데도 대신을 비롯한 조정의 관료들은 이를 숨기려고만 할 뿐, 아무런 대책도 마련하지 못하였다. 물론 진휼사목을 만들어 각 도에 하서하기도 했지만 이를 그대로 시행하는 고을은 없었고, 중앙에서 어사를 파견하기도 했지만 그것도 효과가 없기는 마찬가지였다. 기본적으로 국가에 진휼곡이 부족한 상황에서 취하는 조치라고 해보아야 형식적인 것이 될 수밖에 없었다. 게다가 집권 대신들이 관심을 기울이지 않는 상황에서 어떤 비상한 대책이 마련되기는 더더욱 어려웠다. '구황지사(救荒之事)는 비록 널리 의논해도 별무양책(別無良策)'이라는 말은 당시의 상황을 가장 적실하게 표현한 것이었다.57)

집권세력이 진휼에 무관심했던 데에는 여러 가지 이유를 생각할 수 있겠지만, 여기서는 두 가지를 지적하려고 한다. 우선 이들이 모리 행위를 위해 지방관과 밀접하게 결탁되어 있었다는 점을 들 수 있다. 당시 집권세력의 모리 행위는 토지의 탈점과 불법적인 노동력 수탈을 비롯하여 무

---

56)『명종실록』권7, 명종 3년 3월 임진조.
57)『명종실록』권7, 명종 3년 2월 신미조, "救荒之事, 雖令廣議, 別無良策"

곡(貿穀), 방납, 사무역 등 사회 전반에 걸친 광범위한 것이었다.58) 그런데 이들의 모리 행위는 지방관과 결탁된 구조적인 것이라는 데 문제의 심각성이 있었다.

> 권신이 나라를 담당하자 마음대로 자행하여 능히 자기의 욕심을 받들어줄 사람이라야 전형(銓衡)에 부쳤다. 주의(注擬)하는 날이면 절간(折簡)이 답지하여 공공연히 정청(政廳)에 투부(投付)하였는데 그것을 받들기를 왕의 명령보다 급하게 하였다. 백집사(百執事)가 모두 그의 청탁으로 얻은 자들이었다. 권신의 문전은 시장과 같았고 재물을 싼 등짐과 보물을 실은 수레가 끝도 없었다.59)

분경(奔競)과 매관매직이 시작되었음을 알리는 위 사관의 말은 결코 과장된 것이 아니었다. 명종대 내내 이 문제는 수도 없이 제기되었고 심지어 관직의 공정가까지 구체적으로 알려져 있었다.60) 왕명을 무시하고 권신이 인사권을 전횡하는 것에 대해 명종에게 왕으로서의 권세가 있다고 생각하는지를 단도직입적으로 묻는 상소가 있는가 하면,61) 명종 스스로도 이같은 현실에 분노하기까지 하였다.62) 분경과 매관매직을 통해 관직을 얻은 지방관은 권신들의 사욕을 충족시켜야 했고, 권신 또한 이들을 보호할 필요가 있었다. 실로 을사사화 이후 이 인사의 문제는 명종대의 정치를 파행으로 몰고간 가장 중요한 원인이었던 것이다.

이처럼 권신과 지방관이 구조적으로 연결되어 사익만을 추구하는 상황에서 이들이 진휼에 적극적일 수는 없었다. 진휼정책에 대한 집권세력의 입장은 시종일관 그 책임을 전적으로 지방관에게 맡기자는 것이었다.

---

58) 김우기, 「조선 명종대 척신세력의 경제적 기반」 『역사교육논집』 20, 1995.
59) 『명종실록』 권4, 명종 1년 12월 신묘조.
60) 『명종실록』 권14, 명종 8년 3월 경진조.
61) 『명종실록』 권14, 명종 8년 3월 신묘조.
62) 『명종실록』 권27, 명종 16년 4월 갑인조.

대개 한재가 발생하면 조정에서는 진휼곡을 마련하는 한편으로 경차관이나 어사를 지방에 파견하여 진휼을 독려하고 수령의 불법을 적간하는 것이 조선 초기 이래의 일반적인 대응 방식이었고, 이는 명종대에도 마찬가지였다. 그러나 당시 집권세력은 조관의 파견을 적극적으로 반대하였다.

> 사인(舍人)이 삼공의 뜻으로 아뢰기를, "금년의 흉황은 8도가 모두 그러하여 민의 살아갈 계책이 이미 없습니다. 수령이 체대되어 영송할 때에 폐단이 극심한데 굶주리고 곤고한 민이 장차 어찌 지공(支供)하겠습니까. 이번에 어사를 파견한 것은 적절치 않았습니다.……지금 들으니 전라도 어사가 잡아낸 수령 가운데에는 간혹 일을 공근하게 한 자도 있다고 합니다. 얼마 전 경상도 관찰사의 장계에서도 수령이 구황하는 일을 싫어하여 핑계를 대고 규피(規避)하는 자가 있다고 하는데, 이처럼 흉년을 당해서 파직되어 올라온다면 오히려 생민에게 해로울 것입니다. 예전에는 어사가 잡아낸 수령은 으레 먼저 파직부터 했는데 추고한 후에 보면 혐의가 사실이 아닌 경우도 있었습니다."[63]

이들은 조관이 수령의 불법을 적발하게 되면 이를 처벌해야 하는데, 이 경우 수령의 교체 과정에서 오히려 민의 피해가 크다는 점을 들어 그 파견을 반대하였다. 뿐만 아니라 조관의 적간이 항상 적실한 것도 아니라고 하면서 수령의 처벌에도 문제를 제기하고 있다. 자신들과 공생관계에 있는 지방관을 보호하지 않으면 안되었던 것이다. 지방관이 중앙에서 파견된 어사의 문서를 빼앗거나 심지어 구류하고 인읍(隣邑)에 몰래 알리는 등의 일이 가능했던 것도 이같은 공생관계와 무관하지 않을 것이다.[64] 지방관을 보호하려는 이들의 의도는 다음의 사료에서 보다 노골적으로 드러난다.

---

63) 『명종실록』 권17, 명종 9년 7월 을묘조.
64) 『명종실록』 권9, 명종 4년 10월 기미조; 『명종실록』 권10, 5년 4월 갑진조 및 5월 을축조.

근자에 이포의 상소에 답한 것을 보니 '눈물을 흘리기까지 했다'고 하셨으니 이를 보고 듣는 자로서 누가 감격하지 않겠습니까. 그러나 이는 대개 유자(儒者)의 말로서, 상소의 언사가 지나친 듯하여 충서(忠恕)의 말은 아닌 것 같습니다. 대저 음양의 부조화는 삼공의 죄인데, 지금 열읍(의 수령 — 인용자)에게 죄를 돌려 (이들이 — 인용자) 수탈하기 때문이라고 하니 3백여 고을이 어찌 모두 탐혹한 관리들이겠으며 모든 일들이 상소에서 말한 것과 같겠습니까. 천시가 불순하면서부터 해마다 큰 흉년이 들었기 때문에 민이 모두 유리하는 것일 뿐, 반드시 모든 것이 수령의 책임만은 아닙니다. 이같은 때에 비록 선정을 베푸는 자가 있더라도 나라의 곡식이 비었는데 장차 어찌하겠습니까. 위에서부터 염치의 도를 더욱 힘쓰면 스스로 개심하고 생각을 바꾸어 착하게 될 것이니 어찌 스스로 장죄(贓罪)에 빠져 주륙을 당하겠습니까.65)

중앙의 권귀와 지방관의 관계를 지적하면서 지방관이 민을 수탈하는 현실을 사실적으로 묘사한 생원 이포(李苞)의 상소가 올라오자 명종은 큰 충격을 받았다.66) 며칠 뒤 경연에서 재상과 수령의 부패 구조로 인해 민에 대한 수령의 탐학 행위는 부득이한 것이라는 사간원 관리의 또다른 언급이 있자 이에 대해 영경연사 상진이 변명한 것이 위의 인용문이다. 여기서 놀라운 것은 민이 유리하는 것은 흉년이 들었기 때문이지 수령의 잘못만은 아니라는 논리이다. 더구나 민생의 피폐함을 흉년의 탓으로 돌리는 이러한 '몰염치'와는 역설적으로 이들이 내놓은 현실 대응책은 '염치지도(廉恥之道)'에만 힘쓰는 비현실적인 것이었다. 곡식이 없어 진휼할 수도 없다는 변명이 오히려 그럴 듯하게 느껴질 정도로 이들에게서는 민생을 위한 어떠한 경세의식도 찾을 수 없었던 것이다.

집권세력이 진휼에 소극적이었던 또다른 이유로 생각할 수 있는 것은

---

65) 『명종실록』 권16, 명종 9년 5월 경술조.
66) 『명종실록』 권16, 명종 9년 4월 정유조.

이들이 굶주리고 유리하는 민에 대해 갖고 있던 부정적인 인식이다. 민생의 피폐함을 흉년의 탓으로 돌렸던 이들은 흉년이라 할 수 없는 해에 민이 굶주리는 것에 대해서는 민 스스로에게 책임을 지웠다. 즉 민이 힘써 농사를 짓지 않았기 때문이라는 것이다.[67]

기민은 게으른 존재라는 인식은 진전(陳田)에 대한 수세(收稅) 문제를 논의하는 과정에서도 드러난다. 명종 6년 청홍도 재상경차관이, 진전은 백성의 타농(惰農) 때문이 아닌데도 일체 수세하고 있다는 장계로 촉발된 이 논의는 한 달 가까이 계속되었다.[68] 여기서 왕이 조세의 반감을 지시했지만 호조는 반대하면서 의정부를 끌어들였고, 이어 사헌부가 청홍도뿐 아니라 경상도와 전라도의 진전에 대해서도 반감할 것을 주장하면서 논란이 확대되었다. 논의가 어떻게 마무리되었는지는 확실치 않으나 의정부의 반대논리는 '징타농(懲惰農) 방사위(妨詐僞)'였다.[69] 진전은 민의 게으름이나 또는 거짓 때문에 생기는 것이므로 이를 징치하고 막기 위해 수세가 필요하다는 것이다. 재이로 인해 굶주리는 민이 유리하면 진전의 발생은 필연적임에도 이를 외면하고 수세를 강제하려는 이들에게 진휼은 그저 형식에 불과할 뿐이었다.

> 상이 주강(晝講)에 나아가니 지경연사 김광준이 말하기를, "신이 진휼사가 되어 취식(就食)하는 기민을 친히 보았는데, 모두가 지치고 병든 사람들이어서 비록 구활하더라도 쓸 데가 없는 자들이었습니다. 그러나 차마 눈앞에서 굶어 죽는 것을 볼 수 없었기에 쌀과 콩을 섞어 먹여 죽는데 이르지 않게만 할 뿐이었습니다. 대저 하나의 진제장에 취식하는 자가 혹은 120~130명, 혹은 70~80명 정도였습니다."[70]

---

67) 『명종실록』 권8, 명종 3년 8월 계축조, "今年雨暘時若 飢饉之民 自不爲力農耳 非天之不稔也"
68) 『명종실록』 권12, 명종 6년 12월 임술조.
69) 『명종실록』 권12, 명종 6년 12월 정묘조.
70) 『명종실록』 권11, 명종 6년 4월 신사조.

민생의 피폐함이 극도에 달한 상황에서 이를 극복하는 것이 가장 중요한 과제였음에도 불구하고, 이를 해결하려는 경세의식은 없이 굶주리는 민을 게으르거나 또는 구제하여도 쓸모가 없는 자들로 인식하는 집권세력의 태도로부터 이 시기의 민본이념은 실종되어 있음을 알 수 있다.

한편 당시 사림계열이라 할 수 있는 관료들에게도 민본정치는 적극적인 관심사가 되지 못하였다. 이미 성종대부터 유교 관인층은 현실 문제를 해결하기 위한 방안으로 구체적인 제도의 개혁보다는 군주의 수성을 강조하는 분위기가 나타났다. 그러다가 중종대에 이르면 군주 수성에 대한 강조는 뚜렷한 대세를 이루었고,71) 이같은 경향은 명종대에도 계속되었다. 군주의 수성을 강조하는 것이야 유교 정치사상에서는 당연한 것이지만, 문제는 이것이 강조될수록 이를 통해 이끌어내야 할 현실 정치에서의 공효인 민생의 안정에는 상대적으로 소홀한 채 '정심'이라는 추상적 덕목 자체만을 최고의 가치로 여겼다는 점이다.72)

이는 당시 사림계의 대표적인 인물이었던 이언적에게서 단적으로 드러난다. 중종 말년에 이언적은 치도의 요체를 정리하여 「일강십목소(一綱十目疏)」를 올렸는데,73) 여기서 그는 강(綱)은 체(體)이고 목(目)은 용(用)이라 하면서 '인주지심술(人主之心術)'을 유일한 강으로 높여 이를 '출치지본(出治之本)'이라 하였다. '제치지법(制治之法)'에 해당하는 10목 가운데 '순천도(順天道)'와 '수군정(修軍政)'의 항목에서 민본이념에 근거한 언급이 잠깐 있기는 하지만 이마저도 결국은 도덕적 교화론으로 환원

---

71) 이석규, 앞의 논문(2007), 630~631쪽.
72) 유교 정치사상에서 군주의 정심은 그 자체로서 중요시된 것이 아니다. 공자의 정명론(正名論)은 궁극적으로 민본정치를 위해 제시된 것이며(안병주, 『유교의 민본사상』, 성대 대동문화연구원, 1987, 92~98쪽), 주자가 정심술(正心術)과 입기강(立紀綱)을 강조한 것도 그것이 휼민의 근본이라고 생각했기 때문이었다.(이석규, 앞의 논문(2007), 640~641쪽).
73) 『중종실록』 권92, 중종 34년 10월 갑신조.

되는 것이었다.74) 그런데 이언적이 명종 말년에 적소(謫所)에서 작성한 「진수팔규(進修八規)」에 이르면 본원적인 강에 매몰되는 경향이 더 심해진다.75) 명도리(明道理)·입대본(立大本)·체천덕(體天德)·법왕성(法往聖)·광총명(廣聰明)·시인정(施仁政)·순천심(順天心)·치중화(致中和)로 구성된 팔규는 모두 성학(聖學)의 내용으로 강조된 원론적이고 추상적인 덕목들로서, 앞서의 강＝체에 수렴될 수 있는 것들이었다. 그 스스로도 목＝용에 해당하는 '치도지절목(治道之節目)'에 대해서는 다루지 못했음을 언급하면서 그렇지만 이것도 근본은 '인주지심(人主之心)'에 있는 것임을 재차 강조하고 있다. 결국 이언적의 경세론은 군주의 정심에만 머무는 것이었고 정심을 통해 얻으려는 현실에서의 공효인 민본정치에 대한 관심으로까지 나아가지는 못하는 것이었다. 그리고 이같은 경세론은 이언적뿐만 아니라 사림계열의 인물들, 더 넓게는 유교 관인층 대다수가 공유했던 것으로 보여진다.76) 민의 항산을 위해 구체적인 법의 제정을 건의하는 자가 없다는 다음과 같은 사관의 탄식은 당시 조정의 분위기를 그대로 전해주는 것이라 할 수 있다.

> 지금 수재와 한재가 연달아 발생하여 민이 상업(常業)을 잃고, 게다가 수령은 탐잔(貪殘)하고 부역이 번중하기 때문에 민이 도적이 되는 것은 실로 당연하다. 세금을 가볍게 하고 요역을 가볍게 하는 것에 힘쓰지 않고 포획하여 진멸하는 것만 급하게 했으니 거의 민을 그물질하는 것이 아닌가. 애석하구나, 민의 항산을 위한 법의 제정을 건의

---

74) 김용흠, 「조선전기 훈구·사림의 갈등과 그 정치사상적 함의」『동방학지』124, 2004, 321~322쪽.
75) 『명종실록』권33, 명종 21년 9월 신묘조.
76) 명종대에 활동했던 주세붕, 이준경, 조식 등에게서도 이와 같은 경세론의 특징이 나타난다. 다만 이이가 관직에 진출한 초기인 명종 21년에 작성했다고 하는 「간원진시사소(諫院陳時事疏)」에서는 '정심(正心)', '용현(用賢)'과 함께 '안민(安民)'이 중요한 문제로 다루어지고 있어 주목된다.

하는 자가 없으니.77)

민본정치에 대한 외면과 무관심으로 민생은 파탄에 이르렀다. 민의 유
망은 일상적인 현상이었고 그래도 힘이 있는 자들은 도적이 되었는데, 특
히 이 시기 도적들의 횡행은 커다란 사회문제였다. 이미 연산군과 중종대
에 빈번하게 발생했던 도적들은 명종대에 이르러 더욱 치성하였다.78) 이
들은 50~100명 정도의 군도(群盜)를 이루어 함경도를 제외한 전국을 대
상으로 활동하였다. 종친을 잡아가고 사족을 죽이며 지방관을 위협하는
등 거리낌이 없었다. 도적까지는 아니더라도 민이 수령이나 지방관원을
욕보이는 것은 흔한 일이었다. 심지어 민이 수령에게 활을 쏘거나 침방에
불을 질러 수령이 도망가다가 다친 경우도 있었다.79) 이는 민이 몰락하고
있음에도 국가가 아무런 조치도 취하지 않는 현실에 대한 민의 대응 방식
가운데 하나였다.

민의 대응이 이처럼 폭력적인 것만은 아니었다. 그보다 훨씬 많은 경우
에 있어서 민은 정상적인 방식으로 지배층의 불법적 침탈에 적극 대응하고
있었고, 그것은 주로 정소 · 상언 · 격쟁 등을 통해서 이루어졌다. 정소와
관련해서는 성종대 단송도감(斷訟都監)의 설치에서 보듯이 유교 이념에
근거하여 '무송(無訟)'의 이상 사회를 지향하는 것이 조선 초기의 정책이
었다. 그러나 16세기 중종과 명종대에 이르면 '무송'보다는 '청송(聽訟)'을
효율적으로 하기 위한 소송의 절차를 마련하는 방향으로 정책이 전환되
었는데, 이는 '무송'을 이루기는커녕 오히려 감당할 수 없을 정도로 정소

---

77)『명종실록』 권23, 명종 12년 6월 기축조.
78) 한희숙, 「16세기 임꺽정 난의 성격」『한국사연구』 89, 1995.
　　이정수, 「16세기 도적발생과 그 사회경제적 의미」『한국사연구』 92, 1996.
　　한희숙, 「조선 중종대 도적의 활동과 그 특징」『역사학보』 157, 1998.
　　＿＿＿, 「조선 명종대 군도의 발생 배경과 활동의 특징」『조선시대사학보』 10, 1999.
79)『명종실록』 권13, 명종 7년 10월 병인조.

가 많아진 현실을 반영한 것이었다.[80]

실제로 이 시기의 민은 상대가 어느 신분, 어느 지위에 있는지를 막론하고 자신의 이익을 보호하기 위해 정소를 마다하지 않았다. 설령 종친이나 관찰사라고 하더라도 괘념치 않았다. 주민이 집단적으로 정소하는 경우도 흔했다. 예컨대 개성부의 거민 수백 명이 경력 안세우의 침학 행위를 정소한 적이 있었다. 이에 대해 왕은 부민고소금지법에 따라 민을 치죄하려 했으나 대간이 반대하면서 결국 민이 정소한 사실은 삭제하고 대간이 안세우의 비리를 미리 알아 파직을 청하여 이를 왕이 받아들이는 형식으로 처리하였다.[81] 민의 정소에 의해 수령이 파직되는 선례를 만들면 정소가 봇물을 이룰 것을 우려했던 것이다. 그러나 이미 정소는 넘치고 있었다. 한번 행행에 정장(呈狀)하는 자가 천 명에 이른다는 지적은 과장된 것이라 하더라도, 당시 민은 정소가 받아들여지지 않으면 상언을 하고 이마저도 안되면 극단적인 격쟁도 서슴지 않을 정도로 자기 보호에 적극적이었다.[82] 이 시기의 민은 지배층의 불법적인 침탈에 대해 대책없이 당하기만 하는 존재는 분명 아니었다.

그런데 주목되는 것은 이같은 민의 대응을 지배층의 침탈에 대한 즉자적 반응으로만 볼 수 없다는 사실이다. 이들은 지배층이 유교 정치사상에 근거한 민본정치를 해야 할 의무가 있다는 점을 희미하게나마 깨닫기 시작하였다. 그 단초는 이미 중종대에 나타났다. 직산에 사는 사노(寺奴)가 고알한 사건에서 "사문(赦文)이 두 번이나 내렸는데도 휼민지교(恤民之敎)는 한 번도 없으니 이같은 무복지주(無福之主)는 어찌 속히 죽지 않는가"라는 '촉상지언(觸上之言)'이 있었다.[83] 민을 구휼하는 교서가 없다는

---

80) 조윤선, 『조선 후기 소송 연구』, 국학자료원, 2002, 17~25쪽.
81) 『명종실록』 권21, 명종 11년 9월 병인 · 정묘 · 무진조.
82) 『명종실록』 권29, 명종 18년 5월 임인조. 16세기에 이르러 상언과 격쟁이 이전 시기에 비해 급증하고 있음은 이미 지적된 바가 있다(한상권, 『조선후기 사회와 소원제도』, 일조각, 1996, 19~31쪽).

사실이 지방의 가장 천한 민에게까지 인식되고 있다는 것은 놀라운 일이다. 여기서 '복없는 군주'는 민을 구휼하지 않는 군주, 즉 민본정치를 행하지 않는 군주를 의미하고 있다. 군주는 민본정치를 행해야 한다는 점을 깨닫고 있었던 것이다.

이와 비슷한 사례가 명종대에는 조금 더 찾아진다.

> 전 파주목사가 체직되어 돌아올 때 읍민이 길을 막고 그 행장을 빼앗으며 말하기를, "민은 장차 굶어 죽으려는데 진대(賑貸)는 지급하지 않고 이 관물을 훔쳐서 어디로 가려느냐"고 하였으니 어찌 이같이 경악스러운 일이 있겠습니까. 아랫사람이 윗사람을 능범하는 일이 점차 자라는 것은 불가합니다. 파주는 기전(畿甸) 내에 있어 왕의 교화가 먼저 미치는 곳인데도 오히려 박하고 악한 풍속이 있으니 하물며 멀고 궁벽한 곳이겠습니까.84)

위의 기록은 민이 수령을 욕보이는 사례 가운데 하나인데, 여기서도 수령은 민을 진휼해야 할 의무가 있는 존재라는 사실을 민이 깨닫고 있음을 알 수 있다. 그러했기에 이들은 진대(賑貸)를 지급하지 않은 수령의 행장을 관물이라 하여 빼앗은 것이었다. 이는 민본정치를 행해야 할 지방관이 그 의무를 행하지 않자 민이 상하의 명분을 무시하고 집단적으로 그 의무의 이행을 요구했던 것이라 할 수 있다. 다음과 같은 경우도 있다.

> 안악의 교생 장응규가 수군 윤순을 고알(告訐)한 일이다. 그 고사(告辭)에 이르기를, "신은 범민(凡民)이 아니라 익조대왕(翼祖大王)의 7세손입니다. 지난 5월에 완민(頑民) 윤순이 '무복자(無福者)가 나라를 다스리니 수한지재(水旱之災)를 불러들여 큰 기근이 잇따르고 또 왜변

---

83) 『중종실록』권46, 중종 17년 11월 신해조, "赦文再下 一無恤民之敎 如此無福之主 何不速死"
84) 『명종실록』권7, 명종 3년 2월 신해조.

도 있어 민을 힘들게 하니 상서롭지 못하다'고 하였습니다. 신은 의친
(議親)의 충성으로써 차마 그대로 있을 수 없어 조정에 고하고자 하였
으나 불행하게도 병에 걸렸습니다. 지금 차도가 있기에 실로 그만 둘
수 없어 죽음을 무릅쓰고 아룁니다."85)

안악의 교생 장응규의 무고로 밝혀진 이 사건에서도 민생의 고통이 '복
없는 자'가 나라를 다스리기 때문인 것으로 인식되고 있다. 비록 장응규
가 자신을 의친(議親)이라고 주장하고 또 교생의 신분이라고는 하지만,
이도 '무지한 궁촌지민(窮村之民)'임에는 다를 바가 없었다.86) 왕뿐만 아
니라 문정왕후를 거론한 '촉상지언'도 있었다.87)

민의 대응이나 또는 고알 사건에서 나타나는 이같은 현상은 민의 성장
과 관련해서 대단히 중요한 의미를 지니는 것이라 생각한다. 왕과 그의
지방에서의 대리인인 수령이 민본정치를 행하지 않으면 안된다는 사실을
하층의 민 스스로가 깨닫고 있다는 점에서 이 시기의 민은 분명 이전 15
세기의 민과는 구별되는 존재였다. 이전에도 물론 폭력적인 민의 대응은
있었고 정소나 상언도 없었던 것은 아니지만 이같은 행위가 민본이념에
바탕해서 요구되고 행해진 근거는 찾아지지 않는다. 그러나 16세기 중종
과 명종대에 이르면, 비록 극히 제한적인 사료에 근거한 것이기는 하지만
국가가 민본정치를 해야 할 의무가 있음을 깨닫고 이를 행하는지의 여부
를 인식하는 민이 나타나기 시작하였다. 이들은 자신들이 굶주리는 것은
국가가 진휼하지 않았기 때문이고 따라서 국가에 대해 당당하게 진휼을
요구하였다. 종래 천을 매개로 해서만 자신의 요구를 표현할 수 있었던
민이 이제는 어떤 매개물에도 의존하지 않고 직접 스스로의 '권리'를 요구

85) 『명종실록』권20, 명종 11년 4월 무술조.
86) 당시 국가에서는 유생이라 하더라도 지방에 거주하는 경우에는 예를 알지 못하는
'무지한 궁촌지민'으로 인식하였다. 『명종실록』권6, 명종 2년 10월 정축조 참조.
87) 『명종실록』권33, 명종 21년 11월 무진조.

하였던 것이다. 이같은 '권리'에 대한 자각은 곧 유교 정치사상에서 차지하는 자신의 위치에 대한 자각에 다름 아니었는바, 이 점에서 16세기의 민은 한 단계 성장하는 과정에 있었다고 할 것이다.

5. 맺음말

지금까지 명종대에 발생했던 한재와 여역으로 민이 처한 상황, 구언제도의 시행 과정에서 나타난 지배층의 민생에 대한 외면, 그리고 이에 대한 민의 대응 방식을 민본이념의 변질이라는 측면에서 살펴보았다. 그 결과를 정리하면 다음과 같다.

명종대는 한재와 여역이 극심했던 시기였다. 명종의 재위 기간 절반에 해당하는 11년 간 한재가 발생하였는데, 특히 재위 전반기의 한재는 민에게 심각한 피해를 입혔다. 경성의 사족도 굶어 죽는 상황이었으니 외방 민들의 참혹한 처지는 말할 필요도 없었다. 그러나 한재의 결과가 단지 민의 굶주림 만을 초래한 것은 아니었다. 여역이 치성했던 것이다. 명종대의 여역은 중종대와 함께 그 발생 빈도나 피해 규모에서 조선 전기의 다른 시기와는 비교가 되지 않을 정도로 심각한 상황이었다. 제주도를 제외한 전국에서 발생한 여역은 특히 경기도와 하삼도에서 심했는데, 시기적으로는 한재와 마찬가지로 명종대 전반기에 빈발했고 계절적으로는 봄과 여름에 집중되었다. 이는 당시의 여역이 '시기(時氣)'보다는 '기아'로 인해 발생했음을 말해주는 것이다. 한재와 여역의 피해 규모가 어느 정도였는지는 분명치 않다. 다만 여역으로 인한 피해 규모는 숫자로 보고된 경우가 있는데, 이를 집계하면 사망자는 11,149명이었고 환자는 3,502명이었다. 그러나 실제로는 이보다 몇 배나 많았을 것으로 짐작된다.

민생과 직결된 한재와 여역으로 민의 피폐함이 극에 달했음에도 불구하고 당시의 지배층은 이를 심각한 재이로 인식하지 않았다. 그것은 이 시기의 구언제도를 통해서 알 수 있다. 명종대는 연산군과 중종대의 구언에서 나타나는 특징적인 추세들이 보다 뚜렷해진 시기였다. 즉위 초 을사사화로 인해 정국의 불안정이 계속되는 상황에서 일변(日變)이 발생하자 시작된 구언은 이후에도 주로 성변·일변·뇌전 등 왕의 안위와 관련되거나 왕에게 직접적인 두려움을 주는 재이를 계기로 행해졌다. 반면에 한재로 인한 구언은 단 한 건에 불과하였고 여역이 동기가 된 구언은 아예 없었다. 왕의 안위 만이 중요하였고 민생에는 무관심했던 것이다. 구언에 따른 응지상소는 평균 1.36건에 지나지 않아 다른 왕대에 비해 가장 낮은 수준이었다. 수많은 사람들이 옥사에 연루되어 처벌되는 상황에서 상소하기가 쉽지 않았고, 또한 구언을 허례로 인식하는 중종대 이래의 경향이 계속되었기 때문이다. 결국 그동안 민본정치와 언로의 확대를 위해 효과적으로 운영되던 구언이 16세기에 이르러 더 이상 제 기능을 수행하지 못했던 것이다.

구언제도의 시행 과정에서 나타난 이같은 민생에 대한 외면은 유교 정치사상에서 재이가 지니는 의미까지 변질시키는 것이었다. 천도와 인도를 일치시킴으로써 천인합일의 이상정치를 지향했던 유교 정치사상에서 재이는 군주의 잘못된 정치에 대한 천(天)의 경고라는 의미를 지니고 있었다. 때문에 재이가 발생하면 군주는 스스로를 반성하면서 덕치 = 민본정치를 행해야 했다. 즉 재이는 군주의 민본정치를 강제하는 수단인 셈이었다. 이로써 민은 천을 매개로 하는 한 자신의 요구를 표현하는 것이 가능하였고, 이것이 유교 정치사상에서 재이가 가지는 의미였다. 그러나 당시의 집권 훈척세력들은 재이를 계기로 오히려 '입기강(立紀綱)'과 '정명분(正名分)'을 강조함으로써 자신들의 권력 기반을 확고히 하는 데에만 골몰하였다. 그들에게는 '입기강'과 '정명분'이 덕치의 중요한 실천 내용이었던 것이다.

재이가 군주의 잘못된 정치를 바로잡는 강제력을 담보하지 못하는 상황에서 집권층 스스로가 민본정치를 할 것이라 기대하기는 어려웠다. 이는 당시의 진휼정책을 통해 알 수 있다. 기본적으로 국가에 진휼곡이 부족한 상황이기도 했지만, 집권세력은 진휼에 별다른 관심을 가지지 않았다. 가질 수도 없었던 것이 이들은 일선에서 진휼을 책임진 수령과 구조적으로 결탁된 공생관계에 있었던 것이다. 분경으로 관직을 얻은 수령은 지방에서 자신과 권신들의 사욕을 충족시켜야 했고, 그것은 곧 민에 대한 수탈을 의미하였다. 수령을 보호해야 했던 권신들은 중앙에서 조신을 파견하여 진휼에 소홀한 수령을 적간하는 것에 적극 반대하였다. 진휼은 오로지 수령에게 맡기자는 것이었다. 더욱이 이들은 민이 굶주리고 유리하는 것은 흉년이 들었기 때문이라거나 또는 민이 게으른 탓으로 돌리면서 수령의 잘못만은 아니라는 논리도 동원하고 있었다. 심지어 굶주리는 민에 대해 구제하여도 쓸모가 없는 자들이라는 말을 서슴지 않았다. 이들에게서는 민생을 위한 어떠한 경세의식도 찾을 수 없었다. 한편 사림계 관료들에게도 민본정치는 적극적인 관심사가 되지 못하였다. 그들은 원론적이고 추상적 덕목인 군주의 '정심(正心)'만을 강조할 뿐, 그것이 어떻게 현실 정치에서 구체화되어야 하는지에 대한 경세의식은 부족하였다. 결국 당시의 지배층 누구도 민생에는 관심을 가지지 않았던 것이다.

한재와 여역으로 민을 위한 정치가 절실히 요구되는 시기였음에도 불구하고 유교 정치사상에 근거한 민본정치가 행해지지 않자 이에 대한 민의 대응은 상당히 격렬하고 적극적이었다. 전국적으로 발생한 도적들은 군도를 이루어 종친을 잡아가고 사족을 죽이며 지방관을 위협하는 등 거리낌이 없었다. 도적까지는 아니더라도 민이 수령이나 지방관원을 욕보이는 일도 흔하였다. 그러나 훨씬 많은 경우에 민은 정상적인 방식으로 지배층의 불법적인 침탈에 적극 대응하였다. 이 시기의 민은 상대가 어느 신분, 어느 지위에 있는지를 막론하고 자신의 이익을 보호하기 위해 정소(呈訴)를 마다하지 않았다. 정소로 뜻을 이루지 못하면 상언을 하고 이마저도 안되면 격쟁도 주저하지 않았다. 실로 당시의 민은 지배층의 침탈에 대책없이 당하기만 하는 존재는 분명 아니었다.

그런데 주목되는 것은 이같은 민의 대응을 지배층의 침탈에 대한 즉자적 반응으로만 볼 수 없다는 사실이다. 국가가 민본정치를 행하는지의 여부가 지방의 가장 천한 민에게까지 인식되고 있었고, 이같은 인식에 바탕하여 국가에 진휼을 요구하였던 것이다. 비록 제한된 사료에 근거한 것이기는 하지만, 국가의 진휼을 받을 '권리'가 있다는 자각은 곧 유교 정치사상에서 지배층이 민을 위한 정치를 행할 의무가 있다는 사실에 대한 자각이었다. 그러나 지배층이 이 의무를 행하지 않자 민 스스로가 이를 요구하기 시작한 것이 당시 민의 대응에서 나타나는 특징적 성격이었다. 종래천을 매개로 해서만 자신의 요구를 표현할 수 있었던 민이 이제는 어떤 매개물에도 의존하지 않고 직접 스스로의 '권리'를 요구하였던 것이다. 이 점에서 16세기의 민은 분명 한 단계 성장하고 있었고, 이전 시기의 민과는 구별되는 존재였다고 생각된다.

(『조선시대사학보』 51, 2009. 12)

제3장 _

16세기 조선의 민본이념과 민의 성장

1. 머리말

잘 알려진 바와 같이 16세기의 조선에는 여러 측면에서 이전 시기와는 다른 많은 변화가 나타났다. 우선 정치적으로는 훈구 세력과 사림파의 여러 차례에 걸친 대립이 오랫동안 계속되다가 마침내 사림파가 정치의 주도권을 잡게 되었고, 경제적으로는 정부의 재정 적자가 심화되면서 민의 고통이 가중되는 한편으로 국초 이래의 수조권 분급제가 소멸되어 소유권에 기반한 지주제가 발달하였다. 사회적으로는 양인 확보 정책이 점차 포기되면서 반(班)·상(常)의 구분이 명확해지고 노비층이 확대되었다. 이 과정에서 사림파는 향약 보급과 서원 건립을 통해 지방에서의 주도권을 확보해 나갔다. 사상적으로 주자성리학이 교조적 지위를 차지하고 여러 논쟁을 거치면서 '심성화'라는 조선 성리학의 특징을 드러낸 것도 이 시기였다. 한 마디로 16세기는 조선 건국의 이념적 토대가 약화되고, 사림파가 대자적 존재인 '양반' 계급으로서 중앙과 지방에서 자신들의 계급적 이익을 확대해 나가던 시기였다고 할 수 있다.[1]

16세기에 조선 건국의 이념적 토대가 약화되었다고 할 때, 그것은 주로 민본이념의 측면에서 그러했다. 원래 조선의 건국을 주도한 사대부층은 민본이념과 명분론이라는 유교 정치이념의 두 축 가운데 전자를 표방하면서 건국에 성공하였다.[2] 때문에 15세기의 조선은 민생의 안정이 중요한 과제일 수밖에 없었고, 이를 위해 중앙집권력을 강화하면서 민본이념에 토대를 둔 수취 정책과 진휼 정책 등을 추진하였다. 그러나 15세기 말에서 16세기 초에 이르러 건국 초의 민본이념은 점차 퇴색하였다. 사림 세력이 등장하였으나 이들은 중앙에서 훈구와 대립하는 한편으로 지방에서는 향촌 주도권을 장악하기 위해 노력할 뿐이었다. 이에 국가로부터 소외된 민은 신분적으로 몰락하거나 또는 군도(群盜)를 이루어 대응하였다.

지금까지 16세기의 민본이념에 대해서는 거의 연구가 이루어지지 않았다. 향촌 사회의 교화나 이와 관련된 민의 향도 조직, 그리고 민의 대응으로서 도적 활동 등에 관심이 두어졌을 뿐이다.[3] 필자는 유교의 정치이념에 근거한 '구언(求言)'이라는 제도를 통해 연산군과 중종, 그리고 명종대의 민본정치의 변질을 살펴본 바가 있다.[4] 이제 이를 보충하고, 사림과

---

1) 대자적 계급으로서의 '양반'이 성립되는 과정에 대해서는 유승원, 「조선시대 '양반' 계급의 탄생에 대한 시론」『역사비평』79, 2007 참조.
2) 유교의 정치사상을 민본이념과 명분론으로 보고 이것이 여말선초의 현실 정치에서 어떤 내용과 의미를 지니는지를 살핀 논문으로는 김훈식, 「여말선초의 민본사상과 명분론」『애산학보』4, 1986 참조.
3) 김훈식, 「16세기『이륜행실도』보급의 사회사적 고찰」『역사학보』107, 1985.
  이태진, 「17·18세기 향도조직의 분화와 두레 발생」『진단학보』67, 1989.
  김훈식, 「중종대『경민편』보급의 고찰」『이재룡박사환력기념 한국사학논총』, 1990.
  이해준, 「조선시대 향도의 변화양상과 촌계류 촌락조직」『성곡논총』21, 1990.
  박경하, 「조선후기 촌락민조직과 촌계」『정신문화연구』53, 1993.
  최이돈, 「16세기 사림 중심의 지방정치 형성과 민」『역사와현실』16, 1995.
  한희숙, 「16세기 임꺽정 난의 성격」『한국사연구』89, 1995.
  이정수, 「16세기 도적 발생과 그 사회경제적 의미」『한국사연구』92, 1996.
  한희숙, 「조선 중종대 도적 활동과 그 특징」『역사학보』157, 1998.
  _____, 「조선 명종대 군도의 발생 배경과 활동의 특징」『조선시대사학보』10, 1999.

가 집권하면서 다시 주목되기 시작한 선조대의 민본정치를 더하여 16세기의 민본이념을 종합적으로 파악하고자 한다. 이를 통하여 정치사상사의 측면에서 15세기와 16세기의 차이가 드러나고, 아울러 이 차이가 역설적으로 어떻게 민의 성장을 가져왔는지 이해할 수 있기를 기대한다.

2. 조선 초기의 민본정치

정치사상사의 측면에서 볼 때, 조선의 건국은 이전 시대의 군주와 민에 대한 인식이 전환됨으로써 가능하였다. 즉 고려시대에는 군주가 민의 하늘이라는 '군위민천(君爲民天)'의 인식이 보편적이었다고 한다면, 고려 말조선 초기에는 이같은 인식이 역전되어 민이 군주의 하늘이라는 '민위군천(民爲君天)'의 인식이 일반적으로 받아들여졌다.[5] '군위민천'의 인식에서는 비록 민을 위한 정치가 행해진다고 해도 그것은 유교의 민본정치가아니었다. 군주의 일방적인 '시혜'에 불과할 뿐이었다. 그러나 '민위군천'의 인식에서는 달랐다. 다음은 조선왕조의 설계자라 일컬어지는 정도전(1342~1398)의 말이다.

> 대개 군(君)은 국가에 의존하고 국가는 민(民)에 의존한다. 민은 국가의 근본이면서 군의 천(天)이다. 고로 『주례』에서는 민수(民數)를 왕에게 봉헌할 때 왕이 절을 하고 받도록 하였으니 이는 그 천을 중히여긴 때문이다. 인군이 된 자가 이 뜻을 안다면 애민하는 바가 불가불지극해야 한다.[6]

---

4) 이석규, 「연산군·중종대 구언의 성격 변화와 그 의미」 『사학연구』 88, 2007.
_____, 「조선 명종대의 구언과 민본이념의 변질」 『조선시대사학보』 51, 2009.
5) 이석규, 「여말선초 신흥유신의 민에 대한 인식」 『조선시대사학보』 31, 2004, 23~24쪽.

'군위민천'의 인식에서는 민이 군주의 일방적인 지배의 대상으로만 존재하였다. 그러나 '민위군천'의 인식에서는 더 이상의 일방적인 지배가 불가능하였고, 군주는 민을 위한 정치를 행해야 한다는 것이 당연한 의무로 받아들여졌다. 그 결과 군주를 비롯한 지배층과 민의 관계도 일방적 지배 −피지배의 관계가 아닌, 서로에게 보답하는 '상보적(相報的)' 관계로 전환되었다. 동일한 맥락에서 양자를 같은 어머니의 뱃속에서 태어난 '동포'로 보는 시각도 나타났다. 뿐만 아니라 지배층과 민의 관계에 대한 이같은 인식의 성리학적 표현으로서, 민도 지배층과 마찬가지로 인의예지의 '본연지성(本然之性)'을 지니고 있다는 점이 동시에 강조되는 것도 자연스러운 일이었다. 이로써 종래 현실 정치에서 무시되던 민은, 이제 객관적으로 실재하는 정치적 실체로 지배층에게 받아들여졌다. 고려 말 조선 초기에 민본이념이 강조될 수 있었던 것은 바로 이 때문이었다.

물론 그렇다고 이 시기에 유교 정치이념으로서의 명분론이 덜 중시되었던 것은 아니다. 지배층의 입장에서 민은 여전히 자신들과 존비 · 귀천의 측면에서 분명하게 구분되는 존재였다. 이 때 구분의 기준이 된 것은 유교에서 요구하는 도덕의 실천 능력이었다.[7] 비록 민도 인의예지의 본성을 지니고 있지만 그들은 스스로 이를 현실 생활의 도덕 규범으로 전화시켜 실천할 수 있는 존재가 아니었다. 그것은 지배층만이 할 수 있는 일이었다. 이 점에서 민은 지배층에 의해 '교화'되어야 했고, 교화와 '치인'을 동일시했던 유교 정치사상에 근거하여 지배층은 민에 대한 지배의 명분을 획득할 수 있었다. 때문에 이 시기에도 명분론은 강력한 지배 이데올로기로 작용하고 있었다.

이처럼 조선 초기에는 유교의 명분론과 민본이념이 현실 정치의 이념적 토대로서 기능하였다. 그러나 사실상 명분론과 민본이념은 양립하기

6) 『삼봉집』 권13, 「조선경국전」 상, 부전, 版籍
7) 이석규, 「조선초기 관인층의 민에 대한 인식」 『역사학보』 151, 1996, 52~57쪽.

가 쉽지 않았다. 지배의 명분을 절대화하면서 동시에 지배의 대상인 민을 군주의 하늘로 여긴다는 것은 커다란 딜레마였다. 유교 정치사상의 이론 구조에서도 명분과 민본의 '관계'를 정합적 논리로 설명한다는 것은 매우 어려운 일이었다. 주자는 우주론과 인간론, 윤리론을 모두 아우르는 방대한 사상체계를 통일적으로 이해하고자 했지만, 그에게도 명분과 민본의 관계는 쉬운 문제가 아니었다. 다음은 양자의 관계에 대한 주자의 말이다.

> 천하에 힘써야 할 것으로 휼민보다 큰 것이 없다. 휼민의 근본은 인군이 마음을 바르게 하여 기강을 확립하는 데 있다. 대개 천하의 기강은 능히 저절로 확립될 수 없으니, 반드시 인주의 심술이 공평정대하고 편당(偏黨)과 반측(反側)하는 사사로움이 없은 후에야 이로 말미암아 기강이 확립되는 것이다.8)

여기서 주자는 휼민이 무엇보다 중요하다는 점을 말하면서도 이를 위해서는 기강＝명분을 확립해야 함을 말하고 있다. 명분이 확립되어야 휼민이 가능하다는 것인데, 명분의 확립을 위해서는 군주의 마음을 바르게 하는 '정심술(正心術)'이 중요하다는 점을 강조하고 있다. 군신·부자·부부·장유라고 하는 상하의 모든 사회적 인간관계의 명분을 절대화함으로써 군주의 지위에 절대성을 부여했음에도, 한편으로는 이 절대성을 제약하기 위해 군주에게 '정심(正心)'을 요구했던 주자의 입장이 여기서도 드러난 것이다.9) 그러나 이 군주의 정심에 근거한 명분이 민본과 상호 어떻

---

8) 『송사』 「열전」 권188, 주희전
9) 주자성리학의 사상체계가 명분론을 기본 시각으로 하여 구축되어 있지만, 동시에 군주의 절대성은 도덕적 존재인 사대부의 요청과 지지에 의해 유지될 수 있음을 밝힌 글로, 守本順一郎, 『동양정치사상사연구』, 김수길 옮김, 동녘, 1985, 91~113쪽 참조.

게 관련되는 것인지에 대한 구체적인 설명은 없다. 명분을 확립하는 것이
곧 휼민의 근본이라는 선언적 언급만으로 양자를 아무런 매개 없이 연결
시키고 있다. 어쩌면 주자로서도 이는 해결할 수 없는 문제였을 지도 모
른다. 왜냐하면 이 문제가 주자 성리학이 지니는 본래적 모순과 일정하게
관련된 것으로 여겨지기 때문이다.[10] 주자 스스로도 이 문제를 의식하고
있었음은 분명하다. 『맹자혹문』에서 이를 다루고 있는 것으로 보아 그렇
다. 즉 맹자가 "민이 귀하고, 사직이 그 다음이며, 군주는 가벼운 것"이라
고 한 말에 대해,[11] "민이 귀하고 군주가 가볍다는 말이 후세에 왕위를 찬
탈하는 단서를 열지 않겠는가"라는 질문을 던지고, 이에 주자는 다음과
같이 답하고 있다.

> 리(理)로써 말하면 민이 귀하지만 분(分)으로써 말하면 군이 귀하
> 다. 이는 실로 함께 행해야 어그러지지 않는 것이니, 각기 그 시대에
> 따라 경중의 소재를 살필 뿐이다.[12]

---

10) 주자성리학이 지니는 본래적 모순에 대해서는 여러 연구자들이 지적하고 있다.
   예컨대 주자는 성(性)의 절대선을 말하면서 악의 존재를 인정한다든가, 이선기후
   (理先氣後)를 말하면서 이기(理氣)의 동시 존재를 말하기도 한다. 이 때문에 모순
   을 그대로 표현하는 것에 주자 사상의 본질이 있다고까지 말하기도 한다(大濱晧,
   『범주로 보는 주자학』, 이형성 옮김, 예문서원, 1997, 180~186쪽). 또한 심(心)의
   절대적 주재성을 강조하면서 동시에 그 주재성을 제약하기 위해 심의 수양 과정에
   서 객관성을 추구하는 모순이 지적되기도 한다(민병희, 「성리학과 동아시아 사회」
   『사림』 32, 2009, 22~27쪽). 한편 명분과 민본의 관계라는 측면에서 보면, '본연
   지성'과 '기질지성'으로 인간의 보편성과 차별성을 동시에 인정한다든가, 인의예
   지의 본연지성을 실천하면 누구든지 성인에 이를 수 있는 가능성을 열어놓으면서
   동시에 기질의 차이에 따른 사회적 차별을 긍정하는 모순 등이 명분과 민본의 관
   계를 정합적으로 설명하기 어렵게 만드는 것이라 생각된다.
11) 『맹자』「진심장구」 하
12) 『맹자혹문』 권14, "或問 民貴君輕之說 得不啓後世簒奪之端乎 曰以理言之 則民貴
   以分言之 則君貴 此固兼行 而不悖也 各於其時 視其輕重之所在而已"

여기서 주자는 '천리(天理 = 이치)로 말하면 민이 귀하지만 분수(分數 = 명분)로 말하면 군주가 귀하다'고 하여, 앞서 '명분을 확립하는 것이 휼민의 근본'이라는 선언적 언급과는 사뭇 다르게 말하고 있다. 민본의 문제는 '천리'에 해당시키고, 명분의 문제는 '분수'에 해당시킴으로써 아예 양자를 구분한 것이다. 그러면서 명분과 민본은 함께 행해야 하는 것이며, 시대의 상황에 따라 강조해야 할 측면이 다르다고 한다. 결국 주자는 명분과 민본의 '관계'에 대하여 한편으로는 아무런 논리적 매개 없이 '명분이 휼민의 근본'이라 선언하고, 다른 한편으로는 양자의 관계에 대한 설명 자체를 하지 않았다.13) 양자가 모순될 수 있음을 스스로 인정한 셈이다. 그렇다면 주자학에서 명분과 민본의 문제는 현실적으로 늘상 대립·갈등할 수밖에 없는 것이며, 주자의 말대로 어느 시기에 무엇이 강조되어야 할 것인지의 문제만 남게 될 것이다. 유교 정치사상에서 양자가 이러한 것이라면 과연 조선 초기는 어떠했는가.

이미 언급한 바와 같이 조선 초기에는 명분론과 민본이념이 정치이념으로 작동하고 있었다. 그러나 이 시기에는 아무래도 민본이념이 다른 시기보다 강조될 수밖에 없었다. 조선의 건국이 이를 표방함으로써 가능했기 때문이다. 정도전은 그의 『조선경국전』 첫머리에서 군주의 지위에 관해 다음과 같이 말하고 있다.

> 인군의 지위는 높은 것으로 말하면 높고, 귀한 것으로 말하면 귀하다. 그러나 천하는 지극히 넓고 만민은 지극히 많다. 한번 그 심(心)을 얻지 못함이 있으면 대개 크게 우려할 만한 일이 있을 것이다. 하민(下

---

13) 주자의 두 언급은 비슷한 시기에 있었다. 먼저 인용했던 언급은 그의 열전에 의하면 순희(淳熙) 6년(송 효종, 1179)의 상소 내용이고, 뒤에 인용한 언급은 순희 4년에 저술된 『맹자혹문』에 근거한 것이다. 이를 고려한다면 두 언급의 차이가 그의 사고가 변하는 과정에서 나온 것이라기보다는 명분과 민본의 '관계'에 대한 정리된 견해를 주자가 갖고 있지 못했기 때문인 것으로 보인다.

民)은 지극히 약하지만 힘으로써 위협할 수 없고, 지극히 우매하지만 지혜로써 속일 수 없다. 그 심을 얻은 즉 그들이 복종할 것이고, 그 심을 얻지 못한 즉 그들이 떠날 것이니 거취의 사이는 터럭만큼도 용납되지 않는다. 그러나 이른바 그 심을 얻는다는 것은 사의(私意)로써 구차하게 얻는 것이 아니고, 도(道)를 어김으로써 명예를 구하여 얻는 것도 아니다. 역시 인(仁)으로 할 뿐이다. 인군은 천지가 만물을 낳는 심으로써 그 심을 삼아 사람을 차마 하지 못하는 정치[不忍人之政]를 행하여 천하 사경(四境)의 사람들로 하여금 모두 기뻐서 인군을 부모처럼 숭앙하게 한다면 오래도록 안부존영의 즐거움을 향유할 것이고 위망복추(危亡覆墜)의 환이 없을 것이다. 인으로써 지위를 지킴이 또한 마땅하지 않은가.[14]

군주의 지위는 높고 귀한 것이지만, 그것은 인정(仁政)으로써만 지켜지는 것이라는 점을 분명하게 밝히고 있다. 여기서 인정이란 민심을 얻기 위해 천지가 만물을 낳고 기르는 마음으로 하는 정치라고 한다. 이같은 인정을 행하면 민은 군주에게 복종한다는 것이다. 즉 정도전은 명분과 민본이 모순될 수 있다는 생각은 하지 않고, 인정 = 민본정치를 행하면 지배의 명분은 자연히 뒤따를 것이라는 단순하고 낙관적인 생각을 가지고 있었다.

이처럼 민본이념이 강조되기는 했지만 현실 정치에서 그것을 구현한다는 것은 쉬운 일이 아니었다. 아직 일반 관료들에게까지 유교 정치이념이 보편화된 것도 아니었고, 민이 스스로 민본정치를 요구할 수 있을 정도로 성장한 것도 아니었다. 때문에 유교 관인층이 민본정치를 자발적으로 행해 주기를 일방적으로 기대하는 수밖에 없는 상황이었다. 그러나 다행히 유교 정치사상에서는 지배층에게 민본정치를 요구할 수 있는 장치가 마련되어 있었다. 천인합일을 이루기 위한 수단으로서의 재이(災異)가

---

14)『조선경국전』상, 正寶位

그것이었다.

주지하는 바와 같이 유교에서는 천도(天道)와 인도(人道)가 일치하는 천인합일의 사회를 이상으로 추구하였다. 이는 천도와 인도가 같은 원리에 따라 운행한다는 것을 전제로 한 것이었다. 그 원리는 원형이정(元亨利貞)의 천도를 인의예지(仁義禮智)라는 인간의 존재 법칙으로 등치시킨 공자 이후 도덕 원리가 되었다. 그리하여 천도와 인도는 '덕(德)'을 매개로 합치될 수 있었고, 아울러 덕은 천의 권위를 근거로 절대화되었다. 이제 인간은 도덕을 실천해야 했고 군주는 덕치＝인정을 행해야만 했다. 만약 그렇지 않을 경우 천은 재이를 통해 인간 사회와 군주에게 경고 또는 견책을 내렸다. 재이가 천인합일이 이루어지는지의 여부를 판단하는 기준이 된 것이다. 이로써 유교 사회에서 재이는 지배층의 덕치를 담보하는 강력한 수단으로 기능할 수 있었다.

그런데 재이를 수단으로 지배층의 덕치를 담보할 때, 그 강도는 천에 대한 인식의 차이에 따라 달랐다. 천을 인격적 주재자로 인식했던 한대 (漢代)의 재이는 주재자인 천이 군주에게 보내는 직접적인 경고였기에 군주의 두려움은 클 수밖에 없었고, 그만큼 덕치를 '강제'할 수 있었다. 그러나 송대(宋代)의 성리학에서는 천을 이치 또는 법칙으로 인식하였다. '천즉리(天卽理)'의 인식에서 인간은 자신이 지닌 도덕적 본성에 따라 도덕을 실천해야 했는데 그것이 곧 천리(天理)였다. 여전히 재이는 지배층에게 천의 경고로 받아들여졌지만, 그 경고를 통해 지배층은 자신들이 천리에 따라 덕치를 행해야 한다는 사실을 다시금 '자각'해야 했다. 결국 성리학에서의 재이는 지배층의 덕치를 담보하는 수단이면서도 그것을 강제가 아닌 지배층의 자각에 의존하는 것이었다고 할 수 있다.

조선 초기에도 당연히 천인합일을 위한 재이론이 받아들여졌다.[15] 그

15) 조선 초기의 재이론에 대해서는 이석규, 「조선초기의 천인합일론과 재이론」『진

런데 이 시기의 재이론에는 뚜렷하게 나타나는 두 가지 특징이 있다. 하나는, 비록 성리학을 수용했음에도 인격적 주재자로서의 천을 포기하지 않았다는 점이다. 때문에 조선 초기에는 주재자로서의 천과 천리로서의 천이 혼재되어 나타난다. 덕치를 지배층의 자각에만 의존하지 않았던 것이다. 다른 하나는 재이를 천수(天數) 또는 기수(氣數)에 따라 천이 운행 과정에서 일상적으로 나타나는 자연 현상으로 보는 것을 의도적으로 배격했다는 점이다. 이미 조선 초기에는 일식이나 월식과 같은 매우 심각한 재이를 미리 계산하여 예측하는 것이 가능하였다. 가뭄과 장마와 같은 재이는 매년 겪는 것이었다. 그런데도 이를 천수라 하여 외면하지 않았다. 다음은 가뭄이 들자 태종이 한 말이다.

> "영의정이 일찍이 말하기를, '탕임금 때에 7년의 가뭄이 있었는데 어찌 비오기를 기도하지 않았겠습니까. (가뭄은−인용자) 곧 천수(天數)일 뿐입니다.' 하였는데, 이 말도 이치가 있다. 그러나 인군에게 맡겨진 기수(氣數)로 볼 때에는 불가한 말이다."[16]

가뭄이 들자 걱정하는 태종에게 영의정은 가뭄이 천의 운행 과정에서 늘상 있을 수 있는 천수에 따른 것이라고 하였다. 이에 태종은 운명적으로 맡겨진 군주의 책임이라는 측면에서는 가뭄을 천수라 말하면 안된다고 하고 있다. 다시 말하면 가뭄은 천수가 아닌, 자신이 덕치를 행하지 못해 초래한 '인사(人事)'의 잘못 때문이라는 것이다. 군주 스스로가 의도적으로 재이를 자신의 잘못으로 돌리고 또 신하들도 재이를 인사의 잘못으로 보아야 한다는 기록은 이 시기에 얼마든지 찾아진다. 당시의 지배층에게 재이는 자기반성의 계기가 되었고, 정치적 주체일 수 없었던 민에게는

단학보』 81, 1996 참조.
16) 『태종실록』 권27, 태종 14년 6월 정사조.

자신의 요구를 표현하는 매개 수단이었던 것이다.

이처럼 조선 초기의 지배층은 자신들의 이익에 반할 수 있는 민본정치를 외면하지 않았다. 오히려 이 민본정치를 강제하기 위한 수단을 스스로 마련하고 있었다. 민은 도덕적 본성을 지니고 있지만 여전히 이를 현실에 드러내어 실천할 수 있는 능력이 없기 때문에 자신들의 교화＝지배를 받아야 하는 존재였다. 하지만 이들은 지배의 명분만을 일방적으로 강요하지 않았다. 명분을 강조하면서도 이로 인해 민본이념이 실종되지 않도록 스스로를 억제하였다.

명분과 민본에 대한 이와 같은 조선 초기 지배층의 입장은 현실 정치에서 필연적으로 대립·갈등을 야기하였다. 대립과 갈등의 모습이 극명하게 드러나는 단적인 예로 부민고소금지법의 제정을 둘러싼 논란을 들 수 있다. 이 법은 부사서도(府史胥徒)가 관리를 고소하거나 또는 품관이민(品官吏民)이 지방관을 고소하는 것을 금지하는 것으로, 태종대부터 논란이 계속되다가『경국대전』에서 법제화되었다.17) 논란에서 특히 문제가 되었던 것은 지방민이 지방관을 고소하는 것이 타당한가 하는 점이었다. 군주를 대신해서 지방을 다스리는 관찰사나 수령을 지방민이 고소한다는 것은 명분론의 입장에서 있을 수 없는 일이었다. 그러나 그렇다고 지방관의 민에 대한 불법적 수탈과 포학 행위를 고소할 수 없게 한다면 민의 원억은 쌓이게 되고 이는 민본이념에 어긋나는 일이었다. 명분과 민본의 문제가 현실 정치에서 첨예하게 대립할 수밖에 없었던 것이다. 때문에 이 법은 제정 이전부터 논란이 되었고 제정 이후에도 계속 보완책이 마련되거나 세조대에는 한때 폐지되기도 하는 등, 끊임없이 정치적 문제가 되었다.

---

17) 부민고소금지법의 제정과 시행 과정에 대해서는 최이돈,「조선초기 수령 고소 관행의 형성 과정」『한국사연구』82, 1993 참조.

여기서 부민고소금지법과 관련해서 주목하고 싶은 것은 이 법이 조선 초기 내내 '논란의 대상'이 되었다는 점이다.[18] 심지어는 이 문제가 과거 시험의 책제(策題)로 다루어지기도 했다.[19] 이는 곧 명분과 민본 사이에서 당시의 지배층이 얼마나 고심했는지를 반증하는 것이다. 그들의 고심은 이 법을 상징적으로만 존재하는 것으로 만들었다. 실제로 부민의 고소로 처벌된 지방관의 경우는 많지만, 반면에 지방관을 고소한 부민을 이 법에 의해 처벌한 사례는 극히 드물기 때문이다.[20] 이는 명분 때문에 법을 만들기는 했어도 이를 엄격하게 적용하지는 않음으로써 명분과 민본의 균형점을 찾으려 했던 결과라 할 수 있다.

이처럼 조선 초기에는 명분론과 민본이념이 대립·갈등하면서도 양자의 조화가 어느 정도 이루어졌다. 이로 인해 지배층은 지배의 도덕성, 즉 명분을 갖출 수 있었고, 민으로서도 비록 천을 매개로 하는 것이기는 하지만, 자신들의 요구가 현실 정치에 반영될 수 있었다. 이 단계에서 민은 객관적으로 실재하는 정치적 실체로 성장할 수 있었다고 생각된다.

3. 16세기 민본정치의 변질

그러나 16세기에 접어들면서 이전의 민본정치는 점차 변질되었다. 그 근본적 원인은 아무래도 이 시기에 계속된 정치적 혼란이었다. 혼란은 연산군이 즉위하면서 시작되었다. 연산군의 사치와 낭비는 국가 재정을 고

---

18) 부민고소금지법에 대해서는, 이를 집권화를 위해 중앙에서 지방의 토착 세력을 통제하려는 것으로 보는 시각과(이태진, 「사림파의 유향소 복립운동」 상, 『진단학보』 34, 1972), '재판청구권'을 핵심으로 하는 민의 자위권 확대라는 시각에서 보는 견해가 있다(최이돈, 위 논문, 1993).
19) 『세조실록』 권46, 세조 14년 4월 신묘조.
20) 이석규, 「조선초기 관인층의 민에 대한 인식」 『역사학보』 151, 1996, 57~67쪽.

갈시켰고, 이에 공물을 가정(加定)하는 공안 개정이 취해짐으로써 민의 부담은 더욱 가중되었다. 뿐만 아니라 이미 성종대에 모습을 드러내었던 사림파와 훈구대신의 대립이 연산군의 폭정과 어우러지면서 정치는 극도로 혼란한 상태에 빠졌다. 이어 반정으로 왕위에 오른 중종은 유교 정치의 회복을 위해 노력하기도 했지만, 비정상적인 방법으로 신하에 의해 '추대'된 그가 할 수 있는 역할은 제한적이었다. 비록 한 때 조광조를 비롯한 사림파를 중용하여 개혁을 추진하기도 했지만 결국 사화로 끝나고, 정치는 이전으로 되돌아갔다. 이어진 명종대의 정치도 혼란스럽기는 마찬가지였다. 사화로 시작된 이 시기는 모후와 외척들이 권력을 농단함으로써 유교의 정치이념이 작동할 수 있는 여지가 없었다. 그러다가 선조대에 이르러 훈척과의 오랜 대립이 끝나고 사림파가 정국을 주도하는 '사림정치'가 시작되었다. 이로써 유교의 정치이념이 다시 주목받을 수 있는 계기가 마련된 셈이었다.

훈척과 사림의 대립, 그 결과로서 사화가 계속된 이 시기의 정치사에서 피해를 본 것은 사림만이 아니었다. 최대의 피해자는 오히려 민이었다. 끊임없는 정쟁의 와중에서 아무도 민생에 관심을 가지지 않았던 것이다. 정치적 실체로 인정되던 민이 또다시 지배층으로부터 외면 당했다는 것은 결국 재이가 민본정치를 담보해내는 수단으로 기능하는데 문제가 생겼음을 의미하였다. 그러면 먼저 재이를 중심으로 이 시기에 어떤 문제가 발생했는지 알아보기로 한다.

16세기에는 다른 시기에 비해 재이가 급증했던 것으로 알려져 있다.[21]

---

21) 이태진, 「고려~조선 중기 천재지변과 천관의 변천」『한국사상사방법론』, 소화, 1997, 116쪽의 <표 3−4> 참조. 이에 의하면 조선 전시기를 통하여 27,900건의 재이가 발생했는데, 이 가운데 41%에 해당하는 11,463건이 16세기에 발생한 것으로 되어 있다. 이 표에 나타난 통계가 정확한 것인지에 대해서는 몇 가지 측면에서 의문이 가지만, 16세기에 재이가 다른 시기에 비해 많았을 것이라는 점은 충분히 인정할 수 있다.

당시인들이 재이로 인식했던 자연 현상에는 여러 가지가 있는데, 이를 분류한다면 대략 천상의 재이[天變]와 지상의 재이[地異]로 나눌 수 있다. 천변에는 일변·성변·뇌전 등이 있고, 지이에는 한재·수재·여역과 같은 재이가 포함된다. 재이를 이렇게 분류한다면 천변은 주로 왕의 안위와 직간접적으로 관련되어 있지만, 지이는 대부분이 민생과 직결된 것이었다. 즉 왕에게는 천변이 두려운 재이였고 민으로서는 지이가 두려울 수밖에 없었다. 16세기에 재이가 많이 발생했다고 한다면 그것은 천변의 증가율이 높았기 때문이기는 한데,[22] 지이도 이전 시기보다 대체로 증가하였다. 특히 민생과 직결된 한재와 여역 가운데, 발생 빈도를 어느 정도 객관적으로 수치화할 수 있는 여역은 천변보다도 급격히 증가하였다.[23] 여역의 급증은, 그것이 주로 한재의 결과로 나타났다는 점을 고려한다면,[24] 한재도 이 시기에 극심했음을 말해주는 것이라 할 수 있다. 민생과 직결된 재이가 발생하면 그 피해는 엄청났다. 예컨대 명종대에 여역으로 인한 사망자는 숫자로 확인된 것만 해도 만 명을 훨씬 상회하였다.[25] 선조 9년부터 이듬해에 이르기까지 치성했던 여역의 피해 규모는 사망자만 무려 10만여 명에 달했던 것으로 알려졌다.[26]

---

22) 이태진, 위 논문(1997)의 <표 3-4>에 근거한 것이다.
23) 한재의 발생 빈도를 수치화하기는 매우 어렵다. 어느 정도 비가 오지 않아야 한재로 볼 수 있는지를 판단하기 어렵기 때문이다. 이에 비해 여역의 경우는 비교적 수치화가 가능하다. 이 시기 여역의 발생 빈도를 밝힌 여러 연구들은, 비록 구체적인 수치에서는 큰 차이가 있지만, 공통적으로 16세기에 여역이 급격히 증가하였음을 밝히고 있다. 예컨대 김호의 조사에 의하면 태조부터 성종대까지 34건이던 것이 연산군~명종대에는 100건으로 급증하였다(김호, 「조선전기 대민 의료와 의서 편찬」『국사관논총』 68, 1996, 28~29쪽). 이태진의 위 표에서도 비슷한 기간에 29건에서 148건으로 급증하였다. 권복규의 조사도 마찬가지이다(권복규, 「조선전기의 역병 유행에 관하여」『한국사론』 43, 2000, 64쪽).
24) 권복규, 위 논문(2000), 63~78쪽.
25) 이석규, 앞 논문(2009), 97~103쪽.
26)『선조실록』권10, 선조 9년 8월 신유조; 같은 책, 권11, 선조 10년 5월 경인조.

이처럼 16세기에는 재이가 급증하였고 특히 민생과 직결된 한재와 여역이 극심하였다. 그런데도 이 시기에는 재이에 대한 제대로 된 대책이 시행되지 않았다. 그것은 우선 재이 자체에 대한 인식에 문제가 있었기 때문이었다. 재이에 대한 인식상의 문제는 주로 유교 정치가 파행적으로 운영되던 연산군과 명종대에 나타나는데, 다음은 연산군의 집권 후반기에 있었던 언급이다.

"그러나 일식과 월식, 수재나 한재와 같은 흉재가 사오십 년에 한번 나타난다면 마땅히 놀라운 일이라 두려워 하겠지만, 이와 같은 재변은 해마다 발생하는 것이니, 인군이 만약 천의 경계에 근신한다고 일을 폐한다면 오랫동안 팔장만 끼고 하는 일이 없을 것이다."[27]

여기서 연산군은 천변과 지이가 매년 있는 것이기 때문에 두려워 할 바가 아니라고 하고 있다. 더 나아가 그는 집권 말년에 이르러 재이를 인사의 잘못이 아니라 천수의 우연 때문이라 하면서 관상감을 혁파하였다.[28] 명종대의 척신 윤원형도 마찬가지였다. 그는 재이의 원인을 인사와 관련시킬 수 없음을 지적하고, 그런데도 이를 관련시켜 분분하게 논의하는 것을 막기 위해서는 재이가 발생한 사실 자체를 비밀로 해야 한다고 주장하였다.

겸영관상감사 윤원형이 아뢰기를, "……또한 천도는 멀어서 알기가 어려우므로 비록 천변이 있더라도 어떤 인사의 잘못이 응한 것이라고 확실하게 지적해서 말하는 것은 불가합니다. 때문에 (천변의 발생은—인용자) 마땅히 비밀로 해야 하고 전파해서는 안됩니다.……근자에는 일이 옛날과 같지 않아 한번 (천변의 발생을—인용자) 승정원

---

27) 『연산군일기』 권46, 연산군 8년 9월 을유조.
28) 『연산군일기』 권63, 연산군 12년 7월 정유조.

에 내리면 즉시 외부로 전파되어 시끄럽게 떠들면서 망령되이 어떤 인사로 인해 응한 것이라고 논란하니 대단히 미편합니다. 청컨대 조종조의 예에 따라 승정원으로 하여금 봉해서 들이게 하고 전파하지 못하게 하소서." 하니 전교하기를, "아뢴대로 하라." 하였다.[29]

군주권을 자의적으로 행사하려는 왕이나 권력을 전횡하려는 권신에게 재이의 발생은 실로 골치 아픈 일이었다. 때문에 그들은 재이가 인사와 무관하다는 것을 극력 주장할 수밖에 없었다. 이는 천수라 할 수 있는 재이라 하더라도 의식적으로 인사와 연관시켰던 이전 시기와 판이한 것이었고, 이같은 인식에서 재이는 민본정치를 강제하는 수단이 될 수 없었다.

더욱이 재이가 민본정치를 담보하지 못하고 오히려 지배의 명분을 강화하는 수단으로 이용되기도 하였다. 연산군은 재이를 음양의 부조화 때문이라고 하면서 신하들의 왕권에 대한 견제를 억누르는 수단으로 삼았다.[30] 나아가 자신의 허물을 지적하는 모든 행위를 '능상지풍(凌上之風)'으로 규정하여 언로를 막기도 하였다. 명종대의 훈척들은 '기강'·'명분'이 문란해진 데에서 재이의 원인을 찾았다.[31] 때문에 그들은 기강과 명분을 바로잡는 것이 곧 재이에 대응하는 군주의 '수덕지사(修德之事)'라고 하였다.

한편 이 시기에는 재이에 대한 인식뿐만 아니라 그 대응 방식에도 문제가 있었다. 연산군과 명종대는 말할 것도 없지만, 중종과 선조대에도 재이에 대한 대응 방식은 비현실적이었다. 양대에는 그나마 사림이 활동하면서 재이를 천수라 주장하는 경우는 거의 없었다. 유교의 정치이념에 따라 재이가 발생하면 이를 인사의 탓이라 여기고 천도와 인도를 일치시키

---

29) 『명종실록』 권30, 명종 19년 1월 계묘조.
30) 장학근, 「연산군의 재이론에 대한 인식변화」 『경남사학』 7, 1995, 18~30쪽.
31) 이석규, 앞 논문(2009), 113~116쪽.

려 하였다. 그렇지만 양대에는 이를 일치시키는 방법으로 무엇보다 왕의 '수성(修省)'이 강조되었다. 특히 중종대가 그러하였다. 일반적으로 재이를 그치는 소재 의식으로는 제사·피전·감선·철악·사유·구언 등이 행해졌는데, 중종대의 사림은 이같은 소재 의식을 모두 허례에 불과한 것으로 여겼다. 그들은 천의 경고에 응답하기 위해서는 실질적인 내용 즉 '응천지실(應天之實)'이 있어야 하고, 그것은 바로 왕 자신이 도덕을 실천하는 수성이라고 하였다. 왕의 수성 가운데 이들이 특히 중요하게 여긴 것은 '정심(正心)'이었다.[32] 연산군의 폭정을 경험한 사림으로서 이것은 당연하였다. 때문에 중종대에는 끊임없이 군주의 수성 = 정심이 요구되었다.

> 홍문관 부제학 이자견 등이 상소하기를, "……신 등은 들으니 하늘에 응답하는 것은 실(實)로써 하고 문(文)으로 하지 않는다고 합니다. 대저 실이라는 것은 성(誠)일 뿐입니다.……전하께서 하늘에 응답하는 실[應天之實]은 마음을 바로하고[正心術], 인재를 분변하고[辨人才], 염치를 가다듬는 것[礪廉恥]에 지나지 않을 뿐입니다.[33]

여기서는 천에 응답하는 실질적인 내용[實]을 추상적인 덕목인 '성(誠)'으로 등치시키고 있다. 더욱이 '성'의 구체적인 내용으로 들고 있는 것도 인재를 분변하는 것을 제외하고는 마찬가지로 추상적인 덕목이었다. 물론 왕에게 도덕의 실천을 요구하는 것 자체가 문제가 되는 것은 아니었다. 문제는 왕의 도덕적 실천을 통해 현실 정치에서 궁극적으로 이루려는 목표인 인정 즉 민본정치에 대해서는 정작 무관심했다는 점이다. 그들에게는 유교의 추상적인 덕목 자체가 천에 응답하는 실질적인 내용이었던 것이다.

---

32) 이석규, 앞 논문(2007), 630~632쪽.
33) 『중종실록』 권10, 중종 4년 11월 계유조.

사림정치가 본격적으로 시작된 선조대에는 그래도 재이가 발생하면 민생의 피폐한 상황을 지적하고 구폐책을 마련해야 한다는 주장들이 나타났다. 그러나 그러한 논의가 민생을 안정시키는 실질적인 정책으로 이어진 경우는 별로 없었다. 이같은 상황에 대해서는 이이(1536~1584)의 다음과 같은 말에 그대로 드러난다.

> "성명(聖明)이 위에 계시면서 말로써 죄를 얻은 자가 한 사람도 없으므로 사람마다 진언한 것이 적지 않지만 단지 공언(空言)뿐이고, 한 푼 한 치의 혜택도 민생에 미친 것이 없습니다.……재이를 만나 상의 마음은 참으로 놀라셨겠지만 오래되면 공구수성하는 마음이 점차 해이해지므로 천변에 응하는 실(實)이 없어질까 두렵습니다. 이른바 경천근민이라는 것은 단지 제목(題目)일 뿐입니다. 반드시 경천근민하는 구체적인 일을 실행한 연후라야 재이를 그치게 할 수 있습니다."[34]

재이를 만나 여러 논의가 있지만 모두가 추상적인 공허한 말뿐이고 실질적으로 민생에 도움을 준 것은 없다고 하면서, '응천지실'은 경천근민하는 구체적인 일을 실천하는 것이라고 하고 있다. 잘 알려진 바와 같이 이이는 당시를 '쇠퇴기[中衰之日]'로 규정하고 제도의 개혁을 통해 민생을 안정시키고자 끊임없이 노력하였다. 그러나 선조는 번번이 조종의 성헌을 바꿀 수 없다는 논리로 그의 주장을 받아들이지 않았다. 다른 유신들도 그가 구체적인 정책과 제도의 문제를 제기하는 것에 대해 마땅치 않게 생각하였다. 예컨대 같은 시기에 활동했던 김우옹(1540~1603)은 이이가 '심학상(心學上)'의 진언은 적고 '사업상(事業上)'의 말만 많다는 불만을 감추지 않았다.[35] 김우옹은 왕이 심학을 배우면 '사업'은 자연히 이루어질

---

34) 『선조실록』 권8, 선조 7년 1월 정유조.
35) 『석담일기』 상, 만력 원년 계유 동 10월, "宇顒曰然 公於經席啓事固好 但事業上 言語多 心學上言語少 吾意則不然 自上若知學問入頭處 則事爲自申於理矣"

것으로 생각하였다. 심지어 이이와 가장 가깝게 지냈던 성혼(1535~1598)도 이이가 '사공(事功)'만을 힘쓴다고 지적할 정도였다.[36] 당시의 유신들에게도 여전히 왕의 정심은 무엇보다 중요했던 것이다. 때문에 재이를 계기로 민생을 걱정하면서 민본정치를 해야 한다고 누구나 주장했지만 민을 위한 구체적인 정책에 대한 고민, 즉 경세의식은 없었다. 다음의 사료가 이를 단적으로 말해주고 있다.

> 좌상 노수신이 말하기를, "여러 사람들이 매번 민간의 질고에 대해 말하고 있으나, 민을 구제하는 정책에 대해서는 말하지 않으니 무엇에 쓰겠습니까." 하였다. 김우옹은 말하기를, "민을 구제하는 정책에 대해서는 신이 어리석어 알지 못합니다."[37]

이처럼 16세기에는 재이가 급증했음에도 이것이 민본정치를 담보하는 수단이 되지 못하였다. 재이를 인사의 잘못에 대한 천의 경고로 받아들이는 것을 거부하거나, 또는 그것을 천의 경고로 받아들이더라도 추상적인 왕의 수성 자체를 '응천지실'이라 함으로써 민을 위한 실질적인 법과 제도의 개혁은 이루어질 수 없었던 것이다. 이는 응천의 수단 가운데 하나였던 구언 제도와 관련된 이 시기의 특징에서도 다시 한번 확인된다.

구언은 왕이 자신의 잘못된 정치가 재이를 초래했다는 사실을 인정하면서 구체적으로 어떤 정치가 잘못되었는지를 신민들에게 묻는 것이다. 구언 교지가 내려지면 신민들은 자신이 생각하는 당시 정치의 잘못을 응지상소를 통하여 제한 없이 지적할 수 있었다. 그런데 이 시기의 구언에는 이전 15세기의 구언과 비교해서 뚜렷하게 구분되는 두 가지 특징이 나

---

36) 『석담일기』상, 만력 원년 계유 동 11월, "不能得上心 而先務事功 則是枉尺直尋 非儒者之事也"
37) 『선조실록』권13, 선조 12년 4월 갑오조.

타난다.38) 첫째는 민생과 직결된 한재나 여역으로 인한 구언보다는 왕의 안위와 관련된 천변을 계기로 한 구언이 급증하였다는 점이다. 성종대까지 구언의 계기가 된 재이 가운데 민생과 직결된 재이는 60% 가까이에 달했고, 반면에 천변은 24%에 지나지 않았다. 그러나 연산군·중종·명종대에는 천변의 비율이 급격히 증가하여 명종대에는 최고 65%에 이르렀다. 반면 한재로 인한 구언은 연산군대에 전혀 없었고 명종대에는 단 한 차례만 행해졌다. 민생의 안정을 해치는 지이(地異)보다 왕의 안위를 위협하는 천변이 훨씬 심각한 재이로 인식되었던 것이다. 두 번째 특징은 응지상소의 내용과 관련된 것이다. 성종대까지는 구체적인 법이나 정책 등 제도의 개혁을 요구하는 내용이 약 69%에 달했다. 그러나 16세기에는 제도보다는 왕에게 도덕적 실천을 요구하는 내용이 급증하였다. 연산군대의 57%, 중종대의 77%, 명종대의 67%가 왕의 수성을 요구하는 상소였던 것이다.

구언제도의 시행에서 나타나는 이같은 통계 결과는, 앞서 재이에 대한 인식이나 대응 방식에서 나타난 16세기의 문제점을 정확히 반영하고 있다. 인사＝정치의 잘못된 부분을 찾아 이를 바로잡는 민본정치를 행하고, 이로써 천인합일을 이루려는 재이는 이 시기에 이르러 그 기능을 거의 상실하였던 것이다.

재이가 민본정치를 담보하지 못함으로써 초래된 현실은 참혹하였다. 굶어 죽은 민의 시체가 서로 잇닿아 있다는 기록은 이 시기에 특이한 것이 아니었다. 가뭄이 들면 양반 사족이라 하더라도 아사하는 경우가 한둘이 아니었으니 일반 민들은 말할 필요도 없었다.

---

38) 이하 16세기의 구언과 관련된 통계 수치는 이석규, 앞 논문(2007·2009)에 근거한 것이다.

경상도 산음현의 민이, 그 아들이 장악생(掌樂生)의 방첩(幫貼)이
되자 그 손가락을 잘라 면제받았는데, 또 다른 아들이 방첩이 되었다.
그러자 친척과 함께 아들을 목졸라 죽일 것을 꾀하였으나 일이 발각
되어 족인이 관에 고발하니 옥에 갇혀 신문을 받았다.[39]

자식을 죽일 수밖에 없는 이 상황에 대해 사관은, 흉년이 들어 가난한
민이 역사(役使)와 징채(徵債)의 고통을 감당하지 못하는데도 진휼하지
않았기 때문이라고 한탄하고 있다. 그런데도 국가에서는 이들에 대한 진
휼에 소극적이었다. 여기에는 크게 두 가지 이유가 있었다고 생각된다.

무엇보다 우선 진휼곡이 부족하였다. 의창의 운영이 어려워진 16세기
에는 진휼곡으로 주로 군자곡을 이용하였는데, 이 때문에 진휼곡 운영에
한계가 있었고 이마저도 급격히 감소하였을 뿐만 아니라 보유곡의 부실
화도 심화되었다.[40] 무상으로 진휼하는 진제(賑濟)도 제대로 운영되지 못
하기는 마찬가지였다. 국가는 결국 진휼의 책임을 사족이나 부민(富民)에
게 미룰 수밖에 없었다. '보수구휼(保授救恤)'과 '유기아수양(遺棄兒收養)'
의 장려가 그것이었는데, 보수인에 대한 댓가는 복호와 버려진 아이에 대
한 신분적 권리였다.[41] 국가가 굶주리는 민에 대한 책임을 다하지 못할
때, 그들은 사족이나 부민에게 예속될 수밖에 없었던 것이다.

국가가 진휼에 소극적이었던 또다른 중요한 이유로 지배층의 부패가
있었다. 그것은 훈척과 지방관이 결탁하여 모리하는 구조적인 문제였다.

"지금 사람들이 또한 말하기를, '찰방의 값은 세목 8동, 별좌의 값
은 6동이다. 노비로는 7, 8구이고, 전답으로는 15석락지(石落地)이
다.' 라고 합니다. 이로 보건대 세도(世道) 역시 가히 알 수 있습니다.

---

39) 『명종실록』 권13, 명종 7년 1월 임자조.
40) 조규환, 「16세기 환곡 운영과 진자조달방식의 변화」 『한국사론』 37, 1997.
41) 조규환, 「16세기 진제정책의 변화」 『한성사학』 10, 1998.

또 내가(內價)·외가(外價)가 있다는 말을[내가는 곧 내전에 뇌물을 바치고 낙점 받기를 바라는 것이다 — 원주] 사대부들이 공공연히 하고 있습니다.”42)

관직의 값이 구체적으로 언급될 정도로 이 시기에는 매관매직이 성행하였다. 또 '당참(堂參)'이라 하여 지방관에 제수되면 의정부와 이조·병조의 낭청에게 사례를 해야 했다.43) 지방관은 이같은 경비를 임지의 민으로부터 수탈하고, 훈척은 이들 수령들을 보호하는 구조였던 것이다. 수령의 불법 행위를 적간하려는 암행어사를 수령이 구류하고 이웃 고을에도 통보하는 어처구니없는 사건이 벌어질 수 있었던 것도 이 때문이었다.44) 이같은 구조에서 민에 대한 진휼을 기대할 수는 없었다. 집권 훈척 세력은 민이 굶주리는 것은 수령만의 탓이 아니라 하기도 하고, 또는 농사에 힘쓰지 않은 때문이므로 게으른 농민을 징치해야 한다는 주장까지 서슴지 않았다.45) 민생에 대한 이같은 외면은 재이에 대한 인식과 대응 방식에서 나타났던 문제가 현실 정치에 그대로 드러난 결과였다.

재이와 관련된 것은 아니지만 민본이념이 왕실의 재산을 보호하는 논리에 동원되기도 하였다. 왕실 재정을 담당하던 내수사는 명종대에 5품 아문에서 2품 아문으로 격상되고 그 기능도 확대되어 공적 행정 계통에서 벗어나 왕에게 직계할 수 있는 무소불위의 권력기관이 되었다.46) 토지의 탈점과 민의 투탁을 비롯한 내수사의 작폐는 전국에 걸쳐 각종 마찰을 야기하였는데, 명종은 내수사의 불법 행위를 보호하는 논리로 민본이념을 내세웠다.

---

42) 『명종실록』 권14, 명종 8년 3월 경진조.
43) 『명종실록』 권27, 명종 16년 5월 정묘조.
44) 『명종실록』 권10, 명종 5년 4월 갑진조.
45) 『명종실록』 권8, 명종 3년 8월 계축조; 같은 책, 권12, 명종 6년 12월 정묘조.
46) 한춘순, 『명종대 훈척정치 연구』, 혜안, 2006, 177~225쪽.

"지금 수령들이 국법을 두려워하지 않고 백성을 억울하게 죽이는 등 방자하여 거리낌이 없다. 이와 같이 죄가 드러난 자들을 반드시 죄를 다스린 후에야 사람들이 국법을 두려워 할 것이다."[47]

이로써만 본다면 마치 왕이 민을 위해 한 말처럼 생각되지만 사실은 전혀 그렇지 않았다. 내수사 노비의 고장(告狀)에 따라 복호를 인정하지 않은 남원부사를 파직하면서 한 말이기 때문이다. 명종은 심지어 이를 계기로 부민고소금지법의 폐지까지 시도하였다.[48] 자신의 사적 이익을 위해 자신이 임명한 관리에 대한 민의 고소를 허락하려는 것이 이 시기의 '민본정치'였던 것이다.

결국 정치사상사의 측면에서 16세기의 변화가 의미하는 바는 분명하다. 한마디로 민본정치의 변질·실종이었다. 재이는 지배층에게 자기반성을 통한 민본정치를 담보해내지 못했고 오히려 지배의 명분을 강화하는 수단이 되었다. 때로는 자기반성 = 수성이 강조되기도 했지만, 그것이 민을 위한 실질적인 정책으로 이어지지는 못했다. 종래 천 = 재이를 매개로 자신들의 요구를 관철시킬 수 있었던 민은 이제 매개 수단을 잃어버린 셈이었다. 국가가 그들의 생계를 책임지지 못하게 되자 그들은 급속하게 지배층의 사적 예속인으로 몰락하였다. 이 시기에 노비의 수가 급증한 것은 이상한 일이 아니었다.

4. 민의 성장

16세기에 이르러 민본정치가 변질·실종되었지만, 이같은 상황에서도

---

47) 『명종실록』 권12, 명종 6년 8월 을해조.
48) 『명종실록』 권11, 명종 6년 7월 기해조.

미세하지만 중요한 변화는 있었다. 즉 16세기에 이르러 민과 관련해서 두 가지 새로운 인식이 나타났던 것이다. 우선 군주와 민을 일체로 보는 '군민일체'의 시각이 그것이다. 용어 자체로만 본다면 이 시각에서는 명분을 강조하는 논리든, 민본을 강조하는 논리든 양자가 모두 나올 수 있다. 그러나 이 시기에 사용된 군민일체는 민본을 강조하는 논리였다. 군민일체의 인식은 중종대 조광조에게서 처음 나타나는 것으로 파악된다.

> 조강에 나아갔다. 『예기』를 진강하는데, 검토관 조광조가 '민은 군으로써 마음을 삼고 군은 민으로써 몸을 삼는다'는 말에서 아뢰기를, "군민은 본래 일체로서 마음과 몸은 하나라도 없을 수 없습니다. 인군은 마땅히 민을 적자를 보호하듯 하여 민의 마음으로 자신의 마음을 삼고, 민의 형체로 자신의 몸을 삼아야 합니다." 하였다. 왕이 말하기를, "군주와 신하는 백성을 위해야 하니 마땅히 교화로써 인도하고, 따르지 않는 자는 교화에 따르도록 해야 한다. 후세에는 교화로 하지 않고 먼저 형법을 쓰니 인도하여 따르게 하는 뜻이 없다."49)

조광조는 군주와 민은 일체이기 때문에, 군주가 민의 마음으로 자신의 마음을 삼고 민의 형체로 자신의 몸을 삼아야 하는 점을 강조하면서 민을 보호해야 함을 말하고 있다. 조금은 추상적이고 진부한 말이어서 그런지 이에 대해 중종은, 민을 교화시키는 것이 중요하다는, 다소 조광조의 의도와는 다른 내용으로 응답하였다. 군민일체의 인식은 명종대 말에 이언적이 지은 '진수팔규(進修八規)'에 다시 나타난다.50) 여기서 이언적은 보다 구체적으로 군민일체의 인식에서 민본정치가 행해질 수 있음을 밝히고 있다. 그러다가 선조대에 이르면 군민일체의 인식이 좀더 자주 등장하

---

49)『중종실록』권27, 중종 12년 1월 병신조.
50)『명종실록』권33, 명종 21년 9월 신묘조, "蓋侈用則傷財 傷財必至於害民 故人君 深明君民一體之理 樂民之樂 憂民之憂 恭儉節用 約己厚下 如文帝之惜百金之費 宋 仁宗之忍一夕之飢 然後乃可以革弊習施寬政 而民免於割剝矣"

는데, 이 때에는 민본이념을 강조하는 논리로 분명하게 사용되고 있다. 다음은 선조의 지우를 받았던 김우옹이 경연에서 한 말이다.

> 김우옹이 아뢰기를, "맹자의 말은 단지 시폐를 위해서 말한 것만은 아닙니다. 천리로 말하면 천이 민을 낳고 사목(司牧)을 세운 것은 민을 위한 것입니다.……명분으로 말하면 군(君)과 민의 명분이 절연한 것이 하늘과 땅의 관계와 같아서 문란해서는 안됩니다.……다만 후세에는 명분의 엄한 것만 알고, 군을 세운 것이 민을 위한 것이라는 뜻은 몰라, 방자하게 민의 위에서 원래 그러한 것처럼 스스로를 높이니 군과 민의 사이에 정세(情勢)가 끊어져 군과 민이 일체라는 뜻을 모릅니다."[51]

여기서 김우옹은 군주와 민의 관계를 '리(理)'와 '분(分)'으로 나누어 설명하고 있다. '리'로 말하면 군주는 민을 위해 존재하는 것이며, '분'으로 말하면 군주와 민은 엄격히 구분된다는 것이다. 이는 앞서 주자가 『맹자혹문』에서 민본과 명분을 각각 천리와 분수에 분속시킨 것과 완전히 일치한다. 그러면서 후세에는 명분만이 강조되어 군주와 민 사이의 '정세(情勢)'가 끊어져 '군민일체'라는 사실을 모른다는 것이다.[52] 즉 지배의 명

---

51) 『선조실록』권13, 선조 12년 6월 임오조.

52) 김우옹은 '리'와 '분'이라는 두 측면에서 군주와 민의 관계를 말함으로써 『맹자혹문』에 나타난 주자의 견해를 그대로 받아들이면서도, 다른 한편으로 군주와 민이 일체인 것은 '리'가 아닌 '정세(情勢)'의 측면으로 말하고 있다. 이는 아마도 진덕수(眞德秀)의 『대학연의』의 영향 때문이라 생각된다. 진덕수는 군주와 민의 관계를 '정'과 '분'의 측면으로 나누어 설명하는데, 이는 주자의 '리'를 '정'으로 대체한 것이다. 그는 "군주와 민은 분으로써 말하면 하늘과 땅 같아서 구분되는 것이고, 정으로써 말하면 심과 체가 서로 자뢰하는 것과 같다."고 하였다(『대학연의』권29, "按君之與民 以分言之 則若霄壤之不侔 以情言之 則若心體之相資 故可親而近之不可卑而遠之也"). 진덕수의 이 말은 앞서 인용했던 조광조의 '군과 민이 일체인 것은 심과 체가 떨어질 수 없는 것과 같다.'는 말과 상통한다. 조광조는 『맹자혹문』을 보지 못했던 것으로 생각된다. 『맹자혹문』은 중종 13년에 김안국이 중국에서 처음으로 『어맹혹문(語孟或問)』을 들여오면서 조선에 알려졌기 때문이다(『중종

분보다는 군민일체에 근거한 민본정치가 행해져야 할 시기임을 강조한 것이라 할 수 있다.

16세기에 이르러 '군민일체'의 인식이 나타난 것은 의미있는 변화라고 생각된다. 이전에는 군주와 신하를 원수(元首)와 고굉(股肱)에 비유하면서 '군신일체(君臣一體)'를 강조하는 표현은 많았지만, 군주와 민을 직접 일체로 보는 경우는 없었다. 다만 '민위군천'과 같은, '민유방본(民惟邦本)'의 유교 이념에 근거한 표현만이 있었을 뿐이다. 이로써 본다면 종래 군주와 신하만을 일체로 보던 시각에서 이제 민까지를 '일체'의 대상에 포함시킨 셈이다. 이같은 인식이 아직 보편화된 것은 물론 아니었다.

두 번째로 지적할 수 있는 것은 민도 도덕을 실천할 수 있다는 인식이 점차 확대되었다는 점이다. 앞서 언급했듯이 지배층과 민은 도덕을 실천할 수 있는 능력의 유무를 기준으로 구분되었고, 조선 초기에는 민의 도덕적 능력에 대해 부정적이었다. 그런데 16세기에 이르면 민도 도덕을 실천할 수 있다는 논의가 여러 차례 나타난다. 대표적인 것이 중종대에 있었던 민에게 삼년상을 허락할 것인가를 둘러싸고 진행된 논란이다. 『경국대전』에는 군사와 서인에 한해 백일상을 하도록 하고, 군사에 대해서만 원하면 3년상을 허락하도록 규정되어 있었다. 중종대의 논란은 이 규정을 확대하여 서민과 공천(公賤)에게도 3년상을 허락하자는 것이다.[53] 또한 명종대에도 민의 도덕적 능력을 인정하는 기록이 여러 차례 등장한다. 행해지지는 않았지만, 심지어 명종은 향리에서 글을 아는 자라면 천인과 서인을 가리지 말고 학장(學長)을 삼으라고 할 정도였다.[54] 또 효자·절부 등에 대한 정표가 빈번히 행해졌고, 비록 척신인 윤원형이 주도했다

실록』 권34, 중종 13년 11월 무오조).

53) 고영진, 「15·16세기 주자가례의 시행과 그 의의」『한국사론』21, 1989, 97~103쪽, 128~132쪽.

54) 『명종실록』 권3, 명종 1년 6월 을미조, "雖窮村僻巷 豈無解文者乎 各於閭里 擇其解文者 勿論賤庶 以爲學長 而使之開蒙敎誨"

고는 하지만 서얼허통과 첩자(妾子)의 봉사(奉祀)를 허락하자는 논의도 계속되었다.

16세기에는 이처럼 군주와 민을 일체로 인식하기 시작하였고, 아울러 민의 도덕적 능력을 점차 인정하는 추세가 나타났다. 이같은 지배층의 민에 대한 인식 변화는 민의 성장과 연관된 것이라 생각된다. 15세기의 지배층은 '민위군천'의 인식을 바탕으로 민을 배려하지 않으면 안되는 정치적 실체로 인정하였지만, 도덕적 능력이라는 측면에서 민은 배제되어 있었다. 민은 다만 자신의 분수를 지키고 국가에 역을 바치기만 하면 되는 '수분공역(守分供役)'의 존재에 불과하였다.[55] 이에 반해 지배층에게는 도덕을 실천할 수 있는 군주와 신하가 일체로 '칙신근직(飭身勤職)'하는 것만이 중요한 것으로 여겨졌다. 그러나 사실상 이는 모든 인간은 도덕을 실천할 수 있는 본연지성을 지니고 있다는 성리학의 명제에 어긋나는 것이었다. 그러다가 16세기에 이르러 민의 도덕적 능력이 점차 인정되었고, '군민일체'의 인식도 함께 나타났다. 이같은 사실은 지배층이 도덕을 실천할 수 있는 유교 공동체의 일원으로 민을 인식하기 시작하였던 것이라 할 수 있다. 아직 보편화되기에는 많은 시간을 기다려야 했지만 이같은 인식이 확대되는 것은 피할 수 없는 추세였다.[56]

그럼에도 불구하고 현실에서 실질적인 민본정치는 여전히 행해지지 않았다. 재이가 민본정치를 담보하는 수단이 되지 못했다는 것은 민으로서는 자신들의 요구를 지배층에게 전달할 수 있는 간접적인 매개물이 없어진 것을 의미하였다. 민은 이제 생존을 위해 스스로 나서지 않으면 안

---

55) 『태조실록』 권8, 태조 4년 10월 을미조, "自今爲士大夫者 飭乃身勤乃職 爲民庶者 守乃分供乃役 毋僥倖以苟得 毋放僻以自逸 以成禮義之俗"

56) 17세기 말에서 18세기에 이르면 정치이념을 담은 개념화된 용어로 '민국(民國)'이란 표현이 사용된다고 한다(김백철, 「조선 후기 영조대 백성관의 변화와 '민국'」『한국사연구』 138, 2007). 이같은 발전의 단초가 된 것이 16세기의 '군민일체' 인식이 아닌가 한다.

되는 상황이었다. 그 결과 민의 대응은 다양하게 나타났고, 대응 방식에
서도 이전과는 다른 양상을 보이기 시작하였다.

민의 대응은 크게 소극적 대응과 적극적 대응으로 나눌 수 있다. 먼저
소극적 대응으로는 권세가나 부호인에게 투탁하는 경우와 고향을 떠나
유리하는 경우가 가장 일반적이었다. 물론 투탁이나 유리는 이전 시기에
도 상당히 광범위하게 나타난 현상이었다. 그러나 16세기의 투탁이나 유
리는 그 성격이나 규모에서 이전과는 달랐다. 투탁의 경우 종래에는 권세
가나 부호인이 압량위천을 하면서 이를 투탁이라 하였다면, 이 시기에는
민 스스로가 선택한 결과였다. 때문에 압량위천을 금하는 법으로도 막을
수가 없었다.57) 뿐만 아니라 군역의 특수한 형태로 종친·공신·당상관
등의 호위를 위해 지급되던 반당(伴倘)들을,58) 이 시기에 이르면 지방의
토호·품관들까지도 '가반인(假伴人)'의 명목으로 다수를 점유하여 군액
을 채울 수 없을 정도였다.59) 여기에는 부세가의 모점도 있었지만 민이
스스로 투탁한 경우도 많았다. 민이 유리하는 경우도 이전과는 비할 수
없을 정도로 대규모였다. 명종대 단양의 경우는 군세(郡勢)를 유지할 수
없어 아예 수령이 군을 혁파해 줄 것을 청하기도 하였다.60) '역역지호(力
役之戶)'가 125호인데 1년 남짓만에 50여 호가 도망하였다는 고성이
나,61) 500호이던 민호가 40호만 남았다는 평창도 다를 바가 없었다.62) 이
들 유리하는 민들이 정착한다면 그곳이 부세가일 것은 자명하였다. 결국
투탁이나 유리는 별개의 대응 방식이 아닌 셈이었다. 국가의 보호를 받지

---

57) 『중종실록』 권75, 중종 28년 7월 을묘조.
58) 한희숙, 「조선초기의 반당」 『역사학보』 112, 1986.
59) 『중종실록』 권96, 중종 36년 11월 신해조; 같은 책, 권98, 중종 37년 윤5월 무오
    조; 『명종실록』 권10, 명종 5년 1월 갑오조.
60) 『명종실록』 권22, 명종 12년 5월 기미조.
61) 『명종실록』 권26, 명종 15년 1월 임오조.
62) 『명종실록』 권27, 명종 16년 2월 정미조.

못한 민은 이제 지배층의 사적 예속민으로 존재할 수밖에 없었다.

그러나 민이 이처럼 소극적으로만 대응한 것은 아니었다. 그들은 지배층의 침탈로부터 자신들의 이익을 보호하기 위해 적극적인 대응도 불사하였다. 그것은 주로 상언이나 격쟁 등의 방식으로 이루어졌는데, 16세기에는 이같은 대응을 통해 자신들의 원억을 해결하려는 요구가 급격하게 증가하였다.[63] 소원(訴冤)의 주체가 집단인 경우도 많았고, 그 대상은 왕족이든 고위 관료든 가리지 않았다. 실로 이 시기에 민의 정소는 넘쳐나고 있었다. 심지어는 뇌물을 받고 왕의 행행 시에 소장을 대신 제출해 주는 자까지 등장하였다.[64]

민은 자신들의 원억이 해소되지 않을 때, 또는 생계가 막다른 지경에 이르렀을 때 폭력적인 방식도 서슴지 않았다. 도적이 되는 것은 이 가운데 가장 일반적인 방식이었다. 15세기 전반까지만 해도 도적은 주로 흉년으로 인해 자연발생적으로 나타나 활동하는 수준에 머물렀지만, 후반부터는 점차 과중한 수취 부담, 지배층의 토지 집적에 따른 농민층의 몰락 등 사회경제적 모순으로 인해 발생하는 경향이 나타났다.[65] 그러다 16세기에 이르면 도적들의 활동이 체제를 위협할 정도로 심각한 문제가 되었다. 이 시기의 도적 활동에서 나타나는 특징을 몇 가지로 정리한다면 첫째, 도적의 발생 빈도가 높아졌다는 점 둘째, 정치 기강과 수취체제의 문란으로 인한 농민층의 몰락을 배경으로 하고 있다는 점 셋째, 도적의 규모가 50~200여 명에 이를 정도로 군도(群盜)를 이루어 조직적으로 활동했다는 점 넷째, 상인이나 향리와 같이 농민이 아닌 계층도 참여하고 있다는 점 다섯째, 도적들이 주로 종친·사대부·부호·관아 등을 대상으로 활동했다는 점 등을 들 수 있다.[66] 한 마디로 16세기의 도적 활동은 단

---

63) 한상권, 『조선후기 사회와 소원제도』, 일조각, 1996, 28~31쪽.
64) 『중종실록』 권17, 중종 8년 2월 기유조.
65) 한희숙, 「15세기 도적활동의 사회적 조명」 『역사와 현실』 5, 1991.

순히 생존을 위한 불가피한 선택이 아니라 지배층, 지배체제에 대한 민의
폭력적 저항이었다고 할 수 있다. 명종대 임꺽정의 난은 이같은 특징들을
모두 갖춘 대표적인 민의 저항이었다.

그러면 이처럼 민의 저항이 일상화된 시기에 민은 지배층, 지배체제에
대해 어떻게 인식하고 있었을까. 이를 파악하기는 사료의 한계로 인해 대
단히 어려운 일이다. 다만 조정에 알려진 몇 가지 사례를 통해 유추할 수
있을 뿐인데, 이 사례들에 나타난 민의 행동에서는 주목할 만한 사실이
포착된다. 먼저 다음의 사료를 보기로 하자.

> 직산에 사는 사노(寺奴) 막동이가 승정원에 와서 고하기를, "이웃에
> 사는 6촌 누이의 사위인 사노 김말손이 이달 3일 우리 집에 와서 말하
> 기를, '사문(赦文)은 두 번 내렸지만 민을 구휼하는 교서[恤民之敎]는
> 한번도 없으니 이같이 복이 없는 임금은 어찌 빨리 죽지 않는가.' 하기
> 에 대답하기를, '우리 임금처럼 민을 사랑하는 임금은 없다. 한 도가
> 흉년이 들면 다른 도의 곡식을 옮겨 구제하니 은혜가 망극하여 우리
> 는 항상 억만년을 누리시기를 원하는데 너는 홀로 어떤 사람이기에
> 이같은 말을 하는가.' 하니 말손이 웃으며 말하기를, '당신같은 늙은
> 아재비와는 말하지 않는 것이 좋겠다.' 하므로 심히 통탄스러워 와서
> 고합니다." 하였다.67)

이 사건은 직산에 사는 노비 막동이가 같은 마을에 사는 노비인 김말손
이 왕에게 저촉되는 말을 했다고 하여 고알한 사건이다. 여기서 놀라운
것은 김말손이 했다는, '사문(赦文)은 두 번 내렸지만 휼민지교(恤民之敎)
는 한번도 없으니 이같이 복이 없는 임금은 어찌 빨리 죽지 않는가.' 라는
말이다. '사문'은 민의 원억을 해소하기 위해 죄인을 용서하는 유지(宥旨)

---

66) 한희숙, 앞 논문(1995 · 1998 · 1999) 및 이정수, 앞 논문(1996)
67) 『중종실록』 권46, 중종 17년 11월 신해조.

를 의미하고, '휼민지교'는 말 그대로 민을 구휼하는 교서이니, 모두 재이에 대한 대응책으로 민을 위해 행해지는 것이다. 김말손이 실제로 이같은 말을 한 것인지는 확인할 수 없지만, 어쨌든 충청도 시골에 사는 가장 천한 신분인 노비가 왕이 민을 위한 정치를 행하는지의 여부를 의식하고 있었다는 사실은 놀랍다. 이들에게 왕은 민본정치를 행해야 할 의무가 있는 존재로 인식되었던 것이다. 다음의 경우도 마찬가지이다.

> 왕이 석강에 나아갔다. 시독관 정유길이 아뢰기를, "전 파주목사[조세붕]가 체직되어 돌아올 때 읍민이 길을 막고 그 행장을 빼앗으며 말하기를, '민은 장차 굶어 죽으려는데 진대(賑貸)는 지급하지 않고 이 관물을 훔쳐서 어디로 가려느냐'고 하였으니 어찌 이같이 경악스러운 일이 있겠습니까. 아랫사람이 윗사람을 능범하는 일이 점차 자라는 것은 불가합니다."68)

이것은 민을 제대로 진휼하지 않은 수령이 체직될 때 민이 수령을 겁박하여 길을 막고 행장을 빼앗은 사건이다. 여기서도 수령은 민을 진휼해야 할 책임이 있는 존재로 인식되고 있다. 더 나아가 민은 진휼의 책임을 다하지 않은 수령의 사물(私物)인 행장을 관물이라 하여 빼앗고 있다. 민 스스로가 진휼을 당당하게 요구했던 셈이다.

한편으로 선조대에 이르면 민의 저항 방식에 이전에는 보이지 않던 또 다른 특징적인 양상이 나타난다.

> 이이가 말하기를, "근래 민생이 날로 곤핍해지고 풍속이 날로 무너져서 한 달 동안에 완악한 민이 태봉(胎峯)의 돌 난간과 향교의 위판(位板)을 부숴버렸습니다. 이같은 큰 변란은 정말 놀라운 일입니다."69)

---

68) 『명종실록』 권7, 명종 3년 2월 신해조.
69) 『선조실록』 권9, 선조 8년 11월 임술조.

민이 태봉(胎峯)의 난간과 향교의 위판(位板)을 부수었다는 말인데, 좀 더 자세한 내용은 이이의『석담일기』에 나온다. 이에 의하면 서산의 간민 (姦民)이 수령을 해치려고 명종의 태봉 난간을 부순 일이 있었고, 당진에 서는 훈도를 해치려고 향교의 위판을 부수었다는 것이다.[70] 이같은 사건 은 선조대에 전국적으로 발생하였다. 충청도뿐 아니라 전라도의 옥구·부안·나주 등지에서도 향교나 사직단의 위판을 훼손하는 일이 벌어졌 다. 심지어 경상도 함양에서는 현리(縣吏)가 서원에 있는 선성(先聖)의 위 판을 절취하여 뒷간의 다리로 삼은 일까지 있었다.[71] 향교나 서원의 위판 을 부수고 모욕하는 일이 선조대 하삼도에서 광범위하게 일어났다는 것 은 이 시기 향촌사회에서 확립된 사족지배체제에 대한 민의 반발을 여실 히 보여주고 있다.

왕을 비롯한 지배층은 민본정치를 해야 할 책임이 있다는 사실을 민이 깨닫고 이를 당당하게 요구했다는 사실, 유교가 지배하는 사회에서 그 최 고의 권위를 나타내는 상징물을 모욕하는 행위가 빈번했다는 사실은 민 의 성장과 관련해서 매우 중요한 의미를 지니는 것이라 생각된다. 16세기 의 민은 유교의 정치이념이 무엇인지를 깨달아 알고 있었으며, 그 안에서 자신이 차지하는 위치를 점차 자각하기 시작하였고, 이를 근거로 자신들 의 '권리'를 당당히 주장하였다. 그리고 이것이 받아들여지지 않을 때 그 들은 바로 그 지배체제의 권위를 부정함으로써 저항하였다. 종래 지배층 의 침탈에 즉자적으로만 반응하던 민이 아니었던 것이다. 천을 매개로 해 야만, 그것도 지배층에 의해서만 자신들의 요구가 반영될 수 있었던 시대 의 민과는 분명 다른 존재였다. 이 점에서도 16세기의 민은 성장하는 과 정에 있었고, 그것은 유교 공동체에서 자신의 위치를 스스로 찾아가는 첫

---

70)『석담일기』하, 만력 삼년 을해 10월 및 11월조.
71) 정경운,『고대일록』권4, 만력 계묘 오월 팔일 계해, "往見公幹 仍向書院 鄉人大會 通書于玄風 前此縣吏敢難者附賊 窃取先聖位板 作橋溷室 汚衊百端"

단계였다고 생각된다.[72]

5. 맺음말

조선의 건국은 이전 시대의 '군위민천(君爲民天)'이라는 인식이 '민위군천(民爲君天)'의 인식으로 전환함으로써 가능하였다. 따라서 조선 초기에는 민이 군주의 하늘이라는 인식에 근거한 민본이념이 강조되었다. 지배층과 민의 관계를 '상보적(相報的)' 관계로 보거나 또는 '동포'로 보는 시각이 나타나고, 민도 지배층과 마찬가지로 인의예지의 본연지성을 지니고 있다는 점을 인정한 것은 그 결과였다. 이로써 종래 현실 정치에서 무시되던 민은 이제 객관적으로 실재하는 정치적 실체로 받아들여졌다.

그럼에도 불구하고 민은 여전히 존비·귀천의 측면에서 지배층과 구분되는 존재였다. 비록 본연지성을 지니고 있더라도 민은 스스로 이를 현실의 도덕 규범으로 전화시켜 실천할 수 있는 능력이 부족하기 때문이었다. 따라서 민은 도덕적 실천 능력이 있는 지배층에 의해 '교화'되어야 할 존재였고, 이 점에서 지배층은 민에 대한 지배의 명분을 획득할 수 있었다.

이처럼 조선 초기에는 명분론과 민본이념이 정치이념으로 기능하였다. 그러나 양자의 관계를 하나의 정치이념 안에서 모순 없이 설명하기란 쉽지 않았다. 때문에 양자는 현실 정치에서 대립·갈등할 수밖에 없었고,

---

72) 성리학의 인성론에서 모든 인간은 도덕을 실천할 수 있는 본연지성을 지니고 있다. 이 점에서 모든 인간은 평등한 존재이다. 그렇다면 성리학이 지배하는 사회에서 민의 성장을 말할 때, 그 기준은 민의 도덕 실천이 되어야 한다. 민이 유교 정치이념을 깨닫기 시작하였다면 그것은 민의 도덕 실천을 가능케 하는 첫 단계라고 할 수 있을 것이다. 이와 관련하여 17세기 전반에 안동 향리들이 사족과 동등한 지위를 얻기 위한 목적에서 스스로 삼년상을 지내겠다고 요청한 것은 의미심장하다 (이욱, 「조선 후기 향리들의 꿈」 『내일을 여는 역사』 26, 2006).

양자의 모순 관계를 의식했던 주자(朱子)도 다만 시대에 따라 요구되는 것이 다르다고 할 뿐이었다. 그렇다면 조선 초기에는 명분보다 민본이념이 강조되던 시기였다고 할 수 있다. 이는 유교 정치사상에서 지배층의 덕치 = 민본정치를 담보하는 수단이었던 재이에 대한 이 시기의 인식을 통해 알 수 있다.

조선 초기에는 재이를 인격적 주재자인 천(天)이 군주에게 보내는 직접적인 경고라는 인식을 포기하지 않았다. 뿐만 아니라 재이를 천수(天數)에 따라 천이 운행하는 과정에서 일상적으로 나타나는 자연 현상으로 보는 시각도 의도적으로 배격하였다. 그 결과 재이는 지배층의 민본정치를 '강제'하는 실질적인 수단이 될 수 있었다. 명분론에 근거하여 지방민이 지방관을 고소할 수 없도록 하는 부민고소금지법이 상징적으로만 존재하였던 것도 민본이념이 실제로 작동하고 있었음을 말해주는 것이라 할 수 있다.

그러나 16세기에 이르러 민본정치는 변질되고 있었다. 재이가 급증하고 특히 민생과 직결된 한재나 여역이 빈번하게 발생하여 수만 명의 사망자가 발생하는 데에도 민을 구제하는 실질적인 정치가 행해지지 않았다. 이는 민본정치를 담보하는 수단이던 재이가 제대로의 기능을 하지 못했음을 의미하였다. 재이를 천의 경고로 보지 않고 천수의 우연 때문이라고 하여 관상감을 혁파하거나, 재이가 발생한 사실 자체를 비밀에 부치기도 하였다. 심지어는 재이를 계기로 오히려 지배의 명분을 강화하기도 하였다. 비록 재이를 천의 경고로 받아들이는 경우에도 이에 대한 대책은 비현실적이었다. 민생을 안정시키기 위한 실질적인 제도의 개혁을 모색하기보다는 '수성(修省)'이라고 하는 도덕의 실천만을 강조함으로써 유교의 추상적인 덕목 자체가 천의 경고에 응답하는 실질적인 내용이 되었던 것이다.

이는 당시 행해진 구언에 나타나는 특징과도 정확히 일치한다. 종래에는 민생의 안정을 해치는 재이가 발생했을 때 주로 구언하였다면, 16세기에는 왕의 안위와 관련된 재이가 주된 구언의 동기였다. 구언에 따른 응지상소의 내용도 구체적인 제도의 문제점을 지적하는 경우는 줄어들고 왕의 수성을 요구하는 내용이 급증하였다. 민생을 안정시키는 구폐책을 마련하려는 구언의 기능은 거의 상실된 셈이었다.

이같은 민본이념의 변질은 현실 정치에 그대로 반영되었다. 민이 굶주리는 참혹한 상황에서도 이들에 대한 진휼은 적극적으로 이루어지지 않았다. 진휼곡이 부족한 때문이기도 하지만, 무엇보다 중앙의 권귀와 지방의 수령이 결탁하여 모리하는 부패 구조가 문제였다. 이 때문에 굶주리는 민은 농사에 힘쓰지 않는 게으른 자이므로 징치해야 한다는 주장까지 서슴지 않았다. 반면에 왕실 재산을 관리하는 내수사의 작폐를 옹호하는 논리에만 오로지 민본이념이 동원되었다. 종래 천 = 재이를 매개로 자신들의 요구를 관철시킬 수 있었던 민은 이제 그 매개 수단을 잃어버렸고, 국가도 자신들의 생계를 외면하게 되자 급속하게 지배층의 사적 예속인으로 몰락하였다.

그러나 민본정치가 변질·실종된 16세기의 상황에서 역설적으로 민은 성장하고 있었다. 성장의 모습은 지배층의 민에 대한 인식에서도, 그리고 유교 정치에 대한 민의 대응에서도 찾을 수 있다. 먼저, 제한적이기는 하지만 이 시기에 '군민일체'의 인식이 나타나기 시작하였다. 15세기에는 '군신일체'라는 인식이 보편적이었지만 '군민일체'라는 인식은 없었다. 그러나 이 시기에 이르면 민도 '일체'의 대상에 포함된 것이다. 이와 아울러 민도 도덕을 실천할 수 있다는 인식이 점차 확대되었다. 민에게도 3년상을 허락하자는 논의, 민도 향리에서 학장이 될 수 있다는 인식, 서얼 허통과 첩자의 봉사를 허락하자는 논의 등은 모두 민의 도덕적 실천 능력을 전제로 한 것이었다. 종래에는 이 능력을 인정하지 않음으로써 지배층과 민이 엄격하게 구분되었지만, 이제 양자를 구분하는 단단한 벽에 균열이 생기기 시작한 것이다.

다음으로, 민본정치가 행해지지 않자 이에 대한 민의 대응에도 변화가 나타났다. 종래에는 민이 굶주리면 먹을 것을 찾아 유리하거나 도적이 되는 것이 일반적이었다. 그러나 16세기에 이르면 민 스스로가 민본정치를 당당히 요구하기 시작하였다. 지방에 거주하는 가장 천한 노비도 왕이 민본정치를 행하는지의 여부를 파악하고 있었다. 민을 구휼하지 않은 수령이 체직될 때 그의 행장을 관물이라 하여 빼앗기도 하였다. 유교 사회에서 최고의 권위를 상징하는 향교나 서원의 위판을 훼손하는 행위는 전국적으로 나타났다. 이 시기의 민은 지배층이 민본정치를 행해야 할 의무가 있다는 사실을 깨닫고 있었으며, 이 의무가 행해지지 않을 때 유교 지배 체제의 권위를 부정함으로써 저항하였다.

16세기의 민은 이전 시기의 민과는 분명 다른 존재였다. 천을 매개로 해서만, 그것도 지배층에 의해서만 자신들의 요구가 반영될 수 있던 시기의 민이 아니었다. 정치적 실체로 인정되기는 했지만 도덕적 실천 능력이 부족하여 유교 공동체에서 배제되었던 민도 아니었다. 그들은 유교의 정치이념이 무엇인지 깨닫고 그 안에서 직접 자신들의 '권리'를 주장하기 시작하였다. 도덕적 실천 능력도 점차 인정되는 추세였다. 이 점에서 16세기의 민은 성장하고 있었고, 그것은 유교 공동체에 민이 포섭되는 첫 단계였다고 생각된다.

(『한국사상사학』 39, 2011. 12)

제4장

조선 전기 삼년상제의 확립과 민의 성장

1. 머리말

조선이 유교를 지배 이념으로 건국되면서 지배층은 유교적 예제의 보급에 지대한 노력을 기울였다. 이 때 유교적 예제의 기준으로 삼은 것은 특히 주자의 『가례』였다. 이미 고려 말에 도입된 주자가례는 일부 사대부들에 의해 주목되었고, 또 개별적으로 시행되기도 하였다. 그러다가 조선에 들어오면서 국가 차원에서 본격적으로 시행이 강제되었다.

그러나 주자가례의 시행이 국가의 의도대로 순조롭게 추진된 것은 아니었다. 주자가례는 기본적으로 종법적 질서의 확립을 추구한 것이기 때문에 고려 이래의 사회적 관습과 충돌할 수밖에 없었다. 고려 말 정몽주가 주자가례에서 통례(通禮)로 강조한 가묘(家廟)의 설립을 주창하면서도 종법에 구애될 필요가 없다고 한 것은 적장자를 중심으로 한 개별 가(家)의 성립이 보편화되지 못했음을 의미하는 것이었고, 이같은 상황은 가묘의 설립을 법으로 강제한 조선 초기까지 계속되었다.[1]

---

1) 주웅영, 「가묘의 설립배경과 그 기능」『역사교육논집』7, 1985, 66~69쪽.

주자가례의 보급이 순조로웠던 것은 아니지만, 조선의 지배층은 포기하지 않았다. 특히 관혼상제의 사례(四禮)로 구성된 주자가례 가운데 상례와 제례에는 더 큰 관심을 기울였다. 그것은 아마도 이 두 예제가 부모와 조상에 대한 효(孝)를 통해 국가에 대한 충(忠)을 담보해내려는 유교 국가의 의도를 실현하는 기제였기 때문일 것이다. 따라서 상례에서 무엇보다 강조된 것은 삼년상이었고, 제례에서의 그것은 가묘의 설립이었다. 삼년상과 가묘의 문제는 16세기 예학이 본격적으로 발달할 때까지 끊임없이 논란의 대상이 되었다.

그러나 삼년상과 가묘와 관련해서 제기된 논란은 그 성격이 달랐다. 가묘의 경우, 고례에서부터 이미 명확하게 신분에 따른 봉사 대상이 규정되어 있어 신분제 사회였던 조선에 적용하는데 큰 문제가 없었다. 때문에 주로 논의된 것은 가묘의 보급을 어떻게 강제할 것인가, 또는 봉사 주체의 신분 변동에 따른 봉사 대상의 변동을 어떻게 일치시킬 것인가 하는 등 운영 과정에서 나타나는 문제가 대부분이었다. 반면에 삼년상은 공자가 '천하의 통상(通喪)'으로 규정한[2] 이래 천자부터 서인에 이르기까지 동일하다는 것이 원칙이고 당위였다. 때문에 이를 신분제 사회에 그대로 적용하기가 쉽지 않았다. 즉 삼년상을 행해야 할 대상 신분층이 중요한 문제가 되었던 것이다.

본 연구에서는 삼년상과 관련된 조선 전기 지배층의 논의를 살펴보고 그것이 지니는 의미를 생각해 보려고 한다. 특히 삼년상의 적용 대상을 중심으로 한 논의에 초점을 맞추고자 한다.

이 문제가 중요하다고 생각되는 이유는 그것이 민(民)의 도덕적 능력에 대한 유교 관인층의 인식과 직결될 수 있기 때문이다. 당시의 관인층은 자신들만이 유교적 덕목을 실천할 수 있는 능력이 있었고, 이것이 자신들

---

2) 『논어』 「陽貨」

과 민을 구분짓는 중요한 기준이었으며, 이 능력으로 인해 자신들의 민에 대한 지배가 정당화되는 것이라고 생각했다.3) 따라서 유교적 덕목의 핵심적인 실천 예제인 삼년상과 관련된 논의에서도 이같은 관인층의 인식이 어떤 형태로든 드러날 것으로 생각된다. 또한 이 과정에서 삼년상에 대한 민의 입장도 간접적으로나마 짐작할 수 있을 것이다.

이같은 문제의식을 바탕으로 먼저 사대부가의 삼년상이 의무화되는 과정과 함께, 『경국대전』「예전」의 오복조에 규정된 삼년상을 행해야 하는 경우가 확정되는 과정도 알아본다. 이어 군사와 서인, 그리고 향리에게까지 삼년상을 확대해야 한다는 논의가 진행되는 과정을 하나하나 짚어 볼 예정이다.

지금까지 조선 전기의 삼년상에 관해서는 주로 주자가례의 보급이라는 측면에서 부분적인 언급이 있었고,4) 최근에는 삼년상 중에 있는 관리에게 출사를 명하는 제도인 기복제(起復制)와 관련해서 삼년상을 다룬 연구가 제출되어 있다.5) 이들 연구로 조선 전기의 삼년상에 대해 개략적인 이해는 가능하지만, 본고의 시각에서 구체적으로 삼년상제가 확립되는 과정을 다룬 연구는 없다고 할 수 있다.

본 연구를 통해 유교적 도덕을 실천할 수 있는 능력을 지닌 주체로서 민이 성장하는 모습을 확인할 수 있기를 기대한다.

---

3) 이석규, 「조선초기 관인층의 민에 대한 인식」 『역사학보』 151, 1996.
4) 지두환, 「조선초기 주자가례의 이해과정」 『한국사론』 8, 1982.
　　최재석, 「조선초기의 상제」 『규장각』 7, 1983.
　　정긍식, 「조선초기 주자가례규범의 수용에 관한 고찰」, 서울대 석사학위논문, 1988.
　　지두환, 「조선전기 흑립 · 백립 논의」 『부산사학』 16, 1989.
　　고영진, 「15 · 16세기 주자가례의 시행과 그 의의」 『한국사론』 21, 1989.
　　김경숙, 「16세기 사대부가의 상제례와 여묘생활」 『국사관논총』 97, 2002.
5) 문광철, 「조선 초기의 기복 제도」 『역사와 담론』 56, 2010.
　　황향주, 「고려 기복제와 14세기말 기복논쟁」 『한국사론』 57, 2011.

2. 사대부가의 삼년상제

(1) 삼년상의 강제

삼년상제는 고례에 자세히 규정되어 있고『논어』나『맹자』에서도 강조함으로써 오래 전부터 유교적 상제로 인식되었다. 때문에 유교 국가에서 삼년상은 매우 중요시될 수밖에 없었다. 고려에서도 이미 성종대에『의례』나『예기』에 근거한 오복제도가 마련되면서 삼년상이 규정되었다. 이에 의하면 참최(斬衰) 3년복은 자(子)가 부상(父喪)에[正服], 처(妻)가 부상(夫喪)에 또는 첩(妾)이 군상(君喪)에[義服], 승중(承重)한 적손(嫡孫)이 조부상(祖父喪)에 또는 증손(曾孫)·현손(玄孫)이 증조부(曾祖父)·고조부상(高祖父喪)에[加服] 입는 복이었고, 자최(齊衰) 3년복은 자(子)가 모상(母喪)에[正服], 승중한 적손이 조모상에 또는 증손·현손이 증조모·고조모상에[加服] 입는 복이었다.[6] 물론 여기서 가장 중요한 것은 부·모상에 입는 참최·자최의 삼년상복이었다.

그러나 고려시대의 삼년상은 비록 고례에 근거한 것이기는 하지만, 고례의 내용대로 시행된 것은 아니었다. 즉 친상(親喪)에 백일을 급가(給暇)하는 규정으로 인해 실질적인 삼년상이 행해질 수 없었던 것이다. 이 때문에 고려의 삼년상제를 백일 동안 복상(服喪)하고 이후에는 출사행공(出仕行公)하면서 나머지 상제는 귀가행복(歸家行服)하는 '삼년약상제(三年略喪制)'로 이해하기도 한다.[7] 물론 이것은 관료 및 사족들에게 해당하는

---

6)『고려사』권64,「흉례」'五服制度'
7) 이필상,「고려시대 복제의 연구」『한국사론』2, 1975. 그러나 이필상은 '삼년약상제'가 목종 이후 '백일단상제'로 바뀌는 추세가 나타난다고 한다. 즉 백일의 재가복상 후 다시 출사하려면 일정한 절차를 거쳐 기복해야 하는 규정이 만들어지면서 출사가 불가능한 경우가 생기고, 이 때문에 사실상 백일 후에 완전히 제복(除服)하는 단상제가 나타났다는 것이다. 이같은 견해에 대해 고려시대의 기복은 모든 관리의

것이고, 군인이나 서인들에게는 백일만에 제복(除服)하는 '백일단상제(百日短喪制)'가 행해졌을 것으로 짐작된다.8)

실질적인 삼년상에 대한 논의는 고려 말에 이르러 시작되었다. 공민왕 6년 이색 등이 삼년상을 행할 것을 청하여 왕이 따랐지만, 2년 뒤에 병란이 일어나 홀치(忽赤)·충용(忠勇)·삼도감(三都監)·오군(五軍) 등을 삼년상제의 적용 대상에서 제외시켰다. 그러다가 이듬해인 공민왕 9년 6월에 잠깐 백관의 친상을 삼년복으로 한다고 명하였지만, 곧이어 8월에 다시 병란으로 삼년상제를 폐지하였다. 삼년상제가 회복된 것은 공양왕 3년에 복제를 경정하면서였다. 즉 삼년상은 '천하의 통상'이라 하여 허락하고, 다만 국가의 중요한 업무와 관련된 자는 계문하여 기복토록 하였다. 그러나 대소군관 및 친상을 허락할 수 없는 자[不許丁憂者]는 백일상으로 제한하였다.9) 아울러 이 때 13개월이 되어 소상(小祥)을 지내고 25개월에 대상(大祥), 27개월에 담제(禫祭)를 지낸다는 규정과 함께 상중에 취부(娶婦)와 연음(宴飮)을 금지하는 규정도 마련되었다.

이상으로 볼 때 고려시대에는 실질적인 삼년상이 거의 행해지지 않았고 신분에 관계없이 백일상이 일반적이었다고 할 수 있다. 국상의 경우는 예외적으로 날로써 달을 바꾸는 '이일역월제(以日易月制)'가 행해졌다.10)

삼년상에 백일 급가를 한 후 백일이 끝나면 본래의 관직으로 복귀하는 행위를 의미하는 것으로, 상을 당해 관직을 내려 놓은[解官] 상황에서 행해지는 '권례(權禮)'로서의 기복과는 다르다는 비판이 있다. 기복이 특정 관리의 복귀를 막는 수단이 아니었다는 것이다. 고려의 기복제는 모든 관리의 삼년상에 보편적으로 적용되었다는 점에서 '상례(常禮)'로 인식되었고, 이것이 중국 또는 이후 조선의 기복제와 다른 고려만의 특징이라고 한다(황향주, 앞 논문, 9~30쪽).

8) 이필상, 위 논문, 194~198쪽.

9) 『고려사』권64,「흉례」'五服制度' 그런데 이듬해 조선이 건국되기 직전인 공양왕 4년 4월에 또다시 군관들의 삼년상을 폐지하였다는 내용이 있다. 전년에 대소군관은 백일상으로 제한했음에도 같은 내용이 또 나오는 것에 대해, 공양왕 3년에는 대소군관으로 삼년상을 원하는 자는 들어준다는 규정이 포함되었다가 이듬해에 이를 완전히 금지한 것으로 추측하기도 한다(이필상, 위 논문, 175쪽).

다만 고려 후기 주자가례가 도입되면서 유신들 가운데 스스로 삼년상을 행하는 자들이 점차 나타나기 시작하였고,[11] 조선이 건국되기 직전인 공양왕 3년에 이르러서야 비로소 삼년상이 법적으로 허용되었다.

조선 건국 후 삼년상과 관련된 조치가 처음 나타나는 것은 태조 4년의 일이었다. 즉 헌사에서 시(時)·산관(散官)을 막론하고 삼년상을 마칠 수 있도록 허락하라는 상언을 한 것이다.[12] 이에 대해 왕은 도평의사사에서 의논토록 하였는데, 의논의 결과가 어떠했는지는『실록』에 나타나지 않는다. 그러나 태조 7년의 기록에 의하면 시·산관의 삼년상을 허락한다는 법이 이미 제정되어 있었던 것으로 보아,[13] 아마도 시·산관의 삼년상을 허락하는 법이 곧바로 제정되었을 것으로 짐작된다. 다만 이 때의 시·산관은 문신만을 지칭하는 것으로 생각되는데, 품계가 있는 군사들은 여전히 고려 이래의 백일상이었다고 짐작되기 때문이다.[14]

그런데 헌사의 상언에서 삼년상을 '허락'한다[許終三年之喪]는 것을 단순히 관리가 삼년상을 '원하면' 허락한다는 의미로 받아들일 수는 없다. 이는 관리의 삼년상을 강제하는 법으로 보는 것이 타당하다. 왜냐하면 정종 1년, 학생으로 아버지 상을 당하여 겨우 일 년을 넘기자 석복(釋服)하고 혼인한 자의 죄를 문하부에서 청하고 있기 때문이다.[15] 관리가 아닌

---

10) 이필상, 앞 논문, 202~207쪽.
11) 고영진, 앞 논문, 84~85쪽.
12)『태조실록』권7, 태조 4년 6월 28일 경인조, "憲司上言 自今勿論時散 許終三年之喪 申明家廟之制 禁三日葬及火葬 一依三月踰月之制"
13)『태조실록』권13, 태조 7년 2월 1일 무인조, "三年之喪 天下之通喪也 故大小臣僚 勿論時散 許終其制 其有關係要務者 奪情起復 已有著令"
14) 군사들의 삼년상에 대해서는 다음 절에서 다루고자 한다.
15)『정종실록』권1, 정종 1년 1월 9일 경진조. 이 사안에 대해 문하부에서는 기년(期年)만에 석복하고 혼인을 한 사실을 문제 삼지는 못했다. 어머니의 내지(內旨)로 혼인한 것이기 때문이다. 대신에 문하부에서는 혼인 후에 처가에 있었던 것을 구실로 청죄하였다. 그러나 만약 어머니의 내지가 없었다면 삼년상을 지내지 않은 것이 죄목이 되었을 것임이 분명하다.

자임에도 불구하고 삼년상이 의무화되었던 것이다. 또 태종 1년에는 삼 년상 중에 과거시험을 보지 못하도록 하는 명령이 내려지고 있다.[16) 이같 은 명령은 관리의 삼년상을 법으로 강제하지 않은 상황에서는 나오기 어 렵다. 관리에게는 삼년상을 자의에 맡기면서 관리가 되고자 하는 자에게 는 상중에 과거 응시를 불허한다는 것은 납득하기가 어렵기 때문이다. 따 라서 태조 4년에 제정된 것으로 짐작되는 법은 품계가 있는 모든 문신의 의무적인 삼년상을 규정한 것으로 보는 것이 타당할 것이다.

한편 삼년상 중에 과거 응시를 불허한 태종 1년의 명령은 또다른 측면 에서 의미 있는 조치였다. 이는 다른 말로 표현하면 관리가 될 수 있는 자 격이 있는 후보군에게까지 삼년상을 요구하는 것이나 다름없기 때문이 다. 즉 삼년상제의 적용 대상 계층을 관리에서 사대부에게까지 실질적으 로 확대시키는 조치인 것이다.

이어 태종 3년에는 다음과 같은 사간원의 시무소를 계기로 삼년상의 적용 대상이 다시 확대되는 중요한 조치가 행해졌다.

> "지금 삼년상은 공경부터 사대부에 이르기까지 모두가 따르고 있
> 으나, 입법한 지가 오래되지 않아 그 사이에 미비한 것이 있습니다. 옛
> 날에 부녀의 상제는 출가한 자가 본종(本宗)을 위해 한 등급을 감한 것
> 을 제외하면 남자와 같았습니다. 지금 삼년상의 경우 남자들은 모두
> 본복(本服)을 따르는데 부녀자들은 아직 전조의 폐습을 따라 모두가
> 백일로 한정하여 상복을 벗으니, 혹 자식이 부상(父喪)의 복을 입어 바
> 야흐로 최질에 거하는데 계모가 된 자는 겨우 백일이 지나면 복을 벗
> 고 개가하면서도 아무런 부끄러워함이 없습니다."[17)

이 상소에서 일단 사대부까지 삼년상을 행하는 법이 이미 마련되어 있

---

16)『태종실록』권1, 태종 1년 3월 12일 신미조.
17)『태종실록』권5, 태종 3년 4월 4일 경술조.

음을 다시 확인할 수 있다. 그러나 사대부가의 부녀자들은 여전히 고려시대의 백일상을 행하기 때문에 결국 남녀 간의 복제가 맞지 않아 문제가 발생한다는 것이다. 때문에 이어지는 상소에서 사간원은 종실부터 사대부가에 이르기까지 여자들도 부모 · 시부모 · 남편의 상에는 삼년상을 행하도록 요청하였고, 이에 대해 왕은 의정부에서 의논하여 시행토록 명하였다. 이로써 사대부가의 모든 구성원들에게 삼년상을 강제하는 큰 틀에서의 입법은 태종 3년에 완료된 셈이다. 그리하여 세종대가 되면 이미 삼년상은 많이 확산되었고,[18] 국상(國喪)에서도 실질적인 삼년상을 행하기 위한 의례들이 마련되어 갔다.[19]

(2) 삼년상제의 확립 과정

사대부가의 삼년상이 확정되면서 이어 어떤 경우에 삼년상을 행할 것인가 하는 좀더 구체적인 문제가 제기되었다. 첫 번째로 제기된 것은 아버지 생존 시의 어머니 상에 관한 것이었다. 즉 '부재위모상(父在爲母喪)'에 무슨 복을 입을 것인가의 문제였다. 이는 국상으로 인해 처음 논란이 되었는데, 태종 12년에 정종이 생존해 있는 상황에서 정종비인 정안왕후 상을 당하자 형식상 정종의 세자로서 왕위에 오른 태종의 복제가 문제된 것이다. 논의 결과, 송나라의 제도에 따라 13일 만에 복을 벗는 것으로 하였다.[20] 이는 1년복인 기년복에다가 '이일역월제'를 적용한 것이었다.

원래 어머니 상에 자식은 자최 3년이지만 『의례』에는 '지존'이 생존해

---

18) 『세종실록』 권54, 세종 13년 11월 5일 병인조, "恭惟我太祖 應運開國 深慮風俗之
    類敗 乃復三年之舊制 行之已久 雖不肖者企而及之"
19) 국상에서의 삼년상제에 대해서는 지두환, 앞 논문(1982)과 함께 「조선전기 흑립 ·
    백립 논의」『부산사학』 16, 1989 참조.
20) 『태종실록』 권23, 태종 12년 6월 29일 임오조.

있으면 3년복을 굽혀 기년복을 입도록 하였고, 아버지는 3년 후에야 취처하여 자식의 뜻을 이루게 한다고 되어 있다.[21] 여기서 '아버지는 3년 후에야 취처하여 자식의 뜻을 이룬다[父必三年然後娶 達子之志]'는 것은, 자식이 비록 기년복을 입지만 심상(心喪)은 3년으로 같기 때문에 이 기간에 아버지가 취처하지 않는 것이라고 소(疏)에서 설명하고 있다.[22] 즉 부재위모상은 기년복이지만 자식은 복을 벗은 후에도 심상을 지내야 한다는 것이다. 그러나 이같은 『의례』의 내용은 주자가례에는 반영되어 있지 않다. 주자가례에는 부재위모상에 대한 언급이 없기 때문에,[23] 주자가례를 따른다면 아버지의 존몰과 상관없이 어머니 상에는 자최 3년을 입는 것이 정상이다.

『의례』와 주자가례의 규정이 이와 같기에 정종비의 상에 태종의 복을 기년복으로 한 것만 놓고 보면 고례의 부재위모상을 따른 것으로 볼 수도 있다. 그러나 태종의 복제와 관련된 논의에서 부재위모상에 반드시 따라야 할 심상에 대한 언급이 전혀 나타나지 않는 것으로 보아 태종대에는 아직 고례에 대한 이해가 부족하였던 것으로 생각된다. 이같은 문제는 세종대에 들어와 태종비인 원경왕후의 상과 세종비인 소헌왕후의 상을 당하여 기년복에 심상 3년을 결합하면서 점차 해소되었다.[24]

국상을 통해 『의례』의 부재위모상에 대한 이해가 진전되면서 세종 9년경에는 사대부들에게도 기년복에 심상 3년의 상제가 이미 법으로 규정되어 있었고, 심상 중에는 취처와 연락(宴樂)을 금지시켰다.[25] 때때로 주자

---

21) 『의례주소』 권30, '父在爲母', "傳曰 何以期也 屈也 至尊在 不敢伸其私尊也 父必三年然後娶 達子之志也"

22) 위 글, "云父必三年然後娶 達子之志也者 子於母屈而期 心喪猶三年 故父雖爲妻期 而除三年乃娶者 通達子之心喪之志故也"

23) 다만 양복(楊復)이 덧붙인 부주(附注)에서 『의례』의 부재위모상과 심상을 언급하고 있다. 『성리대전』 권20, 가례3, 상례, 成服, "楊氏復曰 心喪三年 按儀禮父在爲母期註 子於母 雖爲父屈而期 心喪猶三年"

24) 지두환, 앞 논문(1982), 78~85쪽.

가례에 근거하여 부재위모상에도 자최 3년으로 복을 무겁게 하자는 주장이 제기되기도 하였지만 이는 받아들여지지 않았다.26) 대신에 이후에는 아버지 생존 시라도 어머니를 위해 실질적인 삼년상이 되도록 심상 중의 행위 규제를 강화시켜 나갔다.

> 경연에서 『육전』을 강하다가 '아버지 생존 시 어머니 상복은 기년
> 이고 심상은 3년'이라는 조문에 이르러 (왕이 - 인용자) 말하기를, "근
> 일 사헌부에서 어머니 상의 기년을 파하고 하나같이 3년으로 할 것을
> 청하였는데 그 뜻은 후하다. 그러나 이는 곧 성인의 법이고 또 태종의
> 성헌이니 갑자기 바꿀 수 없으므로 윤허하지 않았다. 그러나 지난 번
> 에 기년 후 술과 고기를 먹으며 장가가는 자까지 있어 헌부에서 취처
> 한 이유를 핵문하니 아버지의 명령이라 하였다. 3년 안에 자식의 취처
> 를 허락하는 것은 또한 아버지라도 함부로 할 수 없는 것이므로 영구
> 히 서용하지 말 것을 명령하였다."27)

세종 13년의 이 기록에서 심상 중에 취처하는 것은 아버지의 명령이 있어도 불가했음을 알 수 있다. 아버지가 심상 중에 있는 아들에게 취처할 것을 명령한 이유가 위 인용문에는 나타나지 않지만, 아마도 나이 든 아들에게 자식이 없었기 때문인 것으로 짐작된다. 그러나 나이가 들었는데도 후사가 없는 아들의 취처까지 국가에서 법으로 금지하는 것은 지나치다고 판단되었는지, 세종 22년에 이르면 부모의 명이 있거나 혹은 나이가 40이 넘도록 후사가 없는 경우에는 예외적으로 취처를 허락하였다.28) 물론 이 경우도 최소한 기년이 지나야 가능했고, 이때의 규정이 『경국대전』

---

25) 『세종실록』 권38, 세종 9년 10월 16일 경오조.
26) 『세종실록』 권52, 세종 13년 4월 6일 경자조;『세종실록』 권54, 세종 13년 11월 5
　일 병인조;『세종실록』 권111, 세종 28년 3월 28일 을미조.
27) 『세종실록』 권54, 세종 13년 11월 8일 기사조.
28) 『세종실록』 권88, 세종 22년 1월 14일 정사조.

에 그대로 반영되었다.

한편 세종 14년에는 심상 중에 있는 자로 하여금 관직에서 물러나도록 결정하였고, 당연히 새로운 관직에 임명하는 것도 불허하였다.[29] 이어 세종 23년에는 심상 중에는 과거 응시까지 금지하였다.[30] 이로써 아버지 생존 시의 어머니 상은, 비록 한 집안에 두 명의 지존이 있을 수 없다는 명분 때문에 기년복으로 하였지만, 심상 중의 규제를 통해 아버지 상과 마찬가지로 실질적인 삼년상으로 인식될 수 있었다.

두 번째로 제기된 것은 계모를 위한 삼년상이었다. 계모의 상에 대해서는 이미 태종대 『원육전』에 소생모와 다름 없이 참최 3년으로 규정되어 있었다.[31] 이 규정이 어떤 계기로 만들어졌는지는 불확실하지만, 계모를 친모와 동일시하는 인식은 상당히 확산되어 있었던 듯하다.[32] 이 때문에 계모의 상을 소홀히 하는 것은 탄핵의 대상이 되었고, 계모를 구타하는 행위는 친모를 구타한 것과 마찬가지로 참형에 처해졌다.[33]

계모와 생모를 동일시하는 것은 전적으로 한 집안의 지존인 아버지의 입장이 반영된 것이다. 아버지의 배우자라는 점에서 계모와 생모는 동일한 존재였고, 여기에 자식의 생각이 끼어들 틈은 없었다. 때문에 계모에 대한 삼년상이 법으로 규정되어 있었지만 실제로 이를 행하는 자식은 별

---

29) 『세종실록』 권56, 세종 14년 4월 18일 병오조.
30) 『세종실록』 권92, 세종 23년 2월 30일 정유조.
31) 『세종실록』 권64, 세종 16년 5월 27일 계묘조; 『세종실록』 권65, 세종 16년 7월 6일 신사조.
32) 계모를 친모와 동일시하는 것은 고례나 『대명률』에 규정되어 있다. 이 때문이기도 하겠지만, 또한 고려 말에 꽤 확산되었던 다처(多妻) 행위도 계모와 친모를 동일시하는 인식에 영향을 미쳤을 것으로 생각된다. 세종 7년 의안대군 이화의 선처(先妻) 안씨의 상에 후처(後妻) 노씨 아들의 상복이 문제가 되었는데, 이에 대해 의례상정소에서는 계모의 복으로 결정하였다. 이는 다처 행위가 계모와 친모를 동일시하는 인식에 영향을 미친 결과라 생각된다(『태종실록』 권25, 태종 13년 3월 10일 기축조; 『세종실록』 권29, 세종 7년 7월 9일 병자조).
33) 『세종실록』 권36, 세종 9년 5월 2일 기축조.

로 없었다.[34] 법이 제대로 행해지지 않았기 때문인지, 세종 16년에 이 문제가 제기되었다.

먼저 예조판서 신상은 계모를 위해 삼년상을 입는 것이 고제이니 홍무예제와 주자가례에 따라 복을 입게 할 것을 주장하였다. 그러나 세종은 이에 대해 부정적이었다. 어릴 때부터 계모가 의자(義子)를 양육했다면 그럴 수 있지만, 아버지가 만년에 계모를 얻고 사망한 후에 자식이 계모와 더불어 쟁송하는 일이 자주 있는데 이럴 경우에 계모를 위한 삼년상은 정의(情義)에 맞지 않는다는 논리였다.[35] 그렇지만 세종은 이미 선왕이 만든 법을 바꾸는 것이 부담스러웠는지, 다음 달 제주목사가 계모상을 당하였을 때 신하들의 요청을 받아들여 분상(奔喪)할 수 있도록 체직을 허락하였다.[36] 그러자 예조는 계모와 친모의 상제를 일치시키기 위해 몇 가지 미진한 사항을 지적하였다.[37] 이 가운데 특히 주목되는 것은 계모와 소생모 모두 참최 3년으로 되어 있는 『원육전』의 규정을 주자가례에 맞게 자최 3년으로 고치자는 것이다. 이는 고례 및 이에 근거한 주자가례를 예제의 분명한 기준으로 삼으려는 것이었다. 이같은 요구를 세종이 받아들임으로써 이제 계모와 친모의 상은 동일하게 자최 3년으로 확정되었고, 『경국대전』에 등록되었다.

세 번째로는 수양부모(收養父母)의 삼년상이었다. 『의례』나 주자가례에는 수양부모에 대한 언급이 보이지 않는다. 그렇지만 수양부모에 대한 삼년상은 고려의 인종대에 이미 법으로 규정되었다.[38] 조선에 들어와 『육전』에도 '3세 이전에 거두어 기르면 자기 자식과 같다[三歲前收養 卽

---

34) 『세종실록』 권65, 세종 16년 7월 22일 정유조, "且世俗爲繼母未有終三年之喪者"
35) 『세종실록』 권64, 세종 16년 4월 12일 기미조.
36) 『세종실록』 권64, 세종 16년 5월 27일 계묘조.
37) 『세종실록』 권65, 세종 16년 7월 6일 신사조.
38) 『고려사』 권64, 「흉례」 '五服制度', "仁宗十四年二月制 同宗支子及遺棄小兒 三歲前節付收養者 爲收養父母 並服三年喪"

同己子]'는 규정이 있어, 이를 따르면 수양부모에게는 마땅히 삼년상을 행해야 했다. 이 규정으로 인해 처음 논란이 된 것은 태종 13년이었다. 갑사가 수양부모를 위해 삼년상을 행하는 것을 허락할 것인가 하는 문제가 제기된 것이다. 당시 군관은 친상에도 백일상을 하였고, 조관이라 하더라도 수양부모에게는 백일복이었다. 때문에 논의 결과, 군사의 수양부모상은 백일상으로 정해졌다.39) 여기서 당시 수양부모에 대해서만큼은 사대부가에서도 백일복을 입고 있었음을 알 수 있다.

그러나 수양부모에 대한 백일복은 세종대의 어느 시점엔가 강화된 듯하다. 다음은 세종 11년의 기록이다.

> 상이 말하기를, "한원군 조선이 시양부모(侍養父母)의 상복을 입고자 하니 어떠한가." 하니 지신사 정흠지가 대답하기를, "수양의 법은 버려진 어린 아이인 즉 자기 자식과 같으므로 상복을 그 친부모와 동일하게 하는 것이 가합니다. 그러나 시양이라면 무슨 은덕이 있어 상복을 입겠습니까. 왕왕 노비를 탐내 예를 무릅쓰고 복상하는 자가 있는데, 이것이 어찌 법이라 할 수 있겠습니까." 하였다.40)

여기서 말하는 '수양의 법[收養之法]'은 앞서 태종대 『육전』의 '3세 이전에 거두어 기르면 자기 자식과 같다'는 규정을 가리키는 것으로 생각된다. 지신사 정흠지의 언급으로 짐작하건대, 이 규정으로 인해 세종대에는 친부모와 수양부모의 상복이 같아야 한다는 인식에 대한 거부감은 없어진 듯하다. 그러다가 성종 9년에 수양모의 상복을 기년으로 한 지방관을 장 80으로 치죄한 사례가 나온다.41) 따라서 수양부모에 대한 삼년상은 세종대 중반, 늦어도 성종대 초반에는 법으로 규정되었을 것으로 생각된다.

---

39) 『태종실록』 권25, 태종 13년 4월 24일 임신조.
40) 『세종실록』 권43, 세종 11년 3월 21일 정묘조.
41) 『성종실록』 권96, 성종 9년 9월 20일 무인조.

다만 이 때 규정된 삼년상은 친부모와 달리 양부·양모 모두에 대해 자최 3년이었음이 확실하다.42)

성종대에는 친부모가 생존해 있는데도 수양부모에게 삼년상을 입는 것은 문제라는 지적이 있었다.43) 구체적인 상황은 나타나지 않지만, 이때의 문제 제기로 인해 친부모 생존 시의 수양부모에 대해서는 강복(降服)하여 기년복으로 하고 관직에서 물러나 심상을 해야 한다는『경국대전』의 규정이 마련된 것으로 추측된다.

또한 이 무렵에는 사대부층의 지배가 안정되면서 이전까지 문제가 되지 않았던 수양부모의 신분이 논란이 되었다. 즉 성종 11년에 사대부가 천인 신분의 수양모에 대해서도 상복을 입어야 하는지가 논란이 된 것이다.44) 상당수의 신료들이 참여한 이 논란에서 복이 있어야 한다는 측은『경국대전』에서 수양부모의 귀천을 구분하지 않았다는 점을 이유로 들었고, 반대하는 측은 존귀한 자가 천인을 위해 복을 입을 수는 없다는 명분을 내세웠다. 이 논란은 성종이 천인 수양부모에게는 복이 없다는 것으로 결론을 내리면서 마무리되는 듯했다. 그러나 두 달 뒤에 성종은 이 문제를 다시 논의토록 했다.45) 그 사이에 어떤 일이 있었는지는 불확실하지만, 예조가 천인 수양부모의 상복을 대공복(大功服)으로 할 것을 주청한 듯하다. 이에 대해 여러 신료들이 유모에 대한 복과 마찬가지로 가장 가벼운 복인 시마복(緦麻服)으로 할 것을 제안하였고, 이를 왕이 받아들이면서 이 규정이 성종 15년에 반포된『경국대전』에 삽입되었다.

마지막으로 별다른 논란없이 삼년상이 결정된 경우로 입후와 자모(慈母)가 있다. 입후와 관련해서는46) 세종대에 계후자를 서자로 할 것인지,

---

42)『성종실록』권125, 성종 12년 1월 3일 무인조.
43)『성종실록』권96, 성종 9년 10월 7일 을미조.
44)『성종실록』권124, 성종 11년 12월 16일 신유조.
45)『성종실록』권126, 성종 12년 2월 23일 정묘조.
46) 조선 전기의 '입후'는 자신을 위한 후사를 세우는 것으로, 조상의 제사를 계승하는

아니면 동종의 지자(支子)로 할 것인지를 놓고 의견이 엇갈리다가 세종 19년에 이르러 동종의 지자로 결정하였다.[47] 그러나 이때에는 계후자가 입후한 부모에 대해 무슨 복을 입을 것인지는 결정하지 않았다. 이 때문에 세종 23년에 입후한 부·모에게는 각각 참최와 자최 삼년상으로, 본종의 부모는 기년복으로 별다른 논란 없이 결정되었다.[48]

한편 자모에 대해서『경국대전』에는 자최 3년복이 규정되어 있다.『의례』에 의하면 자모는, 부명(父命)에 따라 자식이 없는 첩이 어미 없는 첩자를 양육하였을 때 첩자가 자신을 기른 아비의 첩을 이르는 말이다. 따라서 자모는 어머니와 같으니 삼년복이었다.[49] 그러나『실록』에는 자모에 대한 삼년상이 어떻게 결정된 것인지 짐작할 만한 기록이 보이지 않는다. 아마도 세종대에 계모나 양부모에 대한 삼년상이 논의되는 과정에서 자모에 대한 상도『의례』의 내용대로 함께 결정된 것이 아닌가 생각된다.

이상으로 사대부가에 대한 삼년상이 확정되는 과정을 살펴보았다. 간단히 정리하면 태조대에 처음으로 품계가 있는 관리의 삼년상이 규정된 이후, 태종대에 이르면 적어도 법적으로는 모든 사대부들에게까지 삼년상이 확대되었다. 이로 인해 세종대에는 점차 사대부가의 삼년상이 확산

'봉사'와 구분된다. 이 때문에『경국대전』「예전」에도 입후조와 봉사조가 나뉘어 있다. 그러나 양자는 현실에서 구분되지 않는 경우가 많아 여러 차례 논란이 되었다. 종법에 대한 이해가 충분치 않았기 때문으로 생각되는데, 이에 대해서는 김윤정, 「조선중기 제사승계와 형망제급의 변화」『조선시대사학보』20, 2002 참조.

47)『세종실록』권77, 세종 19년 6월 3일 신유조. 그러나『경국대전』「예전」의 입후조에는 적처와 첩에게 모두 아들이 없을 경우에 동종의 지자로 입후토록 규정되었다. 이로써 세종 19년의 결정 이후에도 입후의 자격에 대한 논란이 계속되었음을 알 수 있다(『단종실록』권3, 단종 즉위년 9월 28일 정사조;『성종실록』권35, 성종 4년 10월 1일 기미조).

48)『세종실록』권92, 세종 23년 5월 27일 임술조.

49)『의례주소』권30, '慈母如母', "傳日 慈母者何也 傳日 妾之無子者 妾子之無母者 父命妾日 女以爲子 命子日 女以爲母 若是 則生養之終其身如母 死則喪之三年如母 貴父命也"

되었고, 이 과정에서 어떤 경우에 삼년상을 행해야 하는지의 문제들이 제기되었다. 그리하여 부재위모상에서의 심상 3년, 계모와 수양부모에 대한 자최 3년, 입후한 부모에 대한 삼년상 등이 결정됨으로써 삼년상과 관련된 법 규정들은 이미 세종대에 대체로 마무리되었다. 그 결과 성종대에 이르면, 사대부가의 상제는 하나같이 주자가례를 따르고 있어 고려의 풍속과는 크게 달라졌다는 언설이 가능하게 되었다.[50] 가묘의 설립이 성종대까지도 지지부진했던 것에 비하면 삼년상제는 무척이나 빠르게 정착된 셈이다.

3. 군사 · 서인의 삼년상과 민의 성장

앞서 본 대로 사대부가의 삼년상과 관련된 여러 법제는 대체로 세종대에 완비되었다. 그러나 군사나 서인, 또는 향리의 삼년상제에 대해서는 중종대에 이르기까지 오랜 동안 논란이 되었다. 삼년상은 '천하의 통상'으로서 천자부터 서인에 이르기까지 모두 같다는 원칙론과, 일반 민에게까지 삼년상을 허락할 경우에 야기되는 국가 차원의 여러 문제들을 고려해야 한다는 현실론이 대립의 핵심이었다. 본 절에서는 이 논란의 과정과 함께 여기에 담겨진 의미를 살펴보기로 한다.

(1) 군사의 삼년상

군사의 삼년상은 고려시대부터 제한되었다. 이미 언급한 바와 같이, 고려시대에는 군인들의 부모상에 백일을 급가함으로써 현실적으로 삼년상

---

50) 『성종실록』 권271, 성종 23년 11월 23일 경인조.

은 불가능하였다. 그러다가 조선에 들어오면서 군사의 단상(短喪)에 대한 논란이 시작되었다. 먼저 태조 7년에 다음과 같은 수판(受判)이 있었음을 세종대의 기록이 밝히고 있다.

> 홍무 31년(태조 7년 - 인용자) 2월 일 수판 안에, '부모의 상은 지극히 중하므로 기복하는 것은 불가하다. 지금부터 장상(將相)의 신하와 숙위무사로서 부득이 특지로 탈정(奪情)하여 관직을 제수하는 경우를 제외하고, 경중의 시위무사 8품 이상은 모두 상제를 마치게 한다. 외방의 잡색군과 내시위군으로 스스로 상제를 마치기 원하는 자는 들어준다.'고 하였습니다.[51]

태조 7년 2월의 위 수판은 같은 해 2월 1일, 특별한 경우를 제외하고 기복을 허락하지 말라는 간관의 상서를 계기로 내려진 것이 분명하다.[52] 수판의 내용은 크게 두 조항으로 구분할 수 있는데, 첫째는 장상(將相)의 신하와 숙위무사로서 부득이 왕의 특지로 기복시켜 관직을 제수하는 경우를 제외하고는 기복을 허락하지 않는다는 것이다. 이는 삼년상을 당한 모든 관리에게 백일을 급가하여 재가복상토록 한 뒤에 본직에 복귀시키는 고려시대의 기복제를 부정하는 것이다. 고려의 기복제가 모든 관리에게 보편적으로 적용되었다는 점에서 '상례(常禮)'였다면,[53] 태조 7년의 수판이 의미하는 기복제는 삼년상을 당한 모든 관리가 '해관(解官)', 즉 관직을 떠나는 것을 전제로 하면서 특별한 경우 왕의 특지에 의해서만 행해지는 '권례(權禮)'가 된 것이다. 삼년상을 '천하의 통상'으로 보는 유교적 인식에서 기복제도는 본래적으로 권례일 수밖에 없었다. 기복을 원칙적으로

---

51) 『세종실록』 권52, 세종 13년 5월 5일 무진조.
52) 『태조실록』 권13, 태조 7년 2월 1일 무인조, "願自今將相之臣 關係至重外 勿許起復 其宿衛武臣 特命奪情 以任其事 如有不待終制 而自除衰絰者 痛繩以法 兼禁本司本州 陳請起復之例 以抑僥倖 以厚人倫"
53) 주 7) 참조.

인정하지 않았기 때문에 경중의 시위무사 8품 이상은 모두 삼년상을 마치도록 규정하였다. 여기서 8품 이상이라 한 것은 세종 18년 이전까지 서반의 무산계에는 9품이 없었기 때문이다.[54] 이로써 품계가 있는 군사의 친상은 삼년상으로 결정된 셈이었다. 이로 미루어 볼 때 앞 장에서 다루었던, 태조 4년의 시·산관을 막론하고 삼년상을 마치도록 허락한다는 규정은 문신만을 대상으로 한 것이었다고 생각된다. 한편 장상지신(將相之臣)과 숙위무사로서 부득이한 경우만 기복을 허용함으로써 기복은 주로 무신을 대상으로 한 것이고 문신에게는 허용되지 않았다는 인식을 낳게 하였다.[55]

둘째 조항은 외방의 잡색군과 내시위군으로 스스로 상제를 마치기 원하는 자는 들어준다는 것이다. 이는 첫째 조항과 비교할 때 아마도 품계가 없는 일반 민으로 편제된 비정규군을 대상으로 한 조항이라 생각된다. 잡색군은 세종대에 하나의 독립된 병종으로 자리잡기 이전까지는 제대로 된 편제를 갖추지 못했고, 명칭이 말하듯 양인과 천인을 막론한 제유역인(諸有役人)을 대상으로 구성되었던 것으로 보인다.[56] 내시위군의 경우 건국 초의 모습에 대해서는 구체적으로 알려져 있지 않지만, 후대와 달리 양인인지 천인인지도 모르는 이들이 포함될 정도였다.[57] 즉 이 조항은 유품(流品) 외의 군사들에게는 삼년상을 강제하지 않고 원할 경우에만 허락한다는 것으로 이해할 수 있다.

이상 태조 7년 2월의 수판은 군사에게도 삼년상을 의무화하면서 기복은 왕의 특지로만 허용하고, 다만 유품 외의 군사들은 원하는 경우에만 삼년상을 허용하는 것이라 정리할 수 있다. 여기서 왕의 특지에 의해서

---

54) 『세종실록』 권73, 세종 18년 윤6월 19일 계미조.
55) 『태종실록』 권11, 태종 6년 5월 1일 경인조, "本朝經濟之典 不許文臣起復 誠以此也 今雖有邊警 臣非武臣 不宜起復 況當無事之時 何必奪哀 以虧禮典哉"
56) 한희숙, 「조선초기의 잡색군」 『한국학연구』 1, 숙대 한국학연구소, 1991.
57) 『태종실록』 권19, 태종 10년 4월 11일 정미조.

기복하는 규정은 이후 대체로 지켜진 것으로 보인다.[58] 그러나 군사에게 삼년상을 의무화한 규정은 제대로 시행되지 않았다. 그럴 수밖에 없는 것이 『경제육전』에는 삼군부에 속한 한량관의 부모상에 백일간의 숙위만을 면제해 주는 규정이 또한 있었기 때문이다.[59] 태조 7년의 수판과 『경제육전』의 이 규정은 혼란을 야기할 수밖에 없었다. 다음은 태종 13년의 기록이다.

> 병조참의 김자지가 아뢰기를, "갑사로서 수양부모를 위하여 최질 3년을 행하고자 하는 자가 있습니다. 『육전』에 이르기를, '3세 전에 수양하면 곧 자기 자식과 같다.' 고 하였습니다. 만약 이로써 논한다면 당연히 그 말을 따라야 하는데, 군관으로 말하면 또한 불가한 듯하니 어떻게 처리하는 것이 옳겠습니까?" 하였다. 왕이 이르기를, "이는 과연 결단하기 어렵다." 하였다. 예조판서 황희가 말하기를, "군관은 친상에도 단지 백일복을 입고, 수양은 비록 조관이라 하더라도 모두 백일로 한정하였습니다. 만약 군관으로 하여금 친상은 짧게 하고 수양부모의 복은 (3년을−인용자) 마치게 하면, 이는 후해야 할 자는 박하게 하고, 박해야 할 자는 후하게 하는 것입니다." 하였다.……의정부에 내려 의논하게 하니 의정부에서 아뢰기를, "군사의 수양부모 상도 백일복으로 하소서." 하니 이를 따랐다.[60]

갑사가 수양부모를 위해 삼년상을 행하려는 것을 허락할 것인가를 두고 논의가 있었던 것이다. 김자지의 말은, 문무의 유품 관리는 모두 친상에 삼년상을 행해야 하는데 친부모와 수양부모는 같으므로 수양부모의 상에도 마땅히 삼년상을 행해야 하지만, 또한 삼군부에 속한 군관인 갑사로서는 백일상이니 어떻게 할 것인가를 묻는 것으로 생각된다.[61] 이에 대

---

58) 문광철, 앞 논문.
59) 『태종실록』권8, 태종 4년 8월 28일 정유조, "經濟六典一款內 閑良官 除父母喪葬疾病外 無故不赴三軍府宿衛滿百日者 其所受田 許人陳告科受"
60) 『태종실록』권25, 태종 13년 4월 24일 임신조.

해 태종도 판단하기 어렵다고 했지만, 황희는 후자를 우선함으로써 결국 이후에는 군사의 친상이 백일복으로 확정되었다.

세종대에 들어서면서 사대부들의 삼년상은 점차 당연한 것으로 인식되었다. 그러면서 군사들의 백일상도 계속되었다. 그러나 사대부와 군사가 언제나 명확히 구분되는 것은 아니었다. 양자는 대립되는 개념이 아니기 때문에 얼마든지 상호 치환이 가능하였다. 세종 2년에 사간원은 지고부군사 김방이 전라도 도진무의 직첩을 받고 부임하기 전 아버지 상을 당하여 백일 복상 이후에 진영에 나아가 행공(行公)한 사실을 적발하였다.[62] 단상의 근거는 물론 『육전』에 규정된 군관의 상제였지만, 사간원은 김방이 수령으로서 진무에 제수되었으니 본래 군사가 아니므로 삼년상을 행해야 한다는 입장이었다. 또 왕의 교지를 받지 않은 상황에서 먼저 기복을 허락한 절제사도 함께 치죄할 것을 청하였다. 이처럼 본래부터 병적에 등재된 군사가 아니라면, 가능한 한 무반의 군사에게도 삼년상을 강제하려는 주장은 기회가 있을 때마다 제기되었다.[63]

또한 백일복을 입는 시위군사라 하더라도 형식적이나마 삼년상을 마치도록 하는 조치도 취해졌다. 3년 거상 중에 반드시 거쳐야 하는 소상과 대상, 그리고 마지막 상례 절차인 담제에는 사당에서 제사를 지낼 수 있도록 법으로 휴가를 규정한 것이다.[64] 이어 외방의 군사가 백일상을 마치고 복귀하는데 소요되는 시간도 거리의 원근에 따라 휴가일에 포함시킴으로써 온전한 백일상이 가능하도록 하였다.[65]

---

61) 조선 건국 직후의 갑사는 사병적인 성격을 지니고 있었지만, 태종이 즉위한 이후 이들을 삼군부에 분속시키면서 갑사는 일정한 품직을 지닌 무관 병종으로 정착하였다(유창규, 「조선초 친군위의 갑사」 『역사학보』 106, 1985, 161~166쪽).
62) 『세종실록』 권10, 세종 2년 10월 16일 신해조.
63) 『세종실록』 권43, 세종 11년 1월 8일 을묘조.
64) 『세종실록』 권11, 세종 3년 2월 6일 기해조.
65) 『세종실록』 권40, 세종 10년 윤4월 30일 신해조.

이후에는 논의의 초점이 군사로서 삼년상을 원하면 허락하는 문제와, 이를 다른 계층에게까지 확대하는 문제로 옮겨졌다. 이와 관련해 세종 12년 12월에 의례상정소에서는 군사로서 삼년상을 마치는 것을 자원하면 들어줄 것을 요청하였고, 세종은 이를 받아들였다.[66] 이미 태조 7년의 수판에서 유품 외의 군사들에 대해 원하면 삼년상을 허락한다고 했지만, 이와 관련된 기록이 이후에 전혀 나타나지 않는 것으로 보아 아마도 이 조항은 별다른 주목을 받지 못했던 것으로 생각된다. 그러다가 상정소의 요청으로 군사의 삼년상 문제가 촉발되면서 이 조항이 새삼 주목되고, 이를 바탕으로 군사 이외의 다른 계층에게도 삼년상을 허락하는 문제가 논의되었다. 즉 3개월 뒤인 세종 13년 3월에 예조판서 신상은, 인리(人吏)에게도 삼년상을 허락하라는 강원도 감사의 요청을 계기로 다음과 같이 계달하였다.

> 예조판서 신상이 아뢰기를, "강원도 감사 고약해가 인리(人吏)에게도 삼년상을 허락하여 풍속을 후하게 할 것을 아뢰었습니다. 신의 생각에 혹 의논하는 자가 말하기를, '만약 인리들에게 삼년상을 허락한다면 사역을 맡을 사람이 없을 것이니 다만 여기(廬基)만을 들어주고 나머지는 구례에 의해 백일상을 행하는 것이 가하다.'고 하지만, 이 말은 매우 불가합니다. 삼년상은 귀천 없이 동일한 것입니다.……『속육전』에도 역시 이르기를, '시위군사로서 자원하는 자가 있으면 들어준다.'고 하였는데 이 또한 범위가 좁습니다. 원하건대 공사 천례에 이르기까지 아울러 삼년상제를 정하여 효성을 다하도록 하소서. 비록 모두가 행하지는 못하더라도 입법은 마땅히 이와 같아야 합니다. 여묘의 제도 같은 것은 강제로 행하게 할 수 없는데, 천인이 여묘를 살면 처자를 부양하는데 혹 돌아볼 겨를이 없을 것입니다."[67]

---

66) 『세종실록』 권50, 세종 12년 12월 6일 임신조.
67) 『세종실록』 권51, 세종 13년 3월 12일 병자조.

여기서 예조판서 신상은 삼년상이 천자부터 서인에 이르기까지 동일하다는 원칙론에 근거하여, 인리의 삼년상을 허락하면 사역할 자가 없을 것이라는 현실론을 비판하면서 강원도 감사의 주장을 지지하고 있다. 신상은 더 나아가 『속육전』에 시위군사로서 삼년상을 자원하면 들어준다는 규정을 확대하여,[68] 공사 천례까지도 삼년상을 허락할 것을 주장하고 있다. 삼년상에 대한 원칙론과 현실론이 부딪친 것이다. 이에 대해 세종은 신상의 주장을 긍정적으로 받아들이면서도 다시 논의할 것을 명하였다. 논의 결과는 두 달 뒤인 세종 13년 5월 상정소의 계달로 정리되었다. 즉 상정소에서는 태조 7년의 수판 내용을 확대하여 수륙군정(水陸軍丁)과 범유역자(凡有役者), 그리고 공사 천구까지도 삼년상을 자원하면 허락할 것을 요청하였고, 이 요청이 받아들여진 것이다.[69]

그러나 이때의 결정이 법제화까지 이르지는 못했다. 신상이 위에서 언급하고 있듯이, '비록 모두가 행하지는 못하더라도 입법은 마땅히 이와 같아야 한다'는 원칙론에 따르기는 했지만, 신분에 관계없이 모든 유역인(有役人)의 삼년상을 허락한다는 것은 현실적으로 쉽지 않았던 듯하다. 이후 기록에 따르면, '근년에 제도를 변경하여 군사에 이르기까지 삼년복을 입도록 하였다.'[70] 라든가, '비록 군정이라도 그 자원하는 것을 들어서 모두가 삼년상을 마치도록 하였다.'[71] 라고 하여 군사의 삼년상을 허락하였다는 지적은 있지만, 기타 역에 종사하는 인리나 서인·천인에 대한 언급은 나타나지 않는다. 그러다가 세종 31년에 이르면 『육전』에 군사의

---

68) 여기서 말하는 『속육전』의 규정은 태조 7년의 수판 중 둘째 조항을 가리키는 것이다. 이는 후술할 세종 13년 5월의 의례상정소 계문에서 태조 7년의 수판을 언급하고 있다는 점에서 분명하다. 즉 신상은 이미 사문화될 정도로 주목받지 못한 이 조항을 끄집어내어 이를 더 확대하고자 했던 것이다.
69) 『세종실록』 권52, 세종 13년 5월 5일 무진조.
70) 『세종실록』 권70, 세종 17년 10월 3일 신축조, "近歲乃更其制 以至軍士 皆服三年"
71) 『세종실록』 권77, 세종 19년 4월 20일 기묘조, "雖軍丁聽其自願 皆令終制"

삼년상을 허락한다는 규정이 있음이 확인된다.[72] 따라서 세종 13년의 결정은 법제화되지 못하고, 다만 군사의 삼년상만을 허락하여 이것이 『경국대전』에 단서 조항으로 수록되었다.

(2) 서인 · 향리의 삼년상 요구와 민의 성장

군사의 상제를 백일상으로 하고 원하는 경우에만 삼년상을 허락한다는, 태종과 세종대에 확정된 『육전』의 규정은 이후 백일상의 대상에 서인이 포함되는 것으로 『경국대전』에 명문화되었다.

> 경상우도 절도사가 치계하기를, "『대전(大典)』 안에 '부모는 참최 삼년이다.' 라고 하였는데 주(註)에, '군사와 서인은 백일복을 입는다. 그러나 군사가 삼년상 행하기를 원하면 들어준다.'고 하였습니다. 서인들이 이로 인하여 삼년상을 행하려는 자가 거의 천여 명에 이르니, 지금 만약 이를 들어주면 방어가 단약(單弱)해질 뿐만 아니라 숙위 역시 반드시 허소해질 것입니다. 그 당번군사 안에 사족으로 수분행상자(守墳行喪者)를 제외한 서인은 백일복 후에 종군토록 하소서." 하였다. 병조에서 이에 근거하여 아뢰기를, "『대전』의 법은 마땅히 준수해야 하니 강제로 종군하게 하는 것은 불가합니다. 그러나 군역을 피하기 위해 단지 최마(衰麻)만 입고 음식과 행동은 평소와 다름이 없는 자가 간혹 있으니 청컨대 수령으로 하여금 검찰하여 죄를 주고 종군토록 하소서." 하니 이를 따랐다.[73]

성종 3년의 위 기록에서 '『대전』'은 예종 1년에 편찬되고 성종 2년에 부분적인 수정을 거쳐 시행된 『기축대전』을 가리킨다.[74] 따라서 백일복

---

72) 『세종실록』 권125, 세종 31년 9월 2일 기묘조.
73) 『성종실록』 권20, 성종 3년 7월 13일 무신조.
74) 『경국대전』의 편찬 과정에 대해서는 윤국일, 『경제육전과 경국대전』, 신서원,

의 대상에 서인이 포함된 것은 적어도 성종대 이전의 일이었음을 알 수 있다.

그런데 여기서 주목되는 것은 군사가 원하면 삼년상을 들어준다는『대전』의 규정으로 인해 서인들도 삼년상을 행하려 한다는 것이다. 이들 서인은 군적에 편성된 자들이라 생각되는데,[75] 그 규모가 경상우도에서는 거의 천여 명에 달하였다. 이 숫자는 실제로 부모상을 당한 서인들의 대부분을 차지하는 것이라 짐작된다. 성종 3년 당시 경상도의 군액은 대개 2만여 명으로 추산되고, 이들 가운데 약 절반이 경상우도에 할당되어 있었다.[76] 따라서 경상우도에 삼년상을 지내려는 서인이 천여 명이라면 이는 전체 군정의 약 1/10에 해당하는 셈이다. 이 비율은 세종대의 한 관리가, 삼년상을 허락했을 경우에 역을 부담할 수 없는 서인의 비율로 예상한 1/10과 그대로 일치한다.[77] 따라서 비록 거칠기는 하지만, 군적에 편성된 서인의 대다수가 삼년상을 요구 했다고 할 수 있다. 이는 실로 놀라운 일이 아닐 수 없다. 물론 여기에는 인용문에서 우려하듯이 군역을 합법적으로 피하려는 자들도 상당수 포함되었을 것이지만, 그렇더라도 사대부가 아닌 서인이 친상에는 유교적 상례에 따라 삼년상을 행해야 한다는 사실을 자각하고 또 이를 요구하고 있다는 사실은 그 자체로 매우 중

1998 참조.

75) 규정상 서인의 삼년상을 들어준다는 명확한 내용이 없음에도 불구하고 삼년상을 원한다는 것으로 보아, 이들 서인은 군적에 편성된 존재로 생각된다. 더욱이 절도사가 방어와 숙위가 허술해질 것을 우려하여 이들의 요구를 거절할 것을 요청하고 있다는 점에서도 그렇다. 따라서 군적에 편성된 서인들은 비록 번상 중이 아니더라도 부모상을 당하면 삼년상이 가능했다고 할 수 있다.

76) 성종 즉위 초에 해당하는 이 시기에는 이전 세조대에 보법(保法)이 시행되면서 지나치게 확대된 군액을 감하는 정책이 추진되었다. 이에 따라 성종 1년에 조정된 경상도의 군정 수는 21,917명이었고(『성종실록』권3, 성종 1년 2월 30일 기묘조), 이 액수는 성종 3년에 다시 19,015명으로 감액되었다(『성종실록』권15, 성종 3년 2월 1일 무진조). 이 19,015명 가운데 경상우도에 속한 지역의 군액은 9,255명이다.

77)『세종실록』권51, 세종 13년 3월 12일 병자조.

요한 의미를 지닌다. 그것은 피지배층의 도덕적 실천 능력이 열등하다는 지배층의 인식과는 다른 것이기 때문이다.

군적에 편성된 서인을 포함한 군사들이 삼년상을 원하면 허락한다는 『경국대전』의 단서 조항은, 그러나 제대로 지켜지지 않았다. 지배층은 삼년상이 '천하의 통상'이라고 강조하면서도 서인의 삼년상에는 소극적이었다. 때문에 성종대에는 이에 대한 이의 제기가 몇 차례 있었고,[78] 심지어 최종적으로 편찬되는 『경국대전』에 군사의 백일상 조항을 싣지 말 것을 요구하기도 하였다.[79] 이후 연산군대에는 이 문제가 전혀 거론되지 않다가 중종대에 이르면서 다시 논의되기 시작하였다.

중종대에는 이전 연산군대에 무너진 상제를 회복하기 위한 여러 조치들이 행해졌다. 가장 먼저 연산군대에 행해진 단상의 법을 폐지하고 성인의 제도인 삼년상의 준수를 강조하는 전교가 내려졌다.[80] 이어 상을 제대로 지키지 않은 관리들을 벌하거나 탄핵하는 한편으로,[81] 단상이 엄격할 때에도 몰래 삼년상을 행한 자를 찾아 정표하기도 하였다.[82] 이같은 분위기에서 군사와 서인에게도 삼년상을 행하도록 하는 문제가 지속적으로 제기되었다.[83] 뿐만 아니라 이제는 향리들도 삼년상을 요구하고 나섰다.

이보다 앞서 강음 향리 정유충 등이 상언하기를, "친상의 제도는 비록 복례지인(僕隷之人)이라도 모두 삼년상을 지내는 것인데, 『대전속

---

78) 『성종실록』 권14, 성종 3년 1월 24일 신유조; 『성종실록』 권91, 성종 9년 4월 8일 기해조.
79) 『성종실록』 권150, 성종 14년 1월 16일 기유조.
80) 『중종실록』 권4, 중종 2년 12월 12일 신사조.
81) 『중종실록』 권9, 중종 4년 10월 25일 계축조; 『중종실록』 권27, 중종 12년 2월 2일 무신조.
82) 『중종실록』 권10, 중종 5년 1월 12일 기사조.
83) 『중종실록』 권5, 중종 3년 2월 1일 기사조; 『중종실록』 권16, 중종 7년 7월 24일 을미조; 『중종실록』 권18, 중종 8년 4월 14일 임자조.

록』에 '향리는 친상에 백일복을 입는다.' 고 하였습니다. 그러므로 겨우 백일이 지나면 번번이 역에 나아갑니다. 백일 안에 억지로 사냥하는 역에 나가면 비록 심상(心喪)에 뜻이 있는 사람이라도 회초리가 무서워 물고기와 새를 잡아야 하지만 차마 하지 못하니 오장이 무너지고 찢어져 애통함이 망극합니다. 청컨대 군사의 예에 의하여 원하면 삼년상을 행하도록 하소서."[84]

여기서 먼저 확인할 수 있는 것은 『대전속록』에서 향리의 백일복을 규정하고 있다는 점이다. 성종 23년에 편찬된 『대전속록』은 『경국대전』 이후의 수교를 보완한 것으로, 향리에 대한 백일복 규정은 「예전」의 '잡령(雜令)'에 수록되어 있다.[85] 이 수교가 언제 내려진 것인지는 확인되지 않지만, 어쨌든 이로써 법으로 백일복이 규정된 계층은 군사·서인에 이어 향리까지 포함되었다. 그러나 군사들은 원하는 경우 삼년상이 가능했지만 향리들은 그렇지 못했고, 이에 향리들이 군사와 마찬가지로 삼년상을 허락하라고 요구한 것이다.

주목되는 것은 향리들이 집단적으로 삼년상을 요구하면서 들고 있는 이유이다. 친상의 제도는 신분에 관계없이 삼년상인데도 자신들은 백일상이니, 심상을 하더라도 사역으로 인해 제대로 할 수 없어 마음이 아프다는 것이다. 한마디로 유교의 상제인 삼년상에서 신분적 차별을 없애라는 것인바, 이는 자신들도 부모의 상에 자식으로서 마땅히 행해야 할 유교적 도리를 실천할 수 있다는 의지를 표현한 것이다. 향리들의 이같은 요구는 매우 중요한 의미를 지닌다고 생각된다.

조선 초기 이래 양반 지배층은 자신들의 지배를 정당화하는 근거로 유교적 덕목과 예제를 실천할 수 있는 능력을 내세웠다. 반면에 자신들 지배하의 민은 이같은 능력이 하열한 존재들이었다.[86] 즉 유교적 도덕의 실

---

84) 『중종실록』 권15, 중종 7년 3월 1일 병오조.
85) 『대전속록』 권3, 「예전」, '雜令', "鄕吏親喪服百日"

천 능력을 기준으로 지배층과 민을 구분하였던 것이다. 그런데 16세기에 이르면서 미세하지만 분명한 변화가 나타났다. 민의 도덕적 능력을 인정하는 언급이 여러 차례 등장하고, 이전보다 민에 대한 교화에 적극적이었다. 민으로서도 지배층이 자신들을 위한 민본정치를 행해야 한다는 유교의 정치이념을 알고 있었고, 이를 적극적으로 요구하기도 하였다. 이러한 변화들은 유교가 지배하는 사회에서 민이 유교 공동체의 일원으로 성장하고 있다는 것을 의미한다고 생각된다.[87]

그런데 바로 이 변화의 과정에서 향리들이 유교의 핵심적인 예제인 삼년상을 행하겠다고 나선 것이다. 이는 아마도 사대부가 아닌 계층이 스스로 유교의 덕목을 실천하겠다고 집단적으로 요청한 첫 사례가 아닌가 싶다. 앞서 성종대에 경상우도의 서인들이 삼년상을 행하겠다고 나선 적이 있지만, 이 경우에서는 그것이 마땅히 행해야 할 유교적 상례이기 때문이라는 목적의식이 확인되지 않는다. 그러나 중종대 강음 향리들의 요청에서는, 비록 그것이 '간위(奸僞)'라 하더라도, 적어도 표면적으로는 자신들도 신분적 차별 없이 인간이 마땅히 행해야 할 유교적 도리를 실천하겠다는 목적의식이 분명하게 드러난다. 여기서 그동안 도덕의 실천 능력을 기준으로 구분되던 지배층과 민의 경계에 균열이 생겨난 것을 확인할 수 있다. 유교 공동체의 일원으로서 민의 성장하는 모습이 드러난 것이다.

향리들의 요청에 대해 예조에서는, 삼년상은 천자부터 서인에 이르기까지 같다는 명분에 근거하여 허락할 것을 계달하면서도 동시에 친상을 가탁하여 향역을 피하려는 자는 수령이 분간하여 간위를 막을 것을 아뢰었다. 부모의 상에 자식으로서의 도리를 다하겠다는 향리들의 요청을 순수하게 받아들이지 않은 것이다. 때문에 사신(史臣)은 국가의 교화를 책

---

86) 이석규, 앞 논문(1996), 52~57쪽.
87) 이석규, 「16세기 조선의 민본이념과 민의 성장」『한국사상사학』39, 2011, 123~131쪽.

임진 예조에서 먼저 민을 간위로써 대한다고 비판하고 있다. 아무튼 예조의 계문을 왕이 윤허함으로써 향리도 원할 경우에 삼년상이 가능하게 되었다. 그러나 이후 편찬된『대전후속록』에는 이때의 수교가 규정되어 있지 않고, 또 향리들이 삼년상을 지냈다는 구체적인 사례가『실록』에서도 보이지 않는다. 따라서 향리에게는 계속 백일복이 법의 규정이었다고 생각된다.

(3) 기묘사림 활동기의 삼년상 논의와 그 의미

군사와 서인의 삼년상 문제가 지속적으로 제기되기는 했지만, 여전히 지배층은 이를 허락하는 것에 소극적이었다. 그러자 중종 10년에 왕은 군사가 삼년상을 원하면 허락한다는『경국대전』의 규정이 근래 폐하여 행해지지 않으니 신명(申明)하여 거행하라는 전교를 내렸다.[88] 이에 대해 병조는 군사들이 상중에 그 보솔(保率)을 빼앗길 것을 우려하여 행하는 자가 없고, 또한 비록 있더라도 수령이 고찰하여 군사가 기망하는 폐단이 없어야 한다고 계달하였다. 여기서 군사들이 보솔을 빼앗길 것을 우려하여 삼년상을 행하지 않는다는 것은 병조가 사실을 왜곡한 것으로 보인다. 앞서 경상우도의 경우도 있지만, 대다수의 사료들은 군사가 삼년상을 행하지 못하는 이유를 수령들의 강압 때문이라고 말하고 있기 때문이다. 사실상 병조에서는 수령의 고찰을 통해 군사의 삼년상을 막으려 했던 것이다. 그러자 왕은 사(士)와 서인에 차별을 둘 수 없다며 재차 삼년상을 허락하라고 전교하였다.[89]

지속적이기는 했지만 산발적으로 제기되던 이 문제가 집중적으로 논

---

88)『중종실록』권22, 중종 10년 7월 26일 신해조.
89)『중종실록』권23, 중종 10년 9월 7일 경인조.

의된 것은 기묘사림이 활동하던 중종 11년의 일이었다. 이 해 7월에 또다시 왕이 군사의 삼년상을 허락하라는 전교를 내린 것이 계기가 되었다.[90] 이후 11월까지 넉 달 동안 여러 관료들이 참여한 수차례의 논의가 진행되었다.

첫 논의는 경연에서 이루어졌다.[91] 여기에는 영사 정광필, 참찬관 윤희인, 동지사 송천희, 집의 성세창, 시독관 이청, 설경 정응 등이 참석하였는데, 이들 가운데 사림에 의해 배척당했던 송천희를 제외하고는 모두 기묘사림이거나 또는 친사림 성향의 인물들이었다.[92] 먼저 중종은 서민들이 삼년상을 행하려 해도 못하게 하는 현실을 지적하면서 서민의 삼년상을 법으로 제정해야 한다는 의견을 제시하였다. 이에 대해 윤희인을 제외한 대다수가 서민의 삼년상에 원칙적으로 찬성하면서도 입법에 대해서는 부정적이었다. 즉 원하는 경우에만 허락하자는 것이다. 또한 성세창이 관노비에게까지 삼년상을 허락하자고 제안했지만, 이에 대해서는 대다수가 반대하였다. 그러나 이날의 자리에서 어떤 결론이 내려진 것은 없었다.

5일 후 중종이 영의정 정광필, 좌의정 김응기, 우의정 신용개, 좌찬성 김전, 좌참찬 이자건 등 의정부 대신들을 연방(延訪)하는 자리에서 다시 이 문제가 논의되었다.[93] 여기서의 논의도 앞서와 대체로 마찬가지였다. 다만 정광필이 삼년상을 원하는 군사의 보인(保人)을 빼앗지 말 것을 요청하고, 공사천에게도 삼년상을 허락하면 사역할 자가 없을 것이라는 점을 지적하는 정도였다. 원하는 자에게는 삼년상을 보장해야 하고, 천인의 삼년상은 불허한다는 것이 의정부 대신들의 공통된 견해였다고 할 수 있다.

---

90) 『중종실록』 권25, 중종 11년 7월 26일 을사조.
91) 『중종실록』 권26, 중종 11년 9월 21일 기해조.
92) 거론되는 인물들의 성향에 대해서는 『사재집』 권4, 「기묘당적」과, 『연려실기술』 권7, 「중종조고사본말」, '기묘사화'에 수록된 내용, 그리고 『중종실록』을 근거로 하였다. 이하에서 거론되는 인물도 마찬가지이다.
93) 『중종실록』 권26, 중종 11년 9월 26일 갑진조.

그러나 중종은 여전히 군사와 서민들의 삼년상을 법으로 규정하고 싶어 했다.94) 이에 중종은 다음과 같은 전교를 내려 의정 대신들에게 문제를 다시 논의토록 하였다.

　　　　아국은 예의의 나라로 비록 삼년의 상제가 있지만, 단지 사대부에게만 행해지고 군사와 서민에게는 행해지지 않는다. 사람이 떳떳한 도리를 지키려는 본래의 마음이야 어찌 상하 · 존비가 다르겠는가 ……내가 일찍이 대신에게 물어 서인의 삼년상제를 세우고자 했으나 대신들이 단지 공사천자들의 피역과 궐역의 폐단만을 헤아려 형세가 행하기 어렵다고 말하니, 이는 작은 폐단만 알고 대의는 돌보지 않는 것이다. 비록 피역을 말하지만 일시에 복상하는 자가 얼마나 있겠는가. 결단코 서인의 삼년상제를 정하여 효리(孝理)의 중함을 보임으로써 민으로 하여금 풍속을 바꾸어 돈후한 데로 돌아가도록 하는 것이 또한 옳지 않은가.95)

　　여기서 주목되는 것은 사람이 떳떳한 도리를 지키려는 본래의 마음에는 상하 · 존비의 구별이 없다는 중종의 언급이다. 인간은 누구나 도덕을 실천할 수 있는 능력을 지니고 있다는 것은 성리학의 인성론에서 볼 때 지극히 당연한 말이다. 그러나 도덕의 실천 능력을 기준으로 지배층과 민을 구분짓던 당시의 분위기에서 이 말은 당연한 것이 아니었다. 때문에 대신들은 피역과 궐역의 폐단을 이유로 반대하는 상황인 것이다. 이 상황을 중종은 '대의(大義)'와 '소폐(小弊)'의 대립으로 규정하면서 재논의를 지시하였다.

　　이에 따라 같은 날, 영의정 정광필, 좌의정 김웅기, 우의정 신용개, 좌찬성 김전, 우찬성 박열, 좌참찬 이계맹, 우참찬 송천희 등 의정 대신 모두가

─────────────

94) 『중종실록』권26, 중종 11년 11월 5일 임오조.
95) 『중종실록』권26, 중종 11년 11월 6일 계미조.

자신의 의견을 개진하였다. 여기서 신용개 · 김전 · 송천회는 왕의 견해에 동의하면서 서인의 삼년상에 긍정적이었다. 반면 나머지 4명은 여전히 부정적이었다. 특히 정광필과 박열은, '나라의 인심이 거짓이 많아 조례 · 나장들이나 일수 · 향리 · 서리들이 실로 성심이 없어' 모두 피역하게 되면 폐단이 생길 것이라는 점을 근거로 삼았다.[96) '떳떳한 도리를 지키려는 본래의 마음에는 상하 · 존비의 구별이 없다'는 중종의 말을 부정하는 것이었다.

그런데 왕의 견해에 동의했던 신용개는 대표적인 훈구대신인 신숙주의 손자이면서도 김종직의 문하로 친사림이라 할 수 있지만, 김전은 기묘사림의 활동에 부정적인 인물이었다. 송천회도 앞서 언급한 바와 같이 기묘사림에 배척당한 인물이었다. 반면에 왕의 견해에 반대했던 나머지 인물들은 대체로 친사림의 입장이었다.[97) 즉 당시 친사림 성향의 인물이라고 해서 민의 도덕적 능력에 대해 전향적으로 인식하지는 않았던 것이다.

결국 의정부 대신들의 의견이 갈림으로써 중종은 서민의 삼년상을 법으로 규정하려는 의도를 포기하고 다음과 같은 결론으로 오랜 논의를 마무리하였다.

> 전교하기를, "삼년상은 사람이 모두 행하는 것이니 매우 아름다운 일이다. 다만 대신의 의논이 일치하지 않아 혹은 끝내 폐단이 있어 행할 수 없다고 하므로 지금 모두가 행하도록 하지 못할 뿐이다. (그러나 －인용자)『대전』에 삼년상을 원하면 들어준다는 법이 있으니 비록 서민이라도 법에 구애되지 말고 또한 들어주도록 하라."[98)

---

96) 『중종실록』 권26, 중종 11년 11월 6일 계미조, "然國朝人心多僞 如皂隷羅將諸員 日守鄕書吏員等 實無誠心"
97) 다만 우찬성 박열의 성향은 파악하기 어렵다. 그러나 그의 졸기에 신용개와 친구 사이였다는 언급이 있는 것으로 보아 사림에 적극 반대하는 입장은 아니었던 것으로 생각된다(『중종실록』 권27, 중종 12년 2월 15일 신유조).
98) 『중종실록』 권26, 중종 11년 11월 11일 무자조.

이로써 군사와 서인의 삼년상 문제는 『경국대전』의 규정을 따르면서 이들이 원할 경우에 삼년상을 허락하는 것으로 일단락되었다. 이후에도 몇 차례 중종은 이 문제를 거론하였지만 산발적 논의에 그쳤을 뿐이고, 명종과 선조대에는 거의 논의조차 되지 않았다. 따라서 중종대의 상황이 선조대까지 계속되었다고 할 수 있다.

이상 군사와 서인의 삼년상을 둘러싼 중종대의 논의를 통해 다음의 몇 가지 사항을 지적하고 싶다. 첫 번째로 서인의 삼년상에 가장 적극적인 인물이 중종이었다는 점이다. 의외일 정도로 중종은 이 문제에 집착하였는데, 이는 아마도 중종의 왕권 강화와 관련이 있지 않을까 생각된다. 신료들의 추대라는 비정상적인 방식으로 즉위한 중종은 조정에 정치적 기반이 없었고, 따라서 즉위 초에는 반정 세력이 정권을 장악하였다. 그러다가 중종 8년 무렵 반정 세력이 퇴조하자 중종은 사림파를 중용하면서 자신의 왕권을 강화하고자 하였다.[99] 바로 이 무렵에 중종은 서인의 삼년상 문제를 제기한 것이다. 적어도 삼년상제에 관한 한, 양반 사대부들은 원칙적으로 서인과 동일한 존재였다. 그렇다면 삼년상은 이들을 제민화(齊民化)하기에 가장 적절한 수단이 될 수 있었고, 따라서 중종은 이를 통해 제민 모두를 통치하는 왕권을 상정한 것은 아니었을까.

두 번째로 지적할 것은 서인의 삼년상 문제에 대해 당시의 정치 세력 사이에 어떠한 경향성도 발견할 수 없다는 점이다. 기묘사림이나 친사림의 대신이라 해서 긍정적인 것도 아니었고, 반사림 성향이라 해서 부정적인 것도 아니었다. 전체적으로 보면 정치 성향에 관계없이 대체로 서인의 삼년상에 소극적인 입장이었는데, 이 점 역시 의외이다. 물론 피역의 폐단이라는 현실적인 문제를 이유로 들지만, 이것만으로는 이해되지 않는

---

99) 이 시기의 정국 운영과 관련해서는 윤정, 「조선 중종 전반기 정국구도와 정책론」 『역사와 현실』 25, 1997 참조.

다. 특히 '천하의 통상'이라는 점을 누누이 언급하면서도 사림 세력이 서인의 삼년상만을 외면했다면 여기에는 다른 이유가 있었을 것으로 생각된다. 이와 관련하여 「기묘당적」에 이름을 올린 최숙생의 다음과 같은 언급이 주목된다.

> 특진관 최숙생이 아뢰기를, "옛말에 요순의 도는 효제일 뿐이라고 하였습니다. (그러나―인용자) 지금의 공상천례(工商賤隷)가 피역하고자 삼년상을 청하면 또한 들어 주는 것은 불가합니다. 옛날부터 사대부와 서인은 제도가 다르니 지금 또한 일례(一例)로 들어주는 것은 불가합니다." 하니, 상이 이르기를, "……삼년상은 천자부터 서인에 이르기까지 동일한 것이다. 어찌 간위를 미리 헤아려 그 정원(情願)을 따르지 않을 것인가." 하였다.100)

마치 왕과 신하의 입장이 역전된 듯한 모습이다. 여기서 최숙생은 서인의 삼년상을 부정하는 논거로 사대부와 서인의 제도가 다르다는 점을 들고 있다. '천하의 통상'이라는 유교의 명분을 지키기보다, 자신들을 서인과 일체로 볼 수 없다는 계급적 이해가 더 중요했던 것이다. 이 점에서 사림은 훈구 세력과 다른 집단이 전혀 아니었다. 이들의 이해가 일치했을 때, 서인의 삼년상을 입법화하려는 중종의 시도는 실패할 수밖에 없었다.

마지막으로 지적하고 싶은 것은, 비록 중종대의 이 논의가 표면적으로는 별다른 성과 없이 끝났지만, 그렇다고 아무런 의미조차 없었던 것은 아니라는 점이다. 민의 도덕적 능력을 인정하지 않으려 했기에 도덕을 실천하지 않은 자를 죄주기도 어려운 상황과,101) 그렇기에 미천한 자가 도덕을 실천하면 그 자체가 이해할 수 없는 일이 되어버리는 분위기에

---

100) 『중종실록』 권31, 중종 13년 1월 14일 갑인조.
101) 『중종실록』 권24, 중종 11년 3월 22일 계묘조, "德只者(德只妾之名也) 乃賤口也 不可責以守信 故不敢照律以啓"

서,102) 오히려 중종대의 삼년상 논의는 대단히 중요한 의미를 지닌다. 왜냐하면 그것이 천인을 포함한 민의 도덕적 능력에 관한 논의이기 때문이다. 다시 말하면 이 논의는 사대부와 민이, 지배층과 피지배층이 도덕적 능력에서 같은 존재인가 아닌가에 관한 논의이기 때문이다. 지배층의 최상층부에서 진행된 이 논의에서, 왕과 신료들이 의도했던 바가 무엇이든 관계없이, 성리학의 인성론 측면에서 민의 도덕적 능력은 인정될 수밖에 없었다. 이들이 삼년상을 원한다면 이를 막을 명분이 없었던 것이다. 뿐만 아니라 민 스스로도 유교적 도덕을 실천하겠다고 적극 나섰다. 결국 중종대의 삼년상 논의는, 16세기에 들어서면서 유교 공동체의 일원으로 성장한 '유교적 인간'으로서 민이 성장하는 모습을 분명하게 보여준 계기였다고 생각된다.

4. 맺음말

이상 조선 전기 삼년상제가 확립되는 과정, 그리고 군사와 서인의 삼년상을 둘러싼 논의를 살펴보았다. 삼년상은 공자가 '천하의 통상'으로 규정한 이래 천자부터 서인에 이르기까지 동일한 유교의 상제였다. 때문에 고려시대에도 오복제도가 마련되면서 삼년상을 규정하였지만 실제로 삼년상제가 행해지지는 않았다. 그러다가 조선이 건국되면서 본격적으로 삼년상제가 시행되었다.

먼저 사대부가의 삼년상제와 관련해서는 태조대에 처음으로 품계가

---

102) 『명종실록』 권11, 명종 6년 5월 7일 갑오조, "特進官柳辰仝曰 在中宗朝 如孝子順孫節婦 則有供饋之例 故臣爲全羅監司時 巡到古阜郡 有一婦人服夫之喪 至於九年之久 聞中宗升遐 別設一位而哭之 手制喪服服之 及仁宗升遐 亦然 三年喪畢後 乃焚國喪之服 而還服爲夫之服 夫以村巷一匹婦 其處事若是 不知其何以能如此也"

있는 모든 관리의 친상에 삼년상이 규정되었고, 이것이 태종대에는 관리 뿐 아니라 사대부와 사대부가의 여자들에게까지 단계적으로 확대되었다. 법적으로는 태종대에 이미 사대부가의 삼년상이 확정된 것이다.

이후 삼년상제가 확산되면서 어떤 경우에 삼년상을 행할 것인가 하는 문제가 제기되었다. 그리하여 세종대에는 먼저 아버지가 생존해 있을 때의 어머니 상, 즉 부재위모상(父在爲母喪)에 기년복과 더불어 심상(心喪) 3년이 결정되었다. 이어 계모와 수양부모에 대해서도 자최 3년이 확정되었다. 이같은 규정이 마련되는 과정에서 고례와 주자가례가 상제의 기준으로 자리잡았다. 다만 수양부모의 경우는 고례에 규정이 없음에도 불구하고 상복이 결정되었는데, 이는 고려 이래의 법 규정이 영향을 미친 것이라 생각된다. 또한 계후자가 입후한 부·모에게는 각각 참최와 자최 3년으로, 본종의 부모에게는 기년복이 결정되었다. 자모(慈母)에 대한 삼년복도 세종대에 확정된 것으로 생각된다. 결국 사대부가의 삼년상제와 관련된 법들은 이미 세종대에 일단락되어 성종대에 이르면 사대부가의 삼년상은 보편화되었다. 가묘의 보급이 성종대까지 지지부진했던 것에 비하면 무척이나 빠른 것이었다.

사대부가의 삼년상제는 별다른 논란 없이 확정되었지만, 군사와 서인의 삼년상제는 오랫동안 논란이 되었다. 삼년상은 천자부터 서인에 이르기까지 구분이 없다는 원칙론과, 일반 민이 이를 피역의 수단으로 삼을 수 있다는 현실론이 대립했던 것이다. 특히 이와 관련된 법 규정이 강제력을 갖지 못하면서 논란은 매우 혼란스럽게 진행되었다.

태조대에는 군사에게 삼년상을 의무화하면서 기복은 왕의 특지로만 허용하고, 유품(流品) 외의 군사들은 원하는 경우에만 삼년상을 허락하는 조치가 있었다. 그러나 특지로만 기복을 허락한다는 조항만 지켜졌을 뿐, 품계가 있는 군사의 삼년상은 행해지지 않다가 태종대에 이르러 백일복으로 확정되었다. 이후 세종대에는 군사가 삼년상을 원한다면 허락할 것인가 하는 문제와, 이를 다른 계층에게도 확대하는 문제가 논의되었다. 그 결과 군사의 경우에만 원하면 삼년상을 허락하였고, 이것이 『경국대전』에 단서 조항으로 수록되었다. 아울러 성종대 이전 어느 시점엔가 백일복의 대상에 서인도 포함되었다. 이로써 '군사와 서인은 백일복으로 하고, 군사가 원하면 삼년상을 허락한다'는 『경국대전』의 규정이 완성되었다.

그러나 이 규정도 제대로 지켜지지 않았다. 성종대 경상우도에서는 군적에 편성된 서인으로 삼년상을 행하려는 자가 천여 명에 이르렀지만, 절도사는 이들의 요청을 받아들이지 말 것을 치계하였던 것이다. 그러나 여기서 주목되는 것은 사대부가 아닌 서인이 유교적 상례에 따라 친상에 삼년상을 행해야 한다는 사실을 자각하고 있다는 사실이다. 그것은 민의 도덕적 실천 능력이 열등하다는 당시 지배층의 인식과는 다른 것이기 때문이다.

이후 중종대에 이르면 향리들도 삼년상을 요구하고 나섰다. 이들은 부모의 상에 자식으로서 마땅히 행해야 할 도리를 다하지 못하는 아픔을 이유로 내걸었다. 자신들도 유교적 도덕을 실천할 수 있으니 삼년상제에서 신분적 차별을 없애라는 것이다. 삼년상을 행하는 목적의식이 분명히 드러난다는 점에서 이전 서인들의 경우와는 달랐는바, 이 점에서 향리들의 요구는 종래 유교적 도덕의 실천 능력을 기준으로 구분되던 지배층과 민의 경계를 허무는 첫 번째 집단적 시도였다고 생각된다.

한편 중종대에는 군사와 서인의 삼년상 문제가 집중적으로 논의되었다. 왕권을 강화할 필요가 있었던 중종이 서인의 삼년상을 법으로 규정하고자 촉발된 논의에서 신료들은 피역의 폐단을 이유로 입법에 부정적이었다. 특히 기묘사림이라 하더라도 마찬가지였다. 이들은 피역의 폐단 외에도 사대부와 서인은 제도가 다르다는 점을 내세웠다. 사대부와 민을 일체로 볼 수 없다는 것이다. 이 점에서 사림은 훈구 세력과 다른 집단이 아니었다. 결국 중종대의 논의는 『경국대전』의 수준을 한 발짝도 진전시키지 못했다. 그러나 이 과정에서 민의 도덕적 능력 자체는 점차 인정될 수밖에 없었다. 민 스스로도 유교적 도덕을 실천하겠다는 의지를 확실히 드러내었다. 한 마디로 삼년상과 관련된 논의는 16세기에 이르러 유교 공동체의 일원으로 성장하는 민의 모습을 보여준 계기였다고 할 수 있다.

(『한국사연구』161, 2013. 6)

이석규

서울에서 출생하여 한양대학교 사학과를 졸업하고, 같은 대학 대학원에서 문학박사학위를 받았다. 현재 한양대학교 사학과 교수로 재직 중이다.

공저로 『한국의 역사와 문화』(한양대학교 출판부, 2002), 『'民'에서 '民族'으로』(선인, 2006)가 있고, 논문으로는 「조선초기 웅지상소에 나타난 제도론」(2006), 「저헌 이석형의 생애와 경세사상」(2010), 「동강 김우옹의 민본사상」(2016) 등이 있다.

조선 전기 민본사상과 민

| 초판 1쇄 인쇄일 | | 2020년 11월 13일 |
| 초판 1쇄 발행일 | | 2020년 11월 25일 |

지은이		이석규
펴낸이		정진이
편집/디자인		우정민 우민지
마케팅		정찬용 정구형
영업관리		한선희 김보선
책임편집		우정민
인쇄처		재삼인쇄
펴낸곳		국학자료원 새미(주)

등록일 2005 03 15 제25100-2005-000008호
경기도 고양시 일산동구 중앙로 1261번길 79 하이베라스 405호
Tel 442-4623 Fax 6499-3082
www.kookhak.co.kr
kookhak2001@hanmail.net

| ISBN | | 979-11-90988-99-5 *93910 |
| 가격 | | 35,000원 |

* 저자와의 협의하에 인지는 생략합니다.
  잘못된 책은 구입하신 곳에서 교환하여 드립니다.
  국학자료원·새미·북치는마을·LIE는 국학자료원 새미(주)의 브랜드입니다.
* 이 도서의 국립중앙도서관 출판예정도서목록(CIP)은 서지정보유통지원시스템 홈페이지(http://seoji.nl.go.kr)와 국가자료종합목
  록 구축시스템(http://kolis-net.nl.go.kr)에서 이용하실 수 있습니다. (CIP제어번호 : CIP2020048060)